Wissenschaftliche Untersuchungen
zum Neuen Testament

Herausgegeben von
Martin Hengel und Otfried Hofius

103

Jens Herzer

Petrus oder Paulus?

Studien über das Verhältnis
des Ersten Petrusbriefes zur paulinischen Tradition

Mohr Siebeck

Die Deutsche Bibliothek – CIP-Einheitsaufnahme

Herzer, Jens:
Petrus oder Paulus? : Studien über das Verhältnis des ersten Petrusbriefes zur
paulinischen Tradition / Jens Herzer. – Tübingen: Mohr Siebeck, 1998
  (Wissenschaftliche Untersuchungen zum Neuen Testament ; 103)
  ISBN 3-16-146848-1

© 1998 J. C. B. Mohr (Paul Siebeck) Tübingen.

Das Buch wurde von Gulde-Druck in Tübingen auf alterungsbeständiges Werkdruckpapier
der Papierfabrik Niefern gedruckt und von der Großbuchbinderei Heinr. Koch in Tübingen
gebunden.

ISSN 0512-1604

Vorwort

Die vorliegende Untersuchung wurde im Wintersemester 1996/97 an der Theologischen Fakultät der Humboldt-Universität zu Berlin als Habilitationsschrift eingereicht und im Sommersemester 1997 angenommen.

Der erste Dank gilt meinem Berliner Lehrer Professor Christian Wolff, der die Arbeit an dem Thema anregte und die Forschungen seines Assistenten kontinuierlich und mit vielen hilfreichen Anregungen und Hinweisen begleitete. Darüber hinaus danke ich Professor Cilliers Breytenbach (Berlin) und Professor Reinhard Feldmeier (Bayreuth), die als Gutachter die Annahme der Arbeit empfahlen. Mein Dank geht weiterhin an die Herausgeber Professor Otfried Hofius und Professor Martin Hengel für die Aufnahme des Buches in die Reihe der „Wissenschaftlichen Untersuchungen zum Neuen Testament". Bei der Fertigstellung der Druckvorlage haben Frau Petra Haupt sowie die Herren stud. theol. Thorsten Klein und Sascha Weber die Mühen des Korrekturlesens auf sich genommen.

An dieser Stelle ist auf ein Werk hinzuweisen, das mir erst nach Abschluß des Manuskriptes bekannt und zugänglich wurde. Umso bemerkenswerter sind die unabhängigen Übereinstimmungen in vielen Bereichen des gestellten Themas mit dem 1996 in den USA erschienenen Kommentar über den Ersten Petrusbrief von Paul Achtemeier. Für die Veröffentlichung erschien es mir jedoch unangemessen, Achtemeiers Kommentar „nur" einzuarbeiten, was diesem für die Forschung am Ersten Petrusbrief bedeutenden Werk in keiner Weise gerecht würde.

Berlin, im Oktober 1997   Jens Herzer

Inhalt

Abkürzungen

Die Abkürzungen folgen den Verzeichnissen von RGG³ I, Tübingen 1957, S. XVIf. und S. M. Schwertner, TRE. Abkürzungsverzeichnis, Berlin/New York 1976.

1. Einführung

1.1. Problemstellung

Die vorliegende Untersuchung zum sog. „Paulinismus"[1] des Ersten Petrusbriefes hat eine jener Fragestellungen zum Gegenstand, die die wissenschaftliche Forschung des öfteren mehr oder weniger ausführlich beschäftigten, ohne jedoch eine zufriedenstellende Klärung erfahren zu haben. Bereits an der relativ geprägten Formulierung „Paulinismus" wird deutlich, daß sich ein Konsens der Forschung eingestellt zu haben scheint, der zwar weithin anerkannt ist, dessen Grundlage aber m.E. bei weitem nicht dem Maß dieser Anerkennung entspricht. Damit ist die Absicht der Studien bereits umrissen, in denen die Grundlage der Hypothese eines Paulinismus des Ersten Petrusbriefes geprüft werden soll, um sie entweder zu korrigieren oder auf eine gesichertere bzw. differenziertere Forschungsbasis zu stellen. Damit soll zwar zunächst der Ausgang der Untersuchung offen gehalten, aber gleichzeitig auch angedeutet werden, daß der Anlaß für die erneute Erörterung dieser Problematik im m.E. berechtigten Zweifel an der Richtigkeit jener Hypothese liegt. Symptom dafür ist nicht zuletzt die trotz des verbreiteten Konsenses so kontroverse Entfaltung des Problems, das von der Annahme einer Verwandtschaft des theologischen Denkens des Paulus und des Verfassers des Ersten Petrusbriefes über die Vermutung literarischer Beziehungen bis hin zur Behauptung deuteropaulinischer Verfasserschaft dieses Briefes reicht. Um die Problematik des Konsenses zu verdeutlichen, sei im Folgenden ein kurzer Abriß der bisherigen Behandlung des Problems gegeben.

---

[1] Zum Begriff „Paulinismus" vgl. z.B. A. Lindemann, Paulus S. 36ff.; P.-G. Müller, Paulinismus S. 157-163.

1.2. Forschungsüberblick

Die folgende Skizze erhebt bewußt nicht den Anspruch eines umfassenden Forschungsberichtes über die bisherige Behandlung des gestellten Themas.[2] Das würde einerseits eine detaillierte Analyse bereits voraussetzen, die erst im Laufe der Untersuchung geleistet werden kann, und andererseits müßten viele Aspekte systematisierend vorweggenommen werden, die dann nochmals zu prüfen wären. Daher sollen nur einige pointierte Positionen aus der Geschichte der Erforschung des Ersten Petrusbriefes skizziert werden, die den Ansatzpunkt für eine monographische Behandlung des Problems aufzeigen, die bisher noch nicht vorliegt. Zu beginnen ist mit einigen Arbeiten, die sich direkt mit dem Thema „Paulinismus" des Ersten Petrusbriefes befassen.

In seinen drei aufeinanderfolgenden und im Gesamtumfang einer Monographie gleichkommenden Aufsätzen hat W. Seufert 1874 und 1881 versucht, die Abhängigkeit bzw. die Verwandtschaft des Ersten Petrusbriefes vom Römerbrief[3] bzw. Epheserbrief[4] ausführlich zu begründen. Bereits zu seiner Zeit war Seufert ausdrücklich gegen eine Differenzierung einiger Exegeten angetreten, die – wie z.B. W. Schmidt 1878[5] – die Verwandtschaft des Ersten Petrusbriefes mit paulinischen und deuteropaulinischen Briefen als nicht überzeugend ansahen. Seufert bezeichnete derartige Differenzierungen als „Vertuschungsversuche"[6], die eine offensichtliche Abhängigkeit leugneten.[7] Demgegenüber kommt er zu

---

[2] Vgl. dazu die ausführlichen Darstellungen bei J. H. Elliott, Rehabilitation passim; A. Reichert, Praeparatio S. 3-26; F.-R. Prostmeier, Handlungsmodelle S. 15-37; T. W. Martin, Metaphor S. 3-39.

[3] Das Abhängigkeitsverhältniss des I. Petrusbriefs vom Römerbrief, ZWTh 17, 1874, S. 360-388.

[4] Das Verwandtschaftsverhältniss des ersten Petrusbriefs und Epheserbriefs, ZWTh 24, 1881, S. 178-197.332-380.

[5] Handbuch über den Brief an die Epheser, KEK VIII, 1878[5], S. 28f. (vgl. 1886[6] S. 30f.), zit. bei W. Seufert, Verwandtschaftsverhältniss S. 179.

[6] W. Seufert, Verwandschaftsverhältniss S. 179.

[7] Der Versuch von B. Weiß, Lehrbegriff passim, bes. S. 420f., die Ähnlichkeiten zwischen 1Petr und Röm/Eph umgekehrt als Abhängigkeit dieser Briefe von jenem zu erklären, braucht hier nicht diskutiert zu werden und wäre auch nur unter

„feststehenden" Ergebnissen. Hinsichtlich des Verhältnisses zum Römerbrief formuliert er:

„Bei dieser Fülle von Parallelstellen, die sich nur aus Abhängigkeit unseres Briefes vom Römerbrief erklären, und bei der Menge von Anklängen an den Römerbrief, die auf ein *schriftstellerisches* Abhängigkeitsverhältniss des 'Petrus' von Paulus hinführen, *ist es unmöglich*, die Thatsache zu verkennen, dass unser Brief eine *Ueberarbeitung des Römerbriefes ist. Nicht nur die briefliche Form ist dem Römerbriefe nachgebildet (vgl. 1 Petr. 1,1 mit Röm. 1,1; 1 Petr. 1,2 mit Röm. 1,4.5.7; 1 Petr. 5,10 mit Röm. 15,5), sondern auch fast sämmtliche Gedanken des Briefes lassen noch Spuren ursprünglich paulinischen Gepräges erkennen, wenn auch gerade die hervorstechenden Eigenthümlichkeiten des paulinischen Lehrbegriffs verwischt sind.*"[8]

Die Untersuchung des Verhältnisses des Ersten Petrusbriefes zum Epheserbrief führt Seufert schließlich zu der Überzeugung: „Nur die Annahme der *Identität des Verfassers* ... erklärt ausreichend die so weitgehende Verwandtschaft beider Briefe."[9] Eigentümlich an der Argumentation Seuferts hinsichtlich des Verhältnisses zum Römerbrief ist vor allem die Tatsache, daß er unter der Voraussetzung der Abhängigkeit nur noch zu erklären versucht, wie der Verfasser des Ersten Petrusbriefes den Wortlaut des Römerbriefes veränderte, ohne daß die genannten Parallelen inhaltlich als solche begründet werden.[10]

der Bedingung einer sehr frühen Datierung des 1Petr möglich, die nicht überzeugend begründet werden kann. Ähnlich haben sich geäußert A. Hilgenfeld, Einleitung S. 675f.; für Eph erwägend O. Pfleiderer, Urchristentum II S. 505. Gegen B. Weiß vgl. schon H. J. Holtzmann, Einleitung S. 313; W. Seufert, Verwandtschaftsverhältniss S. 180.

[8] W. Seufert, Abhängigkeitsverhältniss S. 386f. (Hervorh. v. mir). Seufert knüpft damit an die dezidierte Feststellung von H. J. Holtzmann an (zit. bei Seufert, a.a.O. S. 361): „... es 'kann heutzutage als feststehendes Ergebniss der Kritik unseres Briefes die Thatsache der Abhängigkeit, unseres Briefstellers – wenigstens – von den unbestritten echten Paulinen gelten'." Vgl. auch H. J. Holtzmann, Einleitung S. 313-315. O. Pfleiderer, Urchristentum II S. 505, vermutet sogar, dem Verfasser des Ersten Petrusbriefes hätte eine Sammlung von Paulusbriefen vorgelegen.

[9] Verwandtschaftsverhältniss S. 180 (Hervorh. v. mir). Die Identität des Verfassers hatte bereits H. J. Holtzmann, Kritik S. 265, als Möglichkeit erwogen. – Seufert, a.a.O. S. 379f., spekuliert weiter, daß dieser Verfasser auch derjenige der Apostelgeschichte gewesen sei, weil er dort „Petrus und Paulus auf schriftstellerischem Wege geeinigt" habe.

[10] Vgl. dazu K. Shimada, Romans S. 88. – Eine der Argumentation von Seufert vergleichbare Darstellung gibt O. Pfleiderer, Paulinismus S. 420-433: „So sehen wir auf jedem Punkte eine Lehrweise, die paulinisch *sein will*, aber freilich es eben

Erst 1993 hat sich mit der Arbeit Seuferts über die Abhängigkeit des Ersten Petrusbriefes vom Römerbrief K. Shimada[11] ausführlich auseinandergesetzt. Seine Ergebnisse im Einzelnen werden im Laufe der Untersuchung diskutiert; an dieser Stelle sei jedoch sein Fazit genannt: „... *a direct literary dependence of I Peter on Romans cannot be demonstrated.*"[12] Shimadas wichtigster Kritikpunkt ist, daß bei der Bestimmung des Abhängigkeitsverhältnisses die Differenzen z.T. völlig vernachlässigt werden: „... one of the cardinal criteria is *difference*, including terminological, context-analytical and other kinds of differences."[13] Damit sind bereits wichtige Aspekte genannt, die in vorliegender Untersuchung besondere Berücksichtigung finden sollen. Ein Problem bei Shimada bleibt freilich die Absicht, *alle* von Seufert angeführten Parallelen zu untersuchen, wodurch jeweils nur kurze Bemerkungen zu den einzelnen Stellen möglich sind. Ferner führt die Betonung der Differenzen m.E. zu einem etwas einseitigen Bild, weil eine positive Bestimmung des Verhältnisses nicht erfolgt.

In neuerer Zeit hat C. L. Mitton[14] die direkte Abhängigkeit des Ersten Petrusbriefes vom Epheserbrief wiederum zu erweisen versucht, indem er vor allem formkritische Aspekte in den Vordergrund stellte und als Hauptkriterium die Abhängigkeit des Epheserbriefes vom Kolosserbrief ansah: Weil Eph von Kol abhängig ist, und weil 1Petr besonders die abhängigen Passagen adaptiert, muß 1Petr von Eph abhängig sein.[15] Gegen Mitton hat wiederum K. Shimada 1991 ausführlich mit negativem Ergebnis argumentiert:

nur so ist, wie der Verfasser den Paulus verstanden hat. Er widerspricht nicht nur dem Paulus nirgends, sondern acceptirt sogar dessen Wendungen ... aber in der Art, wie er sie verwendet, zeigt er, dass er in den eigenthümlichen Gedankengang des Apostels nur wenig eingedrungen ist ..." (a.a.O. S. 432).

[11] K. Shimada, Romans passim. (Die bei Shimada, a.a.O. S. 88, genannte Studie von O. D. Foster, The Literary Relations of 'The First Epistle of Peter' with Their Bearing on Date and Place of Authorship, in: Transactions of the Conneticut Academy of Arts and Sciences 17, New Haven 1913, S. 363-538, war bis zum Abschluß des Manuskriptes leider nicht zugänglich.)
[12] K. Shimada, a.a.O. S. 135.
[13] A.a.O. S. 135 Anm. 156.
[14] Relationship passim.
[15] A.a.O. S. 72f.

„... Mitton has failed ... to verify a direct Petrine dependence, verbal or conceptual, upon Ephesians."[16] Neben der Forderung nach einer detaillierten Untersuchung des Problems nennt Shimada in diesem Zusammenhang zwei weitere Punkte, die für die weitere Arbeit zu berücksichtigen seien, und die auch er mit seinen Arbeiten zum Verhältnis des Ersten Petrusbriefes zum Römer- und Epheserbrief (noch) nicht eingelöst hat:

1. Parallelen dürfen nicht nur zu paulinischen und deuteropaulinischen Briefen, sondern müssen auch zu anderen neutestamentlichen Schriften gezogen werden:

„His [sc. Mittons] whole line of argument collapses ..., when there are literary or conceptual parallels in the rest of the NT (to say nothing of history-of-concept parallels outside the NT), and when dependence of those parallels upon certain early Christian *Traditionsstoffe* is adduced with reasonable probability."[17]

2. Die Voraussetzung stimmt nicht, daß die Geschichte des christlichen Denkens auf eine „Geschichte des Schreibens" reduziert werden könne, und daß es deshalb ausreiche, eine Reihe von literarischen Affinitäten zu prüfen: „... the 'dependence' issue should be regarded strictly as an open one ..."[18]

Über diese Positionen hinaus ist die Fragestellung unserer Untersuchung in unterschiedlicher Weise behandelt worden, mehr oder weniger ausführlich begründend. Da die meisten Urteile im Zusammenhang der Erörterung einzelner Stellen erfolgen, sollen im Folgenden lediglich einige ausgewählte Auffassungen aus älterer und neuerer Literatur angeführt werden, die das Spektrum veranschaulichen, in welchem sie sich bewegen.

In seiner „Einleitung in die göttlichen Schriften des neuen Bundes" von 1777 hatte bereits J. D. Michaelis die Auffassung vertreten, daß der Verfasser des Ersten Petrusbriefes den Römerbrief kannte: „Petrus scheint Pauli Brief an die Römer kurzens gelesen zu haben, als er den seinigen schrieb."[19]

---

[16] K. Shimada, Ephesians S. 103.
[17] A.a.O. S. 104.
[18] A.a.O. S. 106.
[19] Einleitung S. 1168; dabei war die Parallele zwischen Röm 13,1-5 und 1Petr 3,13f. der Ausgangspunkt (a.a.O. 1168-1171).

Eine weitere wichtige Position in der Erforschung unseres Problems hat F. C. Baur begründet, der im Ersten Petrusbrief den Versuch eines Ausgleiches zwischen paulinischem und petrinischem (= judenchristlichem) Christentum sah.[20] Im Anschluß an Baur hat A. Schwegler diesen Ansatz ausgebaut und ausführlicher zu begründen versucht:

„Unser Brief ist mithin einfach der Versuch eines Pauliners, die getrennten Richtungen der Petriner und Pauliner dadurch zu vermitteln, dass dem Petrus ein Rechtgläubigkeitszeugniss für seinen Mitapostel Paulus, eine etwas petrinisch gefärbte Darstellung des paulinischen Lehrbegriffs in den Mund gelegt wird."[21]

Somit erweist sich der Erste Petrusbrief als ein Zeugnis der nachapostolischen Zeit:

„Er ist ganz und gar paulinisch, dem specifisch paulinischen Typus angehörig und setzt von Seiten seines Verfassers eine aufmerksame und zustimmende Lesung der paulinischen Briefe voraus ... Den vorherrschenden Bestrebungen dieser Periode, die Richtungen der Petriner und Pauliner mit einander zu versöhnen, die Lehrbegriffe beider sich näher zu bringen, die Differenzpunkte zwischen ihnen zu beseitigen und zu neutralisiren und zu dem Ende den Paulus möglichst petrinisch und den Petrus möglichst paulinisch lehren zu lassen, – diesen Bestrebungen reiht auch unser Brief sich an, von den übrigen Schriften der gleichen Tendenz, z. B. der Apostelgeschichte sich nur dadurch unterscheidend, dass er, einer der frühesten Versuche dieser Art, die paulinische Grundlage strenger festhält ..."[22]

---

[20] F. C. Baur, Vorlesungen S. 293-297; ders., Geschichte I S. 141-146; W. Trilling, Petrusamt S. 36: Vermittlung „zwischen der paulinischen Tradition und dem Jerusalemer Ursprung"; vgl. dazu und zu neueren Vertretern dieser „Unionsthese" N. Brox, Situation S. 1-3; W. Marxsen, Zeuge S. 386f.; F.-R. Prostmeier, Handlungsmodelle S. 25-27.

[21] A. Schwegler, Das nachapostolische Zeitalter II S. 22, unter der Überschrift: „Geschichte der römischen Kirche. Zweite Abteilung: Die paulinische Entwicklungsreihe".

[22] A.a.O. S. 24; vgl. dazu T. V. Smith, Controversies S. 24-32; F.-R. Prostmeier, Handlungsmodelle S. 27 Anm. 55: „... insgesamt wird man diese Interpretation des 1Petr und der Urchristentumsgeschichte als antiquiert und kaum anders als unter forschungsgeschichtlichem Interesse zu betrachten haben." Auch N. Brox, Situation S. 1, spricht von einer Belastung der Forschung am Ersten Petrusbrief durch diese These. – Die betont negative Bewertung des Ersten Petrusbriefes im Kontext der These des „Frühkatholizismus", die S. Schulz, Mitte passim, fast polemisch vertreten hat, gehört in diese seit Baur existierende Tendenz. Unter der Überschrift „Die übrige literarische Produktion des Frühkatholizismus" schreibt Schulz zum Ersten Petrusbrief (a.a.O. S. 272): „Dieser anonyme römische Christ beschwor ausdrücklich die große, kirchenpolitische Autorität des Petrus, obwohl

A. Harnack meinte, daß „das vorliegende Schriftstück [sc. 1Petr] ... nicht von Petrus geschrieben (ist), wahrscheinlich auch nicht von Paulus, aber von einem hervorragenden alten Lehrer und Confessor, der vielleicht in Gefangenschaft lag und der mit dem paulinischen Christenthum so vertraut war, dass er sich mit Freiheit in ihm bewegte"[23] und nennt den Verfasser einen „*Schüler des Paulus*"[24]. Auch H. Lietzmann sah in Paulus die Grundlage des Ersten Petrusbriefes, stellte aber gleichzeitig fest, daß ihm die Tiefe des Paulus fehle.[25] R. Bultmann konstatiert die Verwandtschaft mit dem Kolosser- und Epheserbrief hinsichtlich der Weise, wie paulinische Gedanken modifiziert werden[26] und stellt den Ersten Petrusbrief in die „paulinische Schule"[27]. Nach W. Marxsen ist der Brief „der paulinischen Theologie verpflichtet"[28] und ein „Zeugnis dafür, wie eine konkrete Situation mit paulinischer Theologie in einem ekklesiologischen Horizont bewältigt wird"[29]. Für Ph. Viel-

---

er ... immer wieder Anleihen bei der paulinischen Theologie macht, diese also bewußt voraussetzt. Der 1. Petrusbrief könnte deshalb mit gutem Recht zu den Deuteropaulinen gezählt werden. Aber weil er das paulinische Erbe nicht mehr in einer neuen Situation bewahrt, sondern epigonenhaft in Richtung auf den durchschnittlichen Frühkatholizismus abgewandelt hat, ist es nur konsequent, wenn er sein Rundschreiben ... nicht unter die Autorität des Paulus, sondern des Petrus gestellt hat." Im Folgenden kann Schulz den Ersten Petrusbrief im Lichte der paulinischen Theologie nur noch als defizitär qualifizieren (s. bes. a.a.O. S. 275); vgl. dazu F. Mußner, Petrus und Paulus S. 139: „Schulz übertrifft Marcion noch!"; gleichwohl Mußner im Übrigen den Ersten Petrusbrief als „weithin bestes paulinisches Erbe" (a.a.O. S. 50) bezeichnet. – Zum Problem der Frühkatholizismus-These vgl. auch P.-G. Müller, Paulinismus S. 163-170.

[23] A. Harnack, Geschichte II/1 S. 455.

[24] A.a.O. S. 457.

[25] H. Lietzmann, Geschichte I S. 223-225.

[26] R. Bultmann, Theologie S. 530-533.

[27] A.a.O. S. 495.

[28] W. Marxsen, Einleitung S. 229; vgl. H.-M. Schenke/K. M. Fischer, Einleitung I S. 203: „U.E. kann der Brief mit seiner ganzen Haltung, seinen versteckten Hinweisen und seiner konkreten Absicht von dem Verfasser gar nicht anders denn als Paulusbrief verfaßt worden sein."

[29] W. Marxsen, a.a.O. S. 236; vgl. ders., Zeuge S. 378ff.; ähnlich urteilt H. Goldstein, Gemeinde S. 99: „Der Verfasser des 1. Petrusbriefes steht in einer immerhin noch lebendigen Überlieferung, die das alte paulinische Gut reproduzierend auf die bestehende Lage hin aktualisiert ..."

hauer weist sich der Verfasser auf Grund der Berührungen zu
paulinischen Schriften „theologiegeschichtlich als in paulinischer
Tradition stehend"[30] aus. Die paulinische Tradition als Voraussetzung des Ersten Petrusbriefes hält auch W. G. Kümmel fest.[31] Die
m.W. aktuellste und deutlichste Äußerung dieser Art findet sich bei
H. Hübner, der den Ersten Petrusbrief im Anschluß an R. Bultmann als „Höhepunkt der Wirkungsgeschichte der paulinischen
Theologie"[32] bezeichnet.

In Untersuchungen, die sich speziell mit dem Ersten Petrusbrief beschäftigen, ergibt sich ein etwas differenzierteres Bild.
Exemplarisch seien folgende Auffassungen genannt. F. W. Beare
kommt zu dem Ergebnis:

„It seems to me to establish more clearly than ever the literary dependence of I Peter upon several, if not all, of the epistles of the Pauline corpus, and upon a number of other N.T. writings as well."[33]

Dies richtet sich ausdrücklich[34] gegen die Auffassung, daß der Erste Petrusbrief wie auch Paulus auf vielfältiges frühchristliches Traditionsgut zurückgreife, was vor allem E. G. Selwyn in seinen Studien zu zeigen versuchte[35], wobei jedoch für Selwyn die Berührungen mit paulinischer Tradition auf Grund der Verfasserschaft
des Paulusbegleiters Silvanus plausibel werden[36].

---

30 Ph. Vielhauer, Geschichte S. 584; vgl. ebd.: „späte(r) Paulinismus".

31 W. G. Kümmel, Einleitung S. 373; vgl. auch H. Köster, Einführung S. 731-733.

32 H. Hübner, Theologie II S. 387; vgl. auch S. 395; vgl. demgegenüber z.B. J. Gnilka, Theologie S. 422, der die Eigenständigkeit des 1 Petr betont.

33 F. W. Beare, Peter S. 219.

34 A.a.O. S. 216.

35 E. G. Selwyn, Peter S. 363-466; vgl. ferner L. Goppelt, Petrusbrief passim, bes. S. 47-56; auch K. Berger, Exegese S. 229, hat sich in dieser Hinsicht geäußert.

36 E. G. Selwyn, a.a.O. S. 9-17; vgl. W. C. van Unnik, Teaching S. 84. – R. E. Brown, Rome S. 136ff., geht ebenfalls davon aus, daß der Erste Petrusbrief keinen Paulusbrief literarisch kannte, wohl aber dessen Ideen und Vorstellungen durch die römische Tradition vermittelt bekam. Eine ähnliche Konstellation hatte bereits A. Schlatter, Petrus und Paulus S. 46, als Möglichkeit erwogen: „Für den, der den Brief von Rom ausgehen läßt, hat die Annahme, nicht ein Späterer, sondern schon Petrus habe Kenntnis von paulinischen Briefen gehabt, keine Schwierigkeit."

In seiner Studie zum Leidensverständnis des Ersten Petrusbriefes vertritt H. Manke die Auffassung, daß „kaum bezweifelt
werden kann, daß 1 Petr als ntl. Spätschrift ohne die vorangegan-
gene paulinische Theologie nicht zu verstehen ist"[37]. Manke fügt
freilich die häufig konstatierte Tatsache hinzu, daß „angesichts einer veränderten theologischen und kirchlichen Ausgangslage
wichtige Kategorien der paulinischen Theologie nicht mehr berücksichtigt"[38] werden. Letzteres ist zweifellos eines der Hauptpro-
bleme der These einer Abhängigkeit bzw. Beeinflussung des Ersten
Petrusbriefes von paulinischer Tradition.

Mit anderen Exegeten geht F. Schröger in der Beurteilung des
Prolems sogar so weit zu sagen: „Würde der Name im Präskript
fehlen, würde man dieses Schreiben eher als der paulinischen
Schule zugehörig betrachten ..."[39] Dennoch kommt er in seiner
Untersuchung zur Ekklesiologie des Briefes zu folgender differen-
zierenden Verhältnisbestimmung hinsichtlich des Römerbriefes:

> „Aus dem Vergleich ergibt sich, daß man nicht sagen kann, der 1. Petrusbrief sei
> literarisch vom Römerbrief abhängig ... Leugnen wird man nicht können, daß der
> Verfasser ... den Römerbrief kannte."[40]

Wegen der dennoch bestehenden Divergenzen „sollte man aufhö-
ren, von einem Paulinismus im 1. Petrusbrief zu reden"[41]. Auch
für A. Lindemann waren die Unterschiede Grund zur Differenzierung:

---

[37] H. Manke, Leiden S. 252.
[38] A.a.O. S. 259.
[39] F. Schröger, Verfassung S. 239 Anm. 1; vgl. schon O. Pfleiderer, Urchristentum II S. 508, der meinte, der Verfasser habe es nicht gewagt, unter dem Namen
des Paulus zu schreiben; ferner A. Jülicher/E. Fascher, Einleitung S. 192f.; W.
Marxsen, Zeuge S. 379. Bekanntlich haben H.-M. Schenke und K. M. Fischer, Einleitung I S. 203, aus dieser Beobachtung die Konsequenz gezogen, und behauptet,
daß am Anfang des Briefes nicht Petrus, sondern Paulus gestanden habe. Läßt
man sich auf diese Spekulation ein, dann führt sie sich insofern ad absurdum, als
dann kaum noch erklärbar wäre, warum man später dem so paulinisch anmuten-
den Schreiben den Namen Petrus vorangestellt hätte, es sei denn, man rekurrierte
auf die alte „Unionsthese" (s.o.).
[40] F. Schröger, a.a.O. S. 214.
[41] A.a.O. S. 227.

„1 Petr zeigt, in welchem Ausmaß paulinisches Reden und paulinische Theologie auch diejenigen Kreise beeinflußte, die sich keineswegs als bewußt in paulinischer Tradition stehend empfanden."[42]

Dieser Aspekt ist im Blick auf das Verhältnis des Ersten Petrusbriefes zur paulinischen Tradition sehr oft vernachlässigt worden. Wenn der Erste Petrusbrief eine neutestamentliche Spätschrift ist, dann muß zumindest damit gerechnet werden, daß paulinische Begriffe zu Allgemeingut geworden sein können, nicht mehr bewußt als solche paulinischen Ursprungs wahrgenommen wurden und in dieser Form Eingang in eine nicht von Paulus herkommende Traditionslinie gefunden haben. So kommt z.B. N. Brox zu folgender Auffassung:

„Denn zu einer Charakteristik des Briefes gehört unter anderem eine Auflistung der deutlichen Spuren paulinischer Tradition, die an diesem pseudonymen Schreiben auffallen. Gleichzeitig muß allerdings, damit die Proportionen stimmen, immer auch eine Liste von zentralen paulinischen Begriffen und 'Lehrstükken' dargestellt werden, die im Brief 'fehlen' oder die hier in weniger paulinische Richtung 'interpretiert', 'abgewandelt', 'erweitert' worden sind. Der Paulinismus des 1 Petrusbriefes hat nämlich Grenzen, und er ist nach Herkunft, Alter und Ausmaß bislang traditionsgeschichtlich nicht befriedigend identifiziert. Für jedes Detail muß eigens und genau verglichen werden."[43]

Die Schwierigkeit eines solchen Unternehmens wird in Brox' Kommentar deutlich, in welchem er sowohl Nähe als auch Distanz des Ersten Petrusbriefes zu Paulus konstatiert, z.T. „traditionsgeschichtlich vorpaulinische Theologie"[44] vermutet, im Vollzug der Exegese jedoch des öfteren Begriffe des Ersten Petrusbriefes *von Paulus her* interpretiert, so daß deren Eigenaussage nicht zum Tragen kommt.[45] In eine ähnliche Richtung wie das Votum von Brox weisen auch Äußerungen von A. Reichert und F.-R. Prostmeier:

„Die einfache Klassifikation bestimmter Traditionselemente als 'paulinisch' reicht nicht hin. Eigentlich müßte bei den als 'paulinisch' verdächtigten Traditionselementen zusätzlich geklärt werden, in welcher Interpretation sie der Verfasser des 1 Petr vorgefunden haben könnte, bzw. von welchem Zweig der nachpaulinischen

---

[42] A. Lindemann, Paulus S. 259.

[43] N. Brox, „Sara zum Beispiel" S. 484f.

[44] N. Brox, Petrusbrief S. 51.

[45] Als Beispiel sei hier die Interpretation des Charisma-Begriffs genannt, dazu s.u. S. 158ff.

Tradition sie ihm zugekommen sein könnten. Mit anderen Worten: Um den Einfluß paulinischer Tradition auf den 1Petr angemessen bestimmen zu können, wäre eigentlich eine genauere Einordnung der 'paulinischen' Elemente in die nachpaulinische Traditionsgeschichte erforderlich."[46] „Die Beziehung zwischen den paulinischen Schriften und dem 1 Petr ist schriftstellerischer Art, d.h. der Verfasser des 1 Petr partizipiert u.a. an einem durch paulinische Theologie und Sprache geprägten literarischen Umfeld in einer Weise, daß diese Teilnahme keine sicheren literarkritische [sic] Aussagen gestattet."[47]

Die Liste der leicht zu vermehrenden Nachweise für Vertreter der einen oder anderen Auffassung soll hier abgebrochen werden, da die Vielschichtigkeit und damit zusammenhängend vor allem die methodischen Probleme der Behandlung unseres Themas deutlich geworden sind. Darauf ist im Folgenden einzugehen.

1.3. Methodisches

An erster Stelle sind einige terminologische Klärungen nötig, die in den meisten Fällen kaum reflektiert werden. Zunächst ist zu klären, was mit „paulinischer" Theologie gemeint ist, da in vielen Äußerungen zu unserem Thema der Begriff unscharf ist. In dieser Untersuchung soll versucht werden, folgende Begrifflichkeiten durchzuhalten: Der Begriff „paulinisch" wird für Sachverhalte aus dem Einflußbereich des Paulus gebraucht, beschreibt also im weiteren Sinne Paulus selbst *und* die sog. „Paulusschule"[48]. Die „paulinischen Briefe" sind demnach die Proto- *und* Deuteropaulinen, „paulinische Tradition" repräsentiert diejenige der sich *ausdrücklich* auf Paulus zurückführenden Schriften. Wenn eine Differenzierung zwischen Paulus und seiner Schule notwendig ist, wird von „Paulustradition" bzw. „Paulusbriefen" für Paulus selbst und „deuteropaulinischer Tradition" bzw. „deuteropaulinischen Briefen" gesprochen werden.[49]

---

[46] A. Reichert, Praeparatio S. 24.

[47] F.-R. Prostmeier, Handlungsmodelle S. 126f.

[48] Vgl. dazu bes. P. Müller, Anfänge S. 1-3.321-325.

[49] Ohne auf die Einleitungsfragen der Schriften des Corpus Paulinum ausführlich eingehen zu können, werden zu den echten Paulusbriefen Röm, 1/2Kor,

Zu bedenken ist weiterhin, wie die Frage nach dem Verhältnis des Ersten Petrusbriefes zur paulinischen Tradition in sinnvoller Weise zu behandeln ist. Für den Überblick über das zu vergleichende Material sei auf die Listen bei E. G. Selwyn[50] und L. Goppelt[51] verwiesen. Es wurde bereits angedeutet, daß das Ziel nicht eine vollständige Behandlung *aller* Parallelen sein kann, die zwischen dem Ersten Petrusbrief und paulinischen Briefen gesehen wurden. Dies ist weder sinnvoll noch notwendig. Ebenfalls kann nur gelegentlich ein Blick auf andere neutestamentliche und frühchristliche Schriften außerhalb des Corpus Paulinum geworfen werden, gleichwohl dies für eine Gesamtschau der frühchristlichen Traditionsgeschichte und der Einordnung des Ersten Petrusbriefes von großer Bedeutung wäre.

Die Untersuchung setzt im Hauptteil im Wesentlichen zwei Schwerpunkte, in denen einerseits *formale* sowie andererseits *inhaltlich-thematische* Aspekte behandelt werden, ergänzt durch die Erörterung von drei ausgewählten und besonders charakteristischen Einzelparallelen. Es wird also eine Auswahl wichtiger Stellen und markanter Themen getroffen, die – in Anlehnung an das zitierte Kriterium Shimadas[52] – zunächst die Differenz des Ersten Petrusbriefes zur paulinischen Tradition thematisieren soll.[53]

Gal, Phil, 1Thess, Phlm sowie – mittelbar – auch Kol gerechnet (zu Kol vgl. J. Lähnemann, Kolosserbrief S. 177-182; E. Schweizer, Kolosser S. 20-27; ders., Kolosserbrief 150ff.; W. G. Kümmel, Einleitung S. 298-305; A. Suhl, Paulus S. 168 Anm. 93, sieht in Epaphras den Verfasser; W.-H. Ollrog, Mitarbeiter S. 219, denkt an Timotheus). Alle übrigen Schreiben (Eph, 2Thess, 1/2Tim, Tit) werden als deuteropaulinische, d.h. pseudepigraphische Briefe betrachtet, durch die uns die Tradition der Paulusschule gegenübertritt. Allerdings würde eine solche Differenzierung für den Verfasser des Ersten Petrusbriefes keine Rolle gespielt haben.

[50] E. G. Selwyn, Peter S. 365-466.
[51] L. Goppelt, Petrusbrief S. 49f.
[52] S.o. S. 4.
[53] Das Auswahlkriterium gilt auch für die Sekundärliteratur, die angesichts des zu behandelnden Schriftenumfanges nicht den Anspruch auf Vollständigkeit erheben kann. Auch für den Ersten Petrusbrief muß die Literatur unter den Gesichtspunkten des Themas auf ein sinnvolles Maß beschränkt werden.

An dieser Stelle sind einige Bemerkungen zur Frage der Definition von *direkten* literarischen Abhängigkeiten nötig, für die wiederum K. Shimada vier hilfreiche Kriterien genannt hat[54]:

1. Eine literarische Abhängigkeit liegt natürlich dann vor, wenn eine Passage ausdrücklich und ausführlich zitiert wird;
2. wenn das Original und die abgeleiteten Passagen unter kontextanalytischem Gesichtspunkt gleich oder sehr ähnlich sind;
3. wenn die Wendungen (inklusive Wortstellung) und Wörter identisch oder Wörter durch Paronyme gleicher Bedeutung ersetzt wurden;
4. die Gesamtkonzepte der jeweiligen Vorstellungen dieselben oder sehr nahe verwandt sind.

Shimada weist darauf hin, daß von einer direkten literarischen Abhängigkeit nur unter der Voraussetzung einer „*cumulative evidence*" dieser Kriterien die Rede sein kann.[55]

Neben der *literarischen* Abhängigkeit ist ferner das Problem des *Einflusses* paulinischer Tradition zu bedenken. Hierbei sind m.E. vor allem drei Kriterien relevant:

1. ein kontextanalytisches, d.h. die Frage, ob ähnliche Vorstellungen in vergleichbaren Kontexten zu finden sind;
2. ein begriffsanalytisches, d.h. die Frage, ob gleiche oder ähnliche Begriffe in der gleichen Bedeutung entfaltet werden, wozu auch die Frage nach vergleichbaren Wortfeldern gehört;
3. die Frage nach bewußten Bezugnahmen auf bestimmte Traditionen.

Anzumerken ist, daß eine 'kumulative Evidenz' hierbei nicht erforderlich wäre, weil jedes Kriterium für sich bereits einen deutlichen Hinweis auf traditionsgeschichtliche Bezüge liefern würde.

Bei diesen literarischen Kriterien soll jedoch nicht stehengeblieben werden[56], sondern in einem *Ausblick* sind die Ergebnisse in die Skizze einer frühchristlichen Traditionsgeschichte zu stellen, zu welcher diese Untersuchung *einen* Beitrag leisten soll. Dieser wäre durch weitere Arbeiten in dieser Richtung fortzusetzen.[57] Dahinter steht die grundlegende Auffassung, daß die Bestimmung des Verhältnisses frühchristlicher Traditionen nicht auf die rein literarische Ebene reduziert werden kann, sondern daß literarische Zeugnisse gleichsam die herausragenden Spitzen von Traditionslinien

---

54 K. Shimada, Romans S. 90f.

55 A.a.O. S. 91, unter Hinweis auf J. H. Charlesworth, Pseudepigrapha S. 70f.

56 Das ist ein entscheidender Mangel bei vergleichbaren Arbeiten – mutatis mutandis gilt dies auch für solche Untersuchungen, die die Abhängigkeit behaupten.

57 Vgl. bereits die ausführliche Untersuchung des Verhältnisses des Ersten Petrusbriefes zum Matthäusevangelium von R. Metzner, Rezeption passim.

sind, die auf der vorliterarischen Ebene in unterschiedlicher Weise verbunden, aber in ihrer je eigenen Prägung eigenständig waren.[58] Es stellt sich z.B. die Frage, welche Art von Unterschieden in zwei zu unterscheidenden frühchristlichen Traditionskreisen zu erwarten sind, die sich beide auf dasselbe Heilsereignis beziehen, welches jeweils durch verschiedene Autoritäten vermittelt wurde. Diese Fragestellung hat A. Schlatter anschaulich beschrieben:

> „Denn die Verkündigung der Botschaft geschah durch Petrus und Paulus gleichzeitig auf Grund desselben Tatbestands, der durch die Tat und das Wort Jesu geschaffen war, und unter der Einwirkung derselben Ereignisse ... Die Berührungen des Paulus mit Petrus begannen nach seiner Flucht aus Damaskus. Da er in Syrien lange in Gemeinden lebte, die ihren geistigen Besitz von Petrus empfangen hatten, ist es gesichert, daß er von dem, was Petrus war und lehrte, eine deutliche Kenntnis besaß. Er wird im Verkehr mit den Männern, die aus Jerusalem nach Antiochia gekommen waren, kräftig der Gebende gewesen sein, doch nicht so, daß er nicht auch der Empfangende war."[59]

Zwar klingt dies heute innerhalb einer Auslegung des Ersten Petrusbriefes recht historisierend, aber muß man nicht auf dieser Ebene z.B. das Problem des Namens „Petrus" im Präskript behandeln, welches nach wie vor eine der Hauptschwierigkeiten bei der Behauptung von Abhängigkeiten des Ersten Petrusbriefes von paulinischer Literatur ist?[60] Sollte man nicht vielmehr davon aus-

---

[58] So schreibt etwa E. Gräßer im Blick auf das Verhältnis des 1 Petr zum Hebräerbrief: „Die Frage nach den literarischen Abhängigkeitsverhältnissen stellt sich ... der heutigen Forschung nicht mehr in der direkten Weise: Wer hat wen als Vorlage benutzt? Sondern so, daß man fragt, welche Schriftsteller gemeinsamen Zugang hatten zu den gleichen Traditionen, die schriftlich oder mündlich umliefen" (Hebräerbrief S. 60). Vgl. ferner K. Shimada, Ephesians S. 104.

[59] A. Schlatter, Petrus und Paulus S. 43; zum Verhältnis von Petrus und Paulus und wie dieses sich in der paulinischen Korrespondenz niederschlägt vgl. P. Perkins, Peter S. 109-118.

[60] Vgl. dazu ausführlich A. Reichert, Praeparatio S. 537-557, die unter den Voraussetzungen, daß der Verfasser an einem Märtyrerapostel interessiert war und – wie der Bezug auf Silvanus und Markus deutlich mache – „das Thema 'Paulus' in irgendeiner Weise reflektiert" habe (a.a.O. S. 555), annimmt, der Autor verwende den Namen „Petrus" deshalb, weil „Paulus" im Blick auf die Leidensproblematik „wahrscheinlich nicht mehr hinreichend eindeutig" gewesen und daher auf dieses Pseudonym *bewußt* verzichtet worden sei (a.a.O. S. 556 mit Anm. 1). Diese tendenzielle Spekulation von Reichert markiert den neuesten Stand der oft ratlos wirkenden Versuche, den Namen „Petrus" zu erklären.

gehen, daß der Verfasser des Ersten Petrusbriefes den Namen „Petrus" ganz bewußt gewählt hat, weil sein Schreiben bei den *Adressaten* eben durch den Namen des Petrus autorisiert wurde, der
deshalb gerade nicht austauschbar wäre? Das würde aber gleichzeitig implizieren, daß die Adressaten einem Traditionskreis ange-
hörten, in welchem die Wirksamkeit des Petrus von besonderer
grundlegender Bedeutung war. Hierbei wird deutlich, daß man
ohne die Einbeziehung der historischen Dimension frühchristlicher Traditionsgeschichte, die in ihrem Wesen *Missionsgeschichte*
war, nicht auskommt, um ein angemessenes Bild von dem Verhältnis der noch erhaltenen Zeugnisse zu gewinnen.[61] Daß schließlich
für die Prägung von Traditionen einzelne Autoritäten eine Rolle
gespielt haben, dürfte unbestritten sein.[62] Läßt man diese Überlegungen gelten, dann kann – ohne vorschnell historisieren zu wollen – festgestellt werden, daß es zwischen dem petrinischen und
dem paulinischen Wirkungskreis Berührungen gegeben hat, die es
bereits in historischer Hinsicht unwahrscheinlich erscheinen lassen, daß sie in literarischen Zeugnissen jener Wirkungskreise keinen Niederschlag gefunden haben. Hinweise für solche Berührungen sind zunächst die Bekanntschaft des Petrus und Paulus selbst
(vgl. Gal 2), ferner – im Blick auf die Wirkung in Gruppen als
Trägerkreise von Traditionen – die Bekanntschaft der korinthischen Gemeinde mit Petrus und seiner missionarischen Tätigkeit
(1 Kor 9,5), auf die wahrscheinlich die „Kephasgruppe" in Korinth
zurückgeht[63]. Ferner ist darauf hinzuweisen, daß Paulus selbst

---

[61] Vgl. F.-R. Prostmeier, Handlungsmodelle S. 23 (mit Blick auf die ältere Forschung): „Diese frühen literarkritischen Arbeiten zeigen, daß diese Methode der
Annäherung an den Text zur Deutung ihrer Ergebnisse per se die Rekonstruktion
einer Geschichte des Urchristentums provoziert und daß folglich die Kongruenz
von literarischer Beobachtung und Historie die Plausibilitätsstruktur der theologischen Auslegung bereitstellt." Prostmeier will diese Fragestellung als erwiesener-
maßen gescheitert aufgeben (a.a.O. S. 35ff.).
[62] Vgl. dazu beispielhaft für den johanneischen Traditionskreis M. Hengel, Die
johanneische Frage passim; U. Schnelle, Die johanneische Schule passim (Lit.). –
Zur Mission des Petrus vgl. z.B. F. Hahn, Mission S. 37-43.
[63] Vgl. A. Schlatter, Petrus und Paulus S. 15f. C. Wolff, Erster Korintherbrief S.
27f., vermutet, daß es sich um aus dem Missionsbereich des Petrus zugewanderte
Christen handelt; zu 1 Kor 9,5 vgl. a.a.O. S. 191.

Wert darauf legt, daß er in den Grundlagen seiner Verkündigung
mit Petrus und den anderen Autoritäten der frühen Zeit *übereinstimmt* (1Kor 15,11; Gal 2,9).[64] An dieser Tatsache ändern auch
die Spannungen nichts, die es dennoch zwischen den beiden Aposteln gegeben hat, denn auch im sog. antiochenischen Konflikt
kann Paulus dem Petrus nur deshalb Vorhaltungen machen, weil
sich zuvor beide hinsichtlich der Missionsgrundsätze einig waren
(vgl. Gal 2,13f.16f.).[65] Wenn schließlich Paulus bei der Feststellung
der gemeinsamen Verkündigung auf bekannte Tradition hinweist
(1Kor 15,3b-5)[66], so wird – wenn man die historisch-traditionsge-
schichtliche Dimension nicht von vornherein ausklammert – deutlich, daß eine sich auf Paulus wie auch eine sich auf Petrus beru-

---

64 Vgl. A. Schlatter, Petrus und Paulus S. 23f.; T. Holtz, Bedeutung S. 168f.;
ders., Zwischenfall S. 179f. F. Mußner, Petrus und Paulus S. 38f., ging sogar so
weit, daß er in Anlehnung an Apg 15 und Gal 2 dem Petrus „eine Neigung zum
Paulinismus" (a.a.O. S. 39) bescheinigte, was sich im Ersten Petrusbrief dadurch
ausdrücke, daß „Petrus" zum „Vertreter gut paulinischer Theologie" werde (ebd.).
Was aber bedeutet unter diesem Blickwinkel noch 'paulinische' Theologie? Vgl.
a.a.O. S. 50: „Das ist weithin bestes paulinisches Erbe, wenn auch ohne den pole-
mischen Kontext der Paulusbriefe und wenn auch ohne direkte, 'literarische' Abhängigkeit von diesem. Hier denkt und schreibt jemand entschieden paulinisch,
wenn auch auf seine Weise."
65 Vgl. J. Rohde, Galater S. 110; J. Becker, Galater S. 29; M. Karrer, Petrus im
paulinischen Gemeindekreis S. 218f. Zum Problem vgl. z.B. T. Holtz, Zwischenfall
passim, bes. S. 174f.; P. C. Böttger, Paulus und Petrus passim, bes. S. 79ff.89ff., der
diese gemeinsame Voraussetzung nicht einbeziet; ferner (unter forschungsgeschichtlicher Schwerpunktsetzung) ausführlich A. Wechsler, Geschichtsbild passim, bes. S. 296-395, hier bes. S. 352f.: „Er [sc. Paulus] erinnert ... an den Konsens,
der unter Judenchristen innerhalb der antiochenischen Gemeinde bisher Realität
war ...: 'Obwohl geborener Jude – heidnisch und nicht nach jüdischer Art leben',
das ist die sichtbare Außenseite des Grundsatzes, dem sich Petrus aufgeschlossen
hatte und auf den hin er jetzt angesprochen wird."
66 Vgl. C. Wolff, Erster Korintherbrief S. 359f.: „Ob man den Text V.3b-5 nun
wörtlich in ein semitisches Original zurückübersetzen kann oder nicht, auf jeden
Fall stimmen die Aussagen des Traditionsstückes nach V.11 mit dem Kerygma
auch der aramäischen Gemeindeautoritäten überein. Das aber kann keine leere
Behauptung sein; vielmehr muß die Aussage einer Nachfrage standhalten können, wie aus dem Tenor der Verse 8-11 hervorgeht (vgl. auch die Existenz einer
Petrusgruppe in Korinth 1,12!). Sollte Paulus ... die Tradition in Antiochien kennengelernt haben, so ist damit übrigens keineswegs ausgeschlossen, daß sie dort
als aus Jerusalem stammend bekannt war."

fende Tradition die gleichen *traditionellen* Voraussetzungen haben, ohne daß man die literarischen Zeugnisse dieser Traditionen in irgendeiner Form harmonisieren oder als voneinander abhängig erweisen müßte. Die Berührungen und Überschneidungen von Traditionskreisen (welche freilich nicht nur in personaler, sondern auch in lokaler Hinsicht näher zu beschreiben wären[67]) lassen es wahrscheinlich werden, daß z.b. eine gemeinsame Begrifflichkeit möglich ist, ohne daß ein direkter inhaltlicher Einfluß oder ein gleiches inhaltliches Verständnis vorliegen muß, mithin, daß die Entfaltung bestimmter gemeinsamer Vorstellungen bei vergleichbarer Begrifflichkeit durchaus eigenständiges Profil aufweisen kann und so jeweils kennzeichnend für eine „paulinische" oder „petrinische" Theologie und Tradition im Sinne der Geltung verschiedener Autoritäten werden kann. Ein Problem dabei ist freilich, daß die Textbasis, die man unter diesen Gesichtspunkten als „petrinische" Tradition ausmachen kann, recht schmal ist:

„Der Vergleich ist ... durch die Tatsache beeinträchtigt, daß hier ein einziger kleiner Brief einer Briefreihe mit ungleich umfangreicherem Gedankenmaterial gegenübersteht ..."[68]

Doch paläographisch gesehen muß wohl eher die umfangreiche paulinische Tradition als das Außergewöhnliche gelten, so daß es methodisch m.E. eine wichtige Forderung ist, gerade *wegen* des „Übergewichtes" der paulinischen Tradition die Vorstellungen und Begriffe im Ersten Petrusbrief zunächst in ihrem Kontext wahrzunehmen und nicht sogleich auf das paulinische Verständnis zu rekurrieren.

Mit Recht bemerkt daher F.-R. Prostmeier, daß das Problem der „Paulinismus"-These die Frage nach der Art und Weise der

---

[67] Hierbei wird die Frage nach den Adressaten bzw. -gebieten relevant, vgl. dazu unten S. 35ff. Zur Veranschaulichung des Problems sei hier bereits auf die Tatsache hingewiesen, daß auch Lukas – bei aller idealisierenden Darstellung der Missionsgeschichte – davon wußte, daß es Gebiete gab, in denen Paulus *bewußt* nicht missionierte (Apg 16,7[hier ist Bithynien namentlich erwähnt]; vgl. ferner 2Kor 10,15f.; Röm 15,20f.; vgl. dazu U. Wilckens, Römer III S. 121; C. Wolff, Zweiter Korintherbrief S. 206f.). – Zum Problem vgl. bes. M. Karrer, Petrus im paulinischen Gemeindekreis passim.

[68] T. Spörri, Gemeindegedanke S. 271.

Paulusrezeption ist, und daß in dieser Hinsicht überhaupt fraglich
sei, was mit „Paulinismus" gemeint ist:

„Die Identifizierung von Paulinismen ist für den 1Petr zusätzlich dadurch erschwert, daß wir im Unterschied zur Paulusimitation in den Deuteropaulinen
keine den Paulinen vergleichbare Größe für Petrus vorweisen können."[69]

Es zeichnet sich demnach folgendes Grundproblem ab: Wie kann
man eine von Paulus und seiner Schule zu unterscheidende „petrinische" Tradition identifizieren angesichts der Tatsache, daß die
mit dem Namen Petrus verbundene Textbasis keine originale ist?
Hier scheint die Fragestellung zirkulär zu werden. Denn wenn
man *davon ausgeht*, daß der Erste Petrusbrief (und der zweite ohnehin) nicht auf einen Kreis zurückzuführen ist, für den Petrus die
wesentliche Autorität war, dann ist es *ausgeschlossen*, eine „petrinische" Tradition aus ihm zu erheben. Aus diesem Grund waren
viele Versuche, die Eigenständigkeit der Tradition des Ersten Petrusbriefes zu erweisen, mit dem Versuch des Echtheitsnachweises
(inklusive der Sekretärsthese) verbunden (um nicht zu sagen: bela-
stet)[70], oder, wie besonders im Falle Baurs und Schweglers, mit der
These eines nachapostolischen Frühkatholizismus, die in neuerer
Zeit z.B. von S. Schulz vehement bekräftigt wurde[71]. Will man
diese Positionen vermeiden, wird man nicht umhin kommen, die
Perspektive einer Geschichte frühchristlicher Traditionen einzube-
ziehen, um eine plausible Einordnung des Ersten Petrusbriefes zu
gewinnen bzw. sein Verhältnis zu anderen Traditionen zu bestimmen, zu denen ja nicht nur Paulus und seine Schule zählen.[72]

---

69 F.-R. Prostmeier, Handlungsmodelle S. 29 Anm. 63.

70 Vgl. dazu F.-R. Prostmeier, a.a.O. S. 35f. mit Anm. 79; s.a. unten S. 68 Anm.
198.

71 Dazu s.o. S. 6f. Anm. 22.

72 Vgl. die oben S. 5 zitierten Forderungen K. Shimadas, gegen F.-R. Prostmeier, Handlungsmodelle S. 35-37, der im Anschluß an E. G. Selwyn und N. Brox
formuliert: „Dieser Befund und die umfangreichen Untersuchungen zur sog. petrinischen Strömung zeigen, daß es sich um eine Hypothese handelt, welche wohl
als Pendant zu der des *Paulinismus* zu verstehen ist. Beides [sic] hat nie eine geschichtliche Wirklichkeit korrespondiert – außer in der Forschungsgeschichte
selbst." Zwar wird hier mit Recht die Reduzierung der Frage nach einer „petrinischen" Strömung auf die Person des Petrus kritisiert, aber dabei vergessen, *daß* Petrus nun einmal missionarisch tätig war und es daher „petrinische" Gemeinden

Dazu jedoch bedarf es verschiedener Einzeluntersuchungen, die *zunächst* von der literarischen Ebene im Vergleich des schriftlichen Materials ausgehen müssen, letztlich aber nicht dabei stehenbleiben dürfen, weil Traditionsgeschichte als Prozeß nicht nur unter literarischem Gesichtspunkt zu sehen ist, sondern – wie dies A. Schlatter bereits versucht hat – die historische Frage nach den Verbindungen von traditionstragenden Autoritäten bzw. sog. „Trägerkreisen" gestellt werden muß.[73]
Ein ähnliches Anliegen formuliert – mit einem skeptischen Unterton – J. Becker:

„Der Weg zu einem Gesamtkonzept des Urchristentums ... setzt voraus, daß die jeweils dominierenden Lebenskräfte und Erfahrungen, die zu Problemlösungen herausfordern, auch tatsächlich an den Quellen festgestellt werden können. Nun mag man davon überzeugt sein, daß sich die paulinische Briefliteratur dazu eignet, Lebensvollzug und gläubiges Denken beim Völkerapostel so zusammenzusehen, daß man sich zutraut, eine lebensgeschichtliche Entwicklung seiner theologischen Ansichten nachzuzeichnen. Aber kann das auch ein Beschreibungskonzept für das ganze Urchristentum sein? Zugegebenermaßen liegen hier die Dinge viel

---

gegeben haben muß, genauso, wie es paulinische gab. Daß der Erste Petrusbrief den Namen des Petrus trägt, ist auf diesem Hintergrund ein deutliches Signal für eine „petrinisch" geprägte Tradition, womit die Möglichkeit der Aufnahme verschiedener Traditionen (u.U. auch literarischer Art) offen bleibt.

[73] In diese Richtung hat hinsichtlich des 1Petr bes. E. G. Selwyn einen bedeutenden Beitrag geleistet (Peter S. 17-24.363-466; vgl. dazu die Kritik bei E. Lohse, Paränese S. 71f.; L. Goppelt, Petrusbrief S. 47f.). Auf den wichtigen Beitrag im Vorfeld einer solchen Geschichte der Traditionen von R. Metzner, Rezeption passim, hinsichtlich des Verhältnisses des 1Petr zum Matthäusevangelium, wurde bereits hingewiesen (oben S. 13 Anm. 57). Vgl. ferner F.-R. Prostmeier, Handlungsmodelle S. 33: „Die Parallelen, namentlich zum Corpus Paulinum, erklären sich ... *nicht literarisch, sondern historisch*, durch *schriftstellerische Teilhabe, Bezugnahme und Herkunft*." – K. Backhaus, Hebräerbrief passim, hat z.B. hinsichtlich des Verhältnisses des Hebräerbriefes zur paulinischen Tradition festgestellt, daß eine literarische Beziehung nicht nachweisbar ist (a.a.O. S. 185f.) und beide jeweils in „eigener Weise gemeinsames Überlieferungsmaterial verarbeiten" (a.a.O. S. 186). Gegenüber der Paulusschule erweist der Verfasser des Hebr seine „theologische Unabhängigkeit" (ebd.; vgl. a.a.O. S. 191f.), gleichwohl es zwischen beiden Kreisen sowohl theologische als auch soziale Beziehungen gegeben habe (a.a.O. S. 201f.). „So gesehen ist frühchristliche Theologiegeschichte weder als sukzessive Folge von Traditionsblöcken noch als unverbundenes Nebeneinander von Entwicklungslinien zu verstehen. Sie erweist sich vielmehr – zumindest für Hebr und die Paulus-Schule – als umfassender Kommunikations- und Integrationsprozeß konvergierender Traditionslinien" (a.a.O. S. 201).

schwieriger: Die Jesusverkündigung ist nur hypothetisch rekonstruierbar. Dasselbe gilt für das allgemeine Urchristentum vor und neben Paulus. Manches, was sich in der Folgezeit als Variante des Christentums zeigt, muß nicht 'neu' sein, sondern könnte im Ansatz durchaus auf ein zu Paulus synchrones Christentum zurückgehen. Man wird dies ernsthaft z. B. beim 1 Petr und Jak erwägen müssen."[74]

In diesen Zusammenhang gehört z.b. die schwierige Frage nach der Wirkung und der Durchsetzungskraft der paulinischen Autorität, ob sich Paulus etwa in Galatien gegen die von Jerusalem beeinflußten Tendenzen durchsetzen konnte, oder auch gegen den Einfluß seiner Gegner in Korinth, mithin die Frage, ob die erhaltene und kanonisierte Zahl von paulinischen Schriften im rechten Verhältnis zu dem Einfluß steht, den die paulinische Mission in Kleinasien hinterlassen hat. Dazu schreibt E. Käsemann:

„Der Apostel erscheint der herrschenden Meinung als der Bahnbrecher der Heidenmission und als der klassische Theologe der Urchristenheit. War er wirklich beides? Einfache Überlegung muß schon die Fragwürdigkeit des ersten Urteils erkennen: Die Bahn der Heidenmission haben zweifellos jene mehr oder minder anonym gewordenen Männer gebrochen, welche im Anschluß an die Verfolgung der Hellenisten von Judäa nach Antiochien kamen, und jene anderen völlig vergessenen, welche, um nur Beispiele zu nennen, die Gemeinden in Damaskus, Ephesus, Rom gründeten. Sie sind vom breiten Schatten erdrückt worden, den Paulus hauptsächlich durch seine uns eben erhaltenen Briefe und durch die Darstellung der Apostelgeschichte über sie geworfen hat. Doch beweisen die wenigen Nachrichten, die wir über Barnabas und Apollos besitzen, daß es unabhängig von ihm bedeutende Heidenmissionare gegeben hat, und die von ihm genannten Rivalen in Galatien, Korinth, Philippi dürfen ebenfalls nicht von uns unterschlagen werden, von den Gestalten seiner Grußlisten ganz zu schweigen. Wie und wann hat er überhaupt seine Bedeutung und Unabhängigkeit erlangt? ... Ist es nicht ein völlig offenes Problem, wie lange die von Paulus gegründeten Gemeinden ihm treu geblieben sind und seine Tradition bewahrt haben? Fast alle seine Briefe beweisen, daß hellenistischer Enthusiasmus schon gegen die Autorität des lebenden Apostels rebellierte, fremde Missionare dauernd in sein Feld einbrachen und sich dort mühelos festsetzten, rivalisierende Gruppen Zucht, Stetigkeit, feste Prägung hinderten. Mit letzter Anstrengung hat sich Paulus in Korinth behauptet, aber kaum über seinen Tod hinaus. Von Galatien läßt sich nicht einmal das sagen. Die Johannesapokalypse trägt keine Spuren dessen, daß Kleinasien dem Apostel Dank schuldet. Einzig die Ignatiusbriefe zeigen, daß man seiner noch in Syrien gedenkt, wenn das überhaupt so formuliert werden darf. Denn Matthäus, Johannes, die Didache verraten davon nichts. Man mag einwenden, all diese Feststellungen seien angesichts des uns erhaltenen schmalen Überlieferungsrestes nicht beweiskräftig.

---

[74] J. Becker, Urchristentum S. 11-17, Zitat S. 16; vgl. a.a.O. S. 138f.

Doch reden die Paulusbriefe selber eine deutliche Sprache, der Überlieferungsrest ist immerhin groß genug, um so etwas wie einen Indizienbeweis zu versuchen. Schließlich gelangen wir zu ähnlich dürftigen, weithin sogar negativen Resultaten, wenn wir nach dem Echo der paulinischen Theologie bei den Zeitgenossen und den unmittelbar folgenden Generationen fragen."[75]

Diese Überlegungen Beckers und Käsemanns wurden so ausführlich zitiert, weil damit auch wichtige Aspekte für unsere Untersuchung des Verhältnisses des Ersten Petrusbriefes zur paulinischen Tradition angesprochen werden: Wie hat sich das Verhältnis der paulinischen Gemeinden zur antiochenischen und von Jerusalem geprägten Tradition entwickelt? Welche Rolle spielte die petrinische Mission, welche Gebiete umfaßte sie? Gab es gar eine „petrinische" Schule? Wo war deren Zentrum – in Rom[76], in Kleinasien oder gar in Antiochien? Können die Adressatenangaben im 1 Petr unter diesen Aspekten noch einmal neu betrachtet werden? Im Rahmen der vorliegenden Untersuchung, die sich als eine solche oben erwähnte Einzeluntersuchung versteht, kann dieser Problemkreis nur als Fragestellung bzw. in Form eines Ausblickes umrissen werden.

---

[75] E. Käsemann, Paulus und der Frühkatholizismus S. 241f.; vgl. auch R. Schnackenburg, Ephesus S. 46f.53ff. (für Ephesus); P. Lampe/U. Luz, Nachpaulinisches Christentum S. 185f.

[76] Vgl. dazu ausführlich J. H. Elliott, Peter, Silvanus and Mark passim; ders., Home S. 267-282; O. Knoch, Petrusbrief S. 143-147.

2. Das Briefformular

2.1. Das Präskript

2.1.1. Vorüberlegungen

Die von Paulus geprägte christliche Brieftradition[1] ist für die späteren Generationen der christlichen Gemeinden ein wichtiger Faktor im Blick auf pseudepigraphische Schreiben, die hinsichtlich der (nachapostolischen) Leitung der Gemeinden von Bedeutung waren und apostolische Autorität für sich beanspruchten. Eine besondere Rolle dabei spielt der sog. pseudepigraphische Rahmen, bestehend aus Präskript und Briefschluß, durch den das jeweilige Schreiben seine apostolische Autorität erhielt.[2]

Paulinische und deuteropaulinische Brieftradition scheint darüber hinaus durch ihre herausgehobene Rolle eine Art Vorbildcharakter für andere frühchristliche Briefliteratur zu haben, die

---

[1] Vgl. O. Roller, Formular passim; kritisch K. Berger, Gattungen 1333f.; pointiert bei J. L. White, Literature passim, bes. S. 1739-1751: „The apostle Paul was the primary influence in the formation of the Christian letter tradition or, at least, the apostolic letter tradition which we find in the NT. Consequently, Paul's letters provide both the beginning point, and the norm, for our investigation of NT letters" (a.a.O. S. 1739); vgl. auch H. Köster, Experiment passim, bes. S. 33. Diese paulinische Brieftradition, die auf das zweiteilige orientalische Formular zurückgeht, ist für unsere Fragestellung von Interesse und kann in verschiedener Hinsicht von anderen unterschieden werden. Ein *formaler* Unterschied besteht zu jenen christlichen Briefen, die die griechisch-römische Form verwenden (vgl. Apg 15,23.29; Jak 1,1; vgl. den Brief des Klaudius Lysias in Apg 23,26ff.). Ferner legen zumindest 2Kor 3,1 und Apg 15,23ff. nahe, daß es neben der paulinischen Korrespondenz einen schriftlichen Austausch zwischen Gemeinden gegeben hat (vgl. J. Roloff, Apostelgeschichte S. 225ff.; T. Holtz, Bedeutung S. 151f.; C. Wolff, Zweiter Korintherbrief S. 58, dort weitere Belege).

[2] Zum Problem der Pseudepigraphie vgl. z.B. H. Balz, Anonymität passim; N. Brox, Falsche Verfasserangaben passim; M. Hengel, Anonymität passim; F. Laub, Falsche Verfasserangaben passim; P. Pokorný, Pseudepigraphie passim; R. Bauckham, Pseudo-Apostolic Letters passim u.a.

nicht mit dem Namen des Paulus verbunden ist.[3] Diese Tatsache wird insofern zum Problem, als durch die von Paulus geprägte christliche Brieftradition die Frage entsteht, ob und inwieweit das *paulinische* Brieff ormular *bewußt* von christlichen Autoren späterer Zeit übernommen wurde, auch wenn sie sich nicht auf die paulinische Autorität beziehen, sondern unter dem Namen anderer Apostel schreiben sollten.

Für den Ersten Petrusbrief (im Folgenden: 1Petr) gilt vor allem der briefliche Rahmen als wichtiges Indiz für den Einfluß paulinischer Tradition.[4] Die sich daraus ergebende Aufgabenstellung der vorliegenden Untersuchung ist es zu prüfen, ob der Einfluß paulinischer Brieftradition auf den 1Petr so stark im Vordergrund steht, wie es auf den ersten Blick zu vermuten wäre. Dazu sollen an dieser Stelle zunächst einige formale Beobachtungen zusammengetragen werden, bei denen im Vergleich zum 1Petr neben den echten Paulusbriefen vor allem die deuteropaulinischen Briefe[5] zu berücksichtigen sind, da durch sie eine zeitliche Nähe zwischen Paulusschule und 1Petr erreicht wird.[6] Sollte also 1Petr eine traditionsgeschichtliche Beziehung zu paulinischen Brieftraditionen aufweisen, so müßten vor allem solche wiederzufinden sein,

---

[3] Z.B. der briefliche Rahmen der Johannesapokalypse, vgl. dazu H. Kraft, Offenbarung S. 29; bes. M. Karrer, Johannesoffenbarung S. 67-83, bes. S. 73f.; anders jedoch K. Berger, Apostelbrief S. 191 Anm. 6. U. B. Müller, Offenbarung S. 71, läßt die Frage der Abhängigkeit vom paulinischen Formular offen.

[4] Vgl. K. H. Schelkle, Petrusbriefe S. 18; F. W. Beare, Peter S. 73; A. Lindemann, Paulus S. 252; E. Schweizer, Markus S. 753; U. Schnelle, Einleitung S. 468; F. W. Horn, Petrusbrief S. 674; bes. pointiert bei H. Köster, Einführung S. 731: „Die Form des Präskripts *kopiert* die Form der paulinischen Briefpräskripte" (Hervorh. v. mir). Eine differenzierte Sicht bietet N. Brox, Rahmung passim, bes. S. 92ff.; vgl. ders., Petrusbrief S. 50; vgl. auch L. Goppelt, Petrusbrief S. 73: „Von dieser [sc. der paulinischen] Ausgestaltung ist jedoch im 1Petr nur zu finden, was für den frühchristlichen Gemeindebrief generell typisch wurde, nichts für Paulus Spezifisches ..." Daß auch der paulinischen Brieftradition ein allgemeines orientalisches Formular zugrunde liegt (vgl. E. Lohmeyer, Grußüberschriften S. 11f.; F. Schnider/W. Stenger, Studien S. 3ff. und passim), kann zunächst methodisch unberücksichtigt bleiben, solange konkret nach paulinischem Einfluß auf den 1Petr als ebenfalls christlichen Brief gefragt wird.

[5] Zur Zuordnung der Briefe des Corpus Paulinum s.o. S. 11f. Anm. 49.

[6] Vgl. dazu F. W. Horn, Petrusbrief S. 674.

die der Prägung paulinischer Tradition entsprechen, wie sie in
deuteropaulinischen Schreiben greifbar ist. Das Moment der zeitlichen Nähe zwischen 1Petr und deuteropaulinischen Schreiben ist
jedoch dahingehend zu relativieren, daß in späterer Zeit die Paulustradition nicht nur durch deuteropaulinische Briefe, sondern
immer auch durch echte Paulusbriefe selbst vermittelt werden
konnte, sofern sie nämlich als Briefsammlung den Gemeinden
vorlagen (vgl. 2Petr 3,16 als Beispiel für spätere Zeit).[7] Darüber
hinaus muß damit gerechnet werden, daß auch Einzelbriefe kur-
siert haben (vgl. Kol 4,16). Spricht man daher von einem Einfluß
paulinischer Tradition auf den 1Petr, muß immer das ganze Corpus Paulinum im Blick sein. Somit könnte auch ein Schreiber, der
nicht unmittelbar einer bzw. der Paulusschule zuzuordnen ist, paulinische Traditionen aufnehmen und weitertragen. Daraus ergäbe
sich eine wichtige Differenzierung innerhalb deuteropaulinischer
Tradition, die für die Beurteilung nichtpaulinischer Briefe[8] im allgemeinen und für die Untersuchung des 1Petr im besonderen von
Bedeutung sein könnte.

2.1.2. Das Präskript im Corpus Paulinum[9]

Zu beginnen ist mit der einfachen Feststellung, daß alle Briefe des
Corpus Paulinum mit dem Namen des Apostels beginnen, wie es
der Briefkonvention entspricht (Superscriptio).[10]

---

[7] Zur Sammlung der paulinischen Briefe vgl. D. Trobisch, Entstehung passim.

[8] „Nichtpaulinisch" meint Schreiben, die keine paulinische Verfasserschaft für
sich in Anspruch nehmen.

[9] Da es in diesem Abschnitt vor allem um die *formale* Briefstruktur geht, die
1Petr aus paulinischer Tradition übernommen habe, soll die Analyse des paulinischen Formulars vor der des 1Petr stehen, im Unterschied zu den stärker inhaltlich ausgerichteten Abschnitten der Untersuchung.

[10] Ausnahmen sind im Neuen Testament die Johannesbriefe und der Hebräerbrief. Immerhin beginnen der 2 und 3Joh mit ὁ πρεσβύτερος, das an die Stelle des
Namens tritt und den Absender für die Adressaten ebenso eindeutig identifiziert,
vgl. H. J. Klauck, Der zweite und dritte Johannesbrief S. 29; F. Vouga, Johannesbriefe S. 80. – Zur Form des antiken Briefformulars vgl. O. Roller, Formular S.
46-91; F. Schnider/W. Stenger, Studien S. 3.

In den Briefen des Paulus folgt dem Namen des Apostels eine nähere Selbstdarstellung, die sogenannte Intitulatio.[11] Fünf Mal begegnet der Titel ἀπόστολος, so in Röm, 2Kor, Gal und Kol, mit dem Zusatz κλητός in 1Kor. Im Röm verwendet Paulus für sich darüber hinaus die Bezeichnung δοῦλος, ebenso im Phil, hier aber ohne ἀπόστολος und erst nach der Nennung des Mitabsenders sowie diesen einbeziehend. Im Phlm nennt sich der Apostel δέσμιος.[12] Erwähnenswert ist, daß im Röm δοῦλος der Bezeichnung ἀπόστολος vorausgeht[13], die wie im 1Kor durch κλητός erweitert wird.[14] Paulus verwendet also außer im 1Thess als dem ältesten Brief, in welchem er keine Intitulatio anfügt, im Phil und in dem persönlichen Schreiben an Philemon die Apostelbezeichnung zur Selbstvorstellung immer dort, wo es auf Grund der Situation nötig ist.[15] Meist (außer im Röm) erwähnt Paulus auch andere Personen als Mitabsender, so Timotheus im 2Kor, Phil, Kol und Phlm, Silvanus und Timotheus im 1Thess sowie Sosthenes im 1Kor, und im Gal nennt er allgemein „alle Brüder, die bei mir sind" (Gal 1,2).[16]

Aus all dem wird deutlich, daß Paulus in seiner Selbstvorstellung sehr differenziert verfährt und sie auf die Situation der Gemeinde und sein Verhältnis zu ihr (bzw. zu Philemon als Einzelperson) abstimmt.[17]

---

[11] Zur Form des paulinischen Präskriptes vgl. O. Roller, Formular S. 46-124; E. Lohmeyer, Grußüberschriften S. 11f. (dazu die Kritik bei G. Friedrich, Lohmeyers These passim); K. Berger, Apostelbrief passim; F. Vouga, Brief S. 8-16; F. Schnider/W. Stenger, Studien S. 4-41; J. Murphy-O'Connor, Paul S. 45-64; U. Schnelle, Einleitung S. 53-61 (dort weitere Literatur).

[12] Wahrscheinlich aus sachlichen Gründen hinsichtlich seiner eigenen Situation, vgl. P. Stuhlmacher, Philemon S. 29f.; H. Binder, Philemon S. 43; M. Wolter, Philemon S. 243.

[13] Diese Variation ist durch die Tatsache erklärbar, daß Paulus nicht der Gründer der römischen Gemeinde ist und daher die Betonung seiner apostolischen Autorität nicht den Vorrang hat, vgl. F. Schnider/W. Stenger, Studien S. 10-13; U. Wilckens, Römer I S. 62.

[14] Zur Selbstvorstellung des Apostels in Röm 1,1 vgl. J. Zmijewski, Paulus S. 38-46.

[15] Vgl. T. Holtz, Thessalonicher S. 37f.

[16] Vgl. W.-H. Ollrog, Mitarbeiter passim, bes. S. 183ff.203ff.; F. Schnider/W. Stenger, Studien S. 4.

[17] Vgl. F. Schnider/W. Stenger, Studien S. 4.7ff.

Anders stellt sich die Situation in den deuteropaulinischen Briefen dar. Läßt man den 2Thess als – durch die unmittelbare Abhängigkcit dcs Präskripts vom 1Thess[18] – gut eıkläıbaıe Ausnahme gelten, dann zeigt sich, daß die die Autorität begründende und legitimierende Apostelbezeichnung bereits fest zur Vorstellung des Paulus gehört. In diesem Punkt scheint die von Paulus bekannte Flexibilität und Situationsbedingtheit in der zweiten Generation nicht mehr möglich zu sein. Das erklärt sich vom Standpunkt der Pseudepigraphie her: Die Betonung der apostolischen Autorität ist nunmehr noch wichtiger, als es bereits für Paulus der Fall war. Selbst der Titusbrief mit seiner an Röm 1,1 angelehnten[19] Differenzierung in δοῦλος θεοῦ, ἀπόστολος δὲ ᾽Ιησοῦ Χριστοῦ fällt dadurch nicht aus dieser Regel. Ferner nennen die deuteropaulinischen Verfasser nicht mehr andere Personen neben Paulus als Absender im Präskript[20] – all dies sind deutliche Charakteristika einer späteren Zeit.

Der Aposteltitel wie auch die Bezeichnungen δοῦλος und δέσμιος haben in den Präskripten des Paulus (mit Ausnahme des 1Thess) eine nähere Bestimmung durch die Genitivapposition Χριστοῦ ᾽Ιησοῦ[21] nach sich, und zwar *stets* in dieser Reihenfolge.

Auf diesen Befund ist ausdrücklich hinzuweisen, weil die Voranstellung von Χριστοῦ im Präskript von der auch sonst bei Paulus vorwiegend verwendeten „Normalwortstellung" ᾽Ιησοῦ Χριστοῦ abweicht.[22] S. V. McCasland versteht sowohl die Normalwortstellung als auch die Inversion[23] als Appellative, deren Wortstellung auf dem Hintergrund des griechisch-römischen Sprachgebrauchs nicht fest-

---

18 Vgl. W. Trilling, Thessalonicher S. 35-38; U. Schnelle, Einleitung S. 371f. Zur Stellung des 2Thess in der paulinischen Tradition vgl. G. S. Holland, Tradition passim, zum Präskript S. 34f.60f.: „... the exactness of the parallel strongly suggests a literary dependence" (a.a.O. S. 60).

19 Vgl. H. Merkel, Pastoralbriefe S. 88.

20 Dies ist eines der Indizien, die für die Echtheit des Kol sprechen (s.o. S. 11f. Anm. 49); bereits erklärte Ausnahme ist 2Thess.

21 Als genitivus auctoris, vgl. Gal 1,1: διὰ ᾽Ιησοῦ Χριστοῦ, vgl. F. Schnider/W. Stenger, Studien S. 10.

22 Vgl. die Statistik bei S. V. McCasland, „Christ Jesus" S. 377-379; W. Kramer, Christos S. 204.

23 Zum Problem von Normalwortstellung und Inversion vgl. S. V. McCasland, a.a.O. S. 380-383; M. Karrer, Der Gesalbte S. 48-52.

gelegt waren.[24] Ferner hält er es für möglich, daß sich im Sprachgebrauch des Hebräerbriefes, der katholischen Briefe, der Johannesapokalypse und später Traditionen der Evangelien mit der Form Ἰησοῦ Χριστοῦ ein gemeinsamer geographischer Hintergrund niederschlägt.[25] M. Karrer versteht das nachgestellte Χριστός als eine Apposition, d.h.: „Jesus, der Gesalbte"[26]. „(D)urch die Wortstellungsvariationen von Jesus mit Christus" dokumentiere Paulus „sein appellatives Bewußtsein"[27]. Skeptisch hinsichtlich der Wortstellung formuliert dagegen M. Hengel: „Die umgestellte Form Χριστὸς Ἰησοῦς mag ursprünglich titulare Bedeutung besessen haben, bei Paulus wird diese jedoch nicht mehr sichtbar, ihre Verwendung hat vielmehr in der Regel eindeutige sprachliche Ursachen."[28] Die Auffälligkeit hinsichtlich des Präskriptes bleibt jedoch trotz der zum Teil unsicheren Textbezeugung bestehen, weil hier sprachliche Gründe kaum plausibel gemacht werden können und der inhaltliche Einfluß der Betonung des Apostolats zu berücksichtigen ist[29], zumal, wenn man davon ausgeht, daß Χριστός bei Paulus nicht zum bloßen Eigennamen erstarrt war.[30] Auch M. Hengel rechnet daher bei Paulus unter der Voraussetzung der *sachlich* gleichen Bedeutung beider Formen[31] mit „sprachliche(n) Reminiszenzen an den titularen Gebrauch"[32].

Die spezifische Abweichung der Formulierung in Gal 1,1 vom sonstigen Sprachgebrauch des Paulus läßt sich aus dem inhaltlichen Anliegen des Schreibens erklären[33] und zeigt erneut dessen situationsabhängige Flexibilität.[34]

---

[24] S. V. McCasland, a.a.O. S. 382f.

[25] A.a.O. S. 383.

[26] M. Karrer, Der Gesalbte S. 52.

[27] A.a.O. S. 53.

[28] M. Hengel, Sprachgebrauch S. 137.

[29] Vgl. F. Hahn, Hoheitstitel S. 214; C. Wolff, Erster Korintherbrief S. 15, hebt hervor, „daß 'Christus' vorangestellt wird, wenn die heilbringende Funktion betont werden soll".

[30] Vgl. M. Hengel, Sprachgebrauch S. 143f., modifiziert in ders., Christological Titles S. 444, unter anderem gegen W. Kramer, Christos S. 39f.; vgl. G. Strecker, Theologie S. 101.

[31] Vgl. W. Kramer, Christos S. 202; die grammatischen Gründe Kramers für die Voranstellung von Χριστός (a.a.O. S. 203ff.) überzeugen freilich nicht, vgl. C. Wolff, Erster Korintherbrief S. 15.

[32] M. Hengel, Sprachgebrauch S. 152 Anm. 21.

[33] Vgl. Gal 3,1; vgl. J. Rohde, Galater S. 31f.; F. Schnider/W. Stenger, Studien S. 10; J. Zmijewski, Paulus S. 88f.; J. Murphy-O'Connor, Paul S. 47.

[34] Zugleich erhellt die Formulierung in Gal 1,1 mit διά die Deutung des Genitivs Χριστοῦ Ἰησοῦ in den Präskripten der anderen Paulusbriefe (s.o. S. 26 Anm. 21); zur Form von Gal 1,1f. vgl. F. Schnider/W. Stenger, Studien S. 8ff.

Mit Ausnahme des 2Thess übernehmen die Deuteropaulinen
den Genitiv Χριστοῦ ᾽Ιησοῦ in dieser Form, wobei jedoch in dem
bereits erwähnten Fall des Tit die umgekehrte Reihenfolge zu finden ist.

Bevor Paulus seine Adressaten nennt, formuliert er zumeist
(mit Ausnahme des 1Thess, Phlm und Phil) mehr oder weniger
ausführlich und wiederum situationsbedingt weitere Wendungen,
die seinen Apostolat näher begründen: Er ist Apostel Christi Jesu
διὰ θελήματος θεοῦ (1/2Kor, Kol) und dementsprechend nicht von
oder durch Menschen, sondern durch Jesus Christus und Gott
den Vater, der ihn von den Toten auferweckt hat (Gal); besonders
breiten Raum nehmen die Ergänzungen – ebenfalls situationsbezogen – im Röm ein (1,1b-6). Diese Eigenart des paulinischen Präskripts wird von den deuteropaulinischen Autoren übernommen, und im Unterschied zur Kennzeichnung des apostolischen Absenders können sie allein an dieser Stelle inhaltlich und
formal freier vorgehen und schon hier – nach paulinischem Vorbild – Schwerpunkte ihres Schreibens akzentuieren.[35] Die formale
Anlehnung an das Präskriptmodell des Paulus einerseits und die
inhaltliche Freiheit an dieser Stelle andererseits zeigt sich besonders deutlich im Titusbrief (1,1b-3), der sich ja bereits mit der Formulierung in 1,1a an Röm anlehnte und es in diesem Teil des
Präskriptes wieder tut, wobei in 1,1a die Anlehnung sowohl inhaltlich als auch formal geschah – ein interessantes Indiz für die Richtigkeit der Feststellung, daß deuteropaulinische Verfasser diesen
Abschnitt des vorgegebenen Formulars inhaltlich freier gestalten
konnten.

Die Angaben der Adressaten (Adscriptio) sind bei Paulus unterschiedlich strukturiert, aber in jedem Fall konkret: Phlm nennt
außer den Einzelpersonen Philemon, Aphia und Archippus die
konkrete Hausgemeinde im Haus des Philemon; 1Thess und
1/2Kor wenden sich an Ortsgemeinden, die in allen Fällen ausdrücklich mit dem Begriff ἐκκλησία beschrieben werden[36]; 2Kor

---

[35] Vgl. F. Schnider/W. Stenger, Studien S. 14.

[36] „Traditionsgeschichtlich scheint gesichert, daß Paulus den Ausdruck ’Kirche
Gottes’ als Selbstbezeichnung der christlichen Gemeinden kennengelernt hat ...

erweitert erst nach der Nennung der Ortsgemeinde auf „alle Heiligen in ganz Achaja", fügt also eine Gebietsangabe hinzu (vgl.
auch allgemeiner im 1Kor 1,2[37]). Ähnlich ist die Situation im Gal,
der zwar keine konkreten Ortsgemeinden, sondern eine Region
nennt, aber doch durch die Verwendung des Begriffes ἐκκλησίαι
die von Paulus gegründeten Gemeinden in Galatien zusammenfaßt.[38] Im Präskript von Röm, Phil und Kol, wo Paulus den Begriff
ἐκκλησία nicht verwendet, richtet er sein Schreiben an „alle Gelieb-
ten Gottes und berufenen Heiligen, die in Rom sind" (Röm 1,7);
an „die heiligen und treuen Geschwister in Christus(, die) in Kolossä (sind)" (Kol 1,2) bzw. an „alle Heiligen in Christus Jesus, die
in Philippi sind" (Phil 1,1b), wobei Phil noch speziell die ἐπίσκοποι
und die διάκονοι hervorhebt, die doch bereits in den „Heiligen"
eingeschlossen sind. Offensichtlich war es notwendig, sie ausdrücklich als Adressaten zu nennen.[39] Der Begriff ἅγιοι ist jedoch inhalt-

Dies aber dürften die Gemeinden gewesen sein, die aufgrund der frühen
Missionsarbeit des hellenistisch-judenchristlichen Teils der Urgemeinde von Jerusalem im syropalästinischen Raum entstanden waren", F. Schnider/W. Stenger,
Studien S. 20; vgl. dazu K. L. Schmidt, Art. καλέω S. 505f.519f.; M. Hengel, Ursprünge passim; C. Wolff, Zweiter Korintherbrief S. 17; J. Murphy-O'Connor, Paul
S. 50f. Analog zum Begriff ἐκκλησία θεοῦ sehen F. Schnider/W. Stenger, a.a.O. S.
21, auch die von Paulus verwendeten Attribute „berufene", „geheiligte" bzw. „heilige" als „übernommene Selbstbezeichnungen der Christen vor ihm ...", deren
ursprünglicher Sitz im Leben der Kult ist, so daß auch darin die christlichen Gemeinden vor Paulus in Spiritualisierung von Tempel und Kult sich selbst verstanden". Paulus „christologisiert ... also ... eine ihm vorgegebene, kultisch bestimmte
Ekklesiologie" (a.a.O. S. 22).
[37] F. Schnider/W. Stenger, Studien S. 23, sehen darin einen nachpaulinischen
Zusatz, der „deutlich in die Zeit der Sammlung des Corpus paulinum (verweist), in
der eine großkirchliche Redaktion den 1Kor gesamtkirchlich überarbeitete"; vgl.
die Konjektur von J. Weiß, Der erste Korintherbrief S. 2-4; auch J. Murphy-O'
Connor, Paul S. 51; vgl. auch die allgemeinen Formulierungen in 1Kor 4,17; 7,17;
11,16; 14,33; 16,1, die J. Weiß in konsequenter Weise ebenfalls ausscheiden will
(a.a.O. S. 120; vgl. aber H. Conzelmann, Korinther S. 36f.; C. Wolff, Erster Korintherbrief S. 17).
[38] Vgl. J. Rohde, Galater S. 5-8.
[39] Fraglich ist daher, ob auf Grund der additiven Formulierung (vgl. U. B.
Müller, Philipper S. 33; W. Schenk, Philipperbriefe S. 78f.; F. Schnider/W. Stenger,
Studien S. 23) die Erweiterung der Adresse in Phil einer Redaktion zugeschrieben
werden *muß*, so W. Schenk, Philipperbriefe S. 82.334; vgl. dagegen U. B. Müller,
a.a.O. S. 34ff., der in Anlehnung an den sprachlichen Hintergrund mit „'Verwal-

lich mit ἐκκλησία verbunden, insofern damit die zur Gemeinde Gehörenden qualifiziert werden (vgl. bes. 1Kor 1,2).[40] Die Angabe der Städtenamen Rom, Philippi und Kolossä identifizieren die Adressaten auch ohne den Gebrauch der Bezeichnung ἐκκλησία sehr konkret. Oft (Ausnahme: Gal) werden die Adressaten hinsichtlich ihres Glaubens bzw. ihrer Beziehung zu Gott und Jesus Christus näher gekennzeichnet. Zentrale Begriffe bei Paulus sind: „Geliebte (Gottes)" (Röm 1,7; vgl. Phlm 1); „(erwählte) Heilige" (Röm 1,7; Kol 1,2; 1Kor 1,2; 2Kor 1,1b; Phil 1,1b); ἐν θεῷ (bzw. Χριστῷ) (Kol 1,2; 1Kor 1,2; 1Thess 1,1b).[41]

Den paulinischen Adressatenangaben entsprechen diejenigen der deuteropaulinischen Briefe: vgl. 2Thess mit 1Thess (identisch); Eph mit Kol (geringe Abweichungen, Struktur und Termi-

---

ter' und 'Helfer'" übersetzt (a.a.O. S. 34) und darunter noch keine institutionalisierten 'Ämter' versteht; ähnlich J. Murphy-O'Connor, Paul S. 52. – B. Mengel, Studien S. 224, sieht den Grund für den Zusatz in der Bedeutung dieser Funktionsträger für die Gabensammlung.

[40] Vgl. W. Schenk, Philipperbriefe S. 69f.; F. Schnider/W. Stenger, Studien S. 15; U. B. Müller, Philipper S. 33. Das Fehlen von ἐκκλησία in der Adresse wird aus der Situation und dem Inhalt der Briefe erklärbar; vgl. F. Schnider/W. Stenger, Studien S. 15.17ff. (hier gegen W. Schmithals, Der Römerbrief als historisches Problem S. 68f., der das Fehlen von ἐκκλησία im Präskript des Röm darin begründet sah, „(d)aß es in Rom zur Zeit des Römerbriefes noch keine ἐκκλησία gab" (a.a.O. S. 69; vgl. ders., Römerbrief S. 36).

[41] Nach F. Schnider/W. Stenger, Studien S. 24, ist ἀδελφοί in Kol 1,2 eine unpaulinische Bezeichnung; vgl. dagegen E. Schweizer, Kolosser S. 33. Problematisch wäre ferner die Auslassung im Eph, vgl. die Unsicherheit bei R. Schnackenburg, Epheser S. 40: „vielleicht nur aus seinem Stilgefühl", unter Verweis auf Eph 6,23. Gerade die Tatsache, daß die ἀδελφοί-Bezeichnung die Empfänger „mit dem Apostel zusammenschließt" (E. Schweizer, a.a.O.), ist ein Indiz für die Echtheit des Kol, denn diese Gleichsetzung wäre im Rahmen der Pseudepigraphie nur schwer nachvollziehbar, da im Gegenteil die apostolische Autorität des Schreibens gegenüber den Adressaten hervorzuheben war. In diesem Zusammenhang ist die an eine konkrete Ortsgemeinde gerichtete Adresse des Kol erwähnenswert, wenn die Feststellung richtig ist, daß sich „die nachapostolischen Briefe ... nicht mehr an konkrete Einzelgemeinden (richten), sondern ... der nachpaulinischen bzw. der nachapostolischen Kirche als ganzer (gelten)" (F. Schnider/W. Stenger, Studien S. 24). In dieses Bild paßt Kol nicht, im Unterschied zu Eph, dessen konkrete Adresse sekundär ist (vgl. P. Pokorný, Epheser S. 34-39; R. Schnackenburg, Epheser S. 20-26).

nologie gleich); 1/2Tim und Tit mit Phlm (Einzelpersonen, Stichworte ἀγαπητῷ in Phlm/2Tim synonym zu γνησίῳ in 1Tim/Tit).[42]

Auf die Adressatenangabe folgt schließlich der Friedensgruß
(Salutatio), der in allen Briefen des Corpus Paulinum nahezu die
gleiche Form hat: χάρις ὑμῖν καὶ εἰρήνη ἀπὸ θεοῦ πατρὸς ἡμῶν καὶ
κυρίου Ἰησοῦ Χριστοῦ, so in Röm 1,7; Gal 1,3; Phlm 3; Phil 1,2;
1Kor 1,3; 2Kor 1,2; Eph 1,2; abgewandelt in Kol 1,2 (ohne καὶ
κυρίου Ἰησοῦ Χριστοῦ); im 2Thess (ohne ἡμῶν); in Tit 1,4 (Χριστοῦ
Ἰησοῦ τοῦ σωτῆρος ἡμῶν statt κυρίου Ἰησοῦ Χριστοῦ); 1/2Tim bieten
eine umgestellte und durch die Aufzählung χάρις, ἔλεος, εἰρήνη veränderte Form.[43] Die kurze Grundversion dieses Grußes bietet
1Thess: χάρις ὑμῖν καὶ εἰρήνη.[44]

2.1.3. Das Präskript des 1. Petrusbriefes

Nach der Vergegenwärtigung der Strukturen der paulinischen
Briefpräskripte soll nun auf diesem Hintergrund das Präskript des
1Petr näher untersucht werden.

Voran steht die – an dieser Stelle notwendige und selbstverständliche – Absenderangabe: Πέτρος. *Formal* ist diese Angabe für
unsere Themenstellung nicht von Belang, da sie dem üblichen,
nicht spezifisch als paulinisch anzusehenden Briefformular entspricht. Auf dem Hintergrund der pseudepigraphischen Herkunft
des Schreibens ist der Name Petrus jedoch von *inhaltlicher* Bedeutung, worauf später zurückzukommen sein wird.

---

[42] Vgl. J. Murphy-O'Connor, Paul S. 52f.

[43] Vgl. J. L. White, Epistolary Literature S. 1740: „... the greeting is christia-
nized and shaped to the liturgical setting by the addition of the words: '... from
God our Father and the Lord Jesus Christ'"; weiterhin J. Murphy-O'Connor, Paul
S. 53-55.

[44] Zur Herkunft der Formel vgl. E. Lohmeyer, Grußüberschriften passim; G.
Friedrich, Briefpräskript passim; K. Berger, Apostelbrief passim; J. L. White, Epistolary Literature S. 1740f.; F. Schnider/W. Stenger, Studien S. 25-41; zur Diskussion der Problematik und ihrer Bedeutung für das Verhältnis des 1Petr zur paulinischen Tradition s.u. S. 81f.

Mit der Bezeichnung des Petrus als ἀπόστολος Ἰησοῦ Χριστοῦ
wird eine Formulierung verwendet, die an paulinische Tradition
erinnert.[45] Diese Ähnlichkeiten jedoch dürfen nicht darüber hin-
wegsehen lassen, daß es auch markante Unterschiede gibt, die für
die Beurteilung einer möglichen Verbindung des 1Petr zu paulinischen Tradition aufschlußreich sind.[46]

Zunächst ist festzustellen, daß sich die im 1Petr verwendete
Form der Charakterisierung als Apostel, insbesondere hinsichtlich
der Wortfolge, in keinem Präskript paulinischer oder deuteropaulinischer Provenienz findet. Paulus bezeichnet sich selbst als ἀπόστολος Χριστοῦ Ἰησοῦ, stellt also den Christustitel dem Jesusnamen
voran (vgl. 1Kor 1,1; 2Kor 1,1; Kol 1,1). Diese Bezeichnung geht
gleichsam formelhaft in die deuteropaulinische Briefliteratur ein
(Eph 1,1; 1/2Tim 1,1).[47] Auch dort, wo Paulus sich selbst nicht zuerst als Apostel vorstellt (Phlm 1: δέσμιος, Röm 1,1 und Phil 1,1:
δοῦλος, im Röm wird κλητὸς ἀπόστολος nachgestellt), steht ebenfalls Χριστοῦ vor Ἰησοῦ. Die einzige Ausnahme innerhalb der echten Paulinen bildet der Gal, wo jedoch die Apostelbezeichnung
und der Name Jesus Christus durch die Präposition διά verknüpft
werden und zusätzlich eine umfangreiche Erläuterung eingefügt
ist, die die enge Verbindung aufbricht.[48] Für die deuteropaulinische Tradition ist Tit die Ausnahme, wo ebenfalls die Reihenfolge
Ἰησοῦ Χριστοῦ begegnet, allerdings die Apostelbezeichnung erst an
zweiter Stelle nach δοῦλος θεοῦ steht und davon durch das δέ deutlich abgehoben wird. Zu bemerken ist schließlich, daß der präg-

---

45 Vgl. K. H. Schelkle, Petrusbriefe S. 18; N. Brox, Petrusbrief S. 55.56; U.
Schnelle, Einleitung S. 468; O. Knoch, Petrusbrief S. 17, der jedoch a.a.O. S. 37
auf Grund der Ähnlichkeit von 1Petr 1,1 mit paulinisch-deuteropaulinischen
Briefeingängen von einem christlich geprägten Formular spricht; ähnlich L. Goppelt, Petrusbrief S. 75; vorsichtig E. Best, Peter S. 13.69; direkten Einfluß vermutet
F. W. Beare, Peter S. 73; vgl. auch J. L. White, Epistolary Literature S. 1752; s.
auch oben S. 25ff.

46 Vgl. L. Goppelt, Petrusbrief S. 75f.

47 Zu beachten sind dabei die Schwankungen der Reihenfolge in der hand-
schriftlichen Überlieferung: in 1Kor 1,1 und Eph 1,1 lesen u.a. ℵ A Ψ 1739 1881
𝔐 Ἰησοῦ Χριστοῦ, vgl. auch Röm 1,1 in 𝔓26 ℵ A Ψ 1739 1881 𝔐 u.a.

48 Vgl. F. Mußner, Galater S. 45f.; J. Rohde, Galater S. 32f.; J. D. G. Dunn, Galatians S. 25f.

nanten Formulierung ἀπόστολος Ἰησοῦ Χριστοῦ des 1 Petr die Tatsache gegenübersteht, daß die Vorstellung des Paulus *als Apostel*
sowohl in den paulinischen als auch in den deuteropaulinischen
Briefen stets durch einen Zusatz ergänzt wird, der die Herkunft
des Apostolats des Paulus und damit seine bzw. des Briefschreibers
Autorität begründet (Röm 1,1ff.; Gal 1,1; 1/2Kor 1,1; Kol 1,1; Eph
1,1; 1/2Tim 1,1; Tit 1,1).[49] Diese Intention wird durch das voran-
gestellte Χριστοῦ unterstrichen.[50] Anders verhält es sich mit Phil,
Phlm, 1Thess sowie 2Thess, Briefen also, in denen sich Paulus gerade *nicht* als Apostel vorstellt bzw. vorgestellt wird.[51]

Diese Beobachtungen führen zu der Schlußfolgerung, daß die
Vorstellung des Petrus im 1 Petr als ἀπόστολος Ἰησοῦ Χριστοῦ aus
dem paulinischen Traditionsrahmen herausfällt und daher nicht
notwendig eine Verbindung zwischen 1 Petr 1,1 und der Vorstellung des Apostels Paulus in den Präskripten des Corpus Paulinum
hergestellt werden muß.[52] In der Gegenüberstellung muß vielmehr festgehalten werden, daß die Bezeichnung des Petrus als
Apostel nur die zusätzliche Information benötigt, *wessen* Apostel er
ist. Darüber hinaus bedarf sein Apostolat im Unterschied zu dem
des Paulus keiner weiteren Begründung[53], weil er dem (späteren)
urchristlichen Maßstab eines Apostels, Zeuge des Lebens, der Leiden und der Auferstehung Christi zu sein, unangefochten ent-

---

[49] Vgl. L. Goppelt, Petrusbrief S. 76.77; J. N. D. Kelly, Peter S. 40.

[50] Anders K. H. Schelkle, Petrusbriefe S. 18, der hinter dem Unterschied zu
den paulinischen Briefen eine Entwicklung der Tradition vermutet: „Wenn die
Reihenfolge in den Paulusbriefen lautet Christus Jesus, 1 Petr 1,1 dagegen Jesus
Christus, wird sich die Entwicklung geltend machen, in der schon bald Christus
nicht mehr als Berufsbezeichnung (der Messias Jesus), sondern als Eigenname
empfunden wurde." Zu beachten ist freilich, daß auch Paulus die Form 'Jesus
Christus' verwendet (vgl. dazu P. Stuhlmacher, Theologie S. 186), so daß auch von
daher anzunehmen ist, daß die pointierte Umstellung am Anfang der paulinischen und deuteropaulinischen Briefe nicht ohne Grund geschieht, vgl. U. Wilckens, Römer I S. 61 Anm. 24; s. dazu oben S. 26f.

[51] Vgl. J. Roloff, Apostolat S. 40.

[52] Vgl. J. N. D. Kelly, Peter S. 21.39. – Hinzuweisen ist auf die Parallelen in Jak
1,1 und Jud 1, wo sich (wie in 1 Petr) die Reihenfolge Ἰησοῦς Χριστός findet.

[53] Vgl. E. G. Selwyn, Peter S. 117; L. Goppelt, Petrusbrief S. 77; P. H. Davids,
Peter S. 46; zum Problem vgl. J. Roloff, Apostolat passim, bes. S. 64ff.

sprach (vgl. Apg 1,21f.). Diese selbstverständliche apostolische Autorität des Petrus schlägt sich in der Wendung ἀπόστολος Ἰησοῦ
Χριστοῦ nieder.[54] Hinzuweisen ist schließlich auf die einfache Tatsache, daß die Darstellung des Petrus als Apostel Jesu Christi in
der prägnanten Kürze der Formulierung nicht anders hätte lauten
können[55], so daß schon deswegen hinsichtlich traditionsgeschichtlicher Ableitungen Vorsicht geboten sein muß.[56] Es kann daher
kaum die Rede davon sein, der 1Petr sei an dieser Stelle hinsichtlich seiner Form „dem paulinischen Vorbild verpflichtet"[57].

Im Anschluß an die knappe Vorstellung des Absenders folgt
unmittelbar die sehr ausführliche Aufzählung der Adressaten
(1,1b-2a). Sie werden als ἐκλεκτοὶ παρεπίδημοι διασπορᾶς charakterisiert.[58] Keiner dieser Begriffe findet sich in den Präskripten des
Corpus Paulinum[59], und umgekehrt muß festgestellt werden, daß
die für Paulus und seine Schule zentralen Begriffe in der Anrede
der Adressaten – so vor allem der Terminus ἐκκλησία, der Wortstamm κλη- im allgemeinen, die Bezeichnungen ἅγιοι und ἀγαπητοί
– für 1Petr im Zusammenhang des Präskriptes nicht von Bedeu-

---

54 Vgl. L. Goppelt, Petrusbrief S. 77 mit Anm. 12; anders z.B. N. Brox, Petrusbrief S. 55f.; W. Schrage, Erster Petrusbrief S. 67.

55 Es sei denn, daß Χριστός vor Ἰησοῦς (wie in der Regel in den paulinischen
Präskripten) gestellt würde, was aber charakteristischer Weise nicht geschehen ist.

56 Vgl. J. N. D. Kelly, Peter S. 40; P. H. Davids, Peter S. 45.

57 So F. Schnider/W. Stenger, Studien S. 14. N. Brox, Petrusbrief S. 55 Anm.
172, räumt immerhin ein, daß „Abweichungen von der paulinischen Version ... die
Annahme einer *unmittelbaren* Beeinflussung des 1 Petr durch Paulusbriefe an dieser Stelle schwierig (machen)" (Hervorh. v. mir); vgl. auch F. W. Beare, Peter S.
73f.; T. W. Martin, Metaphor S. 42-47.

58 Vgl. J. H. Elliott, Home S. 59-100; dazu M. Chin, Heavenly Home passim. –
Zum traditionellen Hintergrund des Begriffs der Fremdlingschaft vgl. bes. R.
Feldmeier, Fremde passim, bes. S. 8-74.

59 Vgl. dazu R. Feldmeier, Fremde S. 80-83, bes. S. 95: „Die Selbstbezeichnung
der Christen als πάροικοι καὶ παρεπίδημοι hat der 1Petr unzweifelhaft der alttestamentlichen Tradition entnommen." Inhaltlich wird die Vorstellung vor allem
durch das hellenistische Diasporajudentum vermittelt (vgl. a.a.O. S. 96ff.), wobei
die christliche Konkretion die Eigenständigkeit des 1Petr dokumentiert (a.a.O. S.
102ff.).

tung sind (vgl. jedoch später 1,16; 2,11.21).[60] Die selbständige Formulierung hingegen spricht schon hier am Anfang ein zentrales
Thema des Briefes an, das später in seinen Bezügen entfaltet wird:
die Erwählung der Glaubenden (vgl. 2,9; 5,13) und ihre Fremdlingschaft (vgl. 1,17; 2,11; 4,4) als Ausdruck ihrer Existenz in der
Welt (vgl. 2,25). Auch dies ist ein Phänomen, das in dieser Weise
bei Paulus und seiner Tradition nicht zu finden ist.[61]

Dem programmatischen Auftakt im 1Petr schließt sich die konkrete Füllung des
Begriffes διασπορά[62] an. Genannt werden größere Gebiete[63], keine konkreten

---

[60] Vgl. L. Goppelt, Petrusbrief S. 77, der den Unterschied mit den Begriffen
„vertikal" (Paulus) und „horizontal" (1Petr) veranschaulicht; ferner K. C. P. Kosala,
Taufverständnis S. 53f.

[61] N. Brox, Petrusbrief S. 59, sieht darin die Originalität des Briefeinganges
des 1Petr; vgl. D. E. Hiebert, Designation S. 65-67; M.-A. Chevallier, Structure S.
130ff.; F. Schröger, Gemeinde S. 12-19; gegen J. L. White, Epistolary Literature S.
1740, der Gal 1,1 als ein Beispiel für diesen Sachverhalt nennt, wo freilich nur ein
Aspekt aufgegriffen wird und nicht ganze Themenkomplexe im voraus benannt
sind. – Dieser inhaltliche und charakteristische Zusammenhang zwischen dem
Präskript und dem Briefinhalt im 1Petr ist darüber hinaus ein deutlicher Hinweis
auf die ursprüngliche Zugehörigkeit des Briefrahmens zum Korpus des Briefes,
den A. Harnack, Geschichte II/I S. 451-465, bestritten hatte; vgl. im Anschluß an
Harnack W. Bornemann, Taufrede passim, der erst auf dieser Grundlage den
1Petr als eine an Ps 34 orientierte Taufansprache des Silvanus verstehen konnte;
sowie ferner W. Marxsen, Zeuge S. 384-386, der der These des sekundären Ursprungs des Briefrahmens „heuristischen Wert für die Exegese" (a.a.O. S. 385)
beimißt. – Gegen A. Harnack vgl. bereits W. Wrede, Bemerkungen S. 81f.

[62] Der Genitiv διασπορᾶς ist als genitivus qualitatis bzw. epexegeticus zu verstehen, vgl. L. Goppelt, Petrusbrief S. 77. – Hingewiesen sei an dieser Stelle für die
Interpretation des Begriffes διασπορά in 1Petr 1,1 auf die grundlegende Darstellung bei W. C. van Unnik, wonach διασπορά sowohl im Judentum als auch bei den
christlichen Schriftstellern „nur im Zusammenhang mit dem Judentum und entweder für die Aktion des Zerstreuens oder für die als Einheit zusammangefaßten
Auslandsjuden verwendet wird" (Selbstverständnis S. 80; vgl. ders., „Diaspora"
and „Church" passim, bes. S. 98f.). Selbst wenn man dieser weitgehenden Interpretation nicht folgen kann, ist die frühjüdische Konnotation des Diasporabegrif-
fes im 1Petr beachtenswert und gibt dem Brief an exponierter Stelle zumindest einen deutlich judenchristlichen Charakter (zum Begriff Diaspora im hellenistischen Judentum vgl. auch G. Delling, Bewältigung passim). Daß ein solcher Trä-
gerkreis – mit dem jüdischen Verständnis vertraut – dieses auch auf seinen nunmehr christlichen Stand anwandte, dürfte wahrscheinlich sein.

[63] „(I)n Anlehnung an das Muster des jüdischen Diasporabriefs" (F. Schnider/
W. Stenger, Studien S. 24); vgl. 2Makk 1,1 (Juden in Ägypten); 1,10; dazu I. Taatz,

Einzelpersonen oder Städte[64]: Pontus, Galatien, Kappadokien, Asien und Bithynien.[65] Die Frage, ob damit Landschaften oder römische Provinzen[66] gemeint
sind, mithin, ob es sich um „praktisch die gesamte Fläche Kleinasiens"[67] und daher um paulinisches Missionsgebiet handelt[68], ist eine historische und kann somit
im Kontext unserer traditionsgeschichtlichen Fragestellung zurückgestellt wer-

---

Briefe S. 19.31; weiterhin Jer 29,4; syrBar 78,1; ParJer 6,19 (vermittelt durch Jeremia); rabbinische Belege bei I. Taatz, a.a.O. S. 83-89.

[64] Nach der oben (S. 30 Anm. 41) zitierten Auffassung von F. Schnider und W.
Stenger, in nachapostolischer Zeit finde sich die Tendenz zur Verallgemeinerung,
wäre dies auch ein Indiz für die nachapostolische Herkunft des 1 Petr.

[65] Zur jüdischen Diaspora in diesen Gebieten vgl. E. Schürer, History III,1 S.
1-86, bes. S. 17-38; F. Blanchetière, Juifs passim; P. Trebilco, Communities passim.

[66] Für das Verständnis als Landschaften argumentieren vor allem die älteren
Ausleger, vgl. die bei K. H. Schelkle, Petrusbriefe S. 2 Anm. 1 genannten; J. Michl,
Briefe S. 99, äußert sich unentschieden, rechnet aber mit den mittleren und nördlichen Gebieten Kleinasiens. Während A. Wikenhauser, Einleitung S. 358, noch
für Landschaften plädierte, läßt J. Schmid in der Neubearbeitung der Einleitung
von 1973[6] S. 593 die Frage wiederum offen; ebenso W. G. Kümmel, Einleitung S.
368, der „die Auswahl der geographischen Namen" für „unerklärlich" hält. In der
neueren Forschung hat sich die Auffassung der Gebietsnamen als Provinzen weitgehend durchgesetzt, vgl. R. Knopf, Briefe S. 1.31f.; H. Windisch/H. Preisker,
Briefe S. 51f.; F. W. Beare, Peter S. 38ff.; B. Reicke, Epistles S. 69; K. H. Schelkle,
Petrusbriefe S. 1f.; C. Spicq, Pierre S. 12; W. Schrage, Erster Petrusbrief S. 63; N.
Brox, Petrusbrief S. 25f.; L. Goppelt, Petrusbrief S. 27f.; F.-R. Prostmeier, Handlungsmodelle S. 46; U. Schnelle, Einleitung S. 460f.; einschränkend E. G. Selwyn,
Peter S. 51f. (nur Teile der Provinzen, vgl. S. 45f.119); J. N. D. Kelly, Peter S. 3f.
(von Asien und Galatien nur die nördlichen Teile); J. H. Elliott, Home S. 60, mit
Hinweis auf die geographische und politische Bedeutung des Taurus-Gebirges:
„whole of Roman Asia Minor north and west of the Taurus"; ähnlich O. Knoch, Petrusbrief S. 12 (nördlich des Taurusgebirges; es fehlen Lykien, Pamphylien, Kilikien); auch W. L. Schutter, Hermeneutic S. 8. P. H. Davids, Peter S. 7f., spricht
zwar von Provinzen, aber vom „northwest quadrant of Asia Minor bordering the
Black Sea, an area that Luke reports Paul was not allowed to evangelize ..." (a.a.O.
S. 7; mit Hinweis auf Apg 16,6-8). Zur Diskussion vgl. N. Brox, Petrusbrief S. 25ff.

[67] N. Brox, Petrusbrief S. 25, der freilich auch Kilikien, Lykien und Pamphylien ausnimmt und dafür auf die von F. W. Beare, Peter S. 38, für diese Landstri-
che festgestellte „geographisch bedingte Orientierung nach Syrien und Zypern"
(N. Brox, a.a.O. Anm. 39) verweist.

[68] Vgl. Ph. Vielhauer, Geschichte S. 589: Das Anliegen sei „die Aufrichtung der
Autorität Petri auch über die paulinischen Missionsgebiete"; ferner K. H. Schelkle,
Petrusbriefe S. 2; H. Goldstein, Gemeinde S. 104; N. Brox, Petrusbrief S. 26; A.
Reichert, Praeparatio S. 516f.; F. Schröger, Gemeinde S. 228; F. W. Horn, Petrus-
brief S. 658 Anm. 17 u.a. (vgl. oben Anm. 66).

den.[69] Freilich ist sie nicht ohne Bedeutung, weil traditionsgeschichtliche Zusammenhänge auch historisch plausibel bleiben müssen.[70] Gerade deshalb aber ist an dieser Stelle Zurückhaltung angebracht, da das historische Urteil, es handele sich um paulinisches Missionsgebiet mit dem „paulinischen Charakter" des 1Petr in Zusammenhang gebracht wird und umgekehrt der „paulinische Charakter" die These der paulinischen Adressaten stützt.[71] Abgesehen von den Bedenken, die sich vor allem hinsichtlich der Angaben Pontus, Kappadokien und Bithynien bei der Behauptung als paulinische Missionsgebiete sofort ergeben, da sie als solche weder im Corpus Paulinum noch in der Apostelgeschichte (vgl. dagegen Apg 16,7!) begegnen[72], behindert eine solche Ausgangslage die Wahrnehmung des spezifischen literarischen und theologischen Charakters des 1Petr. Darüber hinaus kann einerseits die Bezeichnung „paulinisches Missionsgebiet" das Phänomen der *Ausbreitung* und *Wirkung* von missionarischer Verkündigung (zumal in späterer Zeit) nur unzureichend erfassen, andererseits erscheint eine Alternative, hier pau-

---

[69] F.-R. Prostmeier, Handlungsmodelle S. 48f., möchte die Liste als eine „rhetorische Figur" verstehen, die einfach vom Kontext her – nämlich dem paulinischen Präskript – gefordert wurde und nicht an historischen oder geographischen Informationen interessiert sei. Vorausgesetzt ist dabei, daß der Verfasser mit der Angabe Babylon (= Rom) sowie der Wendung ἐν τῷ κόσμῳ in 1Petr 5,9 eine ökumenische Perspektive eröffnen will. Ziel der „rhetorischen Figur" ist daher die Dokumentation der (ökumenischen?) Einheit (a.a.O. S. 49).

[70] Gegen W. Trilling, Petrusamt S. 36, wonach „in beiden Fällen typisch paulinische Missions- und Kirchengebiete *mit einem weiten Hinterland* (Pontus, Bithynien, Kappadokien) angesprochen sind" (Hervorh. v. mir).

[71] Vgl. U. Schnelle, Einleitung S. 468. – Nach M. Karrer, Petrus im paulinischen Gemeindekreis S. 227, sucht der Autor das Gespräch mit durch Paulus geprägten Gemeinden.

[72] Vgl. A. Schlatter, Petrus und Paulus S. 14: „Das von Paulus erreichte Gebiet ist also überschritten ..."; N. Brox, Petrusbrief S. 25: „Die Bedeutung dieser Namen ..., ihre Auswahl und Reihenfolge geben Rätsel auf, die bislang nicht gelöst sind"; ders., Rahmung S. 80: „paulinische Missionsgebiete und angrenzende Provinzen"; anders F. W. Beare, Peter S. 49: „In fact, it is not so clear, that this is a Pauline 'Missionsgebiet'"; vgl. R. E. Brown, Rome S. 130-132; skeptisch ist auch A. Lindemann, Paulus S. 252, der ansonsten den deuteropaulinischen Charakter des 1Petr hervorhebt. Deutlich formuliert K. Berger, Theologiegeschichte S. 263: „nicht-paulinische Missionsgebiete"; differenziert auch B. Reicke, Epistles S. 69. – Zur Ausdehnung der paulinischen Mission in Kleinasien vgl. R. Riesner, Frühzeit S. 243-267, der für Kappadokien wie das übrige östliche und nördliche Kleinasien die Zugehörigkeit zum petrinischen Missionsgebiet vermutet (a.a.O. S. 238 und 259 Anm. 66) und in diesem Zusammenhang die südgalatische These der Galatermission des Paulus erneuert (a.a.O. S. 250-259; dazu die Bedenken bei T. Holtz, Rez. R. Riesner Sp. 228f., bes. Sp. 229); für die südgalatische These argumentieren in neuerer Zeit z.B. P. Stuhlmacher, Theologie S. 226 und jetzt ausführlich C. Breytenbach, Paulus und Barnabas passim, bes. S. 117-119.149ff.

linisches – dort petrinisches[73] Missionsgebiet, historisch fragwürdig, weil dies
schon zu Lebzeiten der Apostel kaum sicher zu bestimmen ist, wie das Problem
der Kephas-Gruppe in Korinth (1 Kor 1,11) oder auch die offenkundige Bekannt-
heit des Petrus in galatischen Gemeinden nach Gal 2 deutlich machen.[74] Eine größere Rolle, soviel kann hier nur angedeutet werden, spielt wahrscheinlich der
Einfluß missionarischer Zentren, wie das z.B. für Antiochien (Syrien) der Fall war,
wo nach Gal 2 sowohl Petrus als auch andere mit Jerusalem verbundene Personen
eine besondere Bedeutung hatten. Die Frage wäre also, ob es neben der von Antiochien ausgehenden ersten Mission des Paulus (Apg 13,1ff.) noch weitere missionarische Aktivitäten von Antiochien aus gegeben hat, die dann nicht mehr in der
Verantwortung des Paulus lagen und die unter Umständen auch eine andere geographische Ausrichtung hatten.[75] Immerhin ist auffallend, daß neben den Ver-
kehrswegen, die Paulus benutzte (der Seeweg über Seleukia [Apg 13,4] und die
Küstenstraße von Syrien über Kilikien nach [Süd-]Galatien [vgl. Apg 15,41; 16,1f.;
18,23])[76], eine wichtige Straßenverbindung nach Norden führte und Syrien mit
Kappadokien, Nordgalatien und Pontus/Bithynien verband.[77] Historisch gesehen
ist es unter der Voraussetzung, daß für die Ausbreitung und Mission des frühen
Christentums die gut ausgebauten Straßenverbindungen maßgebend waren[78],
unwahrscheinlich, daß ein aktives missionarisches Zentrum wie Antiochien keinen
Einfluß in diese Richtung gehabt hätte.

Von den in 1 Petr 1,1 genannten Gebietsnamen findet sich bei Paulus nur Galatien in Gal 1,2, wo der Apostel die von ihm gegründeten „Gemeinden" Galatiens, anspricht. Sonst begegnen bei Paulus und
seiner Schule überwiegend Ortsgemeinden oder Einzelpersonen.[79]

---

[73] Vgl. F. Hahn, Charisma S. 443 und s.o. S. 37 Anm. 72.
[74] Vgl. schon A. Schlatter, Petrus und Paulus S. 14f. – Zu nennen wäre unter
dem Aspekt der späteren Zeit auch das Phänomen des Einflusses johanneischer
Traditionen im Bereich ursprünglich paulinischer Mission, vgl. dazu R. Schnak-
kenburg, Ephesus passim, bes. S. 56ff.63ff.; M. Hengel, Die johanneische Frage
passim, bes. S. 132ff.137ff.
[75] Nach R. Riesner, Frühzeit S. 248f., waren die durch die palästinischen Judenchristen ausgelösten Spannungen in Antiochien Ursache für die endgültige
Orientierung der paulinischen Mission nach Westen (für Riesner unter dem Einfluß der Prophetie in Jes 66,18ff.; vgl. a.a.O. S. 216-225.235f.249). M. Karrer, Petrus im paulinischen Gemeindekreis S. 220f., vermutet, daß sich Petrus und Paulus
nach dem antiochenischen Aufenthalt verschiedenen Missionsrichtungen zuwand-
ten: Paulus nach Westen, Petrus nach Osten (Syrien). Karrer spricht in diesem Zusammenhang vom „Auseinanderleben kirchlicher Autoritätskreise in der 2. Hälfte
des 1. Jh.".
[76] Vgl. R. Riesner, Frühzeit S. 250.
[77] Vgl. R. Riesner, Frühzeit S. 237 (s.o. S. 37 Anm. 72).
[78] Vgl. R. Riesner, Frühzeit S. 274.275ff.
[79] Siehe oben S. 28ff. zu den Ergänzungen in 1/2 Kor.

Demgegenüber richtet sich 1Petr nicht ausdrücklich an Ortsgemeinden als eine kollektive Größe, sondern versteht die christlichen Gruppen dieser Gebiete gemäß dem Begriff διασπορά eher
auf einer der gemeindlichen Situation übergeordneten Ebene, wodurch deren Fremdlingschaft nochmals verstärkt hervortritt, indem sie nicht primär auf ihren inneren Zusammenhalt (wie etwa
bei ἐκκλησία), sondern auf ihren Status im Gegenüber zur Umwelt
hin angesprochen werden.[80]

In 1Petr 1,2 werden die Adressaten hinsichtlich ihres Gottesverhältnisses näher beschrieben.[81] Dies geschieht in einer „trinita-
rischen" Weise, differenziert in Gott, heiligen Geist und Jesus
Christus: Die Adressaten sind erwählte Fremdlinge gemäß (κατά)
der πρόγνωσις Gottes, sie sind es durch[82] die Heiligung des Geistes
(ἐν ἁγιασμῷ πεύματος), und sie sind es zu Gehorsam und Besprengung des Blutes Jesu Christi. Die inhaltliche Bewertung dieser
Wendungen soll zunächst zugunsten einer formalen Betrachtung
im Vergleich zu den Präskripten des Corpus Paulinum zurückgestellt werden.

Eine solche dreigliedrige Formulierung bezogen auf Gott, den
heiligen Geist und Jesus Christus begegnet in keinem Briefeingang
des Corpus Paulinum. Die größte Nähe dürfte noch zu 1Thess
und 2Thess bestehen, wo jedoch zweigliedrig gestaltet ist, und
zwar auf Gott und Jesus Christus bezogen, ohne den heiligen Geist
zu erwähnen: Die Thessalonicher sind Gemeinde ἐν θεῷ πατρὶ
(ἡμῶν[83]) καὶ κυρίῳ Ἰησοῦ Χριστῷ (vgl. auch 1Kor 1,2). Diese Wort-

---

[80] Vgl. J. H. Elliott, Home S. 21-49; N. Brox, Petrusbrief S. 56f.; F. W. Horn,
Petrusbrief S. 671f. – Nach J. K. Applegate, Woman S. 597f., ist unter anderem
dieser Sachverhalt ein Indiz dafür, daß auch in 1Petr 5,13 der Begriff ἡ ... συνεκλεκτή eher individuell auf eine Person als auf eine Gemeinde zu beziehen sei,
dazu s.u. S. 266f.
[81] Vgl. N. Brox, Petrusbrief S. 57, der hervorhebt, daß sich die Erläuterungen
nicht auf den Apostolat des Absenders beziehen, vgl. K. H. Schelkle, Petrusbriefe
S. 20; L. Goppelt, Petrusbrief S. 83; W. Schrage, Erster Petrusbrief S. 68, anders E.
G. Selwyn, Peter S. 119, der V. 2 auf ἀπόστολος und ἐκλεκτοῖς bezieht; ferner W. C.
van Unnik, Redemption S. 61.
[82] ἐν mit instrumentaler Bedeutung, vgl. F. Blaß/A. Debrunner/F. Rehkopf,
Grammatik § 219.
[83] Fehlt in 1Thess.

folge ist sonst eine feststehende Formulierung, die ihren Platz im Zusammenhang des Friedensgrußes[84] hat und dort ebenfalls nur zweigliedrig ist, vgl. Röm 1,7; Gal 1,3; 1Kor 1,3; 2Kor 1,2; Phil 1,2; Phlm 3; Eph 1,2; 2Thess 1,2; 1Tim 1,2; 2Tim 1,2 (z.T. mit Weglassung oder Umstellung des ἡμῶν). Ausnahmen bilden der 1Thess, wo der Friedensgruß in seiner ursprünglichen (Kurz-) Form erhalten ist[85] sowie der Kol, wo nur das erste Glied genannt wird[86].

Die dreifache Beschreibung des Gottesverhältnisses der Adressaten im 1Petr weist formal keine Beziehung zu paulinischen oder deuteropaulinischen Präskripten auf[87] und zeigt eine selbständige Formulierung, die auch inhaltlich eigene Intentionen verfolgt.[88] Darauf ist nun näher einzugehen.

An erster Stelle wird die πρόγνωσις θεοῦ genannt, gemäß der die Adressaten „Erwählte" sind. Dieses Wort begegnet im Neuen Testament neben 1Petr 1,2 nur noch in Apg 2,23, hier aber nicht auf die Gemeinde bezogen, sondern auf den von Gott vorherbestimmten Tod Jesu. Das *Verbum* προγινώσκω findet sich neben 1Petr 1,20 (auf Christus bezogen)[89] und 2Petr 3,17 (auf die Gemeinde bezogen) bei Paulus nur in Röm 11,2 im Blick auf Israel und in 8,29 auf die Gemeinde.[90] Jedoch ist der Zusammenhang ein anderer: Bei Paulus richtet sich die Aussage nicht auf die Erwählung

---

[84] S.u. S. 47ff.

[85] Vgl. T. Holtz, Thessalonicher S. 35.39.

[86] Vervollständigend und an die paulinische Tradition angleichend ergänzen א A C 𝔐 it Tertullian, Hieronymus u.a. καὶ κυρίου Ἰησοῦ Χριστοῦ, vgl. E. Schweizer, Kolosser S. 33; P. Pokorný, Kolosser S. 29.

[87] So jedoch K. H. Schelkle, Petrusbriefe S. 24; vgl. A. E. Barnett, Paul S. 53: 1Petr 1,2 sei „made up almost entirely of ideas and expressions that seem to be taken directly from Pauline letters".

[88] Nach L. Goppelt, Petrusbrief S. 83, „gehört der Satz in die urchristliche Tradition triadischer Formeln" und „berührt sich nicht mit den typisch paulinischen Formeln". Die größte Nähe sieht Goppelt zu Mt 18,19 und 1Thess 2,13f.: „Liegt hier dasselbe Formelschema zugrunde wie in 1 Petr 1,2, dann ist es stärker aufgefüllt. Vor allem ist hier das überraschende 3. Glied von 1 Petr 1,2 gemeinchristlichen Vorstellungen über das Ziel der Erwählung angepaßt" (ebd.); vgl. auch E. G. Selwyn, Peter S. 247-250.

[89] Vgl. dazu G. Delling, Existenz S. 106.

[90] Vgl. A. E. Barnett, Paul S. 53f.

der Gemeinde, sondern auf die Gleichgestaltung mit Christus gemäß der vorherigen Ausersehung durch Gott.[91] Erst dadurch wird
die Berufung der Glaubenden begründet, die für Paulus nach
Röm 8,28 nicht auf die πρόγνωσις, sondern auf die πρόθεσις Gottes
zurückgeht.[92] Dies wird durch die explikative Funktion des V. 29
(durch ὅτι mit V. 28 verknüpft) deutlich, wonach προγινώσκειν und
προορίζειν als Handlungsaspekte (verbale Form!) der πρόθεσις Gottes entfaltet werden, mit denen diese an den Glaubenden wirkt.
Ähnlich wird im deuteropaulinischen Epheserbrief argumentiert
(1,4f.11), jedoch ohne den Wortstamm προγνω- zu verwenden.[93]
Die Bedeutung der Berufung der Glaubenden hatte Paulus bereits
im Eingang des Röm (1,6) deutlich gemacht. Die Tatsache, daß bei
Paulus diese Wurzel nur zwei Mal, in deuteropaulinischen Briefen
gar nicht vorkommt, weist darauf hin, daß sie kein paulinisches
Spezifikum gewesen ist.[94] Selbst die mit 1Petr 1,2 entfernt verwandte Stelle in Röm 8,29 bestätigt diese Vermutung, denn hier
handelt es sich wahrscheinlich um einen Bestandteil der traditionellen Formulierung in V. 29f., die Paulus in seiner Argumentation verwendet.[95]

---

[91] Vgl. U. Wilckens, Römer II S. 163, sowie ausführlich P. von der Osten-Sakken, Römer 8 S. 73-78.

[92] Dieser terminologische Unterschied sollte nicht unbeachtet bleiben, vgl.
auch Röm 9,11: Die Erwählung (ἐκλογή) beruht auf der πρόθεσις τοῦ θεοῦ, vgl. U.
Wilckens, Römer II S. 194; K. Shimada, Romans S. 106. Bemerkenswert ist ferner,
daß die πρόθεσις-Aussage in Röm 8,28 innerhalb des traditionellen Kontextes
wahrscheinlich auf Paulus zurückgeht, der damit 8,29f. vorbereitet, vgl. P. von der
Osten-Sacken, Römer 8 S. 66f., der ferner darauf hinweist, daß selbst diese Aussage keineswegs *spezifisch* paulinisch ist, sondern in jüdischer Tradition steht
(a.a.O. S. 67; vgl. auch W. C. van Unnik, Redemption S. 61f.); vgl. weiterhin Eph
1,11; 3,13; 2Tim 1,9; 3,10. Nach K. H. Schelkle, Petrusbriefe S. 20, ist die Intention der Erwählungsaussage von 1Petr 1,2 und Röm 8,29f. gleich; vgl. ferner L.
Goppelt, Petrusbrief S. 85; P. H. Davids, Peter S. 48.

[93] Vgl. J. Michl, Briefe S. 105; P. Pokorný, Epheser S. 57-59. In Eph 1,9 begegnet das Partizip γνωρίσας als drittes Glied einer Reihe: εὐλογήσας (V. 3) –
προορίσας (V. 5) – γνωρίσας (V. 9), vgl. R. Schnackenburg, Epheser S. 44f.

[94] Vgl. vor allem die Verwendung des Wortes πρόγνωσις in der Septuaginta Jdt
9,6; 11,19; weiterhin Josephus, Ant VIII,234.418; Apg 2,23; vgl. R. Bultmann, Art.
γινώσκω S. 715f.; E. G. Selwyn, Peter S. 119.

[95] S.o. Anm. 92; vgl. E. Käsemann, Römer S. 235: „liturgisches Traditionsstück" (V. 29c paulinisch, a.a.O. S. 236); weiterhin H. Paulsen, Überlieferung S.

An der zweiten Stelle steht die Wendung ἐν ἁγιασμῷ πνεύματος[96]. Der Begriff ἁγιασμός begegnet neben 1Petr 1,2 und Hebr
12,14 ausschließlich im Corpus Paulinum. Diese Tatsache allein
reicht jedoch für traditionsgeschichtliche Schlußfolgerungen nicht
aus, da der Stamm ἁγιασ- auch sonst im Neuen Testament verbreitet ist. Daher muß nach dem Zusammenhang gefragt werden, in
denen ἁγιασμός verwendet wird. In den Präskripten des Corpus
Paulinum ist das Wort nicht zu finden; allein in 1Kor 1,2 gebraucht Paulus das Partizip ἡγιασμένοι. Hier aber ist das Heiligsein
der Glaubenden nicht mit dem Geist, sondern mit Christus verbunden.[97] Im deuteropaulinischen 2Thess ist in 2,13 ἁγιασμός gleichermaßen wie in 1Petr 1,2 konstruiert: Die Gemeinde ist von
Gott erwählt zum Heil (εἰς σωτηρίαν) durch die Heiligung des Geistes (ἐν ἁγιασμῷ πνεύματος).[98] Der Heiligung des Geistes wird hier
die πίστις ἀληθείας parallel beigefügt.[99] Sonst ist bei Paulus „Heiligung" meist auf Christus bzw. Gott bezogen (vgl. bes. 1Kor 1,30;
weiterhin Röm 6,22f.; 1Kor 1,2; 6,11 [Christus *und* Geist]; 1Thess
5,23 [Gott]; vgl. 1Tim 4,5 [Heiligung durch das Wort Gottes und
Gebet]) oder in ihrer ethischen Relevanz hervorgehoben (Röm
6,19; 1Kor 7,14; 1Thess 4,3f.; vgl. 1Tim 2,15.21; Eph 5,25).
1Thess 4,7f. betont, daß die Verachtung der Berufung zur Heilig-

---

156-161; P. von der Osten-Sacken, Römer 8, S. 67-78, bes. S. 68ff. (V. 29a.30); K.
Shimada, Romans S. 105. Wenn Röm 8,28c (πρόθεσις) paulinisch ist und V. 29a
(προγινώσκω) wiederum traditionell, dann unterstützt dies die terminologischen
Überlegungen hinsichtlich des Verhältnisses zur Aussage von 1Petr 1,2. Anders U.
Wilckens, Römer II S. 150f., der sich der Argumentation von H. Balz, Heilsvertrauen passim, anschließt, nach der Paulus in Röm 8,18ff. zwar Motive frühjüdischer und christlicher Herkunft verwendet, nicht aber feste Traditionsstücke.
Dennoch hält auch U. Wilckens die Verse 8,28-30 für ein möglicherweise traditionelles Stück, das Paulus in V. 29b.c erweitert hat (a.a.O. S. 151).

[96] Als genitivus subjectivus bzw. auctoris, vgl. G. Delling, Existenz S. 107; L.
Goppelt, Petrusbrief S. 86 Anm. 47.

[97] Vgl. W. Schrage, Korinther I S. 103.

[98] Vgl. L. Goppelt, Petrusbrief S. 83; W. Trilling, Thessalonicher S. 121 Anm.
516.

[99] Nach W. Trilling, ebd., ist ἐν ἁγιασμῷ πνεύματος in 2Thess 2,13 ein genitivus
auctoris: „durch die Heiligung, die der Geist Gottes bewirkt"; πίστει ἀληθείας ein
genitivus objectivus: „im Glauben an die Wahrheit"; vgl. G. Friedrich, Thessalonicher S. 269.

keit eine Verachtung des Willens Gottes bedeutet, der seinen heiligen Geist den Glaubenden gibt.[100] Hier ist die Verbindung zwischen Heiligung und der Gabe des Geistes Gottes zwar hergestellt, aber Subjekt dessen ist nicht der Geist, sondern Gott, der ihn verleiht.[101] Zu vergleichen ist weiterhin Röm 15,16: Die (Heiden-)Völker werden als ein angenehmes Opfer von Gott durch die Gabe des Geistes geheiligt[102], sowie die – ebenfalls traditionelle – Wendung πνεῦμα ἁγιωσύνης in Röm 1,4, wo im Kontext Gottes Wirksamkeit durch den Geist ausgesagt wird.[103]

Aus diesen Beobachtungen ergibt sich m.E. kein eindeutiges Bild, das eine Verwandtschaft der Wendung von 1Petr 1,2 mit der paulinischen bzw. deuteropaulinischen Tradition nahelegen würde. Daß in 2Thess 2,13 dieselbe Formulierung zu finden ist, reicht dafür nicht aus[104], zum einen wegen ihrer Einmaligkeit im Corpus Paulinum, zum anderen wegen des unterschiedlichen inhaltlichen Bezuges, der in 1Petr 1,2 vor allem durch die besondere dreigliedrige Struktur deutlich wird: Die πρόγνωσις geht von Gott aus, die Heiligung bewirkt der Geist (genitivus auctoris), und der Gehorsam erhält in Verbindung mit der Blutbesprengung einen christologischen Bezug.[105] Daraus ergibt sich die Formulierung, ohne eine besondere paulinisch geprägte Tradition dahinter vermuten zu müssen.[106]

Das dritte Glied der Aufzählung in 1Petr 1,2 lautet εἰς ὑπακοὴν καὶ ῥαντισμὸν αἵματος Ἰησοῦ Χριστοῦ. Diese Wendung ist in ihrer

---

[100] Vgl. T. Holtz, Thessalonicher S. 165ff.

[101] T. Holtz, a.a.O. S. 167.

[102] Vgl. U. Wilckens, Römer III S. 118.

[103] Vgl. U. Wilckens, Römer I S. 57, unter Hinweis auf TestLev 18,11, wo von Gott gesagt wird: καὶ δώσει τοῖς ἁγίοις φαγεῖν ἐκ τοῦ ξύλου τῆς ζωῆς καὶ πνεῦμα ἁγιωσύνης ἔσται ἐπ' αὐτοῖς, sowie auf das in biblischer und frühjüdischer Tradition zu findende hebräische Äquivalent רוח הקודש (Belege a.a.O.).

[104] E. G. Selwyn, Peter S. 247, erklärt die Übereinstimmungen durch die Verfasserschaft des Silvanus, der beide Briefe schrieb.

[105] S.u. – Ein Abendmahlsbezug, wie ihn W. Bieder, Grund S. 15 Anm. 13, in der triadischen Wendung erkennen will, ist nicht zu begründen.

[106] Vgl. K. Shimada, Romans S. 106f.

Zusammenstellung einmalig.[107] Die Verbreitung des Wortes ὑπακοή
bzw. des Verbums ὑπακούω macht eine spezifische Charakterisierung schwierig. Auf Grund des überwiegend paulinischen Vorkommens des Wortes wird dessen Einfluß auf 1Petr auch hier angenommen.[108] In 1Petr 1,2 steht es absolut (vgl. 1,14)[109]; Paulus
gebraucht es so nicht, vgl. Röm 1,5 (Gehorsam des Glaubens, vgl.
16,26); 5,19 (Gehorsam Christi, vgl. 2Kor 10,5f.); 6,16 (Gehorsam
gegenüber der Sünde bzw. der Gerechtigkeit); 15,18 (Gehorsam
der Völker); 16,18f. (Gehorsam gegenüber Christus); 2Kor 7,15
(Gehorsam gegenüber Paulus, vgl. Phlm 21).[110] In den deuteropaulinischen Briefen begegnet das Wort ὑπακοή nicht, und selbst
das dazugehörige Verbum ist nicht mehr auf das Verhältnis zu

---

[107] H. Goldstein, Gemeindeverständnis S. 138f., hebt die programmatische
Bedeutung dieser Wendung für den 1Petr insgesamt hervor; vgl. auch F. Schröger,
Gemeinde S. 20-23.

[108] Vgl. K. H. Schelkle, Petrusbriefe S. 22: „Wenn es sich dreimal in 1 Petr findet, wird kein Zweifel sein, daß dies unter paulinischer Nachwirkung geschieht
und daß das Wort von dort seinen Gehalt empfängt"; vgl. H. Manke, Leiden S.
192; N. Brox, Petrusbrief S. 58; P. H. Davids, Peter S. 48. L. Goppelt, Petrusbrief S.
86 Anm. 51, sieht in ὑπακοή ein „im hellenistischen Christentum ausgeprägten
Begriff". In der Septuaginta begegnet der Begriff nur in 2Sam 22,36.

[109] Vgl. E. Lohse, Märtyrer S. 183 Anm. 2; E. G. Selwyn, Peter S. 120; K. H.
Schelkle, Petrusbriefe S. 22 Anm. 2; L. Goppelt, Petrusbrief S. 86 Anm. 51 (gegen
H. Windisch, Briefe S. 52). F. H. Agnew, Translation passim, versteht Ἰησοῦ
Χριστοῦ als genitivus subjectivus, der sowohl auf ὑπακοήν als auch auf ῥαντισμὸν
αἵματος zu beziehen sei, weil εἰς an dieser Stelle kausalen Sinn habe („because of
the obedience and the sprinkling of the blood of Jesus Christ", a.a.O. S. 69f.); vgl.
auch G. Delling, Existenz S. 106; T. Spörri, Gemeindegedanke S. 83 Anm. 1; dazu
F. Schröger, Gemeinde S. 20. Doch gerade die von Agnew hervorgehobene tria-
dische Form des „perfect parallelism" von κατά – ἐν – εἰς spricht für ein finales
Verständnis von εἰς, was nicht nur dem normalen Sprachgebrauch entspricht,
sondern auch durch die dritte Position der Wendung insgesamt angezeigt wird,
vgl. dazu auch P. H. Davids, Peter S. 49 Anm. 10. Schließlich wäre 1,2 die einzige
von 42 Stellen in 1Petr, wo εἰς kausalen Sinn hätte (so Agnew selbst, a.a.O. S. 70, allerdings ohne diesem Sachverhalt Gewicht beizumessen). Hinsichtlich des inhaltlichen Arguments, daß der Gehorsam Christi auch sonst in 1Petr thematisiert wird
(so a.a.O. S. 71), ist festzustellen, daß in den angeführten Referenztexten 1,18f.
und bes. 2,18-25 *weder* das Nomen ὑπακοή *noch* das entsprechende Verbum vorkommt. Im Gegenteil sind alle Vorkommen des Wortstammes auf das Verhalten
der Glaubenden bezogen (1,14.22; 3,6); vgl. E. Schweizer, Christologie S. 373.

[110] Vgl. G. Kittel, Art. ἀκούω S. 224f.; G. Schneider, Art. ὑπακοή Sp. 944.

Christus bezogen: in Eph 6 ausschließlich negativ, in 2Thess 1,8
und 3,14 als Gehorsam gegenüber dem Evangelium bzw. dem apostolischen Wort.[111] Im 1Petr ist das Verbum ebenfalls nicht im
Hinblick auf die Beziehung zu Christus gebraucht, sondern für
den Gehorsam der Sara gegenüber Abraham (3,6).

Die Tatsache, daß ὑπακοή in theologischer bzw. christologischer
Hinsicht in nachpaulinischer Zeit an Bedeutung verloren zu haben
scheint und für die Kennzeichnung der Glaubenden in ihrer Beziehung zu Jesus Christus keine Rolle mehr spielt, ist für die Einschätzung seines Gebrauchs im 1Petr nicht unbedeutend. Hinzu
kommt jedoch die Formulierung ῥαντισμὸς αἵματος, die im Zusammenhang des Gehorsams steht und neben dem 1Petr nur im Hebr
(12,24; vgl. 9,13f.) vorkommt[112], im Corpus Paulinum dagegen
fehlt. Auch dies ist wiederum ein Indiz für die Selbständigkeit des
1Petr bei der Gestaltung des Präskriptes. Inhaltlich beachtenswert
ist besonders der Zusammenhang von Ex 24,7f., wo die Gehor-
samsverpflichtung des Volkes der Besprengung mit dem Bundes-
blut *vorausgeht*[113], was der Struktur der Aussage in 1Petr 1,2 entspricht. Die dahinter stehende alttestamentliche Opfertheologie
der sündenvergebenden Wirkung der Blutbesprengung beim
Opfer[114], die in ihrer Übertragung auf Christus besonders im

---

111 Vgl. G. Schneider, a.a.O. S. 944f.

112 Vgl. zum Verhältnis des Hebr zum 1Petr E. G. Selwyn, Peter S. 463-466; E.
Gräßer, Hebräerbrief S. 58-60; H. Löhr, Umkehr S. 264f.

113 Vgl. dazu A. Schlatter, Petrus und Paulus S. 20; W. C. van Unnik, Redemption S. 62f.; E. G. Selwyn, Peter S. 120; E. Best, Peter S. 71f.; E. Schweizer, Christologie S. 373; E. Lohse, Märtyrer S. 183; H. Manke, Leiden S. 193f.; L. Goppelt, Petrusbrief S. 87 Anm. 55; E. Lohse, Märtyrer S. 183; N. Brox, Petrusbrief S. 58; H.
Frankemölle, Petrusbrief S. 32; O. Knoch, Petrusbrief S. 39; P. H. Davids, Peter S.
49; G. Barth, Tod Jesu S. 48. C.-H. Hunzinger, Art. ῥαντίζω S. 984, dagegen vermutet hinter dem Ausdruck in 1Petr 1,2 eine liturgische Ordnung im Zusammenhang der Taufe (s.u. S. 47 Anm. 121); ähnlich H. Manke, Leiden S. 194.

114 Vgl. E. G. Selwyn, Peter S. 120; F. W. Beare, Peter S. 51; K. H. Schelkle, Petrusbriefe S. 22f.; N. Brox, Petrusbrief S. 57; F. Schröger, Gemeinde S. 21f. Dieser
alttestamentliche Hintergrund ist auch dann zu berücksichtigen, wenn 1Petr seine
Vorstellungen nicht *unmittelbar* von daher entwickelt, sondern eine bereits christlich geprägte Wendung aufgreift, so L. Goppelt, Petrusbrief S. 87.

Hebr zu finden ist[115], hat für Paulus und seine Tadition keine entscheidende Bedeutung gehabt. Wenn Paulus vom Blut Christi spricht, dann geschieht das nicht auf dem Vorstellungshintergrund des alttestamentlichen Opferrituals, sondern bei ihm steht „Blut" meist synonym für den gewaltsamen Tod Christi in seiner sündentilgenden Bedeutung[116], vgl. Röm 3,25[117]; 5,9; auch Kol 1,20[118]; im speziellen Kontext des Abendmahls 1Kor 10,16; 11,25.27[119]; deuteropaulinisch aufgegriffen in Eph 1,7[120]; 2,13. Weder von den paulinischen noch den deuteropaulinischen Vorstellungen, in denen vom Blut Christi die Rede ist, läßt sich somit die Formulierung in 1Petr 1,2 herleiten. Die Tatsache, daß ab 1Petr 1,13ff. die Motive des Präskriptes inhaltlich entfaltet werden (πρόγνωσις in V. 20, ἁγιασμός in V. 15f., ὑπακοή in V. 14-22, αἷμα Ἰησοῦ Χριστοῦ in V. 18f.) spricht ebenfalls deutlich dafür, daß der Verfasser diesen Teil des Präskriptes eigenständig theologisch gestaltet hat: Auf dem Hintergrund von Ex 24,7f. geschieht die Berufung der Glaubenden in finalem Sinne zum Gehorsam, der die „Besprengung mit dem Blut Jesu" ermöglicht, d.h. den Glaubenden Anteil an der sühnenden Wirkung seines Blutes vermittelt. Das entspricht zwar in der Grundaussage den genannten Stellen bei Paulus, ist aber wegen der verschiedenen traditionsgeschichtlichen Bezüge, der Formulierung sowie der Zusammenstellung mit den anderen Glie-

---

115 Vgl. W. C. van Unnik, Redemption S. 63; G. Delling, Existenz S. 106; hinzuweisen ist auch auf Barn 5,1 sowie die typologische Entfaltung in Barn 8,1ff.; vgl. C.-H. Hunzinger, Art. ῥαντίζω S. 983.

116 Vgl. J. Behm, Art. αἷμα S. 173; E. Lohse, Märtyrer S. 138-141, bes. S. 139.

117 Zu Röm 3,25 vgl. ausführlich U. Wilckens, Römer I S. 190-196; C. Breytenbach, Versöhnung S. 166ff. Auffällig ist für unseren Zusammenhang, daß Paulus hier, wo er Christus als ἱλαστήριον (כפרת) charakterisiert, den Besprengungsritus nicht eigens erwähnt, durch den nach der alttestamentlichen Vorstellung die Entsühnung vollzogen wird. Allenfalls indirekt kann man einen Bezug herstellen, vgl. U. Wilckens, a.a.O. S. 191-193; P. Stuhlmacher, Theologie S. 193ff.; sowie C. Breytenbach, Versöhnung S. 168: „Es empfiehlt sich, hier 'durch das Vergießen seines Blutes' zu verstehen" (gegen U. Wilckens, Römer I S. 192). Nach Stuhlmacher nimmt Paulus in Röm 3,25f. wahrscheinlich eine antiochenische Tradition auf (a.a.O. S. 193).

118 Vgl. P. Pokorný, Kolosser S. 75.

119 Vgl. C. Wolff, Erster Korintherbrief S. 229f.273-277.

120 Vgl. P. Pokorný, Epheser S. 63.116.

dern nicht von der paulinischen Tradition ableitbar, sondern Ausdruck dafür, daß für beide Traditionskreise der Tod Jesu das grundlegende Heilsereignis darstellt.[121]

Schließlich ist der Friedensgruß (Salutatio) des Präskriptes zu betrachten: χάρις ὑμῖν καὶ εἰρήνη πληθυνθείη[122], der in dieser Form durch das letzte Wort ungewöhnlich ist, das in Verbindung mit der Grußformel nur noch in den späteren und darin der auch von 1Petr verwendeten Konvention folgenden Jud und 2Petr[123] begegnet (vgl. weiterhin 1Clem Inscr.; Polyk Inscr.). Im übrigen ist der Gruß so kurz gehalten, wie er im gesamten Corpus Paulinum nur im 1Thess zu finden ist. Diese Feststellung könnte zu der Vermutung führen, daß es sich um eine frühchristliche, schon vor Paulus entwickelte Grußformel handelt, die der Apostel erstmalig in ihrer

---

[121] Vgl. E. Lohse, Märtyrer S. 140: „An all diesen Stellen ist die Wendung αἷμα Χριστοῦ ein formelhafter, alter Tradition entstammender Ausdruck für den sühnenden Tod Christi, der im Urchristentum weite Verbreitung gefunden hat"; vgl. auch F. Schröger, Gemeinde S. 22f. Zweifelhaft ist jedoch der von C.-H. Hunzinger, Art. ῥαντίζω S. 984, L. Goppelt, Petrusbrief S. 86f., O. Knoch, Petrusbrief S. 39, u.a. hergestellte Zusammenhang mit der Taufe, worauf m.E. in 1Petr 1,2 nichts hindeutet und die erst in 3,21 ausdrücklich zur Sprache kommt, dort jedoch anders entfaltet wird (s.u. S. 196ff.); vgl. H. Balz, Art. ῥαντισμός Sp. 500; ferner W. Schrage, Erster Petrusbrief S. 69. Ein Taufbezug in 1Petr 1,2 würde ferner voraussetzen, daß die Taufe als Besprengung vollzogen wurde, wofür es in neutestamentlicher Zeit keine Anhaltspunkte gibt, vgl. dazu bes. die Formulierung in Tit 3,5: „Bad (λούτρον) der Wiedergeburt" (vgl. Eph 5,26); in 1Kor 6,11 ist von „abwaschen" (ἀπολούεσθαι) die Rede; in Hebr 10,22 wird zwischen der „Besprengung des Herzens" und „Waschen des Leibes" unterschieden. Noch Barn 11,11 setzt ein vollständiges Eintauchen in ein Wasserbecken voraus. Die Vorstellung einer Besprengung bringt auch Barn nicht mit der Taufe in Verbindung, vgl. Barn 5,1; 8,1-7). Aufschlußreich ist weiterhin die Taufanweisung in Did 7,1-4, wo zwar verschiedene Möglichkeiten des Taufritus beschrieben werden, ein Besprengen jedoch nicht vorgesehen ist. – N. Brox, Petrusbrief S. 57, unterscheidet die Heiligungsaussage als Anspielung „auf die Wirkung von Glaube und Taufe" von der Aussage über Gehorsam und Besprengung, die auf den Bundesschlußritus zu beziehen sei, vgl. W. Schrage, Erster Petrusbrief S. 68f.; ähnlich argumentiert C.-H. Hunzinger, a.a.O., im Blick auf Barn 8,1ff.: „.... doch scheint der Vorgang der Besprengung nicht in die Taufe, sondern in die Verkündigung verlegt zu sein."

[122] Verbum in der 3. Person Singular Aorist Optativ, vgl. F. Blaß/A. Debrunner/F. Rehkopf, Grammatik § 384,3.

[123] Der 2Petr hat den Jud verwendet und kannte wohl auch den 1Petr (vgl. 2Petr 3,1).

ursprünglichen Form im 1Thess verwendet und die später von ihm bzw. seinen Nachfolgern erweitert wurde.[124] Dafür spricht u.a., daß die paulinisch erweiterte Form eine fest geprägte Gestalt angenommen hat durch den Zusatz ἀπὸ θεοῦ πατρός ἡμῶν καὶ κυρίου Ἰησοῦ Χριστοῦ (Röm 1,7; Gal 1,3; 1Kor 1,3; 2Kor 1,2; Phil 1,2; Phlm 3; vgl. Eph 1,2; leicht verändert in Kol 1,2; 2Thess 1,2; 1Tim 1,2; 2Tim 1,2; Tit 1,4).[125] Trifft dies zu, dann wäre hinsichtlich des 1Petr zu vermuten, daß jene frühchristliche Grußformel unabhängig von der paulinischen Tradition benutzt und selbständig erweitert wurde in einer Weise, wie sie paulinisch bzw. deuteropaulinisch nicht zu finden ist. Die Formulierung χάρις ὑμῖν καὶ εἰρήνη hingegen als paulinischen Einfluß zu werten[126], ist in dieser Weise nicht ohne weiteres möglich.[127] Wenn man annähme, 1Petr

---

124 Die Vermutung des vorpaulinischen Ursprunges der Friedensgrußformel ist jedoch nicht unproblematisch und keineswegs gesichert. Bereits E. Lohmeyer, Grußüberschriften S. 14, hatte aus der dreigliedrigen Struktur der paulinischen Salutatio, deren feierlichen Stil sowie der Tatsache, „daß die Wortfügung keine spezifisch paulinischen Eigentümlichkeiten zeigt", den Schluß gezogen, daß es sich dabei um eine „überkommene liturgische Formel" handele, „die vielleicht urchristliche Gottesdienste einleitete"; vgl. dagegen G. Friedrich, These S. 104f. und passim, der jedoch auch „die Zusammenstellung von 'Gnade und Friede' im Briefpräskript" als „nicht typisch paulinisch bezeichnet" (a.a.O. S. 105). Zum Ganzen vgl. K. Berger, Apostelbrief S. 191ff.

125 Vgl. dazu K. Berger, Apostelbrief S. 202f.; J. Murphy-O'Connor, Paul S. 54f.

126 Vgl. K. H. Schelkle, Petrusbriefe S. 23: „Der Gruß χάρις καὶ εἰρήνη benutzt die bei Paulus übliche ... und, da sie vor Paulus nicht bezeugt ist, wohl von Paulus gebildete Formulierung"; ferner W. Schrage, Erster Petrusbrief S. 69; O. Knoch, Petrusbrief S. 40; P. H. Davids, Peter S. 49; J. N. D. Kelly, Peter S. 44; E. Schweizer, Markus S. 753. Nach F. Schnider/W. Stenger, Studien S. 33, „beweist" diese Formulierung des 1Petr „die formale Abhängigkeit von dem paulinischen Briefpräskript. Daß im Eingangsgrußwunsch in beiden Fällen [sc. im 1 und 2 Petr] die bei Paulus außer in 1 Thess zu findende präpositional angeschlossene Näherbestimmung ἀπὸ θεοῦ πατρὸς ἡμῶν καὶ κυρίου Ἰησοῦ Χριστοῦ fehlt, ist kein Gegenbeweis, denn in beiden Fällen geht die Erwähnung Gottes und Christi in der näheren Bestimmung der Adressaten voran." Zu berücksichtigen wäre hier ferner, daß 2Petr den 1Petr kannte (vgl. 2Petr 3,1).

127 Vgl. K. Berger, Apostelbrief S. 192-196, zur Kombination von χάρις und εἰρήνη a.a.O. S. 197ff. (mit Verweis auf äthHen 5,7, wobei der äthiopische Text von „Freude" und nur der griechische von χάρις spricht, vgl. E. Kautzsch, Apokryphen II S. 238 Anm. o). L. Goppelt, Petrusbrief S. 76, versteht das Wort χάρις als Ersatz

hätte die Grundversion der Grußformel bewußt paulinischer Tradition entnommen, so wäre zum einen unverständlich, warum er
es nicht auch mit dem relativ festgeprägten und dadurch ebenfalls
formelhaften Zusatz tat[128], sondern ihn statt dessen durch ein dem
Corpus Paulinum fremdes Wort ersetzte. Man muß außerdem beachten, daß die Verknüpfung des Wortstammes πληθυν- mit „Friede" charakteristisch für Segensformeln ist[129] und sich in Eingangs-
formulierungen frühjüdischer Briefe findet.[130] Der Einfluß dieser
Konventionen auf 1Petr 1,2 ist daher naheliegend.[131]

2.2. Die Eingangseulogie 1Petr 1,3ff.

Nicht zum Präskript gehörend, aber in formaler Hinsicht für den
Beginn des Briefes nicht ohne Bedeutung ist der Abschnitt, der
dem Friedensgruß folgt.[132] Eine sich an das Präskript anschließende *Danksagung* entspricht formal antikem Briefstil[133], nicht je-

---

für ἔλεος, vgl. dazu K. Berger, a.a.O. S. 198f. mit Anm. 33; N. Brox, Petrusbrief S.
58. P. H. Davids, Peter S. 50, gibt zu bedenken, daß die Wurzeln der Formel nicht
zu hoch bewertet werden sollten, da sie zur Zeit des 1Petr wahrscheinlich bereits
zu einem christlichen „Standardgruß" geworden war.

[128] Vgl. dagegen F. Schnider/W. Stenger, Studien S. 33 (s.o. S. 48 Anm. 126).

[129] Vgl. K. Berger, Apostelbrief S. 196.

[130] Vgl. ySan 18d; bSan 11b; tSan 2,6; Dan 3,31 (θ 4,1); θ 6,26; syrBar 78,2; s.
dazu K. Berger, Apostelbrief S. 196 mit Anm 28 (weitere Belege dort); G. Friedrich, These S. 105. Aus diesem Grund wird das Wort πληθυνθείη als ein aus den
genannten Danielstellen der Septuaginta stammender *Zusatz* zur paulinischen
Formel angesehen, der jedoch der Annahme eines paulinischen Einflusses entge-
gensteht, vgl. K. H. Schelkle, Petrusbriefe S. 23; D. E. Aune, Environement S. 185.

[131] Vgl. dazu bes. J. L. White, Epistolary Literature S. 1752; F. Schnider/W.
Stenger, Studien S. 34-41; vgl. ferner die Formulierung des Präskriptes des 1Clem:
χάρις ὑμῖν καὶ εἰρήνη ἀπὸ παντοκράτορος θεοῦ διὰ Ἰησοῦ Χριστοῦ πληθυνθείη (dazu
C. Andresen, Formular S. 236), sowie im Philipperbrief des Polykarp: ἔλεος ὑμῖν
καὶ εἰρήνη παρὰ θεοῦ παντοκράτορος καὶ Ἰησοῦ Χριστοῦ τοῦ σωτῆρος ἡμῶν πληθυνθείη, vgl. MartPol Inscr.

[132] Zur Strukturanalyse der Eulogie vgl. A. B. du Toit, Significance passim, bes.
S. 59-72, wonach der Abschnitt die Verse 3-13 umfaßt, V. 13 aber gleichzeitig eine
Überleitungsfunktion besitzt (a.a.O. S. 60).

[133] Vgl. die Belege bei A. Deißmann, Licht S. 147f.; vgl. P. Schubert, Form passim, bes. S. 180; einschränkend K. Berger, Apostelbrief S. 219: „in hellenistischen

doch eine Eulogie.[134] Wenn der Verfasser nicht unmittelbar zum
ersten Themenpunkt kommt (vgl. Gal, 1Tim, Tit), so ist im Corpus Paulinum der Danksagungsbericht für die Gemeinde und ihren Glauben in der Briefeinleitung am verbreitetsten (vgl. Röm
1,8ff.; 1Kor 1,4ff.; Phil 1,3ff.; Phlm 4ff.; 1Thess 1,2ff.; Kol 1,3ff.;
2Thess 1,3ff.; 2Tim 1,3ff.). Der Wortlaut der Einleitung zur Danksagung ist bei Paulus relativ fest geprägt: εὐχαριστῶ τῷ θεῷ μου (...)
πάντοτε (1Kor 1,4; Phil 1,3; Phlm 4); 1Thess 1,2 und Kol 1,3 formulieren der Mehrzahl der Absender entsprechend im Plural; Kol
erweitert zusätzlich durch πατρὶ τοῦ κυρίου ἡμῶν Ἰησοῦ Χριστοῦ. Die
deuteropaulinischen Schreiben 2Thess und 2Tim konstruieren die
Danksagung in anderer Weise: 2Thess in Anlehnung an den Plural
von 1Thess εὐχαριστεῖν ὀφείλομεν, 2Tim verkürzt zu χάριν ἔχω.[135]

Abweichend davon beginnen 2Kor 1,3ff. und Eph 1,3ff. nach
dem Präskript nicht mit einer Danksagung für die Gemeinde, sondern mit einem Lobpreis Gottes: εὐλογητὸς ὁ θεὸς καὶ πατὴρ τοῦ
κυρίου ἡμῶν Ἰησοῦ Χριστοῦ. Dieser in beiden Briefen identische
Wortlaut[136] findet sich auch 1Petr 1,3. Von daher legt sich die Vermutung nahe, 1Petr 1,3 übernehme diese Formulierung der paulinischen bzw. deuteropaulinischen Tradition.[137] Gegen diese
Schlußfolgerung ist jedoch geltend zu machen, daß es sich wahrscheinlich eher um eine geprägte Wendung handelt, auch wenn
sie nur drei Mal im Neuen Testament begegnet.[138] Dafür sprechen

---

Briefen ... vergleichsweise selten"; ders., Gattungen S. 1171f. – Zum antiken Kontext des vgl. weiterhin J. L. White, Epistolary Literature S. 1734f.1741f.; H. Probst,
Paulus S. 56-107; S. K. Stowers, Letter Writing passim; P. Arzt, Thanksgiving passim, bes. S. 44f. (weitere neuere Literatur a.a.O. S. 29f. Anm. 3).

[134] Vgl. R. Deichgräber, Gotteshymnus S. 64f.

[135] Zur paulinischen Danksagung und deren traditionsgeschichtlichen Hintergrund vgl. P. Arzt, Thanksgiving passim, bes. S. 33-36; J. Murphy-O'Connor, Paul
S. 55-64.

[136] In Eph 1,3 läßt B καὶ πατήρ aus, was zwar als lectio brevior berücksichtigt
werden könnte, aber durch die geringe Bezeugung sekundären Charakter hat.

[137] Vgl. W. Seufert, Verwandtschaftsverhältniss S. 184-186; F. W. Beare, Peter
S. 81; R. Deichgräber, Gotteshymnus S. 77f.; K. H. Schelkle, Petrusbriefe S. 27; O.
Knoch, Petrusbrief S. 42. Nach A. E. Barnett, Paul S. 54, ist 1Petr 1,3-12 sogar un-
mittelbar von Eph 1,3-20 abhängig.

[138] Das Verbaladjektiv εὐλογητός ist auch sonst im Neuen Testament nur auf
Gott bezogen, vgl. Mk 14,61; Lk 1,68; Röm 1,25; 9,5; 2Kor 11,31.

vor allem die alttestamentliche Prägung der Wendung εὐλογητὸς ὁ θεός (bzw. κύριος)[139] sowie der liturgische Charakter[140] der Gottesbezeichnung, die des öfteren im Neuen Testament gebraucht wird, und zwar stets in doxologischem Kontext, der daher gleichsam als „Sitz im Leben" dieser Gottesbezeichnung bezeichnet werden kann.[141] Für die Übernahme der Formel in 1Petr 1,3 aus der pau-

[139] Vgl. Gen 9,26; 14,20; 24,27; Ex 18,10; Ruth 4,14; 1Sam 25,32.39; 2Sam 18,28; 1Kön 1,48; 5,7; 8,15.56; Ps 17(18),46; 27(28),6; 30(31),21; 40(41),13; 65(66),20; 67(68),19.35; 71(72),18f.; 105(106),48; 123(124),6; 143(144),1; 2Makk 1,17 u.ö.; vgl. Lk 1,14 u.ö.; vgl. ferner 1QM 14,4.8; 1QH 5,20ff.; 10,14f.; 11,14-17(unsicher); 11,27-32; dazu G. Morawe, Loblieder S. 31-37; B. Nitzan, Qumran Prayer S. 321-355; vgl. P. T. O'Brien, Ephesians I S. 508f.; L. Goppelt, Petrusbrief S. 90 Anm. 3, der auch auf die Preisungen des Sch^emone Esre hinweist; vgl. E. G. Selwyn, Peter S. 121f.; K. H. Schelkle, Petrusbriefe S. 27; P. H. Davids, Peter S. 51; J. N. D. Kelly, Peter S. 47; ferner G. Delling, Existenz S. 95f. – Zur liturgischen Eulogie im Judentum vgl. M. Schlüter, Formular passim. – Darüber hinaus erwähnt bereits R. Knopf, Briefe S. 40 (vgl. L. Goppelt, Petrusbrief S. 90 Anm. 2), einen Beleg für eine Briefeingangseulogie aus dem hellenistisch-jüdischen Bereich. Es handelt sich um den pseudepigraphischen Brief des Suron an Salomo, der nach dem in griechischer Form gehaltenen Präskript mit den Worten fortfährt (Euseb, Praeparatio evangelica IX 34,1): εὐλογητὸς ὁ θεός, ὃς τὸν οὐρανὸν καὶ τὴν γῆν ἔκτισεν, ὃς εἵλετο ἄνθρωπον χρηστὸν ἐκ χρηστοῦ ἀνδρός ..., vgl. 2Chr 2,11; dazu K. Berger, Apostelbrief S. 222 mit Anm. 154. Euseb zitiert das Fragment des Eupolemos aus dem Werk des Alexandros Polyhistor „Über die Juden", das Mitte des 1. Jh. v. Chr. datiert, Eupolemos selbst schrieb Mitte des 2. Jh. v. Chr. (vgl. N. Walter, Fragmente jüdisch-hellenistischer Historiker S. 93-96), so daß es sich traditionsgeschichtlich um eine *vorchristliche* Parallele handelt.

[140] Vgl. dazu die Kritik von K. Berger, Gattungen S. 1336: „Die Bestimmung dieser Elemente als 'liturgisch' ist ... eine petitio principii." Der Hinweis Bergers auf das Fehlen jeglicher „liturgische(r) Formulare aus dieser Zeit" (ebd.) ist zwar berechtigt, aber gegenüber den liturgischen Elementen christlicher Literatur, die immerhin in Gemeindeversammlungen eine Rolle spielte und von dort her den Adressaten bekannte Elemente aufgreift, nicht überzeugend. Zustimmen wird man jedoch, daß von diesen Elementen her keine gottesdienstliche Liturgie abgeleitet werden kann, vgl. K. Berger, Formgeschichte S. 13.236f.

[141] Vgl. Röm 15,6; 2Kor 11,31; Kol 1,3; leicht verändert in Eph 1,17 und Apk 1,6; vgl. dazu J. M. Robinson, Hodajot-Formel passim, bes. S. 204-209; W. Kramer, Kyrios S. 89f.: „Dieser stereotype Gebrauch zeigt, daß es sich um eine formelhafte Wendung handelt, die von Paulus samt ihrem ursprünglichen Haftpunkt übernommen wurde" (a.a.O. S. 90). Vgl. weiterhin C. Wolff, Zweiter Korintherbrief S. 22; auch K. M. Fischer, Tendenz S. 111; P. Pokorný, Epheser S. 77; K. H. Schelkle, Petrusbriefe S. 27; L. Goppelt, Petrusbrief S. 92f.; W. Schrage, Erster Petrusbrief S. 70; N. Brox, Petrusbrief S. 61 u.a. Bezogen auf die Eulogie formuliert L. Goppelt, Petrusbrief S. 90: „Sie ist, gleich ob Paulus sie gebildet hat, christliches Formelgut."

linischen Tradition wird neben formalen Gesichtpunkten[142] besonders angeführt, daß hier die dem 1Petr sonst fremde Kyrios-Bezeichnung für Jesus Christus begegnet.[143] Die Kyrios-Bezeichnung
findet sich im 1Petr an vier Stellen auf Gott bezogen[144] (1,25;
2,3.13; 3,12), und einmal auf Abraham (3,6). In 3,15 wird κύριος
jedoch wiederum auf Christus angewandt und zwar in einer vom
Verfasser selbst vorgenommenen Kombination mit einem Zitat aus
Jes 8,13.[145] Vergegenwärtigt man sich diesen Sachverhalt, so wird
die Vermutung des paulinischen Einflusses auf die Eulogie-Ein-
gangsformel des 1Petr unwahrscheinlich. Die Verwandtschaft mit
der Form von 2Kor 1,3ff. und Eph 1,3ff. ergibt sich aus der Kombination des gemeinsamen Hintergrundes alttestamentlich-jüdi-
scher Segensformel-Traditionen einerseits und antiker Briefkonvention andererseits.[146] Ein direkter Einfluß bzw. ein bewußter
Rückgriff auf ein paulinisch geprägtes Briefformular ist auf Grund
der zahlreichen Unterschiede jedenfalls nicht auszumachen[147], zumal die Eulogie am Anfang der beiden paulinischen Briefe ebenfalls außergewöhnlich und gerade nicht typisch für das paulinische
Formular ist[148], sondern aus hier nicht zu erörternden Gründen
die Danksagung ersetzt. Hinzu kommt die Vermutung, daß der

---

[142] Vgl. R. Deichgräber, Gotteshymnus S. 77f. Nach A. Lindemann, Paulus S.
254, „weist schon die Tatsache, daß 1 Petr überhaupt ein deutlich abgegrenztes
Proömium enthält, auf paulinischen Einfluß".

[143] Vgl. N. Brox, Petrusbrief S. 61; O. Knoch, Petrusbrief S. 42; ferner J.
Coutts, Ephesians passim, bes. S. 115f. Anm. 1; R. Deichgräber, Gotteshymnus S.
78 Anm. 1.

[144] Vgl. N. Brox, Petrusbrief S. 61 Anm. 199.

[145] P und 𝔐 lesen daher θεόν statt Χριστόν.

[146] Vgl. L. Goppelt, Petrusbrief S. 90 Anm. 6; C. Wolff, Zweiter Korintherbrief
S. 21. Zum Vergleich zwischen 1Petr 1,3-12 mit Eph 1,3-14 vgl. C. L. Mitton, Relationship S. 73; J. Coutts, Ephesians passim. Nach Mitton ist 1Petr 1,3 von Eph 1,3
abhängig; nach Coutts gehen beide Texte auf ein liturgisches Gebet zurück, das in
Eph 1 jedoch besser erhalten geblieben ist als in 1Petr; vgl. dagegen vor allem K.
Shimada, Ephesians S. 93-96, ferner P. H. Davids, Peter S. 51: „They have a common background, perhaps even a Trinitarian one, but dependence on a common
prayer should produce closer parallels."

[147] Vgl. dazu in Auseinandersetzung mit C. L. Mitton K. Shimada, Ephesians
S. 93-96.

[148] Vgl. J. Murphy-O'Connor, Paul S. 61f.

Verfasser des Eph die Eingangseulogie bereits der Tradition entnommen haben könnte[149], oder aber, „daß der ad hoc formulie-
rende Verfasser sich in Stil und Inhalt an Taufeulogien anlehnte,
die in der Gemeinde gebraucht wurden"[150]. Diese Vermutungen
werden unterstützt durch die Frage, ob auch der Verfasser des
Eph für die Gestaltung seiner Eulogie *bewußt* auf das Vorbild des
2Kor als eine Möglichkeit des paulinischen Formulars zurückgriff,
das gerade nicht typisch für diese Tradition ist. Aus der pseudepigraphischen Perspektive ist dies eher unwahrscheinlich, zumal sich
außer der Eingangsformel keine inhaltlichen Bezüge der Eulogie
des Eph zu der des 2Kor finden.[151] Dann aber würden der 2Kor
und der Eph unabhängig voneinander Beispiele dafür sein, daß
die Eulogie neben der Danksagung eine Gestaltungsmöglichkeit
für den christlichen Briefeingang war. Ein *strukturell* ähnlicher
Vorgang ist auch für den Verfasser des 1Petr wahrscheinlich. In
Briefen der nachneutestamentlichen Zeit findet sich diese Gestaltung – wie auch die für Paulus typische Form der Danksagung –
in dieser Weise nicht mehr.[152] Es muß daher m.E. damit gerechnet
werden, daß beide Gestaltungsmöglichkeiten für ein christliches
Briefformular zur Verfügung standen, die in ihrer *christlichen*
Form vielleicht beide auf Paulus zurückgehen. Aber die Briefeingangseulogie ist schon vor Paulus im jüdisch-hellenistischen Bereich nachweisbar[153], so daß die Eulogie im 1Petr auch von daher

---

[149] Vgl. G. Schille, Hymnen S. 69; K. M. Fischer, Tendenz S. 111-118.

[150] P. Pokorný, Epheser S. 54; so bereits H. Schlier, Epheser S. 41; vgl. auch R.
Schnackenburg, Eulogie S. 68; ders., Epheser S. 43.

[151] Vgl. dazu die Übersicht bei P. Pokorný, Epheser S. 18f. Auch über die Eulogie hinaus sind die in dieser Übersicht benannten Parallelen zwischen Eph und
2Kor keine Belege für eine Benutzung des 2Kor durch Eph, sondern zeigen lediglich „den Einfluß einer bestimmten Schultradition, die ihren Soziolekt entwickelt
hat" (a.a.O. S. 18). Zur Analyse von Eph 1 vgl. ferner P. T. O'Brien, Ephesians I
passim; unter textlinguistischen Gesichtspunkten R. Schnackenburg, Eulogie passim.

[152] Z.B. beginnen 1Clem nach dem Präskript unmittelbar, der 2Clem hat keinen entsprechenden Briefanfang, Ignatius kommt nach dem Präskript lobend auf
die Gemeindesituation zu sprechen (Eph 1,1-3; Magn 1,1-3, Trall 1,1-2, Sm 1,1ff.,
anders im Röm und Phld), wobei IgnEph 1,3 diesen Briefteil mit einer Eulogie *abschließt* und daher keine Parallele zu den neutestamentlichen Eulogien darstellt.

[153] S.o. S. 51 Anm. 139.

nicht im Sinne eines direkten paulinischen Einflusses verstanden werden kann.

2.3. Der Briefschluß 1 Petr 5,10-14

Zum brieflichen Rahmen gehört neben dem Präskript auch der Abschluß eines Schreibens. Sowohl aus inhaltlichen als auch aus formalen Gründen wird als Briefschluß derjenige Teil des Briefes bezeichnet, der ihn *unmittelbar* abschließt. Es handelt sich also um jene Verse, die auf die sogenannte Schlußparänese folgen und in der Regel mit einer Verheißung und einem Lobpreis beginnen.[154] In Analogie zum *Prä*skript wird dafür die Bezeichnung *Post*skript verwendet.

Die Schlußparänese zählt m.E. nicht unmittelbar zum Briefschluß, weil sie einerseits einen direkten Bezug zum Inhalt des Briefes hat und andererseits die Gattung der Paränese nicht eo ipso charakteristisch für einen Briefschluß ist, sondern vor allem im Briefcorpus zu finden ist. Die Paränese vor dem Abschluß neutestamentlicher Briefe korrespondiert daher in formaler Hinsicht mit der Eingangseulogie, die unmittelbar dem Präskript folgt.

Damit ist eine relativ enge Abgrenzung des Postskriptes vorgenommen, die jedoch für das Anliegen des Vergleichs des Briefformulars sinnvoll ist. Es handelt sich um folgende Texte: 1 Petr 5,10-14; bei Paulus Röm 15,13-16,24; 1 Kor 16; 2 Kor 13,12f.; Gal 6,11-18; Phil 4,19-23; Kol 4,7-18; Phlm 23-25; 1 Thess 5,23-28; in den deuteropaulinischen Briefen Eph 6,21-24; 2 Thess 3,16-18; 1 Tim 6,21b; 2 Tim 4,19-22; Tit 3,12-15.[155]

---

154 In den meisten Kommentaren werden die V. 10f. dem paränetischen Abschnitt 5,8-11 zugerechnet; sie bilden jedoch einen theologisch-christologischen Abschluß des Briefes, der formal dem Postskript zugehört und daher in diesem Zusammenhang wegen seiner formalen Parallelen zu paulinischen bzw. deuteropaulinischen Briefen zu erörtern ist, vgl. O. Knoch, Petrusbrief S. 138ff., der 5,10f. als separate Einheit behandelt.

155 Eine tabellarische Übersicht geben F. Schnider/W. Stenger, Studien S. 75. Die komplizierte Struktur solcher Tabellen deutet bereits die Schwierigkeit eines

2.3.1. Formale Aspekte des Briefschlusses des 1Petr im Vergleich zum paulinischen Formular

Um den Vergleich der Texte sinnvoll durchführen zu können, ist es notwendig, die Elemente und die Struktur des Postskriptes des 1Petr zu vergegenwärtigen.

An erster Stelle steht die Verheißung und das Lob Gottes (5,10) in einer sehr ausführlichen Form:

„Der Gott aller Gnade aber – der euch[156] zu seiner ewigen Herrlichkeit in Christus Jesus[157] gerufen hat – er selbst wird (euch), wiewohl ihr eine kurze (Zeit) leidet, zurüsten, stärken, Kraft verleihen (und) festigen. Ihm (sei) die Macht in Ewigkeit. Amen."

Diesem Zuspruch und Gotteslob folgen die Information über die Vermittlungstätigkeit des Silvanus (V. 12), Grüße (V. 13), die Aufforderung zum gegenseitigen Gruß mit dem Liebeskuß[158] (V. 14a) und schließlich der Friedenswunsch: „Friede (sei mit) euch allen, die (ihr) in Christus (seid)."[159]

Abgesehen von den inhaltlichen Aspekten[160] ist die Anordnung dieser Elemente (Verheißung und Lobpreis, Briefmittler, Grüße, Liebeskuß, Friedenswunsch) relativ unauffällig. Die einzelnen Elemente werden in der Regel auf drei Grundkomponenten der neutestamentlichen Postskripte verteilt: den Grußauftrag, die Grußausrichtung und das sog. Eschatokoll.[161] Die Einteilung in eine solche „Makrostruktur"[162] ist der Versuch, die sehr unterschiedliche Gestaltung der Postskripte hinsichtlich der Vollständigkeit und der Anordnung der einzelnen Teilelemente zu systematisieren. Man wird jedoch fragen müssen, ob dadurch nicht die Wahrnehmung von Spezifika erschwert wird.

Textvergleiches an, werden doch von vornherein die variantenreichen Gestaltungsmöglichkeiten der neutestamentlichen Verfasser sichtbar.

156 0206.1881 und andere Minuskeln, sowie t vg syP und bomss lesen ἡμᾶς.

157 ᾽Ιηοοῦ fehlt in ℵ B und einigen Minuskelhandschriften.

158 623.2464, andere Minuskeln sowie vg und syP lesen ἁγίῳ für ἀγάπης.

159 Fehlt in 𝔓72, vgl. dazu J. D. Quinn, Notes S. 245f., der dies – freilich hypothetisch – auf eine unvollständige Vorlage zurückführt.

160 S.u. S. 59ff.

161 F. Schnider/W. Stenger, Studien S. 72ff.108.

162 F. Schnider/W. Stenger, Studien S. 108 u.ö.

In der folgenden Übersicht soll daher die Verteilung der Post-
skriptbestandteile veranschaulicht werden:[163]

	Röm 16	1Kor 16	2Kor 13	Gal 6	Phil 4	Phlm	Kol 4	1Thess 5
Verheißung und Lobpreis	sek. 25ff.	--	11b(?)	--	19f.	--	--	23f.(?)
Bemerkung zur Abfassung des Briefes/ Vermittlung	1f.	5-19.21	--	11	7-9	--	7-9. 16f.18a	--
Grüße	16b.21ff.	19-20a	12b	--	22	23f.	14-14	--
Grußauftrag	3-15	--	--	--	21	--	15	--
Liebeskuß/ heiliger Kuß	16a	20b	12a	--	--	--	--	26
Friedens- bzw. Gnadenwunsch	20(24)	23	13	18	23	25	18b	28

	Eph 6	2Thess 3	1Tim 6	2Tim 4	Tit 3
Verheißung und Lobpreis	--	16a(?)	16b	18	--
Allgemeine Bemerkungen/ Vermittlung	21f.	17	--	9-17.20.21a	12-14
Grüße	--	--	--	21b	15a
Grußauftrag	--	--	--	19	15b
Liebeskuß/ heiliger Kuß	--	--	--	--	--
Friedens- bzw. Gnadenwunsch	23f.	16b.18	21b	22	15c

	2Joh	3Joh	Hebr 13	Jud	Offb 22
Verheißung und Lobpreis	--		20f.	24f.	--
Allgemeine Bemerkungen	12	13f.	22f.	--	--
Grüße	13	15b	24b	--	--

---

[163] Vgl. die Übersicht bei F. Schnider/W. Stenger, Studien S. 75, unter Einbeziehung der Elemente „Apostolische Parusie" sowie „Schlußparänese".

	(2Joh	3Joh	Hebr 13	Jud	Offb 22)
Grußauftrag	--	15c	24a	--	--
Liebeskuß/ heiliger Kuß	--	--	--	--	--
Friedens- bzw. Gnadenwunsch	--	15a	25	--	21

Bei der Betrachtung der äußeren Strukturen der neutestamentlichen Briefpostskripte sind keine deutlichen Anhaltspunkte zu finden, die eine Aussage über das Verhältnis des 1Petr zur paulinischen Brieftradition erlauben, zumal der Umgang mit den verschiedenen Elementen des Briefschlusses jeweils sehr unterschiedlich ist. Immerhin kann man eine Tendenz feststellen. Während Paulus selbst noch hinsichtlich der Vollständigkeit der Elemente recht ausführliche Postskripte formuliert, ist deren Gestaltung in deuteropaulinischen Schreiben deutlich kürzer. Besonders auffällig ist, daß der „heilige Kuß" ausschließlich in Paulusbriefen vorkommt und von den deuteropaulinischen Autoren nicht übernommen wurde. Auch den Verfassern der sogenannten 'katholischen' Briefe scheint er fremd zu sein. Handelt es sich dabei möglicherweise nicht um eine allgemein christliche Briefkonvention, so ist die Erwähnung des *Liebes*kusses[164] im 1Petr insofern interessant, als die einzige vergleichbare Parallele bei Paulus zu finden ist, 1Petr aber der sonst zu beobachtenden Tatsache nicht entspricht, daß bei deuteropaulinischen Verfassern dieses Element fehlt, in bezeichnender Weise vor allem im 2Thess, dessen deutliche Anlehnung an die Rahmengestaltung des 1Thess bei der Betrachtung des Präskriptes aufgefallen war. Allerdings wird man aus alledem kaum eine Schlußfolgerung ziehen können, sei es, die Formulierung des 1Petr von Paulus direkt übernommen sein zu lassen, sei

---

[164] Bereits an dieser Stelle ist auf den Unterschied in der Formulierung zwischen Paulus und 1Petr hinzuweisen, der z.B. bei F. Schnider/W. Stenger, Studien S. 109 mit Anm. 2, keine Beachtung findet. Im Gegenteil wird 1Petr 5,14 so behandelt, als stünde dort φίλημα ἅγιον, wie es nur bei Paulus der Fall ist; vgl. ähnlich L. Goppelt, Petrusbrief S. 354f., wo die Differenz zwischen der paulinischen Wendung und der Formulierung des 1Petr zur gegenseitigen Interpretation verwendet wird, ohne nach der traditionsgeschichtlichen Relevanz zu fragen.

es, darin eine Unabhängigkeit des Verfassers von der deuteropaulinischen Tradition zu sehen.

Die Eigenart des paulinischen bzw. christlichen Briefschlusses
im Unterschied zu dessen profaner Gestaltung ist hinlänglich untersucht.[165] Mit dem kurzen, im hellenistisch-römischen Briefformular üblichen ἔρρωσθε (vgl. z.B. 2Makk 11,21.33; Apg 15,29) ist
der *paulinische* Briefabschluß nicht mehr zu vergleichen.[166] Damit
ist dieser formal jedoch noch nicht als spezifisch paulinische Tradition qualifiziert, da es vergleichbare Wünsche auch in frühjüdischen Briefen gibt (vgl. 2Makk 1,2-6 am Briefanfang und bes.
2Makk 2,17f. am Briefschluß). Die Ausführlichkeit, mit der christliche Verfasser den Schluß ihrer Briefe gestalten, ist mit Recht ekklesiologisch begründet worden: Das Bewußtsein der gegenseitigen Bindung der Gemeinden wird vor allem durch die persönlichen Grüße gestärkt.[167] Auch in den abschließenden Friedens- und
Segensformeln drückt sich die christliche Identität der jeweils Angesprochenen sowie deren Verhältnis zum Autor des Briefes aus.
Dieser wesentliche Unterschied zur allgemeinen Briefkonvention
führt in die Behandlung der inhaltlichen Probleme des Postskriptes im 1Petr.

---

[165] Vgl. O. Roller, Formular S. 68-78; F. Schnider/W. Stenger, Studien S.
108-181; K. Berger, Apostelbrief S. 191-207; ders., Gattungen S. 1326-1363, bes. S.
1348ff.; G. J. Bahr, Letter Writing passim; ders., Subscriptions passim; J. L. White,
Saint Paul passim; ders., Epistolary Literature passim (dort weitere Literatur); J.
Murphy-O'Connor, Paul S. 99-113; J. A. D. Weima, Endings S. 77-155. Auf Grund
der Tatsache, daß Paulus für die Abfassung zumindest einiger seiner Briefe Gehilfen nutzte, mahnt G. J. Bahr, Letter Writing S. 477, zur Vorsicht hinsichtlich der
Feststellung „paulinischer" Formulierungen: „In view of the various ways, in
which he [sc. Paulus] could have used his secretary, and in view of the influence
which the secretary could have had on this letters, it would be well to speak with
caution on topics such as Pauline terminology or Pauline theology."
[166] Vgl. O. Roller, Formular S. 68-70.481-488; J. L. White, Epistolary Literature S. 1734; J. A. D. Weima, Endings S. 28-56.
[167] Vgl. L. Goppelt, Petrusbrief S. 345; zu dieser verbindenden soziologischen
Funktion von Briefen im allgemeinen vgl. J. L. White, Epistolary Literature S.
1731f.

2.3.2. Die Verheißung und die Doxologie

Charakteristisch für den Beginn der den Abschluß des 1Petr einleitenden Verheißung ist die Eröffnung durch die Formulierung ὁ
δὲ θεός ..., ὁ ... Dabei wird das Subjekt θεός auf zweifache Weise näher bestimmt. Zum einen durch das Attribut im Genitiv πάσης
χάριτος, zum anderen durch den angeschlossenen Relativsatz. Man
kann diesen als Explikation des Genitivattributes verstehen: Die
πᾶσα χάρις besteht darin, daß Gott die Adressaten in seine ewige
Herrlichkeit durch[168] Christus gerufen hat.[169] Der näheren Bezeichnung Gottes folgt nach einer Einräumung der gegenwärtigen
(kurzen – ὀλίγον) Leidenssituation das, was die Adressaten von
Gott zu erwarten haben. Die Verheißungen gewinnen ihre konkrete Relevanz für die Angesprochenen erst durch den Kontrast
zu ihrer Situation, auf die zuvor hingewiesen wurde. Den Abschluß bildet eine kurze Doxologie, die Gottes Macht (κράτος)
anerkennt und dies mit ἀμήν bekräftigt.

Eine solche Einleitung zum Briefabschluß begegnet gelegentlich auch sonst im Neuen Testament, vornehmlich jedoch in deu-
tero- und nichtpaulinischen Briefen. Paulus formuliert – in wesentlich engerer Anknüpfung an den Kontext als 1Petr – in Phil 4,19
eine solche Verheißung, ebenfalls eingeleitet mit ὁ δὲ θεός (vgl. V.
20). Dem schließt sich in V. 20 wiederum eine mit ἀμήν abgeschlos-
sene Doxologie an, die inhaltlich auf die Herrlichkeit (δόξα) Gottes
ausgerichtet ist. Im Ansatz ist hierzu formal auch 2Kor 13,11b zu
rechnen, wo jedoch ebenfalls unmittelbar an den Kontext angeschlossen sowie mit dem Genitiv ἀγάπης erweitert wird. Ähnliches
ist auch von 1Thess 5,23f. zu sagen, wo allein die Wortfolge αὐτὸς
δὲ ὁ θεὸς τῆς εἰρήνης eine Ähnlichkeit mit 1Petr 5,10 aufweist.[170]

---

[168] ἐν mit instrumentaler Bedeutung, vgl. F. Blaß/A. Debrunner/F. Rehkopf,
Grammatik § 195.219; anders E. G. Selwyn, Peter S. 240: „He [sc. Christus] is the
atmosphere or climate of the whole Christian life."

[169] Vgl. E. G. Selwyn, Peter S. 239.

[170] Vgl. L. Goppelt, Petrusbrief S. 343 Anm. 27, der auf den Unterschied zwischen der Verheißung (Futur Indikativ der Verben in 1Petr 5,10) und der an den
entsprechenden Parallelen formulierten Fürbitte aufmerksam macht (vgl. den
Optativ ἁγιάσαι in 1Thess 5,23; vgl. 2Thess 2,17 [παρακαλέσαι]; 3,16 [δῴη]; 2Kor

Aufschlußreicher ist die Feststellung, daß in nachpaulinischer
Zeit die Formulierungen der des 1Petr näher stehen (2Thess
3,16a; Hebr 13,20f.; Jud 24f., sowie der Abschluß des Römerbriefes Röm 16,25ff.[171]). Aber diese Parallelen sind keine eindeutigen
Belege, die eine positive Aussage über mögliche gegenseitige Beeinflussung zulassen würden. Im Blick auf Röm 16,25ff. ist zunächst zu sagen, daß die Stellung dieses Abschnittes von der sonst
üblichen abweicht, indem damit der gesamte Brief zum Abschluß
kommt. Doch auch inhaltlich setzt er seine eigenen Akzente, die
hier nicht zu erörtern sind. Zu erwähnen wären vor allem die
christologische Ausrichtung der Gottesaussage, die Tatsache, daß
keine Verheißung ausgesprochen, sondern der Abschnitt insgesamt
als Doxologie gestaltet ist, und daß – wie schon in Phil – die *Herrlichkeit* Gottes gepriesen wird. Den Abschluß bildet wieder ein
ἀμήν. Die Formulierung von 2Thess 3,16 lehnt sich an die des
1Thess an und ist in ihrer Kürze wie jene nicht repräsentativ für
eine geformte Struktur.

Aus dem Bereich der nichtpaulinischen Briefe bleiben Jud
24f.[172] und Hebr 13,20f.[173] Aber auch diese beiden Texte sind für
einen Vergleich mit 1Petr kaum ertragreich. Die Formulierungen

---

13,11 verwendet das Futur ἔσται); vgl. G. Delling, Existenz S. 104f. – W. Seufert,
Abhängigkeitsverhältniss S. 386, hatte auf Röm 15,5 als Parallele zu 1Petr 5,10
hingewiesen, ohne dies näher zu begründen; inhaltlich wie formal gibt es keinen
Grund anzunehmen, 1Petr 5,10 sei von Röm 15,5 abhängig.

171 Zur Problematik der Ursprünglichkeit vgl. O. Michel, Römer S. 52.484ff.;
U. Wilckens, Römer I S. 22ff., stellt die „deutliche Nähe zum nachpaulinischen
Schrifttum" fest (im Anschluß an E. Kamlah, Traditionsgeschichtliche Untersuchungen zur Schlußdoxologie des Römerbriefes, Diss. Tübingen 1955); anders
z.B. P. Stuhlmacher, Römer S. 215f.

172 Zum Verhältnis des Judasbriefes zur paulinischen Tradition vgl. G. Sellin,
Häretiker passim, wonach Jud sich mit Irrlehrern auseinandersetzt, die sich auf
Paulus berufen.

173 Zum Verhältnis des Hebräerbriefes zur paulinischen Tradition sei die kritische Bemerkung von K. Berger, Gattungen S. 1333 Anm. 364, zitiert: „Von einem
paulinischen 'Einfluß' vermag ich beim besten Willen nichts zu sehen. – Im ganzen
ist die Spätdatierung des Hebr zweifellos ein Beispiel für die Bedeutung unreflek-
tierter theologischer Vorurteile: Weil Paulus als der große Theologe am Anfang
stehen muß, kann alles andere nur nach ihm oder unter seinem Einfluß entstanden sein."

von Jud 24f. zeigen lediglich in der äußeren Anlage eine ähnliche Struktur, vor allem durch den Satzbeginn in V. 24 und den mit einem ἀμήν abgeschlossenen Lobpreis. Jedoch ist, wie schon zu Röm 16,25ff. bemerkt, der gesamte Abschluß durch den Beginn mit der Dativkonstruktion τῷ δέ als Doxologie strukturiert. Dem 1Petr am nächsten steht m.E. Hebr 13,20f. Wie dort, so wird auch hier mit der Formel ὁ δὲ θεὸς ..., ὁ ... begonnen. Gott wird ebenfalls durch ein Genitivattribut (τῆς εἰρήνης) und einen Relativsatz näher bestimmt, der die Gottesaussage christologisch füllt.[174] Der wiederum durch ein ἀμήν beendete Lobpreis wird – anders als in 1Petr – relativisch angeschlossen. Was in 1Petr 5,11 als Verheißung (Futur Indikativ) auf die Adressaten formuliert ist, erscheint in Hebr 13 als ein Wunsch (Aorist Imperativ). Der Ähnlichkeit zwischen 1Petr 5,10f. und Hebr 13,20f. im äußeren Aufbau steht, wie schon im Blick auf den Corpus Paulinum festgestellt, die Verschiedenheit hinsichtlich des Inhaltes gegenüber. Die Näherbestimmung Gottes durch das Genitivattribut geschieht mit dem Wort „Frieden", im Unterschied zu „Gnade" in 1Petr 5,10. In 1Petr 5,10 fehlt ferner der Bezug des Lobpreises auf die δόξα Gottes.[175] Diese Unterschiede zu 1Petr 5 stellen den Hebr wiederum näher zur paulinischen Tradition, als es im Blick auf 1Petr 5,10f. möglich ist, vgl. für Hebr z.B. die Verwendung der Formel ὁ θεὸς (bzw. κύριος) τῆς εἰρήνης[176] in Röm 15,33; 16,20; 1Thess 5,23; 1Kor 14,33(!); 2Kor 13,11; Phil 4,9; 2Thess 3,16; die christologische Ausrichtung des Lobpreises, vgl. Röm 16,25ff.; Phil 4,19f.; 1Thess 5,23f.; der Lobpreis in Bezug auf die δόξα im Unterschied zu κράτος von 1Petr 5,11, vgl. Röm 16,27; Phil 4,20; 1Tim 6,16b; 2Tim 4,18; 2Petr 3,18; Jud 25, vgl. dazu weiterhin die doxologischen Formeln außerhalb des Briefschlusses in Röm 11,36; Gal 1,5; Eph 3,21; 1Tim 1,17; Apk 1,6; 5,13; 7,12.

Man kann hinsichtlich der Eröffnung des Briefabschlusses in 1Petr festhalten, daß er sowohl in seiner Struktur als auch inhaltlich von den aus der paulinischen und der 'katholischen' Brieftra-

---

[174] Zur Verbindung θεός mit Genitiv vgl. K. Berger, Apostelbrief S. 205 mit Anm. 67, unter Hinweis auf Barn 21,9; Weish 9,1; 1QM 14,8; 1QH 10,14; 11,29f.

[175] Vgl. jedoch im Brief 4,11.

[176] Vgl. dazu J. A. D. Weima, Endings S. 87-104.

dition bekannten Beispielen in einer Weise abweicht, die seine Eigenständigkeit hervortreten läßt. Allein die äußere Form von Ver-
heißung/Wunsch – Lobpreis – abschließendem Amen läßt überhaupt einen Vergleich zu. Jedoch ist dies im Horizont christlicher
Brieftradition zu allgemein, als daß von daher etwas über einen
gegenseitigen Einfluß ausgemacht werden könnte.[177] Das gilt m.E.
auch, wenn die christliche Brieftradition von Paulus geprägt, diese
ursprüngliche Prägung aber bereits in einer Weise christliches Allgemeingut wurde, daß die Rede von einem paulinischen *Einfluß*
nicht mehr angemessen ist.

2.3.3. Die Personen im Postskript

Die in 1Petr 5,12f. erwähnten Personen Silvanus und Markus werden meist im Zusammenhang der Feststellung des paulinischen
Charakters des Briefes interpretiert[178], weshalb darauf im Folgenden gesondert einzugehen ist. Ein schwieriges Problem ist nach
wie vor die Erwähnung des Silvanus[179], der als Paulusbegleiter bekannt ist und in den Briefen des Corpus Paulinum des öfteren
eine Rolle spielt: In 1Thess 1,1 ist er neben Timotheus als Mitabsender des Briefes genannt (vgl. 2Thess 1,1), und nach 2Kor 1,19
hat er aktiv an der Verkündigung des Paulus teilgenommen.[180] Be-

---

177 Vgl. pointiert E. G. Selwyn, Peter S. 241: „These verses, which conclude the
Epistle proper, are characteristically Petrine in their emphasis and proportion."
Ähnlich L. Goppelt, Petrusbrief S. 336; P. H. Davids, Peter S. 194f.

178 Vgl. A. Lindemann, Paulus S. 252: „Deutlicher als die geographischen Angaben in 1,1 führen die in 5,12f genannten Personen in den Umkreis der Paulus-
Tradition."

179 Es handelt sich hierbei um die in lateinische Übertragung des aramäischen
Namens אֲשִׁילָא, der auf das hebräische שָׁאוּל zurückgeht. Die Apostelgeschichte
verwendet die griechische Form Silas, vgl. W. Seufert, Silvanus S. 360f.; L. Radermacher, Petrusbrief S. 293-295; L. Goppelt, Petrusbrief S. 348 Anm. 18; N. Brox,
Rahmung S. 82; ders., Petrusbrief S. 241.

180 Zur Identität vgl. W.-H. Ollrog, Mitarbeiter S. 17-20. – Zur Frage der Beteiligung von Timotheus und Silvanus an der Abfassung des 1Thess vgl. z.B. J. Murphy-O'Connor, Paul S. 19f.; kritisch z.B. E. Verhoef, Numerus S. 55f. T. Holtz,
Thessalonicher S. 36, betont die „selbständigere() Stellung" des Silvanus, die
durch die Nennung vor Timotheus angezeigt werde.

merkenswert ist hinsichtlich seiner Erwähnung im 1Petr, daß Silvanus bei Paulus zwar als Mitabsender, nirgends jedoch im Briefschluß als jemand genannt wird, der den Brief schreibt oder über-
bringt. Eine Überbringerin bzw. Überbringer von Briefen werden
demgegenüber genannt in Röm 16,1 (Phöbe); 1Kor 16,17 (Stepha-
nas, Fortunatus und Achaikos); 2Kor 8,17f. (Titus und zwei unbe-
kannte Brüder); Phil 2,25 (Epaphroditus); Kol 4,7-9 (Tychikos und
Onesimus); Phlm 11f. (Onesimus); deuteropaulinisch in Eph 6,21
(Tychikos) und Tit 3,12 (Artemas und Tychikos).

Ausführlicher ist das Bild, das die Apostelgeschichte von Silva-
nus/Silas zeichnet. Er begegnet zum ersten Mal in Apg 15,22ff. im
Zusammenhang des Apostelkonventes in Jerusalem. Dort wird er
von den Aposteln und der Gemeinde mit der Aufgabe betraut, zusammen mit Paulus, Barnabas und Judas Barsabas den Beschluß
der Apostel der antiochenischen Gemeinde zu überbringen.[181] Die
Boten (nur Judas und Silas?[182]) werden als „angesehene Männer"
(ἄνδρας ἡγουμένους, V. 22) vorgestellt, die sich im Dienst bewährt
und damit als zuverlässig erwiesen haben (15,26). Auf die in 15,23
verwendete Formulierung γράψαντες διὰ χειρὸς αὐτῶν und deren
Bedeutung für 1Petr 5,12 wird noch einzugehen sein. In der Zeit
nach dem Apostelkonvent ist Silas als Begleiter des Paulus mit
dem Apostel zusammen unterwegs (Apg 16,19-17,14). Das letzte
Mal wird er in Apg 18,5 gemeinsam mit Timotheus erwähnt (vgl.
schon 17,15).

Die relativ[183] enge Verbindung des Silvanus/Silas zu Paulus
macht die Erklärung schwierig, warum er hier in 1Petr als Helfer

---

[181] Eine Erörterung der historischen Hintergründe des sogenannten 'Aposteldekretes' ist in unserem Zusammenhang nicht notwendig, da für die Funktion
und Beschreibung des Silvanus in 1Petr unter traditionsgeschichtlichem Aspekt
die Schilderung der Apg in ihrer vorliegenden Darstellung bedeutsam ist.

[182] Das entscheidet sich je nach dem, wie das Partizip ἡγουμένους bezogen
wird. Satzstellung und Kasus könnten darauf hindeuten, daß nur Judas und Silas
so bezeichnet werden sollten, weil Paulus und Barnabas bereits durch ihre Missionstätigkeit bewährt waren, während Entsprechendes für Judas und Silas dem
Leser der Apg noch nicht vermittelt wurde; zur redaktionellen Gestaltung der
Szene vgl. A. Weiser, Apostelgeschichte S. 209f.

[183] Vgl. T. Holtz, Thessalonicher S. 36: „Er gehört nicht zu den Paulusschülern
im engeren Sinne."

des *Petrus* beschrieben wird.[184] Einen direkten Hinweis, der eine
solche Beziehung erklären könnte, findet sich im Neuen Testament nicht. Man hat des öfteren darauf verwiesen, daß es außerneutestamentlichen Nachrichten zufolge eine Verbindung zwischen
Petrus, Silvanus und auch Markus gegeben habe, namentlich
durch die Stadt Rom, die Aufenthaltsort eines jeden war und im
1 Petr kryptisch mit dem Namen „Babylon" genannt sei.[185] Zwar ist
durch Euseb, der sich auf Papias von Hierapolis und die verloren-
gegangenen Hypotyposen des Clemens Alexandrinus bezieht (HE
II 15,1f.25,8; III 39,15), eine direkte Beziehung zwischen Petrus
und Markus überliefert, für Silvanus jedoch kann man diese allenfalls indirekt erschließen: Es sei durchaus wahrscheinlich, daß Silvanus als Begleiter des Paulus nach Rom gekommen ist und dort
petrinische Tradition kennenlernte.[186]

Diese Überlegungen sind aber kaum eine wirkliche Erklärung
für die Verbindung des Petrus und Silvanus in 1 Petr, zumal sie
zum Teil von sekundären Schlußfolgerungen ausgehen.[187] Aufschlußreicher scheint dagegen eine andere Beobachtung zu sein,
und zwar ausgehend von der bereits erwähnten Überlieferung in
Apg 15.[188] Im Zusammenhang des Berichtes über die Ereignisse
des Apostelkonventes in Jerusalem spielt unter anderem auch die
Aussage eine Rolle, der Brief der Apostel sei „durch die Hand"
der vier Männer Paulus, Barnabas, Judas Barsabas und Silas „geschrieben" (γράψαντες διὰ χειρὸς αὐτῶν, V. 23). Paulus verwendet in
seinen Briefen eine solche Ausdrucksweise für die Kennzeichnung

---

[184] Zum Problem vgl. W. Marxsen, Zeuge S. 391f.

[185] Vgl. C.-H. Hunzinger, Babylon passim; N. Brox, Rahmung S. 95f.; O.
Knoch, Petrusbrief S. 143 u.a.; dazu s. auch unten S. 264ff.

[186] O. Knoch, Petrusbrief S. 141: „... der Anschluß eines angesehenen Paulus-
mitarbeiters aus Jerusalem an den Kreis der Mitarbeiter des Petrus in Rom
(konnte) nicht einfach erfunden werden ..." Unwahrscheinlich, da nicht zu belegen, ist, daß man Silvanus regelrecht als Mitglied einer Petrusschule in Rom ansehen kann, so J. H. Elliott, Home S. 267-282; O. Knoch, Petrusbrief S. 143-147.

[187] Auch die historisierende Vermutung von A. Schlatter, Petrus und Paulus S.
174, Silvanus könnte (nach 1 Kor 9,5) Petrus auf seinen Reisen begleitet haben,
nachdem er sich von Paulus in Korinth getrennt habe, hilft nicht weiter.

[188] Vgl. A. Schlatter, Petrus und Paulus S. 175; L. Goppelt, Petrusbrief S. 346;
W. Marxsen, Zeuge S. 392.

des Überbringers eines Briefes nicht. Sie findet sich so vor allem in
*nach*neutestamentlicher Zeit.[189] Die einzige neutestamentliche Parallele zu 1Petr 5,12 ist also Apg 15,23. Daher wird diese Stelle
auch als entscheidender Beleg[190] dafür herangezogen, daß διά in

---

[189] Vgl. in den Briefen des Ignatius nach Rom 10,1; Philadelphia 11,2 und
Smyrna 12,1; lateinisch in Polyk 14,1; vgl. L. Goppelt, Petrusbrief S. 346 mit Anm.
3; vgl. W. Seufert, Silvanus S. 353f.; F. Schnider/W. Stenger, Studien S. 109; N.
Brox, Rahmung S. 86f.88: „aus nicht allzu ferner Umgebung" (a.a.O. S. 86), bes. S.
87: „An der Bedeutung des διά (per) an allen vier Stellen gibt es keinen Zweifel, es
kennzeichnet den (die) Überbringer des Briefes", gegen W. Bauer, Briefe S. 254,
der zwischen der Bedeutung bei Ignatius und Polykarp einerseits (= Überbringung) und 1Petr andererseits (= Beteiligung am Schreiben) unterscheidet. Leider
bietet Brox keine Argumente für die nach seiner Meinung 'zweifelsfreie' Bedeutung in den patristischen Belegen. Da es an außerchristlichen Analogien mangelt
und somit keine allgemeine Konvention nachweisbar ist (vgl. dagegen N. Brox,
a.a.O. S. 88: „ein gängiges Briefdetail"), kann die von Brox behauptete Bedeutung
keineswegs als „unbestreitbar" bezeichnet werden (so a.a.O. S. 87 Anm. 28; vgl.
ders., Petrusbrief S. 242f.). – L. Goppelt, a.a.O. Anm. 3, zitiert einen nichtchristlichen Beleg (Berliner Griechische Urkunden 1079): ἔπεμψά σοι ἄλλας δύο
ἐπιστολάς, διὰ Νηδύμου μίαν, διὰ Κρονίου ... μίαν. Hierbei ist jedoch ausdrücklich
mit πέμπειν und nicht mit γράφειν formuliert, so daß ein Vergleich mit den christlichen Stellen nicht die gewünschte Sicherheit bringen kann, vgl. L. Radermacher,
Petrusbrief S. 292f. (dort weitere Belege für die terminologische Unterscheidung
zwischen Senden und Schreiben). Radermacher sieht freilich in IgnRöm 10,1;
Phld 11,2 und Sm 12,1 ebenfalls den Überbringer gekennzeichnet (a.a.O. S. 293,
vgl. H. Paulsen, Briefe S. 79), im Unterschied nunmehr zu Polyk 13, wo wiederum
zwischen Senden und Schreiben unterschieden wird (vgl. dazu H. Paulsen, Briefe
S. 126), jedoch *nicht* unter Verwendung von διά.

[190] Die nachneutestamentliche Datierung der für den spezifischen Gebrauch
der Wendung γράφειν διά in Anspruch genommenen außerneutestamentlichen
Belege (s.o. Anm. 189) stellt m.E. deren Eignung als Interpretationshorizont für
1Petr 5,12 grundsätzlich in Frage. Freilich soll damit auch nicht deren Abhängigkeit von 1Petr behauptet werden, doch erlauben sie nicht eine Argumentation, als
wäre dieses spezifische Verständnis eine allgemeine Konvention, der sich 1Petr wie
selbstverständlich bedient (vgl. bes. F. Schnider/W. Stenger, a.a.O.; zur Frage der
Abhängigkeit des Polykarpbriefes von 1Petr vgl. bereits A. Hilgenfeld, Apostolische Väter S. 284; W. Bauer/H. Paulsen, Briefe S. 115 zu 1,3 u.ö.). Darüber hinaus
gibt es durchaus Belege dafür, daß γράφειν διά auch den Schreiber bezeichnen
kann, vgl. N. Brox, Petrusbrief S. 242, der als Beispiel den Römerbrief des Dionysius von Korinth (Euseb, HE IV 23,11) erwähnt; vgl. W. Bauer/H. Paulsen, Briefe
S. 79, wo zwar im Blick auf die genannte Euseb-Stelle allgemein festgestellt wird:
„Mit διά τινος γράφειν werden Persönlichkeiten genannt und angesprochen, die in
irgendeiner Weise an der *Abfassung* eines Textes beteiligt sind" (Hervorh. v. mir),
dann aber wird dennoch unter Hinweis auf Apg 15,23 und 1Petr 5,12 erklärt: „Die

1 Petr 5,12, obwohl es – wie in Apg 15,23 – unmittelbar in Verbindung mit γράφω steht, nicht die konkrete *Handlung des Schreibens* selbst meint, sondern Silvanus als *Überbringer* des Briefes ausweist.[191] Dafür kann bestätigend in Anspruch genommen werden, daß auch in Apg 15,22f. Silvanus einer derjenigen ist, die die Entscheidung der Apostel *überbringen*. Dennoch muß man zumindest feststellen, daß in der Apg im ganzen Zusammenhang anders als in 1 Petr 5,12 formuliert und daher das Verständnis durch die Differenzierung von *Senden* und *Schreiben* präzisiert wird: Die Apostel senden (πέμψαι) die vier Männer nach Antiochien, und mit der Wendung „schreibend durch ihre Hand" wird der Wortlaut des Dekretes eingeleitet, wodurch sich γράψαντες διὰ χειρὸς αὐτῶν unmittelbar auf den Inhalt des Schreibens bezieht. Ausgehend von dieser Beobachtung könnte man den Schluß ziehen, daß die Parallele zwischen dem διά von Apg 15,23 und dem in 1 Petr 5,12 so eng nicht zu ziehen sei, da hier von einem Senden nicht die Rede ist, wie man es erwarten würde, zumal es auch sonst bei Überbringern von Briefen verwendet wird (vgl. 1 Kor 4,17; 16,3; 2 Kor 8,18; 9,3; Phil 2,25.28; Kol 4,8; Phlm 12; 1 Thess 3,2; vgl. Eph 6,22; Tit 3,12).[192] Wahrscheinlicher ist jedoch, daß die Wendung διὰ Σιλουανοῦ ... ἔγραψα nicht alternativ auf die Tätigkeit des Schreibens[193] *oder* das Überbringen[194] des Briefes zu beziehen ist, sondern daß sie beides impliziert: Silvanus wird damit als Schreiber *und* Über-

---

Belege sind allerdings seltener als jene Texte, in denen διά τινος γράφειν der Überbringer des Schriftstückes gemeint ist ...", ohne daß wirklich begründet wäre, warum gerade diese Texte anders zu verstehen sind.

191 Ein anschauliches Beispiel für diese Auffassung ist bereits die Übersetzung von Apg 15,23a durch Martin Luther: „Und sie gaben Schrift in ihre Hand / also ..."; vgl. N. Brox, Rahmung S. 89f.; W. Marxsen, Zeuge S. 392.

192 Vgl. W. Seufert, Silvanus S. 352; allgemein J. Murphy-O'Connor, Paul S. 37-41.

193 Vgl. beispielhaft W. Seufert, Silvanus S. 352: „Wenn also ἔγραψα den Abschluß des noch unter der Feder befindlichen Schreibens bezeichnet, so kann auch ... ἔγραψα διὰ ... nur eine Aussage über die Thätigkeit des Schreibens und nicht des Ueberbringens des Briefes sein."

194 Vgl. F. W. Beare, Peter S. 209: „It is simply fatuous to think of a single courier conveying such a letter to all parts of the four provinces mentionned in the address; it would take him months, or even years to accomplish such a task."

bringer des Briefes vorgestellt. Bei dieser Deutung kommt die Parallele zu Apg 15,22f. noch stärker zum Tragen, denn auch hier wird, wie oben erwähnt, Senden und Schreiben verknüpft.[195] Diese enge Anlehnung an Apg 15 ist ein deutlicher Hinweis darauf, daß der Verfasser des 1Petr diese Tradition kannte, wegen des redaktionellen Charakters des entsprechenden Abschnittes wahrscheinlich in Gestalt der Apg selbst. Weiterhin muß man beachten, daß der Verfasser des 1Petr, hätte er Silvanus *nur* als Überbringer kennzeichnen wollen, dies nicht mit γράφειν διά, sondern mit πέμπειν διά o.ä. konstruieren und dadurch die ausschließlich auf das Senden gerichtete Aussage klar formulieren können.[196] Daß er unter dieser Absicht gerade das γράφειν aus Apg herausgezogen hätte, um *allein* das Überbringen des Briefes auszudrücken, ist nicht plausibel. Vielmehr wird er Apg 15,23 ebenso verstanden haben, wie das auch bei anderen der Fall war, die in ihren Abschriften den Wortlaut veränderten: Fast alle Textvarianten von Apg 15,23a verbinden γράψαντες διὰ χειρὸς αὐτῶν mit ἐπιστολή (vgl. D Ψ gig w 614 u.a.), was dann aber in der lukanischen Diktion den Vorgang des Schreibens benennt: Die vier Männer als Überbringer des Dekretes werden offensichtlich zugleich als diejenigen verstanden, die dessen Wortlaut im Auftrag der Apostel niedergeschrieben haben. Hinzu kommt eine eher praktische Erwägung: Da sich das Aposteldekret an eine griechisch sprechende Diaspora richtet, der Inhalt aber von Aposteln verantwortet wird, die galiläischer Herkunft und somit, wie ja auch hinsichtlich der Verfasserfrage des 1Petr in Anschlag gebracht werden muß, kaum in der Lage gewesen sein dürften, einen solchen wichtigen Brief in griechischer

---

[195] Vgl. W. Seufert, Silvanus S. 352; kaum nachvollziehbar bei N. Brox, Rahmung S. 87: „... obwohl der Ausdruck hier [sc. in Apg 15,23] noch deutlicher auf 'Schreibarbeit' hinzuweisen scheint: γράψαντες διὰ χειρὸς αὐτῶν umschreibt die Übermittlung des Schriftstückes ...".

[196] Vgl. dazu etwa Apg 11,30: ἀποστείλαντες πρὸς ... διὰ χειρὸς Βαρναβᾶ καὶ Σαύλου, vgl. ferner den oben S. 65 Anm. 189 von Goppelt zitierten nichtchristlichen Brief; weiterhin den deutlichen Hinweis auf das Schreiben von Briefen bei Dionysius von Korinth (Euseb, HE IV 23,11), der den 1. Clemensbrief als τὴν προτέραν ἡμῖν διὰ Κλήμεντος γραφεῖσαν bezeichnet; vgl. L. Goppelt, Petrusbrief S. 347.

Sprache selbst zu verfassen (vgl. Apg 2,7; 4,13 [in Bezug auf die
Apostel Petrus und Johannes]), spricht vieles dafür, daß die vier
Männer, die bereits ihrer Herkunft nach des Griechischen mächtig
waren, vom Verfasser der Apg auch für die Niederschrift und
nicht nur als Überbringer in Anspruch genommen wurden. So
muß schließlich festgestellt werden, daß der Verfasser des 1 Petr
Silvanus auf dem Hintergrund von Apg 15,22f. nicht nur als
Überbringer, sondern gerade von daher für Briefsendung *und*
Briefschreiben in Anspruch nehmen will[197], weil auch er weiß, daß
der Apostel Petrus, dem er seinen Brief zuschreibt, eines solchen
Griechisch nicht fähig war und auf Grund dieses *bekannten* Um-
standes die Glaubwürdigkeit der Pseudepigraphie schon durch das
gute Griechisch auf dem Spiel stand.[198] Noch in späterer Zeit
scheint sich dieses Wissen um die mangelnden Sprachkenntnisse
des Petrus erhalten zu haben, wenn bei Papias der (nach seiner

---

[197] Vgl. A. Schlatter, Petrus und Paulus S. 174f.; E. G. Selwyn, Peter S. 241; E.
Best, Peter S. 177; P. H. Davids, Peter S. 198; O. Knoch, Petrusbrief S. 141f. L. Radermacher, Petrusbrief S. 293 und H. Windisch/H. Preisker, Briefe S. 80, beziehen
die Wendung wegen δι' ὀλίγων nur auf den Schreiber des Briefes, so auch L. Goppelt, Petrusbrief S. 347; anders z.B. W. G. Kümmel, Einleitung S. 374; N. Brox,
Rahmung S. 86f., hält den Bezug zum Schreiben des Briefes immerhin für möglich (vgl. auch E. Verhoef, Numerus S. 56 Anm. 26), entscheidet sich aber auf
Grund der oben genannten (s.o. S. 65 Anm. 189 und 190) Belege für die Deutung
auf das Überbringen des Briefes. – Darüber hinaus ist es m.E. unwahrscheinlich,
daß Silvanus als Überbringer des Briefes *in alle Gemeinden* intendiert ist; das
Schreiben wurde wohl von Gemeinde zu Gemeinde weitergegeben.

[198] Es ist in diesem Zusammenhang darauf hinzuweisen, daß die Deutung von
γράφειν διά auf Schreiben und Überbringen des Briefes nicht notwendig impliziert, daß Silvanus tatsächlich der Schreiber war (so fast alle Autoren, die die Wendung auf das Briefschreiben beziehen, vgl. z.B. L. Radermacher, Petrusbrief S.
293; als Möglichkeit bei H. Windisch/H. Preisker, Briefe S. 80f.; E. G. Selwyn, Peter
S. 10f.; K. H. Schelkle, Petrusbriefe S. 14f.; E. Schweizer, Petrusbrief S. 12; O.
Knoch, Petrusbrief S. 141), sondern lediglich, daß der Autor um die traditionell
vorgegebenen Verbindungen zwischen Silvanus und Petrus sowie die Funktionen
des Silvanus wußte und diese zur Gestaltung seines dem Petrus zugeschriebenen
Briefes verwendete; vgl. F. W. Beare, Peter S. 48; L. Goppelt, Petrusbrief S. 348; als
Möglichkeit erwogen bei O. Knoch, Petrusbrief S. 142 (hier jedoch im Zusammenhang seiner Überlegungen zu einer Petrusschule in Rom); ferner W.-H. Ollrog,
Mitarbeiter S. 20 Anm. 62: „'Durch Silvanus' bedeutet, daß Silvanus den Brief diktiert bekommen oder überbracht hat, nicht, daß er ihn im Auftrag (des Petrus) geschrieben hat."

Auffassung) Verfasser des Markusevangeliums Johannes Markus als „Übersetzer" bzw. „Dolmetscher" (ἑϱμηνευτής) des Petrus bezeichnet wird.[199]

Obwohl die relativ enge Verbindung zwischen 1Petr 5,12 und Apg 15,22f. durch die Person des Silvanus/Silas bereits deutlich geworden ist, muß noch einmal die Frage gestellt werden, ob sich vielleicht aus der Beziehung dieser beiden Texte ein Anhaltspunkt ergibt, warum gerade Silvanus als Helfer des Petrus bei dessen Korrespondenz genannt ist und nicht etwa, wie auf Grund der oben genannten Papias-Tradition und dem 1Petr selbst naheläge, der lediglich Grüße übermittelnde Markus. Weiterhin könnte von daher ein Licht auf das nach wie vor ungeklärte Problem fallen, warum der Verfasser des 1Petr überhaupt Silvanus erwähnt, obwohl dieser doch bekanntermaßen Mitarbeiter des Paulus war. Die Vermutungen über die Zugehörigkeit des Silvanus zu einer Petrusschule in Rom[200] sind in dieser Hinsicht zu unsicher, als daß sie solche Fragen zufriedenstellend beantworten würden. Aufschlußreicher dagegen ist m.E. wiederum die Überlieferung in Apg 15 auf Grund der Tatsache, daß es hier vor allem *Petrus* ist, auf den der gefundene Kompromiß zurückgeführt wird. Unmittelbar bevor die Apostel (Petrus eingeschlossen), Presbyter und die Jerusalemer Gemeinde Paulus, Barnabas, Judas und Silas mit der Niederschrift und Überbringung des Dekretes beauftragen, ist es Petrus, der in einer langen Rede das zu verhandelnde Problem der Gemeinschaft zwischen Juden- und Heidenchristen beschreibt, dessen Lösung erörtert und mit seinem Vorschlag nach Darstellung des Lukas die Anwesenden überzeugt (15,22). Die sich an die Petrusrede anschließende Kompromißformulierung des Jakobus (15,13-21) stützt sich demnach ausdrücklich auf die Worte des Petrus (vgl. V. 14). Der enge Zusammenhang zwischen Petrusrede und der Abfassung und Sendung des Apostelbeschlusses in Form eines Briefes erklärt die Daten des 1Petr besser als eine Schulhy-

---

[199] Bei Euseb, HE III 39, vgl. H. Windisch/H. Preisker, Briefe S. 80f.; E. G. Selwyn, Peter S. 241; K. H. Schelkle, Petrusbriefe S. 135; E. Schweizer, Markus S. 751f.; C. C. Black, Mark S. 82-94, bes. S. 86ff.

[200] S.o. S. 64 Anm. 186.

pothese: Silvanus ist schon in der Apostelgeschichte als ein Schreiber und Überbringer eines für *Heidenchristen* bestimmten *apostolischen* Dokumentes beteiligt, für das nach der Darstellung des Lukas der Apostel Petrus die entscheidende Verantwortung trägt.[201] Diesem Sachverhalt entsprechend ist Silvanus auch in 1Petr 5,12 als Helfer des Petrus genannt. Hinzu kommt die nähere Charakterisierung des Silvanus in 5,12a als ὁ πιστὸς ἀδελφός mit dem nachgestellten Einschub[202] ὡς λογίζομαι, der im Rahmen der Erörterungen zur Pseudepigraphie umstritten ist.[203] Auch hier könnte Apg 15 einen Hinweis zur Erklärung geben, zumal auf dem Hintergrund der bereits festgestellten Bedeutung dieses Textes für das Verständnis von 1Petr 5,12f. Es findet sich nämlich in Apg 15,22c ein zwar nicht wörtlich gleicher, aber in der Struktur ähnlicher Nachsatz zur Charakterisierung der ausgewählten Männer (Silvanus/Silas eingeschlossen), mit dem sie als ἄνδρες ἡγούμενοι bezeichnet werden, um sie für die Tätigkeit, zu der sie auserwählt sind, zu qualifizieren.[204]

---

201 Vgl. A. Harnack, Geschichte II/I S. 459. Auf die Kenntnis der Tradition von Apg 15 durch 1Petr weist auch N. Brox, Rahmung S. 89, ausdrücklich hin. – Zur Problematik der Petrusdarstellung in Apg 15 vgl. z.B. R. E. Brown u.a., Der Petrus der Bibel S. 48-53. – Zum religionsgeschichtlichen Hintergrund des Aposteldekretes vgl. K. Müller, Tora für die Völker passim, bes. S. 150-166.

202 Vgl. L. Radermacher, Petrusbrief S. 289.

203 Vgl. dazu N. Brox, Rahmung S. 82-90; ders., Petrusbrief S. 242f. („Verstärkung der apostolischen Bestätigung eines ... Mitarbeiters", a.a.O. S. 243); ähnlich bereits W. Seufert, Silvanus S. 355f.; H. Windisch/H. Preisker, Briefe S. 80; K. H. Schelkle, Petrusbriefe S. 133f.; L. Goppelt, Petrusbrief S. 348. Goppelt, a.a.O. S. 349, sieht in dieser Wendung ein „bevorzugt von Paulus gebrauchtes Vokabular" und verweist in Anm. 23 auf 2Kor 11,5; Röm 3,28 und 8,18; doch abgesehen von den inhaltlichen Unterschieden formuliert Paulus an allen drei Stellen ohne ὡς, durch das die Wendung in 1Petr 5,12 erst charakteristisch und problematisch zugleich wird, so daß ein Vergleich kaum sinnvoll ist.

204 Auf dem Hintergrund von Apg 15,22c relativiert sich auch die Frage, ob diese Wendung dem Silvanus – wenn man ihn als Schreiber des Briefes annimmt – als unangemessenes Eigenlob anzulasten (vgl. dazu N. Brox, Rahmung S. 83f.) oder aber gegenteilig als „Ausdruck der Bescheidenheit" zu verstehen sei (so z.B. W. Seufert, Silvanus S. 357). – K. H. Schelkle, Petrusbriefe S. 134, bemerkt dazu: „Die ausdrückliche Erwähnung wie die Kennzeichnung des Silvanus als treuen Bruder legen eine wichtigere Aufgabe nahe als bloßen Botendienst."

Mit den Bezügen zur Apostelgeschichte ist die Spannung zwischen der petrinischen Verfasserangabe und der Nennung des Silvanus in einer Weise aufgelöst, die sich auf das innerneutestamentliche Zeugnis gründet und nicht späterer, nachneutestamentlicher Belege bedarf, die als solche auf Grund ihrer möglichen Abhängigkeit von 1 Petr kaum sichere Aussagen zulassen. Darüber hinaus besteht keine Veranlassung, die Erwähnung der Person des Silvanus auf das Bestreben des Verfassers zurückzuführen, die Einheit von paulinischer und petrinischer Tradition zu dokumentieren.[205] Dazu hätte es sicher deutlichere Möglichkeiten gegeben, als nur den Namen des Silvanus, wie z.B. 2 Petr 3,15f. zeigt. Eine bewußte Bezugnahme auf die paulinische Tradition ist durch die Erwähnung des Silvanus daher nicht wahrscheinlich zu machen.

Die zweite im Zusammenhang der Grußliste[206] des 1 Petr erwähnte Person Markus[207] legt, wie deutlich werden wird, eine solche Interpretation ebenfalls nicht nahe.

Der Name Markus begegnet in drei Briefen des Corpus Paulinum. In Kol 4,10 wird Markus als Cousin (ἀνεψιός) des Barnabas näher bezeichnet; derselbe wohl auch in Phlm 24.[208] An beiden Stellen läßt er durch Paulus Grüße bestellen. Die dritte Erwähnung findet sich in 2 Tim 4,11, wo Markus aus späterer Sicht als einer beschrieben wird, der Paulus „nützlich zum Dienst" (εὔχρηστος εἰς διακονίαν) ist. Ein wirklich persönliches Verhältnis wird aus alledem nicht ersichtlich, womöglich hat der Verfasser des 2 Tim eine treffende Beschreibung vermittelt: Das Verhältnis des Paulus zu Markus war in der Hauptsache ein auf die gemeinsame διακονία gegründetes.[209]

---

205 Vgl. W. G. Kümmel, Testament S. 161; N. Brox, Rahmung S. 92f., der hier jedoch die These einer „Entindividualisierung der Apostel" (a.a.O. S. 92) zugrunde legt, die schon früh vollzogen war. Daher sei es kein Problem, „den Namen Petrus über eine Schrift von paulinischem Charakter zu setzen" (a.a.O. S. 93).

206 Zur Verwendung von ἀσπάζεσθαι in antiken Briefen vgl. J. L. White, Epistolary Literature S. 1734f.

207 Zur Person des Markus vgl. C. C. Black, Mark passim, bes. S. 25-73.

208 Vgl. W.-H. Ollrog, Mitarbeiter S. 47 mit Anm. 218; C. C. Black, Mark S. 55f.60.

209 Vgl. W.-H. Ollrog, Mitarbeiter S. 63-72; C. C. Black, Mark S. 58f.

Weitere Informationen über Markus bietet die Apostelgeschichte. Aus Apg 12,12.25 ist zu entnehmen, daß „Markus" der
Beiname eines Johannes ist, der volle Name daher Johannes Markus lautete. Bedeutsam ist, daß Johannes Markus im Neuen Testament zum ersten Mal in Zusammenhang mit *Petrus* begegnet: Nach
der Befreiung des Petrus aus dem Gefängnis (12,3-11) kommt der
Apostel zuerst in das Haus der Mutter des Johannes Markus
(12,12). Kurz darauf wird zum letzten Mal etwas von Petrus berichtet, nämlich seine Flucht aus der Stadt (12,17). Als anschlie-
ßend Paulus (Saulus) und Barnabas von Jerusalem nach Antiochien zurückkommen, nehmen sie Johannes Markus mit auf die
erste Missionsreise (12,25); nach Apg 13,5 als „Gehilfen" (ὑπ-
ηρέτης). Diese Beziehung war jedoch nicht von Dauer, denn schon
wenig später trennte sich Johannes Markus wieder von Paulus und
Barnabas und kehrte nach Jerusalem zurück (13,13). Das führte
nach der Darstellung des Verfassers zu deutlichen Spannungen
zwischen Markus und Paulus, die so weit gingen, daß Paulus später eine weitere Zusammenarbeit ablehnte (15,37f.) und sich deswegen sogar von Barnabas trennte (15,39). Danach hat Paulus seine Reise mit Silas/Silvanus fortgesetzt (15,40), der mit ihm zusammen nach Antiochien gesandt worden war zur Überbringung des
Aposteldekretes. Nach diesen Ereignissen tritt Markus in der Apostelgeschichte nicht mehr auf. Daß er identisch mit dem bei Paulus
erwähnten Markus ist, kann kaum bezweifelt werden[210] und wird
durch die Erwähnung seines Verwandtschaftsverhältnisses zu Barnabas in Kol 4,10 gestützt, denn auch die Apostelgeschichte weiß
(ohne dies jedoch konkret zu bestimmen) um eine enge Verbindung zwischen Markus und Barnabas, die so weit reichte, daß Barnabas sogar die Zusammenarbeit mit Paulus beendete, um mit
Markus zu gehen (Apg 15,39).[211]

---

[210] Vgl. W.-H. Ollrog, Mitarbeiter S. 47 Anm. 218; N. Brox, Petrusbrief S.
247f.; anders C. C. Black, Mark S. 27-44, bes. S. 42f., der die literarische Funktion
des Markus bei Lukas – und im 1 Petr (a.a.O. S. 61f.) – betont. Black rechnet mit bis
zu drei verschiedenen Markus-Figuren im Neuen Testament (a.a.O. S. 66f.).

[211] W.-H. Ollrog, Mitarbeiter S. 47, hält es jedoch für unwahrscheinlich, daß
Markus der Grund für die Trennung zwischen Paulus und Barnabas war; vgl. A.

Aus diesen Beobachtungen wird deutlich, daß die Verbindung des Markus zu Paulus in der Weise, wie sie im Neuen Testament belegt ist, kaum dafür geeignet gewesen sein dürfte, Markus als *Bindeglied* zwischen Paulus und Petrus und ihn gar als Grundlage für die Demonstration der Einheit zwischen den Aposteln heranzuziehen. Die Tatsache jedoch, daß die erste Erwähnung des Johannes Markus in der Apostelgeschichte mit Petrus in Verbindung steht[212], erklärt m.E. sein Vorkommen im 1Petr hinlänglich, noch dazu in einer Weise, wie sie für Paulus wohl kaum möglich gewesen wäre: Indem er im 1Petr als „mein Sohn" in ein sehr enges Verhältnis zu Petrus gestellt wird, geht der Verfasser offensichtlich davon aus, daß Johannes Markus der „geistliche" Sohn des Petrus ist, d.h. durch Petrus zum Glauben kam.[213] Diese Auffassung kann er auf die aus der Apostelgeschichte bekannten Daten stützen und somit plausibel machen. Auch hier liegt also ein Indiz für die Kenntnis der Apg durch den Verfasser des 1Petr vor.

Abschließend ist festzustellen, daß durch die Namen im Postskript des 1Petr zwar eine Verbindung zur paulinischen Tradition möglich, aber nicht wahrscheinlich ist[214], da diese Behauptung zu Problemen führt, die nicht lösbar sind. Vielmehr ist dem Verfasser des 1Petr eine gute Kenntnis urchristlicher Überlieferungen und Daten, namentlich durch die Apg, wonach die in seinem Brief genannten Personen eng mit dem Namen des Petrus verbunden sind, zu bescheinigen.

Weiser, Apostelgeschichte S. 221f., unter Hinweis auf den antiochenischen Konflikt (vgl. Gal 2,13).

212 Für N. Brox, Petrusbrief S. 247, „allerdings recht indirekt"; nach A. Weiser, Apostelgeschichte S. 167, ist die Erwähnung des Hauses der Maria Bestandteil vorlukanischer Petrustradition; vgl. J. Roloff, Apostelgeschichte S. 187.

213 Vgl. E. G. Selwyn, Peter S. 244; K. H. Schelkle, Petrusbriefe S. 135; N. Brox, Rahmung S. 90; ders., Petrusbrief S. 248; W.-H. Ollrog, Mitarbeiter S. 49 Anm. 227, gegen die abwegigen Spekulationen von R. S. T. Haslehurst, „Mark, my son" passim.

214 Vgl. M. Karrer, Petrus im paulinischen Gemeindekreis S. 223: „gebrochene(r) Paulusbezug".

2.3.4. Die abschließende Kennzeichnung des Briefes

Im Zusammenhang der Erwähnung des Silvanus bietet der Verfasser eine abschließende Charakterisierung seines Briefes: Er habe „kurz" (δι' ὀλίγων[215]) geschrieben, „ermahnend und bezeugend, daß dieses die wahre Gnade Gottes ist, in welcher ihr stehen sollt". Mehrere Aspekte machen diesen Versteil für die Fragestellung unserer Untersuchung interessant. Schon die „Höflichkeitsformel"[216] δι' ὀλίγων, die die unübliche Länge eines Briefes entschuldigen soll[217], halten Paulus und die in seiner Tradition Schreibenden nicht für notwendig, während dies für andere christliche Briefschreiber neben 1Petr 5,14 z.B. in Hebr 13,22; IgnRöm 8,2; Polyk 7,3, belegt ist. Darüber hinaus ist festzustellen, daß eine derartige Schlußbemerkung über den Brief und die zusammenfassende Kennzeichnung des Dargelegten als „wahre Gnade Gottes" bei Paulus wie in den deuteropaulinischen Schriften nicht zu finden ist.[218] Diese Tatsache ist umso bemerkenswerter, als im Corpus

---

[215] 𝔓72 bietet dafür das präzisere διὰ βραχέων, wie es auch in Hebr 13,22 verwendet wird. Wohl von dort her erklärt sich die andere Lesart (vgl. F. W. Beare, Remarks S. 264), was aber insofern nicht unproblematisch ist, als 𝔓72 von den neutestamentlichen Schriften nur 1Petr (bis 5,14a), 2Petr und Jud enthält (vgl. Nestle-Aland27 S. 688; hinzu kommen PsLXX 33 und 34; OdSal 11; ein apokrypher Paulusbrief, die Passahomilie des Melito von Sardes, ein hymnisches Fragment, eine Apologie und eine Marien-Schrift, vgl. F. W. Beare, Text S. 253) und man annehmen müßte, er habe darüber hinaus auch Hebr gekannt. Zur Bedeutung von δι' ὀλίγων siehe W. Bauer/K. Aland, Wörterbuch Sp. 1142 s.v. ὀλίγος 1b und Sp. 360 s.v. διά A III,1b.

[216] So L. Goppelt, Petrusbrief S. 349; vgl. auch K. H. Schelkle, Petrusbriefe S. 134; P. H. Davids, Peter S. 199.

[217] Belege dafür bei Seneca, vgl. O. Roller, Formular S. 266f.; weiterhin L. Goppelt, Petrusbrief S. 349 Anm. 24; anders E. G. Selwyn, Peter S. 242, der die 'Kürze' des Briefes im Vergleich mit der ausführlicheren mündlichen Rede des Silvanus versteht; so auch F. W. Beare, Peter S. 209. N. Brox, Petrusbrief S. 243f., interpretiert die Wendung auf dem Hintergrund der inhaltlichen Gedrängtheit des Briefes, der einzelne Aussagen „bis zur Schwer- oder gar Unverständlichkeit verkürzt" (a.a.O. S. 244). Unwahrscheinlich ist die Annahme von K. H. Schelkle, Petrusbriefe S. 134, der Verfasser bekunde damit, „daß er seinem Brief keine allzu große Bedeutung zugemessen wissen will".

[218] Gegen A. Reichert, Praeparatio S. 560-565, die 1Petr 5,12 vom paulinischen Gnadenverständnis her interpretiert. – Es ist weiterhin unwahrscheinlich, daß ταύτην durch ἐπιστολήν zu ergänzen sei, wonach der Brief als solcher als „Gnade

Paulinum gerade das Wort χάρις regelmäßig im Postskript verwendet wird, und zwar im festen Zusammenhang mit dem Gnadenzuspruch am Schluß: „Die Gnade des/unseres Herrn Jesus (Christus) (sei) mit euch (allen)", Röm 16,20 (vgl. V. 24); 1Kor 16,23; 1Thess 5,28; 2Thess 3,18; in einer erweiterten Form in 2Kor 13,13; Gal 6,18; Phil 4,23; Phlm 25; Eph 6,24; verkürzt in Kol 4,18 (vgl. 1Tim 6,21; 2Tim 4,22); Tit 3,15; vgl. weiterhin Hebr 13,25 (= Tit 3,15); Apk 22,21.[219] In der paulinischen Tradition ist Gnade die Zuwendung Gottes, die den Adressaten zugesprochen wird und die sie erfahren mögen. Dem entspricht die Verwendung des Gnadenwunsches am Ende des paulinischen *Präskriptes.* Hingegen tritt an die Stelle des Gnadenwunsches der paulinischen Tradition im 1Petr ein *Friedens*wunsch. Darauf ist später zurückzukommen. Erwähnenswert ist schließlich Röm 5,2, wo Paulus eine ähnliche Ausdrucksweise verwendet, wie sie in 1Petr 5,12 begegnet. Paulus spricht zwar in ähnlicher Weise von „dieser Gnade, in der wir stehen", formuliert aber indikativisch und füllt darüber hinaus den Begriff inhaltlich anders.[220] Gnade ist in Röm 5,2 konkret theologisch und christologisch bestimmt: Die Gnade, in der die Christen *stehen* (ἑστήκαμεν – *Perfekt*[221]), besteht in der durch Christus vermittelten (διά) Rechtfertigung. Von hier aus muß die Frage neu ge-

---

Gottes" bezeichnet wäre, so C. Bigg, Commentary S. 196; J. R. Michaels, Peter S. 309; P. H. Davids, Peter S. 200. Dagegen spricht vor allem die damit verbundene Fortsetzung εἰς ἣν στῆτε. – Zur Praxis der Subskription in Briefen vgl. G. J. Bahr, Subscriptions passim, bes. S. 28-33.

[219] Vgl. J. A. D. Weima, Endings S. 78-86.

[220] Darüber hinaus ist zu beachten, daß Paulus in Röm 5,2 mit ἐν konstruiert, während in 1Petr 5,12 εἰς verwendet wird. Das ist nicht als ein in der Koine häufiger Ersatz von ἐν durch εἰς anzusehen (so z.B. L. Goppelt, Petrusbrief S. 350 Anm. 27; N. Brox, Petrusbrief S. 246), sondern entspricht der jeweiligen Intention: ἐν bei Paulus dem Indikativ („in der Gnade stehen"), εἰς im 1Petr dem Imperativ, der richtungsweisend auf die Gnade zielt (zu paraphrasieren wäre etwa: „die Gnade, zu der ihr hinzutreten [oder – in die ihr euch hineinstellen] sollt").

[221] In 1Petr 5,12 bieten P 𝔐 h r sowie vg^cl ebenfalls eine Perfektform (ἑστή-κατε, so auch R. Knopf, Briefe S. 199) anstelle der besser bezeugten, wenn auch schwierigeren Lesart στῆτε (Aorist Konjunktiv oder Imperativ). Doch auch sachlich ist στῆτε dem Gnadenverständnis des 1Petr angemessener (s.u.); vgl. W. C. van Unnik, Redemption S. 76f., der freilich im Zusammenhang seiner These einer Proselytenkonversion interpretiert.

stellt werden, was in 1Petr 5,12 mit der „wahren Gnade" gemeint ist.[222]

Der Begriff χάρις begegnet im 1Petr, abgesehen von 5,12 und der bereits als traditionell charakterisierten Aufnahme in 1,2[223], an acht Stellen. Nach 1,10 redeten schon die Propheten περὶ τῆς εἰς ὑμᾶς χάριτος. Diese Gnade wird konkret gefüllt: Es sind die Leiden *und* die Herrlichkeit Christi (1,11), an der die Christen ihre Hoffnung festmachen sollen und die als Inhalt der Offenbarung Christi angesehen werden (1,13).[224] Diese Auffassung wird 2,19f. bekräftigt: Das Ertragen des Unrechtes um des Gewissens willen, das in der Verantwortung vor Gott steht[225], ist *die* Gnade (vgl. 3,14.17; 4,14).[226] 1Petr 3,7 spricht von der „Gnade des Lebens", an der auch die Frauen Anteil haben und es deshalb verdienen, daß ihnen Ehre (τιμή) entgegengebracht wird. Nach 4,10 ist es die „vielfältige Gnade Gottes", die es als Ursprung der Charismen in der Gemeinde in rechter Weise zu verwalten gilt (ὡς καλοὶ οἰκονόμοι ποικίλης χάριτος θεοῦ). In 5,5 begegnet χάρις in dem Zitat eines Weisheitsspruches aus Prov 3,34 und ist daher für den spezifischen Gebrauch in 1Petr kaum charakteristisch. Schließlich bleibt die Wendung ὁ δὲ θεὸς πάσης χάριτος in 5,10[227], die bereits Bestandteil des Postskriptes ist und somit in unmittelbarem Zusammenhang zu 5,12 steht. Wie oben festgestellt, wird hier die Gnade als Gerufensein in die Herrlichkeit Gottes beschrieben, die, ihrer Stellung am Schluß und der Form des Wunsches entsprechend, implizit die Lebens- bzw. Leidenssituation der Adressaten im Blick hat: Die Gnade ist die gegenwärtige Leidenssituation (vgl. V. 10b), zu der die Christen berufen sind (vgl. 5,10 in Verbindung mit 2,21!), und die die Teilhabe an Gottes Herrlichkeit verbürgt

---

[222] Vgl. K. Berger, Gattungen S. 1048: „... in 1 Petr 5,12(-14) geht es um den epideiktischen Aufweis des wahren Heilszustandes."

[223] S.o. S. 47f.

[224] Vgl. dazu J. Herzer, Prophetie passim.

[225] συνείδησις θεοῦ als genitivus objectivus.

[226] Vgl. N. Brox, Petrusbrief S. 244ff., der die Bedeutung des Demonstrativpronomens in 2,19f. und 5,12 hervorhebt, gegen J. N. D. Kelly, Peter S. 217.

[227] Dazu s.o. S. 59ff.

(1,10f.; 2,19ff.).[228] Durch den konkreten Lebens- und Situations-
bezug des Verständnisses von Gnade im 1Petr ist folgerichtig auch
von deren Vielfältigkeit (4,10) die Rede, weshalb nun am Schluß in
5,10 konsequenterweise von dem „Gott *aller* Gnade" (ὁ θεὸς πάσης
χάριτος) gesprochen werden kann, weil diese Gnade im Leben jedes einzelnen Gemeindegliedes unterschiedlich ihre Wirkung entfaltet.[229]

Dieses spezifische Verständnis von Gnade im 1Petr, das m.E.
auf Grund der direkten Bezugnahme auf den Inhalt des Briefes
durch die Partizipien παρακαλῶν und ἐπιμαρτυρῶν (vgl. bes. 2,11
und 5,1) auch für 5,12 gelten muß[230], legt es nicht nahe, für die in
5,12 formulierte Wendung einen paulinischen Hintergrund zu
vermuten.[231]

2.3.5. Der „Kuß der Liebe"

Es ist bereits bemerkt worden, daß der gegenseitige Gruß durch
einen Kuß sonst weder in der deuteropaulinischen noch in der
'katholischen' Brieftradition vorkommt. Umso mehr fällt seine Erwähnung im 1Petr auf, zumal die einzige Parallele dazu die Briefe
des Paulus sind.[232] Paulus spricht vom „heiligen Kuß" (φίλημα

---

[228] Vgl. K. H. Schelkle, Petrusbriefe S. 134; L. Goppelt, Petrusbrief S. 350.

[229] Vgl. N. Brox, Petrusbrief S. 244.

[230] Vgl. K. Berger, Apostelbrief S. 193; L. Goppelt, Petrusbrief S. 349f.; N.
Brox, Petrusbrief S. 245f.; J. Murphy-O'Connor, Paul S. 108f.

[231] Unterstützend mag die Form des Verbums στῆτε hinzukommen, die grammatisch nach dem Wort ταύτην schwierig ist, das eher einen Nachsatz im Indikativ
erwarten läßt, wie dies auch in der angeführten parallelen Stelle Röm 5,2 (vgl.
2Kor 1,24) der Fall ist (vgl. K. H. Schelkle, Petrusbriefe S. 134 Anm. 2; L. Goppelt,
Petrusbrief S. 350 Anm. 27). Dem entsprechend ändern P 𝔐 h r vgᶜˡ in ἑστήκατε,
Min. 1505 2495 syʰ in ἔστε. Die Imperativ- bzw. Konjunktiv Aorist - Form στῆτε jedoch wäre, wie immer man sie tatsächlich übersetzt, im Blick auf die Gnade für
Paulus kaum denkbar, da diese für ihn ein Heilsdatum ist, von dem er angemessen
nur im Indikativ reden kann (vgl. bes. Röm 5,2!; aber auch 5,15.17; 6,14f.; 1Kor
15,10; 2Kor 6,1f. u.ö.), eine Überzeugung, die auch hinter dem Gnadenwunsch
des paulinischen Prä- bzw. Postskriptes steht.

[232] Vgl. L. Goppelt, Petrusbrief S. 354; N. Brox, Petrusbrief S. 248: „Form und
Inhalt von V 14a verstärken noch einmal den paulinischen Charakter des Briefes
..."

ἅγιον) in Röm 16,16a; 1Kor 16,20b; 2Kor 13,12a und 1Thess 5,26. Das nicht regelmäßige Vorkommen macht die Feststellung eines spezifischen Gebrauches schwierig. Somit können die hier zusammengetragenen Beobachtungen nur bedingt einen Maßstab für die Ableitung einer Aussage hinsichtlich 1Petr sein.

Der „heilige Kuß" steht in Verbindung mit dem Grußauftrag und dient z.B. in Röm 16,16a durch die allgemeinere Form als Abschluß von V. 3-15. In anderen Fällen wird der Grußauftrag durch die Aufforderung zum gegenseitigen Gruß mit dem „heiligen Kuß" ersetzt (1Kor 16,20b; 2Kor 13,12a), wobei 1Thess 5,26 eine gewisse Zwischenposition dadurch einnimmt, daß an die Stelle des sonst von Paulus verwendeten ἀλλήλους ein τοὺς ἀδελφοὺς πάντας tritt. Abgesehen davon ist die Form bei Paulus nahezu konstant: ἀσπάσασθε ἀλλήλους (τοὺς ἀδελφοὺς πάντας) ἐν φιλήματι ἁγίῳ.[233]

Die von Paulus bekannte Wortstellung findet sich auch im 1Petr wieder: ἀσπάσασθε ἀλλήλους ἐν φιλήματι ἀγάπης. Allein das letzte Wort markiert einen Unterschied zu Paulus, wo durchweg vom φίλημα ἅγιον die Rede ist. Auf diesem Hintergrund lesen die Minuskeln 623, 2464 u.a., die Vulgata und die Peschitta in 1Petr 5,14 ἁγίῳ statt ἀγάπης und gleichen die Formel damit der paulinischen Form an. Der sekundäre Charakter dieser Angleichung ist deutlich, zeigt aber gleichzeitig, daß man die Differenz zu Paulus wahrgenommen hat und es für nötig erachtete, den Schluß des 1Petr (und damit den Brief als ganzen) näher zu Paulus zu rücken, als er es tatsächlich ist.

Wie gesagt, sind jedoch sichere Aussagen auf Grund der relativ (in vier von 13 Briefen des Corpus Paulinum) wenigen Belege für diese Form des Grußes problematisch. Zwei Dinge seien dennoch erwähnt. Die relative Konstanz der Wortfolge deutet trotz der geringfügigen Variationen bei Paulus darauf hin, daß hier eine geprägte, ursprünglich wahrscheinlich mündliche Tradition aus dem gottesdienstlichen Kontext aufgegriffen wurde. Das auffällige Feh-

---

[233] ἁγίῳ wird in 2Kor 13,12 φιλήματι vorangestellt, was aber nicht von Bedeutung ist.

len in den deuteropaulinischen und den 'katholischen' Briefen
könnte darin begründet liegen, daß die damit verbundene Praxis
in späterer Zeit nicht mehr in gleichem Maße verbreitet bzw.
üblich war, was sich durch das Wachsen der Gemeinden und die
daraus resultierende zunehmende Differenzierung persönlicher
Beziehungen der Gemeindeglieder untereinander gut erklären ließe. Einzig der 1Petr bildet hier eine spezifische Ausnahme und
hebt sich dadurch von der deuteropaulinischen Tradition ab. Man
wird daher vermuten, daß der Verfasser des 1Petr, wie auch Paulus, bewußt auf jene Tradition zurückgreift, ohne daß dadurch eine Abhängigkeit von Paulus angezeigt wäre. Die deutliche Abweichung zwischen dem paulinischen *„heiligen* Kuß" und dem „Kuß
der Liebe" in 1Petr weist ebenso auf die Eigenständigkeit in ihrem
Bezug auf die Tradition hin.[234] Diese Eigenständigkeit kommt in
besonderer Weise durch den Begriff der ἀγάπη zur Geltung, wodurch die gebotene innere Zuwendung der Glaubenden (vgl. bes.
1,22; 4,8) auch äußerlich zum Ausdruck gebracht werden soll.[235]

---

[234] K. H. Schelkle, Petrusbriefe S. 136, versteht die paulinische Formulierung
auf kultisch-liturgischem Hintergrund (vgl. Justin, Apologie I 65,2) und sieht in
1Petr dagegen eher einen persönlichen; vgl. J. N. D. Kelly, Peter S. 220; W.
Schrage, Erster Petrusbrief S. 121; L. Goppelt, Petrusbrief S. 354f.; J. H. Elliott,
Home S. 139. O. Knoch, Petrusbrief S. 147, interpretiert 1Petr 5,14 mit den paulinischen Belegen im liturgischen Kontext, speziell der Verlesung des Briefes im
Gottesdienst; vgl. N. Brox, Petrusbrief S. 248; H. Frankemölle, Petrusbrief S. 70;
vgl. dagegen K. Thraede, Art. Friedenskuß Sp. 508f.; ders., Ursprünge S. 126-135.
Thraede stellt u.a. grundsätzlich in Frage, daß der briefliche Rahmen, der in allen
Fällen Kontext des Kusses ist, überhaupt verlesen wurde, was seiner Auffassung
nach durch den Briefaustausch (vgl. Kol 4,16) unwahrscheinlich ist (Ursprünge S.
130f.). Doch immerhin geben bes. 1Kor 16,20 und 2Kor 13,12 einige Hinweise auf
einen liturgischen Kontext, so daß hierin wohl eher das Spezifische der christlichen Praxis zu finden ist, vgl. C. Wolff, Zweiter Korintherbrief S. 268. – Die Möglichkeit zur Variation des Verständnisses belegen auch spätere Bezugnahmen auf
den christlichen Kuß: EvPhil 31 (2. Jh.) nennt den Empfang der Gnade als Grund
für den gegenseitigen Kuß; ferner wird die Form „Kuß des Friedens" verwendet,
vgl. dazu G. Stählin, Art. φιλέω S. 141ff.; K. Thraede, Art. Friedenskuß Sp.
505ff.510ff.; ders., Ursprünge S. 150-170.
[235] Vgl. P. H. Davids, Peter S. 205; L. Goppelt, Petrusbrief S. 354f. Eine interessante Parallele zum inhaltlichen Verständnis des „Liebeskusses" der Gemeinde
bietet Clemens Alexandrinus, Paedagogus III 11,81f., der auf die Bedeutung der
liebenden Gesinnung beim geschwisterlichen Kuß hinweisen muß und dabei, um

Nach einer Prüfung alttestamentlicher und frühjüdischer Belege kommt W. Klassen zu dem Ergebnis: „... by the first century the kiss was not seen as a merely formal act by the devout Jews."[236] Ähnliches gilt für die griechisch-römische Antike: „There is no basis in ancient texts ... outside the NT for the transformation of the kiss into a sign of religious community."[237] Dies deutet darauf hin, den „heiligen Kuß" bzw. den „Kuß der Liebe" als eine spezifisch christliche Praxis anzusehen, die freilich in christlichen Gemeinden verbreitet war.[238] Die Tatsache, daß die Problematik des Küssens nicht reflektiert, sondern der Kuß als Grußform selbstverständlich genannt wird, unterstützt diese Annahme ebenso wie die imperativische Form der Aufforderung.[239] „It is to be seen in a living context of people who are building a new sociological reality rather than in restrictive eucharistic or liturgical terms."[240] Nach W. Klassen ist es nicht möglich zu erheben, ob Paulus diesen Brauch eingeführt hat.[241] K. Thraede rechnet damit, „daß Paulus mit einer in der hellenist. Gemeinde aus profaner Umwelt auf den Verkehr zwischen Christen übertragenen Grußform rechnet u. sie christianisiert in den Brief verpflanzt"[242]. Die Frage, ob Paulus selbst diese Gepflogenheit einführte oder eine schon vorhandene Umgangsform bekräftigt, ist wohl kaum mehr zu beantworten. Röm 16,16 legt eher Letzteres nahe, da Paulus hier diesen Brauch in einer nicht von ihm gegründeten Gemeinde voraussetzt. Im Blick auf 1 Petr 5,14 wäre jedoch festzuhalten, daß hier in ähnlicher Weise ein solcher Umgang vorausgesetzt und ein direkter Einfluß der paulinischen Grußformel nicht wahrscheinlich ist.[243]

---

dem Mißbrauch zu wehren, auf das paulinische Attribut ἅγιος verweist, vgl. K. Thraede, Ursprünge S. 155.

[236] W. Klassen, Sacred Kiss S. 123-126, hier S. 125.

[237] A.a.O. S. 128; vgl. W. Thraede, Ursprünge S. 145; J. Murphy-O'Connor, Paul S. 108.

[238] Vgl. J. N. D. Kelly, Peter S. 221; K. Thraede, Ursprünge S. 143f.

[239] Vgl. W. Klassen, Sacred Kiss S. 130ff.

[240] A.a.O. S. 132.

[241] Vgl. a.a.O. S. 134.

[242] K. Thraede, Art. Friedenskuß Sp. 508; vgl. ders., Ursprünge S. 143f.

[243] Gegen F. W. Horn, Petrusbrief S. 674; K. Thraede, Art. Friedenkuß Sp. 509; ders., Ursprünge S. 134. – Hinsichtlich des Zusatzes ἅγιος bei Paulus verweist Thraede, Ursprünge S. 133, auf die allgemeine ekklesiologische Vorstellung von der Heiligkeit der Gemeinde: „Unter Christen wird der übliche Gruß-Kuß zum Bruderkuß einer sich geistlich verstehenden Gemeinschaft, aber nicht die Verhaltensform, nur die deutende Zuordnung ist neu." Damit würde noch einmal deutlich, daß die paulinische Form und die des 1 Petr zwei inhaltlich verschiedene christliche Ausprägungen einer allgemeinen Praxis sind. Insofern sind jedoch ἅγιον und ἀγάπης keineswegs „äquivalent", wie Thraede, a.a.O. S. 134, die Intention des Verfassers des 1 Petr beschreibt.

2.3.6. Der Friedenswunsch

Der den 1 Petr abschließende Satz lautet „Friede (sei mit) euch allen, die (ihr) in Christus (seid).“[244] Ein solcher Abschluß durch einen Friedenswunsch wird im Corpus Paulinum nicht verwendet; hier wird den Adressaten in allen Fällen *Gnade* zugesprochen.[245] Auch in den Erweiterungen des Gnadenwunsches begegnet der Begriff Frieden nicht.[246] Ebensowenig findet sich im Corpus Paulinum eine abschließende Charakterisierung der Adressaten wie in 1 Petr 5,14 („die in Christus“). Hinsichtlich des Briefinhaltes bekommt aber gerade dieser Abschluß seine spezifische Aussagekraft: Als die dem Beispiel Christi Folgenden und dadurch Leidenden (2,21) ist die Grundlage ihres Friedens, daß sie ἐν Χριστῷ sind.[247] Deshalb wird ihnen Frieden und nicht Gnade zugesprochen, weil für den Verfasser Gnade in engem Zusammenhang mit der Leidenssituation verstanden wird und sie daher nicht zugesprochen werden kann: Die Konjunktiv bzw. Imperativ Aorist-Form στῆτε in

---

[244] Er fehlt in dem für 1 Petr wichtigen Papyrus 72. Das ist nur schwer erklärbar, da der 𝔓72 (3./4. Jh.) die beiden Petrusbriefe (Codex Papyrus Bodmer VIII) und den Judasbrief (Codex Papyrus Bodmer VII) jeweils vollständig enthält. Obwohl 𝔓72 (Bodmer VII) in Jud 25 auch den doxologischen Abschluß des Briefes ändert, ist jedoch eine bewußte *Streichung* des Friedensgrußes in 1 Petr 5,14 unwahrscheinlich, so daß die Vorlage den Satz wahrscheinlich nicht enthielt. Dann wäre aber das Alter dieser Textvariante relativ hoch. Nach J. D. Quinn, Notes S. 244ff., handelt es sich um einen Zusatz aus dem ersten (!) Jahrhundert für die Verwendung des 1 Petr im Gottesdienst.

[245] Vgl. Röm 16,20; 1 Kor 16,23; 2 Kor 13,13; Gal 6,18; Phil 4,23; Kol 4,18; Phlm 25; 1 Thess 5,28; ferner Eph 6,24; 2 Thess 3,18; 1 Tim 6,21; 2 Tim 4,22; Tit 3,15; vgl. auch Hebr 13,25; Apk 22,21; dazu J. L. White, Epistolary Literature S. 1753; J. A. D. Weima, Endings S. 78-87; zur Differenzierung bes. J. Murphy-O' Connor, Paul S. 109. – Bei Paulus findet sich in Röm 15,33 die Formulierung: „Der *Gott* des Friedens (sei) mit euch allen. Amen“; in 1 Kor 16,24 der singuläre Zusatz: „*Meine* Liebe (ist) mit euch allen in Christus Jesus“, vgl. dazu C. Wolff, Erster Korintherbrief S. 440f.

[246] In Eph 6,23 findet er sich in einem dem Gnadenwunsch *vorangestellten* Satz, vgl. Röm 15,33; 2 Kor 13,11; Gal 6,16; 2 Thess 3,16; vgl. G. Delling, „Gott des Friedens“ passim, bes. S. 79, der auf den jüdischen Hintergrund besonders hinweist.

[247] Vgl. L. Goppelt, Petrusbrief S. 343 Anm. 29; zur ἐν Χριστῷ-Wendung („eines der vielen paulinischen Elemente im 1 Petr“, N. Brox, Petrusbrief S. 240) s.u. S. 84ff.

Bezug auf χάρις machte dies ebenfalls deutlich, da hierdurch der Anspruch zum Ausdruck kommt, die Adressaten sollen ihre Situation, in der sie sich befinden, durch das Zeugnis des Briefes als „die wahre Gnade Gottes" erkennen. Diese Gnade des Leidens aber wird immer noch überboten durch den Frieden, den sie (trotz allem) im Bewußtsein ihres Seins in Christus finden sollen (vgl. bereits die Betonung des Friedens in 1,2 durch den Zusatz πληθυνείη).[248]

Hinsichtlich der Fragestellung nach einem unmittelbaren paulinischen Einfluß auf 1Petr 5,14 ist festzustellen, daß ein solcher nicht naheliegt, und zwar vor allem aus inhaltlichen, aber auch aus formalen Gründen.[249] Dem paulinischen Gnadenwunsch steht im 1Petr der Friedenswunsch gegenüber, der sich im Neuen Testament sonst nur noch in 3Joh 15a bzw. dem Gnadenwunsch vorangestellt in Verbindung mit ἀγάπη und πίστις in Eph 6,23 findet. Formal betrachtet ist darüber hinaus der Anfang der Formulierung in 1Petr 5,14 zu kurz (εἰρήνη ὑμῖν[250]) um darin eine paulinische Formulierung zu erkennen.

2.4. Zusammenfassung

Der Vergleich zwischen dem paulinischen Briefformular und dem brieflichen Rahmen des 1Petr hat ergeben, daß ein direkter Ein-

---

[248] Vgl. L. Goppelt, Petrusbrief S. 355.

[249] Vgl. N. Brox, Petrusbrief S. 248.

[250] Diese kurze Wortverbindung findet sich sonst im Neuen Testament vor allem im Munde des auferweckten Christus (Lk 24,36 [fehlt in D it]; Joh 20,19.21.26), und steht der hebräischen Grußformel ... עַל/לְ שָׁלוֹם nahe (Ri 6,23; 19,20; 1Sam 25,6; 2Sam 18,28; 20,9; Dan 10,19; Tob 12,17; vgl. auch Ps 125,5; 128,6), vgl. W. Foerster, Art. εἰρήνη S. 407; E. G. Selwyn, Peter S. 245; P. H. Davids, Peter S. 205. K. Berger, Apostelbrief S. 204f., verweist auf frühjüdische Belege aus neutestamentlicher Zeit, die Briefe Bar Kochbas (DJD II,44): הוא שלם; vgl. Y. Yadin, Expedition S. 43 Nr. 4; S. 46 Nr. 11; S. 48 Nr. 15; sowie einen administrativen Brief (DJD II,42): אהוא שלום וכל בית ישראל. Vgl. dazu auch Gal 6,16: εἰρήνη ἐπ' αὐτοὺς καὶ ἔλεος καὶ ἐπὶ τὸν Ἰσραὴλ τοῦ θεοῦ. Dies ist jedoch nicht der paulinische Briefschluß; vgl. dazu J. Rohde, Galater S. 278, der den traditionellen Charakter dieser Wendung hervorhebt.

fluß nicht nachweisbar ist. Sowohl die formalen als auch die inhaltlichen Differenzen erweisen die Eigenständigkeit des 1Petr in dieser Hinsicht. Der Verfasser greift einerseits auf traditionell bekannte Formulierungen und Vorstellungen zurück und gestaltet
diese andererseits mit eigener Akzentsetzung.[251] Wenn man annimmt bzw. voraussetzt, daß Paulus die christliche Brieftradition
entscheidend geprägt hat, dann kann der erhobene Befund nur in
der Weise gedeutet werden, daß diese Tradition für den Verfasser
des 1Petr bereits eine Konvention war, die für ihn keinen direkten
bzw. bewußten Bezug zu Paulus und seiner Schule (etwa in Form
einer Kenntnis von paulinischen Briefen) mehr erkennen ließ.[252]
Insofern kann der briefliche Rahmen des 1Petr – auch wenn er
formal auf eine ursprünglich von Paulus geprägte Konvention zurückgeht – nicht als Hinweis auf einen paulinischen Charakter des
Ersten Petrusbriefes gelten.

---

[251] Vgl. J. L. White, Epistolary Literature S. 1752: „... when NT letters incor-
porate conventional epistolary features, they are often closer to the common conventions than to Paul's adaption of the practice." White spricht ferner von „conti-
nuing influence of Greek epistolography upon the NT epistles" (ebd.); vgl. a.a.O.
S. 1755f.; ferner F. W. Beare, Peter S. 184; J. D. Quinn, Notes S. 246; L. Goppelt,
Petrusbrief S. 346.

[252] Vgl. ähnlich P. H. Davids, Peter S. 197: „However, despite structural parallels our letter shows no literary dependence on Pauline formulas ..., but rather a
general similarity to Paul's letters as well as to other NT letters"; vgl. auch E.
Schweizer, Markus S. 754; zur Sache auch G. Delling, „Der Gott des Friedens" S.
84.

3. Die Wendung ἐν Χριστῷ

Für die Behauptung des paulinischen Charakters des 1Petr wird als ein wichtiges Argument die ἐν Χριστῷ-Wendung angeführt, die „typisch paulinisch"[1] sei und an drei Stellen im 1Petr begegnet. Im Unterschied zu den vielfältigen Belegen in den Briefen des Corpus Paulinum[2] hat man im Blick auf ihre Bezeugung im 1Petr festgestellt, daß sie schon „stärker formelhaft"[3] verwendet werde.

Bevor die Belege für die ἐν Χριστῷ-Wendung an den einzelnen Texten überprüft werden, ist aus methodischen Gründen die Frage zu stellen, was mit dem Begriff „formelhaft" ausgesagt werden soll, ein Problem, das von jenen, die diesen Begriff für ihre Argumentation verwenden, oft nicht oder nicht hinreichend reflektiert wird. Wie sich nämlich herausstellen wird, ist es eben „nur" die Formelhaftigkeit, die den Gebrauch der ἐν Χριστῷ-Wendung im 1Petr auf den Einfluß paulinischer Tradition zurückzuführen erlaubt. Es ist davon auszugehen, daß der „formelhafte" Gebrauch eines Wortes oder einer Wendung meint, daß ein in bestimmten Zusammenhängen und konkreten Bedeutungsbezügen formulierter Ausdruck sich in einer Weise verfestigt hat, die ihn entweder inhaltlich wenig aussagekräftig („abgeschliffen") werden läßt, oder die es späterhin erlaubt, ihn einem Stichwort vergleichbar für eine ganz bestimmte Aussage zu verwenden und – ohne dies ausführlich darlegen zu müssen – eben jene Zusammenhänge und Bedeutungsbezüge zu assoziieren, in denen die Wendung entstand. Für den sinnvollen Gebrauch eines solchen „formelhaften" Ausdrucks ist daher vorauszusetzen, daß diejenigen, denen gegenüber die „Formel" verwendet wird, wie der Autor den ursprünglichen Entstehungskontext kennen und auf ihrem – mit dem Autor gemeinsamen – Hintergrund dessen Aussage verstehen. Ist diese Intersubjektivität nicht gegeben, kann ein „formelhafter" Ausdruck nicht als solcher erkannt und verstanden werden, in unserem konkreten Fall die paulinische ἐν Χριστῷ-Wendung nicht als eine der paulinischen Tradition entstammende mit den inhaltlichen

---

[1] W. Schrage, Erster Petrusbrief S. 60; vgl. auch C. Spicq, Pierre S. 132; J. N. D. Kelly, Peter S. 145; K. H. Schelkle, Petrusbriefe S. 101f. (zu 3,16); P. H. Davids, Peter S. 133; N. Brox, Petrusbrief S. 50.161; O. Knoch, Petrusbrief S. 98; W. G. Kümmel, Einleitung S. 373; U. Schnelle, Einleitung S. 469 u.a.

[2] Dazu s.u. S. 90ff.

[3] W. Schrage, Erster Petrusbrief S. 60; vgl. schon H. Schlier, Adhortatio S. 69; W. Manke, Leiden S. 257; H. Goldstein, Gemeinde S. 61. N. Brox, Petrusbrief S. 161, spricht in diesem Zusammenhang vom „paulinische(n) Kolorit des 1 Petr."

Füllungen, die sie bei Paulus und in seiner Tradition hatte. Dieses Verständnis der Wendung müßte jedoch vorausgesetzt werden, wenn sie in einem Brief, der dem Apostel Petrus zugeschrieben ist, als ein solcher *paulinischer* Akzent verstanden werden will und, wie es häufig geschieht, wenn ihr Verständnis von Paulus her erhoben werden soll. Andernfalls wäre die Behauptung oder Konstatierung der paulinischen Herkunft ohne besondere Bedeutung für das Verständnis ihrer Verwendung im 1 Petr.

Es ist also zu prüfen, ob die „formelhaft" gebrauchte ἐν Χριστῷ-Wendung im 1 Petr im paulinischen Sinne bzw. als paulinische „Formel" verwendet wurde und verstanden werden will.[4]

3.1. Die ἐν Χριστῷ-Wendung im 1. Petrusbrief

In 1 Petr 3,16 begegnet die ἐν Χριστῷ-Wendung zum ersten Mal:

„(15) Heiligt den Herrn, Christus, in euren Herzen, ständig bereit zur Verteidigung (gegenüber) jedem, der Rechenschaft von euch fordert über die Hoffnung in euch, (16) aber (tut dies) mit Sanftmut und Furcht und als solche, die ein gutes Gewissen haben, damit – wenn ihr verleumdet werdet – diejenigen beschämt werden, die euren guten (Lebens)wandel in Christus verlästern."

Der Kontext dieser Verse beschreibt den Lebenswandel der Glaubenden und die Konsequenzen, die ihnen seitens ihrer Umwelt daraus erwachsen: Sie werden angegriffen und verspottet um ihres Glaubens willen, der sich jedoch im Gegensatz zu den äußeren Feindseligkeiten in Gerechtigkeit äußert (3,14). Diese Gerechtigkeit ist die Grundlage ihrer Verteidigung bzw. Rechenschaft, was konkret bedeutet, Zeugnis abzulegen über den Grund der Hoffnung, die ihr Leben bestimmt und sich in einem guten Wandel manifestiert. Weil der Lebenswandel der Glaubenden aber von Gerechtigkeit geprägt ist, müssen diejenigen, die einen solchen Wan-

---

4 U. Schnelle, Gerechtigkeit S. 107 f., weist darauf hin, daß ἐν Χριστῷ bei Paulus nicht angemessen als „Formel" verstanden werden kann, weil dies den vielfältigen inhaltlichen Bezügen nicht gerecht wird (gegen F. Neugebauer, In Christus S. 41; vgl. A. J. M. Wedderburn, Observations S. 87 mit S. 92 Anm. 7). „Ein partikularer ἐν-Gebrauch … darf nicht zum universalen Verständnisschlüssel werden, will man nicht die wechselnden Bedeutungen der ἐν Χριστῷ-Wendungen … einfach nivellieren" (U. Schnelle, a.a.O. S. 107; s.a. a.a.O. S. 226 f. Anm. 11; vgl. schon F. Büchsel, „In Christus" S. 143).

del angreifen und verlästern, ihrerseits beschämt werden, weil sie
es zu Unrecht tun. Damit wird der Grund der Angriffe deutlich:
Der Lebenswandel der Glaubenden erregt Anstoß, weil er ein guter Lebenswandel *in Christus* ist (3,16).

Wie aber ist ἐν Χριστῷ hier zu verstehen? V. 17 formuliert die
Begründung (γάρ) zu V. 15f.: Vor Gott ist das Leiden um des Guten willen, das jemand getan hat, besser (κρεῖττον) als das Leiden
wegen böser Taten. Denn das erste ist ungerechtfertigtes Leiden,
das andere geschieht zu Recht. Dieses Verhältnis wird anschlie-
ßend in V. 18 am Beispiel Christi orientiert: Auch er ist getötet
worden, bekam also das äußerste Maß des Leidens zu spüren, aber
nicht, weil er selbst Böses getan hätte, sondern als ein Gerechter
um der Sünden der Ungerechten willen. Das Leiden Christi war
wie das Leiden der an ihn Glaubenden ein ungerechtfertigtes,
aber doch vor Gott ein notwendiges, damit auch die Ungerechten
(„ihr"!) den Weg zu Gott fänden (V. 18b). Durch den mit der Formulierung in der 2. Person Plural gegebenen direkten Bezug der
„Ungerechten" auf die angesprochene Gemeinde erhält das Vorbild Christi im Leiden eine sehr konkrete Zuspitzung. Sein ungerechtfertigtes Leiden geschah um der Gemeinde willen, die einst
zu den Ungerechten zählte; nun aber sind sie selbst Gerechte und
haben als solche wie Christus unter den ungerechtfertigten Angrif-
fen ihrer Mitmenschen zu leiden.[5] Allerdings hat der Verfasser in
Bezug auf die Leiden der Gemeinde die bei Christus hervorgehobene Zuspitzung auf das Getötetwerden vermieden. Diese Konsequenz hatten sie offensichtlich (noch) nicht zu befürchten. Das in
V. 18 gegebene Beispiel Christi für das gegenwärtige Leiden der
Glaubenden wird, nach dem Exkurs über die Verkündigung Christi an die „Geister im Gefängnis" (ἐν φυλακῇ πνεύματα, 3,19) und
über die Taufe (3,20-22) in 4,1 noch einmal aufgegriffen: Weil

---

[5] Vielleicht kann man die Parallelität des Schicksals Christi auch hinsichtlich
des Aspektes der Wegweisung für die Ungerechten in V. 16 auf die Gemeinde hin
ausweiten, indem nämlich die Lästerer beschämt werden. Diese Folge ihrer Läste-
rung ist ja nur dann wirkungsvoll, wenn sie diese Beschämung auch als solche erkennen und daraus die entsprechenden Konsequenzen ziehen; vgl. L. Goppelt,
Petrusbrief S. 238.

Christus im Fleisch, d.h. während seines irdischen Lebens, gelitten hat, müssen sich auch die Glaubenden auf ein solches „Leiden im Fleisch" einstellen.

Die Wendung ἐν Χριστῷ in 1 Petr 3,16, die den Lebenswandel der Christen näher charakterisiert, tut dies im Sinne einer dem Leiden der Glaubenden vorausgehenden Prägung (ὑπόγραμμος, 2,21), die Christus den Glaubenden durch sein eigenes Leiden gegeben hat: Der Gerechte litt und starb für die Ungerechten; diejenigen nun, die im Glauben ihm nachfolgen, leiden als Menschen mit einem reinen Gewissen durch die ungerechtfertigten Schmähungen der Mitmenschen.[6] Insofern ist ihr Lebenswandel ein Lebenswandel „in Christus", weil sie damit teilnehmen am Leiden und Sterben Christi, der ihnen darin vorausgegangen ist.[7]

---

[6] Der Begriff des ὑπόγραμμος, der ursprünglich die zum Nachschreiben bestimmte Vorlage meint (vgl. 2 Makk 2,28, W. Bauer/K. u. B. Aland, Wörterbuch Sp. 1681 s.v.), bezeichnet in diesem Zusammenhang die grundlegende Bedeutung des Leidens Christi für die Glaubenden: Weil Christus gelitten hat und dadurch die Glaubenden zu Gott führte (V. 18), weil er schließlich alle Gewalten entmachtet hat (V. 19-22), können die Glaubenden den (Leidens-)Spuren Christi in der Weise nachgehen, daß sie jetzt ungerechtfertigtes Leid tragen; vgl. H. Millauer, Leiden S. 68; F. Schröger, Gemeinde S. 163-166.

[7] Dieses Verständnisses des Leidens Christi als Vorbild für das Leiden der Christen kommt auch in einer Textvariante des Sinaiticus zum Ausdruck, der in seiner ursprünglichen Lesart εἰς Χριστόν bietet, womit der Vorbildcharakter des Leidens und Sterbens Christi für die Glaubenden noch betont wird: „Euer guter Lebenswandel, der auf Christus hin ausgerichtet, an ihm orientiert ist." Der Sinaiticus interpretiert hier gleichsam ἐν Χριστῷ im Sinne von εἰς Χριστόν. Anders F. W. Beare, Peter S. 140, der im Sinne eines in Christus verwurzelten bzw. gegründeten Lebens interpretiert und – wie dies bei Paulus der Fall war – den personalen Aspekt hervorhebt, vgl. auch C. Spicq, Pierre S. 132f.; J. N. D. Kelly, Peter S. 145: „... to insinuate that the excellence of his reader's manner of life is rooted in their relationship with Christ, his use of it betrays the impact of the Pauline theology in his circle"; vgl. ferner E. Best, Peter S. 134; K. H. Schelkle, Petrusbriefe S. 101f.; O. Knoch, Petrusbrief S. 98. Diesen Aspekt findet L. Goppelt, Petrusbrief S. 238, unabhängig von paulinischer Tradition auch in 1 Petr, was m.E. nicht in dieser Weise deutlich ist, sondern durch die Betonung des Vorbildes Christi zumindest in den Hintergrund rückt. „Wandel in Christus" ist in erster Linie das am Beispiel Christi orientierte Leben (vgl. 1 Petr 1,17-21); vgl. P. E. Davies, Christology S. 119, der sogar – etwas undifferenziert – feststellt: „Here 'in Christ' means little more than 'as a Christian' or 'in the Christian religion'."

Die beiden anderen Belege der ἐν Χριστῷ-Wendung finden sich
am Schluß des Briefes innerhalb des Postskriptes (5,10 und 5,14b).

„(5,10) Der Gott aller Gnade aber – der euch zu seiner ewigen Herrlichkeit in Christus Jesus[8] gerufen hat – er selbst wird (euch), wiewohl ihr eine kurze (Zeit) leidet, zurüsten, stärken, Kraft verleihen (und) festigen."
„(5,14b) Friede (sei mit) euch allen, die (ihr) in Christus (seid)."[9]

Nach N. Brox[10] ist in 5,10 der „Zusammenhang des Heils der Christen mit der 'Verherrlichung' Christi ..., wie hier das ἐν Χριστῷ, eines der vielen paulinischen Elemente im 1 Petr". Von einer Verherrlichung *Christi* ist jedoch in diesem Vers nichts ausgesagt. Es geht vielmehr um die Berufung der Glaubenden zur Herrlichkeit Gottes (αὐτοῦ ist hier auf Gott zu beziehen); darin unterscheidet sich dieser Vers auch von dem in Eph 1,18ff. dargestellten Zusammenhang.[11] Diese Berufung aber geschieht ἐν Χριστῷ, sie hat in Christus ihren Grund. Das Problem der Interpretation dieser Stelle besteht im Bezug des ἐν Χριστῷ: Ist es, wie N. Brox voraussetzt, attributiv auf δόξα zu beziehen („seine Herrlichkeit in Christus")[12] oder vielmehr adverbial auf das Partizip καλέσας („der euch berufen hat ... in Christus")?[13] Für den attributiven Bezug hatte Brox auf 1Petr 4,13f. hingewiesen, von woher 5,10 zu verstehen sei. Dort ging es um das finale Verhältnis zwischen der Freude an der Teilhabe am Leiden Christi und der Freude, die die Glaubenden durch die Offenbarung seiner Herrlichkeit haben werden (4,13). Diese Herrlichkeit Christi wird jedoch in 4,14 theologisch entfaltet: Wer im Namen Christi beschimpft wird, ist deshalb glücklich zu preisen, weil der Geist der Herrlichkeit, d.h.[14] der Geist *Gottes*, auf ihm ruht. Die Offenbarung der Herrlichkeit Christi in 4,13 will demnach als Offenbarung der Herrlichkeit Gottes verstanden werden, die sich in der Parusie Christi am Ende der Zeiten ent-

---

[8] Ἰησοῦς fehlt im Vaticanus, Sinaiticus und einigen anderen Handschriften.
[9] Zum Friedensgruß s. auch oben S. 81ff.
[10] Petrusbrief S. 239f.
[11] Zu 1Petr 5,10 s. auch oben S. 59ff.
[12] Dazu s.u. S. 90 Anm. 18.
[13] Unentschieden E. G. Selwyn, Peter S. 240.
[14] καί-explicativum.

hüllt.[15] Diese Interpretation von 4,13f. wird von der Darstellung des Verhältnisses zwischen Gottes Wirken, der Auferstehung Christi und der eschatologischen Hoffnung der Glaubenden in der Eingangseulogie (1,3-7) gestützt: Es ist Gott, der durch die Auferwekkung Christi die Hoffnung der Glaubenden begründet hat (V. 3) und der die Glaubenden bewahrt, bis in der eschatologischen Erscheinung Christi ihr Heil, auf das sie jetzt hoffen, endgültig offenbar werden wird (V. 4f.); dies aber geschieht zum Lob, zum Ruhm (δόξα!) und zur Ehre *Gottes*, was sich eschatologisch durch[16] die Erscheinung bzw. Offenbarung Christi erweist (V. 7). In 1,11 wird dieses eschatologische Geschehen ähnlich wie in 4,14 mit dem Begriff der δόξα zusammengefaßt: Den Leiden Christi folgt die Teilhabe an der Herrlichkeit Gottes.[17] Besonders wichtig für die Interpretation von 5,10 ist schließlich 1,15, wo unter dem Stichwort der Berufung durch Gott auf die sich daraus ergebende Konsequenz eines heiligen Lebenswandels dingewiesen wird. Die Berufung durch Gott bezieht sich jedoch nicht auf den Lebenswandel selbst, sondern auf die zuvor (V. 13) beschriebene Hoffnung der Christen, die mit der Offenbarung Christi zur eschatologischen Herrlichkeit ausgerichtet ist: Dazu sind die Christen (im Zusammenhang der Darstellung des Kapitel 1) berufen und aus dieser Berufung folgt die Aufforderung zur Heiligkeit der Lebensführung (1,15b.16). Auf diesem Hintergrund des Zusammenhanges zwischen 1Petr 4,13f. mit Kapitel 1 ist auch 5,10 zu verstehen: Es geht hier nicht um die Verherrlichung Christi selbst, sondern um die „in Christus" geschehene Berufung der Glaubenden zur Teilhabe an der Herrlichkeit

---

[15] Vgl. C. Spicq, Pierre S. 157; J. N. D. Kelly, Peter S. 185f. L. Goppelt, Petrusbrief S. 299 mit Anm. 11, versteht dagegen δόξα αὐτοῦ in 4,13 als Herrlichkeit Christi in Analogie zu 1,7.13 (vgl. aber ders., a.a.O. S. 343 zu 5,10), so auch W. Schrage, Erster Petrusbrief S. 114; P. H. Davids, Peter S. 167; R. Metzner, Rezeption S. 231. Bemerkenswert ist, daß P. H. Davids, a.a.O. S. 194f., ἐν Χριστῷ Ἰησοῦ in 5,10 sowohl auf die Herrlichkeit als auch auf die Berufung bezieht. Das ist auf Grund seines Verständnisses von 4,13 zwar konsequent (im Unterschied zu L. Goppelt, Petrusbrief S. 343), stellt dieses aber wiederum in Frage; vgl. ferner N. Brox, Petrusbrief S. 215; O. Knoch, Petrusbrief S. 125.

[16] Instrumentales ἐν.

[17] Vgl. J. Herzer, Prophetie S. 29f.

Gottes, d.h. das Ziel der Berufung ist in Christus, seinem Leiden und seiner von Gott verliehenen Herrlichkeit, begründet.[18]

In diesem Sinne ist – unter der Voraussetzung der Ursprünglichkeit[19] – auch der Friedensgruß in 5,14 hinsichtlich seiner ἐν Χριστῷ-Wendung zu verstehen: Die, die in Christus sind, sind diejenigen, die ihre Hoffnung im gegenwärtigen Leiden durch das Vorbild Christi haben.[20] In der Hoffnung auf die Herrlichkeit sollen die Glaubenden während der irdischen Existenz ihren Frieden im Ertragen der Schmähungen und Leiden nach dem Vorbild Christi finden.[21] Auch im Friedensgruß entspricht daher die ἐν Χριστῷ-Wendung dem sonstigen Gebrauch im 1Petr.

Zusammenfassend läßt sich festhalten: Im 1Petr ist die ἐν Χριστῷ-Wendung vor allem durch die beiden Aspekte der Teilhabe am Leiden Christi und der Teilhabe an seiner von Gott verliehenen Herrlichkeit geprägt, die als Ausdruck christlicher Existenz und christlicher Hoffnung das Leben der Glaubenden bestimmen.

3.2. Die ἐν Χριστῷ-Wendung bei Paulus

Um den Vergleich der Verwendung der ἐν Χριστῷ-Wendung im Corpus Paulinum mit dem des 1Petr sinnvoll und im Rahmen der notwendigen Konzentration auf die wesentlichen Inhalte vornehmen zu können, ist der vielfältige und häufige Gebrauch der Wen-

---

[18] Vgl. G. Delling, Existenz S. 101; J. N. D. Kelly, Peter S. 212; E. Schweizer, Petrusbrief S. 104; L. Goppelt, Petrusbrief S. 343; O. Knoch, Petrusbrief S. 139; R. Metzner, Rezeption 231. H. Frankemölle, Petrusbrief S. 69, ergänzt: „(in Gemeinschaft mit) Christus ... berufen". Gegen einen attributiven Bezug der ἐν Χριστῷ-Wendung auf δόξα wäre aus grammatischen Gründen geltend zu machen, daß ein *nachgestelltes* Attribut durch Wiederholung des Artikels als solches kenntlich gemacht werden müßte (εἰς τὴν αἰώνιον αὐτοῦ δόξαν τὴν ἐν Χριστῷ [᾽Ιησοῦ]), vgl. F. Blaß/A. Debrunner/F. Rehkopf, Grammatik § 270.272,1. E. G. Selwyn, Peter S. 240, verweist auf die analoge Formulierung in 1Kor 7,22; vgl. E. Best, Peter S. 176.

[19] S.o. S. 81 Anm. 244.

[20] Vgl. L. Goppelt, Petrusbrief S. 355; N. Brox, Petrusbrief S. 248; anders J. N. D. Kelly, Peter S. 221.

[21] Ähnlich O. Knoch, Petrusbrief S. 147.

dung bei Paulus zu sichten und eine Auswahl der für den Vergleich relevanten Stellen zu treffen. Gleiches gilt für die anschließende Untersuchung des deuteropaulinischen Befundes.

Bei Paulus kann man die Belege für die ἐν Χριστῷ-Wendung in vier verschiedene Gruppen einteilen:[22]

1. Belege, in denen Paulus die ἐν Χριστῷ-Wendung inhaltlich vom Heilshandeln Gottes her füllt, vgl. Röm 6,23; 8,39; 1Kor 1,4.30; 2Kor 2,14; 5,17-21; Gal 2,4.17; 3,14; Phil 3,14; Kol 1,4 („im Herrn": 1Kor 7,22);

2. Belege, die die Glaubenden als diejenigen ansprechen, die „in Christus *sind*", vgl. Röm 8,1f.; 16,7-13 (hier ἐν Χριστῷ im Wechsel mit ἐν κυρίῳ); 1Kor 1,2; 3,1; 16,24; 2Kor 5,17; 12,2; Gal 1,22; 3,28; 5,6; Phil 1,1; 1Thess 1,1; 2,14; 4,16; Kol 1,2 („im Herrn": Phil 1,14; Kol 4,17);

3. Belege, die in Bezug auf die Christen eine Handlung bzw. ein Geschehen als in Christus getan bzw. geschehen kennzeichnen, vgl. Röm 9,1; 15,17; 1Kor 4,10.15-17; 15,18ff.31; 2Kor 2,17; 3,14; 12,19; Phil 1,13.26; 2,1; 4,7.19.21; Phlm 8.20.23 („im Herrn": Röm 14,14; 16,2; 1Kor 7,39; 9,1; 11,11; 15,58; 16,19; 2Kor 2,12; Gal 5,10; 2,19.24.29; 3,1; 4,1-4.10; 1Thess 3,8; 4,1; 5,12; Phlm 16.20; Kol 2,6; 3,18.20; 4,7.17);

4. – mit 3. verwandt – Belege, die die ethische Konsequenz des „in-Christus-Seins" einschärfen, vgl. Röm 6,11; 12,5; Phil 2,5; 1Thess 5,18.

---

[22] Vgl. die anders akzentuierte Einteilung der Belege bei F. Neugebauer, In Christus S. 65-72. Von den ἐν Χριστῷ-Wendungen sind formal die Belege für die Form ἐν κυρίῳ zu unterscheiden, die jedoch inhaltlich dem ἐν Χριστῷ entsprechen; vgl. dazu U. Schnelle, Gerechtigkeit S. 227 Anm. 12; K. Berger, Hintergrund S. 405-408; F. Neugebauer, In Christus S. 57-60. Problematisch ist freilich Neugebauers Differenzierung zwischen ἐν Χριστῷ als Ausdruck des indikativischen Heils (entsprechend dem πίστις-Begriff) und ἐν κυρίῳ für den imperativischen Gehalt: „ἐν κυρίῳ ... ruft dazu auf, das ἐν Χριστῷ Empfangene in dieser Welt zu bewähren" (a.a.O. S. 148); vgl. dagegen K. Berger, Hintergrund S. 407f. Anm. 5.

Für unseren Vergleich[23] ist vor allem die erste Gruppe von Bedeutung, da man davon ausgehen kann, daß der Gebrauch der
Wendung in den Belegen der drei anderen Gruppen inhaltlich
von denen der ersten zu füllen ist, auch wenn sich die Aussageintention unterscheidet: Das „In-Christus-Sein" der Christen
(Gruppe 2) bzw. ihr Handeln und Leben „in Christus" (Gruppe 3
und 4) entsprechen dem Heilshandeln Gottes „in Christus". Im
Zusammenhang dieses Verhältnisses der Gruppen untereinander
ist darauf hinzuweisen, daß Paulus dann, wenn er vom Heilshandeln Gottes in Christus spricht, oft nicht nur mit ἐν Χριστῷ formuliert, sondern ἐν Χριστῷ Ἰησοῦ, wodurch die Identität des Gekreuzigten *Jesus* mit dem auferstandenen *Christus* im Heilshandeln Gottes betont wird (vgl. vor allem Röm 6,11.23; 1Kor 1,4.30).[24] Diese
erweiterte Wendung kann aber auch an den Stellen verwendet
werden, wo die heilsbedeutende Einheit ebenfalls für die Existenz
und das Handeln der Christen relevant ist (vgl. z.B. Röm 8,1f.;
1Kor 1,2; Gal 3,28; 5,6; Phil 2,5 u.ö.). Der Austausch zwischen ἐν
Χριστῷ und ἐν κυρίῳ kann demgegenüber vor allem dort erfolgen,
wo der Aspekt der Wirksamkeit des Auferstandenen und Erhöhten
in Bezug auf das Leben und Handeln der Glaubenden im Vordergrund steht (vgl. bes. die vielen Belege dafür im Philipperbrief
2,19.24.29; 3,1; 4,1.2.4.10, wobei hier der Aspekt der „Freude im
Herrn" [drei Mal] auffällt).[25]

Ausgehend von den Belegen für die Wendung „in Christus"
bzw. „in Christus Jesus" in Bezug auf das Heilshandeln Gottes ist
festzustellen, daß für Paulus die zentrale Bedeutung der ἐν

---

[23] Eine ausführliche Erörterung der paulinischen und deuteropaulinischen
Belege, zu denen sachlich auch alle Stellen gehören, die mit ἐν κυρίῳ, ἐν αὐτῷ, ἐν ᾧ
usw. formulieren, sowie der damit verbundenen Probleme und kontroversen Auffassungen, vor allem hinsichtlich der Bedeutungsmodi der Präposition ἐν im paulinischen Sprachgebrauch, kann im Rahmen dieser Arbeit nicht erfolgen, vgl.
dazu A. Deißmann, Formel passim; F. Büchsel, „In Christus" passim; K. Berger,
Hintergrund S. 403-411; U. Schnelle, Gerechtigkeit S. 107-122; A. J. M. Wedderburn, Observations passim, sowie ausführlich F. Neugebauer, In Christus passim;
M. Bouttier, En Christ passim.
[24] Vgl. F. Neugebauer, In Christus S. 50f.; O. Michel, Römerbrief S. 216; U.
Wilckens, Römer II S. 19; W. Schrage, Korinther I S. 214f.
[25] Vgl. F. Neugebauer, In Christus S. 60.

Χριστῷ-Wendung das Heil ist, das Gott durch den stellvertretenden Tod Jesu Christi für die Menschen ermöglicht hat.[26] Einer der wichtigsten Belege für diese Auffassung ist 2Kor 5,17ff., wo verschiedene Aspekte, die Paulus mit der Wendung verbindet, zum Ausdruck gebracht werden. Zunächst spricht V. 17 die Existenz der Glaubenden als ein „Sein in Christus" an (εἴ τις ἐν Χριστῷ), das die Christen als καινὴ κτίσις im Sinne einer eschatologischen Neuschöpfung durch Gott qualifiziert.[27] Die folgenden Verse entfalten, wie das „In-Christus-Sein" zur neuen Wirklichkeit der Christen wurde, nämlich durch die Versöhnung, die zwischen Gott und den Menschen *durch* den Tod Jesu (διὰ Χριστοῦ) geschehen ist (V. 18).[28] Dieser Versöhnung *durch* Christus korrespondiert in V. 19 die Aussage vom versöhnenden Handeln Gottes zugunsten des Kosmos *in* Christus (ἐν Χριστῷ)[29], womit die Wendung an dieser Stelle durch

---

[26] In diesem Sinne entspricht ἐν Χριστῷ der Formulierung διὰ Χριστοῦ, vgl. W. Schrage, Korinther I S. 214; C. Wolff, Zweiter Korintherbrief S. 130; K. Berger, Hintergrund S. 411; A. J. M. Wedderburn, Observations passim; J. Schröter, Versöhner S. 271f. Nach U. Schnelle, Gerechtigkeit S. 110f., ist ἐν Χριστῷ 'Ιησοῦ in 1Kor 1,30 und Röm 6,11 „primär lokal-seinshaft zu verstehen". Dabei wird jedoch der instrumentale Aspekt in unangemessener Weise vernachlässigt. Es zeigt sich hier die Vielschichtigkeit der Aussagemöglichkeiten, die Paulus durch die Verwendung der ἐν Χριστῷ-Formulierung gewinnt. Insofern muß die oft alternativ geführte Diskussion um ein bestimmtes Verständnis der Präposition ἐν relativiert werden. Im Anschluß an F. Büchsel schreibt dazu A. J. M. Wedderburn, Observation S. 86: „Moreover we have constantly to bear in mind that such grammatical categories as place, manner, etc., are the result of a modern analysis and they should not be regarded as waterfight compartments; these are distinctions of which the writers and readers of ancient texts may have been largely unconscious as they freely wandered to and ... across the frontiers that modern grammarians have detected"; vgl. auch F. Büchsel, „In Christus" S. 143f.

[27] Vgl. C. Breytenbach, Versöhnung S. 130f.; J. Schröter, Versöhner S. 285ff.

[28] Vgl. F. Neugebauer, In Christus S. 112; C. Wolff, Zweiter Korintherbrief S. 128f. C. Breytenbach, Versöhnung S. 132f., weist auf die Bedeutung der Person des Paulus in diesem Geschehen hin und versteht die Wendung διὰ Χριστοῦ umfassender im Sinne einer Mittlerfunktion. Zum Ganzen U. Mell, Schöpfung S. 327-388, bes. S. 352f.

[29] Vgl. J. Schröter, Versöhner S. 301; nach C. Breytenbach, Versöhnung S. 118f., handelt es sich in 2Kor 5,19 um vorpaulinischen Traditionsstoff, vgl. a.a.O. S. 189ff.

das instrumentale διά von V. 18 näher erklärt wird.[30] Die Versöhnung Gottes mit der Welt „in Christus" meint die Versöhnung, die durch den stellvertretenden Tod Christi möglich geworden ist (V. 20f.).[31] Und diese Versöhnung Gottes „in Christus" begründet das Sein der Glaubenden „in Christus": Sie leben „in Christus", weil sie durch dessen Opfer zur Versöhnung mit Gott neues Leben empfangen haben und gerechtfertigt wurden (V. 21).[32] Charakteristisch für Paulus ist also, daß das Sein der Glaubenden „in Christus" als ein Sein „durch Christus" verstanden wird, als ein Sein, das durch den stellvertretenden Tod Christi neu wird, die Qualität einer neuen Schöpfung erhält und dadurch dem göttlichen Maßstab gerecht wird. Leben „in Christus" bedeutet daher, durch den Glauben an die versöhnende Kraft des Todes Christi Anteil an dem dadurch erwirkten Heil zu bekommen und in Gemeinschaft mit dem auferweckten und erhöhten Christus zu leben.

Diese grundlegende Struktur der ἐν Χριστῷ-Wendung prägt auch die weiteren Stellen, an denen Paulus sie in theologischen Argumentationen gebraucht; vgl. besonders die Zusammenhänge in Röm 6,11.23; 8,1f.; 1Kor 1,30; Gal 2,17; 3,14.[33] In Röm 6 begegnet sie im Zusammenhang der Taufe, die als ein durch Christi Tod begründetes Geschehen dargestellt wird, durch das der Glaubende Anteil nimmt am Sterben Christi auf der einen Seite, aber auf der anderen Seite auch Anteil an der Auferstehung Christi, insofern

---

[30] Vgl. C. Wolff, Zweiter Korintherbrief S. 130. W. Thüsing, Gott S. 198f., unterscheidet zwischen vergangener Heilstat (V. 19.21) und dem gegenwärtigen Wirken Gottes (V. 18), aber auch V. 18 ist durch das Aorist-Partizip καταλλάξαντος auf das vergangene Handeln Gottes an den Glaubenden zu beziehen; vgl. ferner A. J. M. Wedderburn, Observations S. 90. Nach C. Breytenbach, Versöhnung S. 137ff., sind in 2Kor 5,21 traditionelle Elemente enthalten; zum korporativen Aspekt vgl. a.a.O. S. 130f.141.180.

[31] Vgl. C. Breytenbach, Versöhnung S. 134: „... die Versöhnung als Gottes Tat ist an die Person Christi gebunden"; ferner J. Schröter, Versöhner S. 306.

[32] Vgl. C. Wolff, Zweiter Korintherbrief S. 133. U. Schnelle, Gerechtigkeit S. 111, versteht die ἐν-Aussage auch hier wieder „lokal-seinshaft" und lehnt ein instrumentales Verständnis ab, das „weder grammatisch noch vorstellungsmäßig wahrscheinlich" sei (a.a.O. S. 230 Anm. 53). Die Korrespondenz mit V. 18 ist dabei nicht hinreichend beachtet.

[33] Vgl. F. Neugebauer, In Christus S. 84f.100ff.

die Taufe ein neues Leben begründet, das „in Christus" geführt wird (6,11) und zwar für Gott, der der Urheber dieses Geschehens ist.[34] Dabei ist Röm 6,3bff. als Vertiefung des Aspektes der personalen Verbundenheit mit Christus zu verstehen, die in 6,3a durch die Aussage der Taufe εἰς Χριστὸν Ἰησοῦν zum Ausdruck gebracht wird.[35] Das „In-Christus-Sein" wird also auf Tod *und* Auferweckung Jesu zurückgeführt: Es bedeutet, in der Taufe durch die Teilhabe an seinem Tod der Sünde gestorben zu sein und durch die Teilhabe an der Auferstehung ein neues Leben zu führen (vgl. 2Kor 5,15).[36] Dieses umfassende Verständnis bringt Paulus in V. 23 zusammenfassend zum Ausdruck: Im Gegensatz zum Tod als Lohn (τὰ ὀψώνια) der Sünde, erfahren die Glaubenden das ewige Leben als die Gabe Gottes, die ihnen „in Christus", d.h. im Zusammenhang des Kontextes, durch den Tod und die Auferstehung Jesu und ihre Teilhabe daran in der Taufe, geschenkt wird.[37]

Von dem theologischen Verständnis der ἐν Χριστῷ-Wendung[38] abgeleitet, ist ihr Bezug auf die Gemeinde bzw. auf einzelne Glaubende zu verstehen, etwa wenn Paulus sie als „Geheiligte in Christus" (1Kor 1,2; vgl. Phil 1,1) oder generell auf ihr Sein in Christus (Gal 1,22; Röm 8,1; vgl. 1Kor 3,1; 16,24; 2Kor 12,2; Phil 4,21; 1Thess 2,14; 4,16; Kol 1,2) anspricht.[39] Auch das Verständnis

---

34 Vgl. U. Schnelle, Gerechtigkeit S. 110f.; U. Wilckens, Römer II S. 20; W. Thüsing, Gott S. 67-73.80-93.

35 Vgl. U. Wilckens, Römer II S. 11f.; U. Schnelle, Gerechtigkeit S. 110f.; W. Thüsing, Gott S. 69. E. Best, Peter S. 34, hat darauf hingewiesen, daß in 1Petr die personale und soziale Akzentuierung der ἐν Χριστῷ-Wendung des Paulus nicht zu finden ist.

36 Vgl. P. Siber, Mit Christus S. 236-247.

37 Vgl. W. Thüsing, Gott S. 70ff.

38 Vgl. W. Thüsing, a.a.O. S. 67-93, der die theologischen Akzente des „In-Christus-Seins" hervorhebt.

39 Vgl. F. Neugebauer, In Christus S. 102f. Für das theologische Verständnis ist auch 1Thess 1,1 interessant, wo Gott und Christus in einer ἐν-Wendung zusammengefaßt sind, vgl. dazu T. Holtz, Thessalonicher S. 33f., der hierbei das „Bestimmtsein" durch Gott und Christus hervorhebt. U. Schnelle sieht in 1Thess „ein bereits fortgeschrittenes Verständnis der Wendung" vorliegen, woraus deutlich werde, daß „Paulus ... wohl der Tradent, nicht aber der Schöpfer der ἐν Χριστῷ-Vorstellung" sei (Gerechtigkeit S. 112). Schnelles Argumentation beruht auf der

der Einheit der Gemeinde „in Christus" (Gal 3,28) muß letztlich auf die Tatsache zurückgeführt werden, daß alle Glieder der Gemeinde am Heilswerk Gottes in Christus teilhaben und diese gemeinsame Teilhabe ihre Einheit begründet (vgl. Röm 12,5).[40] Diesem *einen* Heil in Christus entsprechend sind auch alle Glieder der Gemeinde eins in der Teilhabe daran, denn Christus ist nicht geteilt (1Kor 1,13), d.h. es gibt für alle nur das eine Heil.

Dementsprechend kann der Apostel schließlich „in Christus" ermahnen (Phil 2,1), weil das neue Leben der Glaubenden der Heilstat Gottes in Christus entsprechen soll (vgl. Phil 2,2-11; auch 1Thess 4,1; 5,12).[41] Von einem „Wandel in Christus" – wie in 1Petr 3,16[42] – spricht Paulus so prägnant (noch) nicht; Röm 6,4 nennt den „Wandel in einem neuen Leben", das „in Christus" (s.o.) seinen Ursprung hat.[43]

Voraussetzung, daß die ἐν Χριστῷ-Vorstellung in der vorpaulinischen Tauftradition verankert ist und von dort her durch Paulus aufgegriffen wurde (a.a.O. S. 109-112). Als Schlüsseltext führt Schnelle Gal 3,26-28 an, der ein „im vorpaulinischen hellenistischen Christentum beheimateter Taufruf" sei (a.a.O. S. 109; s. auch a.a.O. S. 58-61). Zu Gal 3,26-29 vgl. H. Paulsen, Einheit passim, bes. S. 77f., der jedoch nur für V. 28a eine traditionelle Herkunft für wahrscheinlich hält (s. auch a.a.O. S. 84) und hinsichtlich des gesamten Abschnittes 3,26-28 lediglich die „Aufnahme traditioneller Topik" annimmt (a.a.O. S. 87). Ob zu dieser Topik auch die ἐν Χριστῷ-Wendungen gehören, darf jedoch bezweifelt werden, zumal sie stets in argumentativem Zusammenhang vorkommen (V. 26.28: πάντες γὰρ ... ἐν Χριστῷ Ἰησοῦ), was zumindest auf paulinische Gestaltung hinweist (vgl. H. Paulsen, a.a.O. S. 88).

[40] Vgl. F. Neugebauer, In Christus S. 103f. F. Büchsel, „In Christus" S. 151, betont den modalen Aspekt des „In-Christus-Seins" („in einem durch Christus eindeutig bestimmten Zustand sein") in Analogie zu vergleichbaren Wendungen wie z.B. ἐν νόμῳ, ἐν σαρκί, ἐν πνεύματι, ἐν ταῖς ἁμαρτίαις, vgl. dazu K. Berger, Hintergrund S. 403-408.

[41] Vgl. F. Neugebauer, In Christus S. 104ff. Besonders Phil 2,1 spricht jedoch gegen Neugebauers Zuordnung imperativischer Aussagen zu ἐν κυρίῳ (s.o. S. 91 Anm. 22).

[42] Dazu s.o. S. 85ff., unten S. 206.

[43] Vgl. Röm 6,11b: ὑμεῖς λογίζεσθε ἑαυτοὺς ... ζῶντας δὲ τῷ θεῷ ἐν Χριστῷ Ἰησοῦ. – C. Breytenbach, Versöhnung S. 141, versteht Röm 6,12-23 als Entfaltung von 2Kor 5,15ff.; zum Verhältnis von 2Kor 5,17 zu Röm 6 vgl. auch J. Schröter, Versöhner S. 287.

Abschließend sei auf zwei Stellen besonders hingewiesen, an denen von der Berufung der Glaubenden „in Christus" bzw. „im Herrn" die Rede ist und die daher eine gewisse Parallele zu 1Petr 5,10[44] darstellen: 1Kor 7,22 und Phil 3,14. Die Berufung steht in 1Kor 7,22 im Zusammenhang der Erörterung von Gemeindeproblemen. Nachdem Paulus auf Fragen der Ehe, der Ehelosigkeit und der Ehescheidung eingegangen war, kommt er ab 7,17 auf das Problem zu sprechen, welche sozialen Veränderungen der Wechsel zum christlichen Glauben mit sich bringt. Der Anfang im Glauben wird mit dem Stichwort der Berufung beschrieben; der Ruf Gottes in den Glauben ändert jedoch grundsätzlich nichts an der sozialen Stellung der Berufenen (bes. V. 20.24). In V. 22 spricht Paulus von der Berufung des Sklaven und erwähnt hierbei, daß die Berufung „im Herrn" geschehen ist. Er führt an dieser Stelle nicht näher aus, wie er „im Herrn" verstanden wissen will. Man kann jedoch verschiedene Dinge erschließen. Zunächst fällt auf, daß Paulus nicht ἐν Χριστῷ verwendet.[45] Dies deutet darauf hin, daß es ihm hinsichtlich der Berufung zum Glauben in diesem speziellen Zusammenhang des Verhältnisses von Herren und Sklaven um die Betonung der Wirksamkeit des erhöhten Christus als dem eigentlichen Herrn geht, der den Menschen in diesen neuen Stand hineinruft (vgl. Röm 1,6f.). Jedoch ist die Berufung durch den erhöhten Herrn nicht vom Willen und Wirken Gottes zu trennen, wie dem engeren Kontext von 1Kor 7 in V. 17 (vgl. auch V. 15) zu entnehmen ist: Es ist die Einheit des göttlichen Handelns, die dadurch zum Ausdruck kommt, daß Gottes Berufung durch den erhöhten Herrn geschieht (vgl. auch Gal 1,15f.). Auch im Zusammenhang von 1Kor 7,22f. kann man dieses Verständnis nachvollziehen, denn in V. 23 liefert Paulus die Begründung für seine Argumentation: Das Treubleiben der Berufung, in welchem Stand auch immer, hat seinen Grund im Erkauftsein. Daher liegt an dieser Stelle die instrumentale Bedeutung von ἐν im Sinne eines διά nahe.[46] Die Form ἠγοράσθητε ist als passivum divinum aufzufassen,

---

[44] Zu dieser Stelle und den Wortbezügen s.o. S. 88f.
[45] Vgl. F. Neugebauer, In Christus S. 146.
[46] Vgl. F. Büchsel, „In Christus" S. 145.

wonach Gott das handelnde Subjekt ist, der die Glaubenden erkauft hat (vgl. bes. 6,20). Als der bare (τιμῆς als genitivus pretii)
Kaufpreis aber ist für Paulus das Sterben Christi vorauszusetzen[47]
(vgl. Röm 3,25; 5,6-11; 2Kor 5,17-21; 1Kor 6,11 in Verbindung
mit 6,20[48] u.ö.). Dieser Zusammenhang wird besonders deutlich in
Gal 1,6: Die Galater lassen sich abwenden von dem, der sie in die
Gnade Christi[49] berufen hat.[50] Hier ist Gott wiederum das Subjekt
der Berufung[51] und die Gnade Christi das Ziel[52]. Der Genitiv
Χριστοῦ ist als ein objektiver zu verstehen: die Gnade, die in Christus besteht, d.h. die durch das Heilswerk Gottes in Christus den
Menschen angeboten wird und Gegenstand des Evangeliums ist
(vgl. Gal 1,7).[53]

Die zweite für unseren Vergleich mit 1Petr 5,10 relevante
Stelle bei Paulus ist Phil 3,14. Auch hier ist die Berufung mit einem anderen Akzent entfaltet als an den bereits erörterten Passagen: Paulus jagt dem Schatz der Berufung Gottes in Christus Jesus
(κλῆσις τοῦ θεοῦ ἐν Χριστῷ Ἰησοῦ) nach. Der Genitiv θεοῦ ist ein genitivus subjectivus: die Berufung, die von Gott her geschieht[54]; die
Wendung „in Christus Jesus" bezeichnet wiederum, wodurch die
Berufung erfolgt: Das Heilshandeln Gottes im Tod und in der
Auferweckung Christi ist die Grundlage der Berufung durch

---

[47] Vgl. W. Schrage, Korinther II S. 142; s.u. S. 121ff.

[48] Die Vorstellung des Sterbens Christi als Kaufpreis entwickelt Paulus nicht
ausdrücklich und verwendet das Bild vom Erkauftsein für das Handeln Gottes an
den zum Glauben Gekommenen nur in 1Kor 6,60 und 7,22, so daß man vermuten
könnte, er greife eine traditionelle Vorstellung auf, die er sonst zur Charakterisierung des Heilswerkes Gottes in Christus nicht braucht. Diese Beobachtung ist
für die traditionsgeschichtliche Beurteilung von 1Petr 1,18f. (s.u. S. 130ff.) von
Bedeutung.

[49] Die Bezeugung dieses Genitivs ist nicht einhellig; er fehlt neben den Handschriften F G H^vid a und b wahrscheinlich (vid) auch in dem für die Paulusbriefe
wichtigen Zeugen 𝔓46 und wird daher von den Kommentatoren häufig ausgelassen; vgl. dazu J. Rohde, Galater S. 37.

[50] Vgl. F. Büchsel, „In Christus" S. 146.

[51] Vgl. J. Rohde, Galater S. 39.

[52] Ähnlich J. Rohde, ebd., der ἐν im Sinne eines εἰς versteht.

[53] Vgl. H. Schlier, Galater S. 37 Anm. 2, der jedoch Χριστοῦ nicht zum ursprünglichen Bestand rechnet.

[54] Vgl. U. B. Müller, Philipper S. 169.

Gott.[55] Die Glaubenden sind zur Teilhabe an diesem in Christus geschehenen Heil berufen, die sich in der personalen Gemeinschaft mit Christus verwirklicht. Aber die Berufung ist als „die obere (ἄνω) Berufung" näher bestimmt: Sie ist eine Berufung, die von oben her (von Gott) und nach oben hin (zu Gott) geschieht.[56] „In Christus" erfolgt diese „himmlische Berufung" insofern, als mit dem durch Christus geschehen Heil die Voraussetzung dafür bereits geschaffen ist, daß das „Nachjagen" (V. 13f.) auch zu seinem Ziel führen wird. Dieses Verständnis wird durch den Kontext bestätigt: Die Berufung durch Gott zur Teilhabe an dem in Christus geschehenen Heil hat ein eschatologisches Ziel, nämlich die „Heimat (πολίτευμα) im Himmel" (Phil 3,20), von woher die Erscheinung Christi, der bereits der Grund der Berufung war, erwartet wird.

Zusammenfassend läßt sich festhalten: Grundlegend für das Verständnis des In-Christus-Seins bei Paulus ist die Teilhabe am Heil, das Gott durch Christus gewirkt hat. Diese Teilhabe wird in der Taufe vollzogen. Der damit verbundene Herrschaftswechsel eröffnet das neue Leben der Glaubenden „in Christus", das die Qualität einer neuen Schöpfung erhält. Zu dieser neuen Existenz „in Christus", die immer den Aspekt des „durch Christus" als ihrem Grund in sich birgt, gehört notwendig die ethische Forderung nach einem diesem geschenkten Heil entsprechenden Leben.

3.3. Die ἐν Χριστῷ-Wendung in deuteropaulinischen Briefen

Die deuteropaulinische Bezeugung der ἐν Χριστῷ-Wendung ist eng an dem Verständnis des Apostels Paulus orientiert. Im Vordergrund steht auch hier das Heilswerk Gottes, der durch den Tod und die Auferweckung Christi[57] den Glaubenden seine Gnade erweist und eine neue Existenz begründet, die als „Sein in Christus"

---

[55] Vgl. F. Neugebauer, In Christus S. 88f.; U. B. Müller, Philipper S. 169.

[56] Vgl. U. B. Müller, Philipper S. 169, der auf einen ähnlichen Gebrauch von ἄνω bei Philo, Her 70 und Plant 23, hinweist.

[57] Vgl. P. Pokorný, Epheser S. 105.

qualifiziert ist (vgl. Eph 1,3-14; 2,4-10.13; 1Tim 1,14-16; 2Tim 1,9; 2,10-13). Das neue Sein der Glaubenden wird in Eph 2,10 (vgl. 4,24) mit der aus 2Kor 5,17 bekannten Vorstellung der Neuschöpfung in Christus zum Ausdruck gebracht.[58] Von diesem theologischen Grundverständnis aus kann, wie bei Paulus, die ἐν Χριστῷ-Wendung als kurze Charakterisierung der Glaubenden bzw. der Gemeinde verwendet werden (vgl. Eph 1,1; 2Thess 1,1), und es kann das Leben und Handeln der Glaubenden am Handeln Gottes in Christus orientiert werden (vgl. Eph 4,32; 2Thess 3,12; 2Tim 1,13; 3,12). Darüber hinaus werden zusätzliche Akzente gesetzt, die vor allem den Epheserbrief von Paulus abheben. Ausgehend von dem grundlegenden Verständnis des ἐν Χριστῷ auf dem Hintergrund des Heilswerkes Gottes, wird in Eph 1,3-14, wo die ἐν-Wendung sehr häufig vorkommt, von der Erwählung in Christus zur Heiligkeit vor Grundlegung der Welt (V. 4) gesprochen, in V. 10 vom „Zusammenführen (ἀνακεφαλαιώσασθαι) aller (Dinge – τὰ πάντα) in Christus", womit wahrscheinlich auf Kol 1,16ff. Bezug genommen wird[59]; in Kol 1,20 ist die Versöhnung als „durch (διά) Christus" geschehen beschrieben. Das „in Christus" erfährt also im nachpaulinischen Epheserbrief eine an Kol orientierte kosmische Ausweitung; es bezieht sich nicht mehr nur auf die Glaubenden, sondern auf „alles, was im Himmel und auf Erden ist" (vgl. auch Eph 1,19-23; 3,9-11).[60]

Während 1Tim 1,14 durch die Verknüpfung der Begriffe Gnade, Glaube und Liebe mit der Wendung ἐν Χριστῷ Ἰησοῦ eng an paulinische Vorstellungen anknüpft[61], wird in 2Tim ein weiterer Aspekt in Bezug auf die ἐν Χριστῷ-Wendung angesprochen, der in einer gewissen Parallelität zu 1Petr 3,16 steht. Es ist in 2Tim 2,8-13 und 3,10-13 von Verfolgungen die Rede, die für den Apostel die Verkündigung des Evangeliums (2,9f.) bzw. für die seinem Beispiel nachfolgenden Gläubigen das „fromme Leben in Christus" (εὐσεβῶς ζῆν ἐν Χριστῷ Ἰησοῦ, 3,12) notwendiger Weise (διωχ-

---

58 Vgl. P. Pokorný, Epheser S. 110.
59 Vgl. P. Pokorný, Epheser S. 68f.
60 Vgl. F. Neugebauer, In Christus S. 176-181.
61 Vgl. J. Roloff, Timotheus S. 94f.; L. Oberlinner, Pastoralbriefe S. 42f.

θήσονται – Futur Indikativ) nach sich zieht (3,13a).[62] Urheber dieser Verfolgungen sind „böse Menschen" (πονηροὶ ἄνθρωποι), für die es nach Auffassung des Verfassers keine Aussicht auf Rettung zu geben scheint (3,13b).

Im Blick auf 1Petr 5,10 muß Eph 1,18ff. besonders berücksichtigt werden. Dort ist von der Erkenntnis der „Hoffnung der Berufung" Gottes und von dem „Reichtum der Herrlichkeit seines Erbes" die Rede (V. 18) als Ausdruck der Macht Gottes (V. 19), die er „in Christus" wirksam werden ließ, indem er ihn von den Toten auferweckte (V. 20). Hier finden sich wie in 1Petr 5,10 die Stichworte „Berufung", „Herrlichkeit" und „in Christus" in einem Zusammenhang. Hinsichtlich Eph 1,20 ist aber zu sagen, daß ἐνήργησεν ἐν τῷ Χριστῷ wohl eher im Sinne von „an Christus wirken" zu verstehen ist, was durch die Konkretion der Auferweckung deutlich wird: Diese hat Gott „an Christus", nicht „in" oder „durch" ihn bewirkt.[63] Darin hat er seine „übergroße Kraft" erwiesen, mit der er nun auch unter den bzw. „in Ausrichtung auf" (εἰς, V. 19) die Glaubenden wirksam ist. Diese Wirksamkeit Gottes sollen sie erkennen und darüber hinaus die Hoffnung, die aus ihrer Berufung folgt sowie den „Reichtum der Herrlichkeit des Erbes" (V. 18). Besonders die letzte Verbindung ist interessant, denn es ist hier die Herrlichkeit *des Erbes*, also des eschatologischen Heils*gutes* angesprochen[64] und nicht, wie 1Petr 5,10, die Herrlichkeit *Gottes* selbst. Darüber hinaus ist die Berufung nicht auf die *eschatologische* Herrlichkeit, sondern auf die *gegenwärtige* Hoffnung der Christen bezogen.[65]

Zusammenfassend sind im Blick auf die deuteropaulinische Entfaltung der ἐν Χριστῷ-Vorstellung vor allem zwei Besonderheiten festzuhalten: Sie lehnt sich eng an Paulus an, wobei im Eph

---

[62] Vgl. N. Brox, Pastoralbriefe S. 258f. O. Knoch, Timotheusbrief S. 62, versteht εὐσεβῶς ζῆν ἐν Χριστῷ ᾿Ιησοῦ im Sinne von „in der Gemeinschaft mit Christus Jesus ein frommes Leben führen". L. Oberlinner, Pastoralbriefe S. 43, konstatiert eine Akzentverschiebung der ἐν Χριστῷ-Wendung in den Pastoralbriefen auf den Imperativ, vgl. schon J. A. Allan, Formula S. 116ff.

[63] Vgl. R. Schnackenburg, Epheser S. 75; P. Pokorný, Epheser S. 81.

[64] Vgl. R. Schnackenburg, Epheser S. 74.

[65] Vgl. ebd.

das Sein der Glaubenden in Christus kosmologisch ausgeweitet
wird, und im 2Tim wird sie mit dem Thema Leiden kontrastiert.

3.4. Zusammenfassung

Die Auffassung des ἐν Χριστῷ im 1Petr entspricht nicht dem für
Paulus und seine Schule bestimmenden Verständnis dieser Wendung im Sinne eines διὰ Χριστοῦ.[66] Zwar wird auch in 1Petr 3,16 –
ähnlich wie bei Paulus – der Lebenswandel der Glaubenden „in
Christus" beschrieben, aber das „Wandeln in der Neuheit des Lebens" nach dem Verständnis von Röm 6,4 ist auf einem anderen
Hintergrund entfaltet: Nicht das Vorbild Christi ist für den Wandel der Glaubenden maßgebend, sondern das Heilswerk Gottes in
(bzw. durch) Christi Tod und Auferweckung, dem das Leben der
Glaubenden entsprechen soll (οὕτως), das auf Grund der Taufe
von der personalen Gemeinschaft mit Christus geprägt wird.[67]
Paulus verwendet in diesem Zusammenhang auch nicht das für
1Petr typische Wort ἀναστροφή zur Bezeichnung des Lebenswandels, sondern formuliert verbal mit περιπατεῖν. ἀναστροφή begegnet
bei Paulus vielmehr in negativer Konnotation in Gal 1,13 zur Beschreibung seines früheren, vorchristlichen Lebens (vgl. auch Eph
2,3; 4,22 für den vorchristlichen Wandel der Gemeinde; ferner
1Tim 4,12 relativ unspezifisch in einer Aufzählung guter Verhal-
tenseigenschaften; ähnlich 1Tim 3,15). Erhellend ist die Formulierung in 2Kor 1,12, wo Paulus rückblickend mit dem Verbum
ἀνεστράφημεν seinen „Wandel in der Welt" beschreibt, der sich stets
„in der Gnade Gottes" (ἐν χάριτι θεοῦ) vollzogen hat. Aber gerade
der Bezug des Lebenswandels auf die Gnade Gottes macht die
auch sonst bei Paulus festgestellte soteriologische Fundierung des
Lebens, das mit der gnädigen Berufung durch Gott seinen Ursprung nimmt (Röm 1,5; 1Kor 15,10), noch einmal deutlich.[68] Das

---

[66] S.o. S. 93f.

[67] S.o. S. 94f.

[68] Ähnlich ist auch der oben S. 100f. angesprochene Abschnitt aus 2Tim
3,10-13 zu beurteilen, der die Verfolgungen, denen die Glaubenden ausgeliefert

Verständnis von ἐν Χριστῷ in der Aussage von 1Petr 3,16: „... euer
guter Wandel in Christus" weist daher keine typisch paulinische
Prägung auf, sondern gibt die spezifische Auffassung ihres Verfassers wieder.

Ähnliches gilt für 1Petr 5,10. Die Betonung der in Christus erfolgten Berufung zur Teilhabe der Glaubenden an Gottes Herrlichkeit ist kein spezifisch paulinisches Element der ἐν Χριστῷ-Vorstellung. Die Wendung ἐν Χριστῷ ist also auch in diesem Vers des
Postskriptes von den theologischen und christologischen Schwer-
punkten her zu füllen, die der Brief selber setzt und kann nicht
als übernommenes „paulinisches Element" verstanden werden.
Eine solche Einschätzung würde dem theologischen Gewicht der
Aussage nicht gerecht werden: Die Herrlichkeit, zu der die Glaubenden durch Gott berufen sind, gründet in der Auferstehung
Christi von den Toten (1.3.21), und nur insofern geschieht die Berufung „in Christus". Zu dieser Herrlichkeit aber – so wird in 5,10
weiterhin deutlich gemacht – gehören auch die Leiden, die zuvor
zu bestehen sind und die ihrerseits im Leiden Christi ihren Typos
haben.[69] Damit gestaltet sich das Leben der Glaubenden wiederum
gemäß dem Vorbild Christi (vgl. 1,11!) und es ergibt sich in 3,16
wie in 5,10 ein einheitlicher Gebrauch der ἐν Χριστῷ-Wendung.
Somit ist auch 1Petr 5,10 von dem paulinischen und deuteropaulinischen Verständnis des Berufenseins in bzw. durch Christus unterschieden, denn in der paulinischen Tradition gründet die Berufung wiederum im Heilswerk Gottes, das in (bzw. durch) Christus
gewirkt wurde und an dem teilzuhaben die Glaubenden berufen
sind (vgl. bes. 1Kor 7,22; Phil 3,14; Eph 1,18ff.).[70] Dieses Ver-

---

sind, auf deren „frommes Leben in Christus" zurückführt. Das εὐσεβῶς ζῆν ἐν
Χριστῷ Ἰησοῦ wird, abgesehen von der unterschiedlichen Wortwahl, auch hier
nicht auf dem Hintergrund des Vorbildes Christi im Leiden für die Glaubenden
beschrieben; es ist vielmehr die Auferstehung Christi als dem Inhalt des Evangeliums, für das die gegenwärtigen Leiden zu ertragen sind (1,8; 2,8f.). Das Leiden
und der Tod Jesu werden an dieser Stelle für das Verständnis der Leiden des gegenwärtigen Lebens nicht genannt.

69 Vielleicht ist aus diesem Grund die ἐν Χριστῷ-Wendung in 5,10 durch
Ἰησοῦ erweitert.

70 S.o. S. 97-99.101.

ständnis ist in 1 Petr 5,10 nicht zu erkennen. Auf Grund des Zusammenhanges mit den Leiden und der Herrlichkeit Christi wäre
eher auf Röm 8,17 als inhaltliche Parallele zu verweisen, wo ein
ähnlicher Gedanke entfaltet wird, jedoch gerade *nicht* mit einer ἐν
Χριστῷ-Formulierung, sondern mit συν-Komposita.[71]

Wegen des Zusammenhanges von Leiden und Herrlichkeit
Christi mit der christlichen Existenz heißt es schließlich in 1 Petr
5,14 „*Friede* sei mit euch" und nicht, wie bei Paulus *Gnade*, weil die
Glaubenden in der Hoffnung auf die Herrlichkeit in ihrem gegenwärtigen Leiden Frieden finden.

Ein paulinisches Verständnis der drei ἐν Χριστῷ-Wendungen
des 1 Petr ist nicht zu erheben. Die konsequente Entfaltung des
In-Christus-Seins der Glaubenden in der Spannung von Teilhabe
am Leiden und Teilhabe an der Herrlichkeit ist in den paulinischen Schriften in dieser Weise nicht reflektiert. Zugunsten eines
hypothetischen Paulinismus kann man allenfalls das statistische Argument anführen: Weil sich die ἐν Χριστῷ-Wendung im Neuen Testament – neben den drei Belegen in 1 Petr – ausschließlich bei
Paulus und den in seinem Namen geschriebenen Briefen findet,
spricht das Vorkommen in 1 Petr für paulinischen Einfluß.[72] Diese
Schlußfolgerung trifft aber dann nicht mehr zu, wenn sich die
konkrete inhaltliche Entfaltung der Wendung vom paulinischen
und deuteropaulinischen Gebrauch unterscheidet.

Demgegenüber ist zu fragen, wie lange von einem paulinischen Einfluß gesprochen werden kann, wenn die inhaltliche Füllung nicht mehr von der paulinischen Theologie, sondern aus den
eigenen theologischen Aspekten des 1 Petr herzuleiten ist.[73] In tra-

---

71 Vgl. U. Wilckens, Römer II S. 46f.; zu Röm 8,17 s.u. S. 113f.

72 Vgl. die oben S. 84 Anm. 1 Genannten.

73 Diese Schwierigkeit hat wohl auch N. Brox gesehen, wenn er trotz der Behauptung des paulinischen Charakters der ἐν Χριστῷ-Wendung schreibt (Petrusbrief S. 248): „Die Auslegung des 'in Christus' hat im 1 Petr diese eine Version, was
immer in der paulinischen und gemeinchristlichen Tradition der Formel gemeint
war." Ohne dies weiter auszuführen, setzt N. Brox offensichtlich voraus, daß es
neben (oder nach?) der paulinischen Tradition der ἐν Χριστῷ-Wendung eine von
dieser mehr oder weniger unabhängige „gemeinchristliche" existiert hat. Wie aber

ditionsgeschichtlicher Hinsicht ist es wahrscheinlicher, damit zu rechnen, daß sich ein sòlch prägnanter Ausdruck wie die ἐν Χριστῷ-Wendung, auch wenn sie ursprünglich von Paulus geprägt wurde, verselbständigte und schließlich unabhängig von der paulinischen Schule auch in solchen christlichen Kreisen verwendet wurde[74], die traditionsgeschichtlich nicht von Paulus abhängig sind und die diese von Paulus geprägte und sich verselbständigende Wendung mit den eigenen Inhalten füllte.[75] Es läge dann ein ähnliches Phänomen vor wie es schon für den brieflichen Rahmen erwogen wurde.[76] Anzeichen für die differenzierte traditionsgeschichtliche Sicht der ἐν Χριστῷ-Wendung finden sich z.B. in dem von Paulus und seiner Schule *theologisch* unabhängigen Kreis der johanneischen Schriften, insbesondere dem Johannesevangelium[77], wo die sogenannten „Korrelationsformeln" als johanneisches Spezifikum sehr oft mit der Präposition ἐν in Bezug auf Christus arbeiten (vgl. z.B. Joh 15,4-7; 17,20-26 u.ö.[78]; auch 1Joh 5,20; ferner Apk 14,13 [wobei an dieser Stelle die Nähe zu 1Kor 15,18 und 1Thess 4,16 zu beachten ist[79]]; ferner Jud 1).

Auf diesem Hintergrund stellt sich die Frage, ob es in der frühchristlichen Tradition nicht eine verbreitete Vorstellung vom

---

sollte man diese von der des Corpus Paulinum abheben? Und wie müßte sie zur Verwendung der ἐν Χριστῷ-Wendung in 1Petr in Beziehung gesetzt werden?

[74] Vgl. dazu jedoch K. Berger, Hintergrund S. 403-408, bes. S. 407; ferner U. Schnelle, Gerechtigkeit S. 112 (s.o. S. 95f. Anm. 39).

[75] Vgl. A. Lindemann, Paulus S. 257: „... der paulinische Sprachgebrauch ist also vorausgesetzt, das paulinische Verständnis aber nicht gegenwärtig"; vgl. H. Goldstein, Gemeinde S. 61.

[76] S.o. S. 82f.

[77] Vgl. dazu vor allem M. Hengel, Die johanneische Frage passim, bes. S. 298-313, der zwar im Anschluß an die reformatorische Einschätzung den Autor des vierten Evangeliums besonders wegen seiner Haltung zur Frage des Gesetzes „mit Fug und Recht als den größten, den wahren Nachfolger des Paulus" versteht, „freilich nicht als 'Paulusschüler', sondern als kongenialer, selbständiger theologischer Denker der radikalen Gnade" (a.a.O. S. 299); vgl. ferner D. Zeller, Paulus und Johannes passim, bes. S. 182; R. Schnackenburg, Johannesevangelium IV S. 102-118, bes. S. 111-117; C. K. Barrett, Johannes S. 71-75.

[78] C. K. Barrett, Johannes S. 73, sieht freilich in den ἐν-Formulierungen des Joh eine „enge Parallele" zu Paulus, ohne dies jedoch näher zu bestimmen.

[79] Vgl. U. B. Müller, Offenbarung S. 268.

„In-Christus-Sein" der Glaubenden gab, die von den verschiedenen „Strömungen" des Frühchristentums – Johanneischer Kreis/ Paulus/Deuteropaulinen/1Petrusbrief – auf je eigene Weise verwendet und inhaltlich gefüllt wurde, von denen jedoch Paulus und seine Schule durch das Übergewicht des tradierten Materials den größten Einfluß gewannen und damit – aus heutiger Sicht – traditionsgeschichtlich schon wegen des höheren Alters als die ursprüngliche Prägung angesehen werden, weshalb andere Überlieferungen als von paulinischer Tradition beeinflußt oder gar abhängig zu verstehen seien.

Jedoch auch unabhängig von der Beantwortung dieser Frage – sofern dies auf Grund der uns erhaltenen Textüberlieferung möglich ist – bleibt zweifelhaft, ob die ἐν Χριστῷ-Wendung in der relativ späten Zeit, in der der 1Petr wahrscheinlich entstand[80], noch bewußt als typisch paulinische Formulierung gebraucht wurde, oder ob nicht vielmehr damit zu rechnen ist, daß sie auch bei anderen christlichen Schriftstellern unabhängig von der möglichen paulinischen Herkunft benutzt werden konnte, ohne daß man einen paulinischen Einfluß oder eine paulinischen Prägung annehmen muß.[81] Festzuhalten ist, daß dem Verfasser des 1Petr mit der eigenständigen Verwendung und inhaltlichen Entfaltung der ἐν Χριστῷ-Wendung weder an einem bewußten Bezug zur paulinischen Tradition noch an einer bewußten Abgrenzung gelegen war.

---

[80] Dazu s.u. S. 267f.

[81] Vgl. L. Goppelt, Petrusbrief S. 238. Noch weiter geht K. Berger, Hintergrund S. 407, der die Auffassung vertritt, daß im 1Petr „das ἐν Χριστῷ wohl auch parallel zu Paulus, und zwar hier gleichbedeutend mit ἐν νόμῳ, d.h. im moralischen Sinne, verwendet worden ist". Berger versteht daher 1Petr „als außer- bzw. nebenpaulinisches Zeugnis" für diese Wendung und stellt fest, daß es unter Berücksichtigung von ἐν-Formulierungen in jüdischer und johanneischer Tradition „nicht angemessen (ist), für I Petr. paulinischen Einfluß zu postulieren" (a.a.O. Anm. 3).

4. Das Verständnis der Offenbarung

4.1. Offenbarung im 1. Petrusbrief

Das Nomen ἀποκάλυψις wird im 1Petr dreimal verwendet und beinhaltet in spezifischer Weise jeweils die eschatologische Erscheinung bzw. das eschatologische Offenbarwerden Christi bei der Parusie, wobei bereits an dieser Stelle festzuhalten ist, daß der Begriff παρουσία im 1Petr fehlt. In 1,7 und 1,13 lautet die Formulierung: ἐν ἀποκαλύψει Ἰησοῦ Χριστοῦ, in 4,13 ist präzisierend von der Offenbarung seiner Herrlichkeit die Rede: ἐν ἀποκαλύψει τῆς δόξης αὐτοῦ. Die Offenbarung Jesu Christi (1,7.13) wird als Offenbarung seiner Herrlichkeit verstanden, wobei der Zusammenhang von 4,13 und 1,7.13 so zu verstehen ist, daß bei der Offenbarung Christi (1,7.13) die ihm von Gott verliehene Herrlichkeit als „seine Herrlichkeit" offenbar wird.[1]

Dem christologisch-eschatologischen Bezug des Nomens steht eine ebenfalls spezifische Verwendung des Verbums ἀποκαλύπτω gegenüber. In 1,5 spricht der Verfasser vom Offenbarwerden des Heils für die Glaubenden in der letzten Zeit. Die ἀποκάλυψις Ἰησοῦ Χριστοῦ (1,7.13) geht demnach einher mit dem Offenbarwerden der Rettung.[2] Deutlich wird dies besonders im Vergleich zu 1,13, wonach die Offenbarung Jesu Christi die Gnade bringt, auf die die Glaubenden ihre Hoffnung setzen sollen. Ähnlich ist der Zusammenhang in 5,1, wo von der Teilhabe an der göttlichen Herrlichkeit, die enthüllt werden wird, die Rede ist. Dieser verbale Gebrauch von ἀποκαλύπτω entspricht somit dem des Nomens in 4,13, bis hin zu der dort ebenfalls anzutreffenden Parallelisierung von den Leiden Christi und seiner Herrlichkeit sowie der Teilhabe der Glaubenden an beidem. Der singularische Bezug in 5,1 ist von da-

---

[1] S.o. S. 88f.
[2] Vgl. W. Schrage, Erster Petrusbrief S. 72; dazu s.u. S. 138ff.

her zu verstehen: Wie der Verfasser („Petrus"), so haben alle Glaubenden an Leiden und Herrlichkeit Christi teil.[3]

Von diesem konsequent eschatologischen Verständnis von ἀποκάλυψις bzw. ἀποκαλύπτω scheint allein 1 Petr 1,12 abzuweichen.[4] Hier ist von den (alttestamentlichen) Propheten die Rede, denen enthüllt wurde, daß ihre Prophetien nicht für sie selbst, sondern für spätere Zeiten – vom Verfasser auf die Zeit der Adressaten bezogen – bestimmt waren. Dieser inhaltliche Bezug von ἀποκαλύπτω unterscheidet sich zwar von dem bisher festgestellten, aber auch hier hat das Wort eine eschatologische Konnotation, insofern nämlich der Inhalt der den Adressaten geltenden Prophetie wiederum Leiden und Herrlichkeit[5] Christi sind (V. 11). Die Offenbarung an die Propheten hinsichtlich ihres Dienstes an den kommenden Generationen, die an den Leiden und der Herrlichkeit Christi teilhaben, hat daher ebenfalls eine eschatologische Ausrichtung.[6]

Als Kennzeichen des Verständnisses von Offenbarung im 1 Petr sind festzuhalten:

1. Der eschatologische Bezug;

2. der Zusammenhang zwischen der Offenbarung Jesu Christi und dem Offenbarwerden der Teilhabe der Glaubenden an dessen Herrlichkeit als dem Offenbarwerden der erhofften Rettung;

3. die Teilhabe an der offenbar werdenden Herrlichkeit ist begründet in der schon jetzt gegebenen Teilhabe an den Leiden Christi.

Das Subjekt der Offenbarung ist in allen Fällen Gott; der Genitiv in der Formulierung ἀποκάλυψις Ἰησοῦ Χριστοῦ ist daher als genitivus objectivus aufzufassen.

---

[3] Vgl. L. Goppelt, Petrusbrief S. 323; W. Schrage, Erster Petrusbrief S. 117.

[4] Vgl. E. G. Selwyn, Peter S. 252.

[5] Die hier verwendete Pluralform versteht L. Goppelt, Petrusbrief S. 106 Anm. 69, als Angleichung an den Plural der Leiden; anders E. G. Selwyn, Peter S. 137. Nach O. Knoch, Petrusbrief S. 47, weist der Plural auf verschiedene Stufen der Herrlichkeit Christi hin.

[6] Vgl. K. H. Schelkle, Petrusbriefe S. 42; zum Ganzen J. Herzer, Prophetie passim.

4.2. Offenbarung bei Paulus und in deuteropaulinischen Briefen

Ein einheitliches Verständnis von Offenbarung findet sich bei Paulus nicht. Schon im Blick auf das Nomen sind vier grundlegende Aspekte hervorzuheben:[7]

1. Die Offenbarung der Urteile Gottes (Röm 2,5);
2. die Offenbarung der „Kinder Gottes" (Röm 8,19);
3. die Erwartung der Offenbarung (1Kor 1,7; vgl. 2Thess 1,7) bzw. Ankunft (1Thess 4,15; vgl. 2,19; 3,13; 5,23; 1Kor 15,23) Christi;
4. Offenbarung als göttliche Mitteilung in der Gegenwart: als Geistesgabe (1Kor 14,6.26), als Offenbarung, deren Subjekt Christus ist (2Kor 12,1; vgl. Apk 1,1) und als Offenbarung, deren Subjekt Gott ist bzw. unbestimmt gelassen wird (Gal 1,12; 2,2; vgl. Eph 1,17; 3,3).

Auch das Verbum ἀποκαλύπτω findet sich dementsprechend in verschiedenen Bezügen:

1. Das Offenbarwerden der Gerechtigkeit und des Zornes Gottes (Röm 1,17f.);
2. das Offenbarwerden der kommenden Herrlichkeit (Röm 8,18, ohne explizit christologischen Bezug);
3. das Offenbarwerden der Werke im Gericht (1Kor 3,13; vgl. Röm 14,10; 2Kor 5,10);
4. als vergangene (1Kor 2,10) oder gegenwärtige geistliche Erfahrungen (1Kor 14,30; Gal 3,23; Phil 3,15) bzw. besondere Christusoffenbarung (Gal 1,16).

Deuteropaulinisch ist das Verständnis von Offenbarung als gegenwärtige Mitteilung des „Geheimnisses Christi" in der Verkündigung des Evangeliums (Eph 3,3ff.; vgl. Röm 16,25) zu finden. In 2Thess 2,1-8 wird durch das Nomen und das Verbum das zukünftige Offenbarwerden des Widersachers Christi ausgesagt. Dem steht ebenfalls in 2Thess (1,7) die Vorstellung von der zukünftigen „Offenbarung des Herrn Jesus vom Himmel" gegenüber.

---

[7] Zum Ganzen vgl. D. Lührmann, Offenbarungsverständnis passim.

Die Bestandsaufnahme zeigt, daß Paulus und auch die deuteropaulinischen Verfasser zwischen einem gegenwärtigen und einem zukünftigen Offenbarungsgeschehen unterscheiden konnten.
Der Gegenwartsaspekt hängt in erster Linie mit dem paulinischen
Verständnis des Evangeliums bzw. seiner Verkündigung zusammen, in der sich bereits in der Gegenwart sowohl der Zorn als
auch die Gerechtigkeit Gottes offenbaren (vgl. die Präsensformu-
lierung in Röm 1,17f.).[8] Zur gegenwärtigen Wirklichkeit der Glaubenden gehören daneben auch aktuelle Offenbarungen, die an
Einzelne oder die Gemeinde ergehen, unterscheidbar in ekklesiologisch wirksame Offenbarungen (1Kor 14,6.26.30)[9], Offenbarungen von Erkenntnis und Glauben (1Kor 2,10; Gal 3,23; Phil 3,15)
sowie inhaltlich unterschiedliche individuelle Offenbarungen (Gal
1,12.16; 2,2; 2Kor 12,1.7). Da im 1Petr ein solches Verständnis
von Offenbarung fehlt, sind die genannten Stellen für den Vergleich zwischen 1Petr und dem paulinischen Verständnis nur in
negativer Hinsicht von Gewicht: Aktuelle Offenbarungen in der
Gemeinde oder an Einzelne erwähnt 1Petr nicht. Offenbarung ist
(auch im Blick auf die Gemeinde) auf das Kommen Christi am Ende der Zeit bezogen.[10]

Interessant ist bezüglich der Stellen im Galaterbrief, daß die dort gebrauchte
Wendung δι' ἀποκαλύψεως Ἰησοῦ Χριστοῦ (1,12) außer der präpositionalen Bestimmung mit der Formulierung in 1Petr 1,7.13 übereinstimmt und bei Paulus
darüber hinaus singulär ist. Umso wichtiger ist der inhaltliche Bezug bei Paulus:
Es handelt sich nicht, wie in 1Petr, um die eschatologische ἀποκάλυψις Ἰησοῦ
Χριστοῦ, sondern um die individuell an Paulus ergangene Offenbarung während
seiner Berufung.[11] Der Genitiv Ἰησοῦ Χριστοῦ ist in Gal 1,12, wie in 1Petr 1,7.13,
ein genitivus objectivus, d.h. Christus selbst wird offenbart.[12] Für Gal 1,12 wird

---

[8] D. Lührmann, Offenbarungsverständnis S. 158.162 u.ö., weist auf den eschatologischen Charakter der in der Gegenwart geschehenden Offenbarung hin.
[9] Vgl. D. Lührmann, Offenbarungsverständnis S. 39-44.
[10] Die an die Propheten ergangene Offenbarung (1,12) ist ebenfalls keine gegenwärtige und hatte bereits in der Vergangenheit eine eschatologische Ausrichtung.
[11] Vgl. K. Kertelge, Apokalypsis passim, bes. S. 275f.; D. Lührmann, Offenbarungsverständnis S. 74ff.
[12] Vgl. F. Mußner, Galater S. 67f.; K. Kertelge, Apokalypsis S. 269; D. Lührmann, Offenbarungsverständnis S. 76; anders z.B. J. Rohde, Galater S. 52. K. Ker-

dies aus dem Zusammenhang mit 1,15f. deutlich: Christus wird Paulus offenbart, der auf Grund dieser Offenbarung des Auferstandenen die Frohbotschaft für die Heiden verkündigt (1,16a).[13]

Ein eschatologisches Verständnis von Offenbarung wie in 1Petr konnte auch bei Paulus festgestellt und im Wesentlichen dreifach unterschieden werden:

1. Das Offenbarwerden der Werke im Gericht (1Kor 3,13; Röm 2,5f.);

2. die Erwartung des Offenbarwerdens der Kinder Gottes (Röm 8,19) und schließlich

3. die Erwartung der eschatologischen Offenbarung Jesu Christi (1Kor 1,7: ἀπεκδεχομένους τὴν ἀποκάλυψιν τοῦ κυρίου ἡμῶν Ἰησοῦ Χριστοῦ).

1. Den Bezug des eschatologischen Offenbarwerdens *aller* Menschen im Gericht Gottes entfaltet 1Petr nicht ausdrücklich. Nach 1Petr 4,17, wo explizit vom Gericht gesprochen wird, vollzieht es sich vielmehr in differenzierter Weise. Zunächst wird es als ein bereits gegenwärtiges beschrieben, das in der Gemeinde seinen Anfang nimmt (ὁ καιρὸς τοῦ ἄρξασθαι τὸ κρίμα ἀπὸ τοῦ οἴκου τοῦ θεοῦ, 4,17; vgl. 4,12f.).[14] Das entspricht dem Zusammenhang von 1Petr 1,6f., wo die gegenwärtigen Leiden als läuternde Prüfung verstanden werden.[15] Bemerkenswert dabei ist, daß sowohl in 1,6f. als auch in 4,12f. die Motive Läuterungsgericht, Leiden, Freude, Offenbarung und Herrlichkeit miteinander verknüpft sind, so daß sich eine einheitliche und eigenständige Prägung dieser Begriffe im 1Petr abzeichnet.[16] Der zukünftige Aspekt des Gerichtes gilt in besonderer Weise den Ungläubigen (ἀπειθοῦντες), und zwar als sol-

---

telge, a.a.O. S. 276, vermutet ferner, daß Paulus sich in Gal 1,12 „an eine bestimmte Sprechweise anschließt, die im Urchristentum vor und neben ihm gebraucht wurde".

[13] Vgl. K. Kertelge, Apokalypsis S. 280f.

[14] Vgl. dazu Ez 9,5f.; Jer 25,29; Mal 3,1-6; syrBar 13,9f.; TestBenj 100,8f.

[15] Vgl. L. Goppelt, Petrusbrief S. 100f.; H. Frankemölle, Petrusbrief S. 64f.; K. Erlemann, Naherwartung S. 227f. O. Knoch, Petrusbrief S. 127, rechnet mit verschiedenen Stufen des Gerichtes: Erprobung, Läuterung, Scheidung und Urteil; vgl. bereits R. Knopf, Briefe S. 184.

[16] Vgl. J. L. de Villiers, Joy in Suffering S. 79-82.

chen, die das Leiden der Glaubenden verursachen.[17] Für die Glaubenden wird das eschatologische Gericht Gottes bereits in ihrer leidvollen Gegenwart als Prüfung des Glaubens (1,7) erfahren und steht unter der Verheißung der Herrlichkeit.[18] Mit dem endzeitlichen Erscheinen Christi wird das in der Gegenwart begonnene Gericht vollendet und die Freude als Jubel vollkommen (4,13).[19]

Angedeutet wird der Gerichtsgedanke ferner in 1 Petr 1,7; 2,23 sowie in 4,5f. Doch keine dieser Stellen widerspricht der hier vorgetragenen Deutung der Gerichtsaussage von 4,17f., sondern sie müssen vielmehr auf diesem Hintergrund verstanden werden. In 4,5f. wird der sich an Kap. 3 anschließende Abschnitt 4,1-6 beendet. Unter Aufnahme einer verbreiteten urchristlichen Formulierung[20] gilt die auf die Zukunft bezogene Gerichtsaussage wiederum in besonderer Weise denen, die den Glaubenden Leid zufügen bzw. den Ungläubigen der Noah-Generation.[21] Die Gegenüberstellung zeigt, daß die Glaubenden – ganz im Sinne von 4,17f. – im zukünftigen Gericht nichts zu befürchten haben, weil sie bereits jetzt davon betroffen sind.[22] Deshalb kommt es für sie darauf an, jetzt zu bestehen, ein Gedanke, der in 1 Petr 1,17 ebenfalls zum Ausdruck gebracht wird: Weil Gott ohne Ansehen

---

[17] Vgl. E. G. Selwyn, Peter S. 300.

[18] Vgl. P. H. Davids, Peter S. 54; anders F. W. Beare, Peter S. 88, der für 1 Petr 1,7 von Röm 2,5ff. und 1 Kor 4,3ff. her argumentiert: „The thought here is a fresh presentation of the same attitude"; vgl. J. N. D. Kelly, Peter S. 55; K. H. Schelkle, Petrusbriefe S. 36. E. G. Selwyn, Peter S. 111, verweist jedoch mit Recht auf den Zusammenhang von 1 Petr 1,7 mit 4,7, wo die Perfektform ἤγγικεν impliziert, daß Ereignisse aufgetreten sind, mit denen das in 1,9 erwähnte τέλος bereits gegenwärtig ist, vgl. auch a.a.O. S. 299-303; ähnlich E. Schweizer, Petrusbrief S. 95; zum Problem vgl. F. Schröger, Gemeinde S. 190-197.

[19] Zu diesem Motiv vgl. bes. W. Nauck, Freude passim; dagegen L. Ruppert, Der leidende Gerechte S. 176-179, der gegen Naucks literarische Verbindung mit Mt 5,11f. den traditionellen Charakter betont und auf den engeren Zusammenhang mit Röm 8,17 verweist (a.a.O. S. 178); zum Vergleich zwischen 1 Petr 4,13 mit Mt 5,11f. vgl. R. Metzner, Rezeption S. 34-48.

[20] Vgl. Apg 10,42; Röm 14,9; 2 Tim 4,1; 2 Clem 1,1; Barn 7,2; Polyk 2,1; vgl. L. Goppelt, Petrusbrief S. 275 („stehende Bekenntnisformel"); ferner R. Metzner, Rezeption S. 248.

[21] Dazu s.u. S. 199f.

[22] Vgl. L. Goppelt, Petrusbrief S. 276; P. Dschulnigg, Theologie S. 323.325. Bei der Universalität des Gottesgerichtes ist dieser gegenwärtige Aspekt hinsichtlich der Eigenart der Aussage in 1 Petr nicht zu vernachlässigen; vgl. J. R. Michaels, Eschatology passim, bes. S. 400; F. Schröger, Gemeinde S. 190f.; R. Metzner, Rezeption S. 247-251.

der Person[23] richtet[24], werden die Glaubenden auf die Notwendigkeit des rechten Lebenswandels hingewiesen, was unter der Voraussetzung von 4,17 besondere Bedeutung gewinnt, da sich das Gericht an ihnen bereits vollzieht.[25] Auch in 2,23 ist die Erwähnung des gerechten Richters, dem der leidende Christus das Gericht[26] anheimstellt, im Hinblick auf diejenigen formuliert, die dieses Leiden verursachen und nicht im Blick auf den Leidenden selbst.

2. Die Aussage über das Warten der Schöpfung auf das „Offenbarwerden der Kinder Gottes" (Röm 8,19) steht in ihrem Kontext parallel zur Verherrlichung der Glaubenden, die in der jetzigen Zeit leiden (8,17f.). Von daher ergibt sich eine gewisse Ähnlichkeit zu 1Petr 4,13 in der Verbindung mit 5,1, denn auch hier geht es um die Offenbarung der Herrlichkeit, an der die Glaubenden teilhaben werden, insofern sie auch an dem gegenwärtigen Leiden mit Christus teilhaben (4,13a; 5,1).[27] Zunächst muß im Blick auf Röm 8,18 und dessen Kontext differenziert werden[28], da V. 18 wahrscheinlich eine von Paulus gebildete Überleitung darstellt, die die

---

[23] ἀπροσωπολήμπτως ist neutestamentliches Hapaxlegomenon (vgl. Barn 4,12; 1Clem 1,3; zur Vorstellung sonst Röm 2,11; Kol 3,25; Eph 6,9; ferner Apg 10,34; Jak 2,1), vgl. E. Lohse, Art. πρόσωπον S. 780f.

[24] κρίνοντα ist Partizip Präsens und gewährt somit die Möglichkeit der in 4,17f. erfolgenden Differenzierung.

[25] Vgl. L. Goppelt, Petrusbrief S. 119.

[26] Vgl. dazu L. Goppelt, Petrusbrief S. 208; N. Brox, Petrusbrief S. 137; anders E. G. Selwyn, Peter S. 179; J. N. D. Kelly, Peter S. 121.

[27] Vgl. K. H. Schelkle, Petrusbriefe S. 123, der eine z.T. wörtliche Übereinstimmung zwischen Röm 8,17; Phil 3,10 und 1Petr 4,13 feststellt und schlußfolgert: „Gedanke und Ausdruck wurden schwerlich zweimal unabhängig voneinander geschaffen und formuliert. Vielmehr ist es bei den nicht wenigen Berührungen zwischen 1 Petr und Paulus kaum fraglich, daß jener auch hier und gerade hier diesem folgt, wenigstens in der Weise, daß er unter der Wirkung paulinischer Theologie steht"; so auch L. Ruppert, Der leidende Gerechte S. 178. Jedoch ist in Phil 3,10 das Motiv der Leidensgemeinschaft des Apostels nicht mit einer Offenbarungsaussage verknüpft. Selbst L. Goppelt, Petrusbrief S. 298, scheint an dieser Stelle paulinischen Einfluß anzunehmen, betont aber gleichzeitig, daß die Begriffe nicht identisch sind. – Vgl. auch die eigentümliche Argumentation hinsichtlich des Verhältnisses von Röm 8,17 und 1Petr 4,15 bei W. Seufert, Abhängigkeitsverhältnis S. 375: „'Petrus' verrät hier seine Abhängigkeit hauptsächlich dadurch, dass er aus der Construction fällt"; vgl. A. E. Barnett, Paul S. 66; dagegen K. Shimada, Romans S. 131-133.

[28] Vgl. dazu H. Paulsen, Überlieferung S. 77-132; P. von der Osten-Sacken, Römer 8 S. 78-101, bes. S. 95ff.

Abschnitte 8,14-17 mit 19-30 verbindet, in denen Paulus traditionelles Material verarbeitet.[29] Die Verse 18-21 dienen als „Explikation des zweiten Aspekts der Aussage V. 17 ..., der eschatologischen
Finalität des Mitleidens"[30], die im Motiv des Mitverherrlichtwerdens besteht.[31] Paulus versteht demnach das Mitverherrlichtwerden
als das Offenbarwerden der kommenden Herrlichkeit, und zwar in
der Ausweitung auf die ganze Schöpfung.[32] Folgt man darüber hinaus H. Paulsen, wonach Paulus den δόξα-παθήματα-Gegensatz als
traditionelles und nicht spezifisch christliches Motiv aufnimmt[33],
dann wird deutlich, daß neben der inhaltlichen und begrifflichen
Affinität zwischen Röm 8,17-19 und 1Petr 4,13; 5,1[34] auch die inhaltlichen Unterschiede berücksichtigt werden müssen.[35] Darüber
hinaus besteht eine terminologische Differenz, denn genau genommen spricht Paulus in Röm 8,17 nicht explizit von der „Teilhabe" an
der Herrlichkeit (so 1Petr 5,1: τῆς μελλούσης ... δόξης κοινωνός), sondern vom „Mitverherrlicht-Werden" in der Parallelisierung der
Glaubenden mit Christus (vgl. Röm 6,8: mit ... leben – wie Christus
lebt, der durch die *Herrlichkeit des Vaters (!)* auferweckt wurde).[36]

---

[29] Nach P. von der Osten-Sacken, a.a.O. S. 95ff., sind V. 18.20*.24f. paulinisch;
V. 19-22*.23*.26f.* traditionelle Überlieferung. V. 18 ist Überleitung zwischen
14-17 und 19ff. (a.a.O. S. 139); vgl. jedoch U. Wilckens, Römer II, S. 150f.

[30] P. von der Osten-Sacken, a.a.O. S. 138.

[31] A.a.O. S. 137.

[32] Zum argumentativen Zusammenhang insgesamt vgl. P. von der Osten-Sakken, a.a.O. S. 140ff.; U. Wilckens, Römer II S. 152ff.

[33] H. Paulsen, Überlieferung S. 111f.; ferner U. Wilckens, Römer II S. 147f.;
H. Balz, Heilsvertrauen passim; vgl. 4Esr 4,44-50; 7,89ff.; 8,51ff.; syrBar 15,7f.;
48,50; 51,12; 52,5ff.; äthHen 96,1ff.; 102,4f. u.ö.; s. dazu D. Rössler, Gesetz S.
88-95.95-100; D. Lührmann, Offenbarungsverständnis S. 98-104.105; U. Wilckens, Römer II S. 148.

[34] Zu 5,1 in diesem Zusammenhang vgl. K. H. Schelkle, Petrusbriefe S. 36; K.
Shimada, Romans S. 133-135.

[35] Vgl. H. Paulsen, Überlieferung S. 97: „Immerhin legt ein Text wie 1Petr
4,13 – der ansonsten sicher von [Röm 8,]17c zu unterscheiden ist – es nahe, die
vorpaulinische Verbindung christologischer Interpretamente mit dem δόξα-πα
θήματα-Schema anzunehmen", vgl. auch a.a.O. S. 111 Anm. 21.

[36] Diese Differenz der Vorstellungen in 1Petr 4,13; 5,1 und Röm 6 betont E.
Schweizer, Christologie S. 377.

Die Vorstellung in Röm 8,17ff., die selbst bei Paulus singulär ist[37], kann daher nur in einem weiteren und allgemeineren Zusammenhang mit 1Petr gesehen werden; ableitbar ist eine aus der anderen nicht, wohl aber scheint ein gemeinsamer Vorstellungshorizont zu existieren, auf dem die sich jeweils verschieden abhebenden Aussagen formuliert werden.[38]

3. Die einzige Wendung, die inhaltlich der eschatologischen Intention des 1Petr hinsichtlich der Offenbarung entspricht, ist 1Kor 1,7. Es fällt jedoch sogleich auf, daß die Formulierung ἀπεκδεχομένους τὴν ἀποκάλυψιν τοῦ κυρίου ἡμῶν ᾽Ιησοῦ Χριστοῦ auch bei Paulus nur an dieser einen Stelle im Rahmen des als Briefeinleitung gestalteten Danksagungsberichtes[39] vorkommt. Das „Warten auf die Offenbarung Jesu Christi" wird vom Apostel als Erwartung der Adressatengemeinde vorausgesetzt; Paulus schließt sich an dieser Stelle nicht unmittelbar in die eschatologische Heilsaussage ein, sondern formuliert in der 2. Person Plural. Die eschatologische Bedeutung des erwarteten Ereignisses wird dadurch unterstrichen, daß Paulus in *diesem* Horizont nicht, wie 1Petr, von ἀποκάλυψις ᾽Ιησοῦ Χριστοῦ spricht, sondern den Kyrios-Titel hinzufügt[40], im Unterschied zur individuellen Bedeutung bei der ἀποκάλυψις ᾽Ιησοῦ Χριστοῦ in Gal 1,12[41]. Die Hervorhebung der *eschatologischen* Bedeutung des Herrseins Jesu Christi führt Paulus in 1Kor 15 im Blick auf die endzeitliche Vernichtung der gottfeindlichen Mächte näher aus. Für Paulus ist also die endzeitliche Offenbarung Christi die Enthüllung und Vollendung (vgl. 1Kor 15,24-28) seiner (bereits gegenwärtigen) Herrschaft.[42] Die Betonung des Kyrios-Seins Jesu Christi, die somit gleichsam einen Rahmen um den 1Kor bildet, ist die Grundlage für die weiteren

---

37 In der Parallele zu Röm 8 in Gal 4,4ff. ist die Leidens- und Herrlichkeitsaussage nicht enthalten; vgl. dazu P. von der Osten-Sacken, Römer 8 S. 129-134.

38 Vgl. H. Paulsen, Überlieferung S. 111.

39 Paulus beginnt diesen Briefteil vorwiegend mit den Worten εὐχαριστ- τῷ θεῷ κτλ. (vgl. Röm 1,8; 1Kor 1,4; Phil 1,3; Kol 1,3; 1Thess 1,2; Phlm 4; vgl. ferner 2Thess 1,3; Ausnahmen sind 2Kor 1,3; vgl. Eph 1,3 und Past), s.o. S. 49ff.

40 Dem entspricht die deuteropaulinische Formulierung in 2Thess 1,7.

41 S.o. S. 110f.

42 Vgl. C. Wolff, Erster Korintherbrief S. 386ff.

Argumentationen des Apostels hinsichtlich der unterschiedlichen Probleme in der Gemeinde.[43] Dieser für Paulus so entscheidende Aspekt in der singulären Formulierung von 1Kor 1,7[44] spielt für den Verfasser des 1Petr keine Rolle. Formal deutet sich diese Beobachtung bereits durch das Fehlen des Kyrios-Titels an. Die für 1Petr prägende Wendung findet sich wörtlich bei Paulus nur im Bezug auf gegenwärtige Offenbarungen des Auferstandenen. Auf diesem Hintergrund ist es durchaus problematisch, eine Verbindung zwischen dem Verständnis von Offenbarung im 1Petr und dem bei Paulus vorliegenden herzustellen.

Diese Schlußfolgerung läßt sich durch weitere Beobachtungen stützen; zum einen durch eine Analyse der deuteropaulinischen Vorstellungen von Offenbarung, zum anderen aber auch durch die Frage, wie Paulus selbst neben der auffällig singulären Wendung in 1Kor 1,7 vom eschatologischen Erscheinen Christi spricht.

Als deuteropaulinische Belege für ἀποκάλυψις/ἀποκαλύπτω kommen allein Eph 1,17 und 3,3-5 sowie 2Thess 2,3-9 in Frage.[45] In Eph 3 spricht der Verfasser im Namen des Paulus und wahrscheinlich in Anlehnung an Gal 1,12ff.[46] davon, daß ihm das „Geheimnis Christi" (μυστήριον τοῦ Χριστοῦ, 3,4) durch[47] eine Offenbarung be-

---

43 Bereits die sich an 1Kor 1,4-9 anschließende Ermahnung (1,10ff.) im Blick auf die Spaltungen in der Gemeinde beruft sich auf den Namen τοῦ κυρίου ἡμῶν Ἰησοῦ Χριστοῦ und erhält durch ihn ihre Autorität.

44 P. von der Osten-Sacken, Gottes Treue passim, bes. S. 178-186, vermutet in 1Kor 1,7b-9 Traditionsgut, auf das Paulus zurückgreift, was für unseren Sachverhalt zwar erhellend wäre, aber wegen der dafür notwendigen Versumstellung (vgl. a.a.O. S. 183) nicht recht überzeugt; s. dazu C. Wolff, Erster Korintherbrief S. 20.22.

45 2Thess 1,7 kann hier ausgeklammert werden, da für diese Stelle der Zusammenhang mit 1Kor 1,7 entscheidend ist (s.o. S. 109). Wie dort, so ist auch in 2Thess 1,7 die „Offenbarung des *Herrn* Jesus" als Offenbarung seiner richterlichen Macht verstanden (vgl. den Zusammenhang 1,3-12); s. D. Lührmann, Offenbarungsverständnis S. 109. E. G. Selwyn, Peter S. 130, führt die Gemeinsamkeiten zwischen 2Thess 1,7 und 1Petr 1,7 auf die Mitwirkung des Silvanus zurück, wobei jedoch u.a. der traditionsgeschichtliche Zusammenhang mit 1Kor 1,7 unberücksichtigt bleibt.

46 Vgl. P. Pokorný, Epheser S. 140; R. Schnackenburg, Epheser S. 132.

47 κατά mit Akkusativ bedeutet an dieser Stelle „auf Grund von" bzw. „durch", vgl. W. Bauer/K. u. B. Aland, Wörterbuch Sp. 826f. s.v. κατά II 5δ: Das Wissen

kannt gemacht wurde. Offen bleibt, wer das Subjekt der Offenbarung ist, wahrscheinlich ist an Gott gedacht, wie die Parallele zu Eph 1,17 deutlich werden läßt. Die erwähnte Anlehnung an Gal 1,12ff. ist daher nur in Bezug auf das Verständnis von Offenbarung zu verstehen, deren Subjekt in Gal 1 Christus und nicht Gott ist.[48] Daher steht in Eph 1,17 und 3,3ff. nicht ἀποκάλυψις Ἰησοῦ Χριστοῦ. Betont wird vor allem die gegenwärtige Enthüllung des Inhaltes des Evangeliums.[49] Somit unterscheidet sich auf der einen Seite das Verständnis von Offenbarung im Eph von Paulus, andererseits läßt sich aber auch keine Parallele zum Verständnis im 1Petr herstellen. Gleiches trifft wahrscheinlich auf 2Thess 2,3-9 zu. Die eschatologische *Offenbarung* gilt hier ausschließlich dem „Widersacher" (ἀντικείμενος, 2,4) Gottes, der „in der Macht des Satans" (κατ' ἐνέργειαν τοῦ Σατανᾶ, 2,9) die Verlorenen verführt (2,10-12).[50] Das eschatologische *Erscheinen* Christi wird in charakteristischer und an dieser Stelle durch die Unterscheidung von der „Offenbarung des Widersachers" hervorgehobener Weise mit dem Begriff παρουσία beschrieben (2Thess 2,1.8 im Unterschied zu 1,7).[51]

um das Geheimnis Christi hat seine Ursache bzw. seinen Grund in der Offenbarung.

[48] Vgl. oben S. 110f.

[49] Vgl. T. Holtz, Art. ἀποκαλύπτω Sp. 316. Diesem Verständnis steht wohl auch Apk 1,1 nahe, wo ἀποκάλυψις bereits im Sinne einer Buchüberschrift die an Johannes ergangenen „Offenbarungen" zusammenfaßt, wobei die Genitivverbindung Ἰησοῦ Χριστοῦ als genitivus subjectivus aufzufassen ist, vgl. T. Holtz, ebd.; U. B. Müller, Offenbarung S. 66. M. Karrer, Johannesoffenbarung S. 86-108, charakterisiert Apk 1,1-3 als „vortitulares Incipit"; vgl. auch J. Roloff, Offenbarung S. 27.

[50] Vgl. W. Trilling, Thessalonicher S. 103-105.

[51] Vgl. W. Trilling, a.a.O. S. 102f. Der Bezug des Begriffes παρουσία auf den *Widersacher* in 2,9 schränkt diese Feststellung nicht ein, sondern zeigt, daß der Terminus trotz seiner spezifischen Anwendung auf das eschatologische Kommen Christi auch weiterhin in seinem ursprünglichen Wortsinn „Anwesenheit, Gegenwart" (vgl. W. Bauer/K. u. B. Aland, Wörterbuch Sp. 1272 s.v. 1) verwendet werden kann. Die παρουσία des Widersachers ist eine bereits in der Gegenwart wirksame (vgl. 2,4 und die Präsensform ἐστιν in V. 9!), die mit der eschatologischen Parusie Christi in ihrem Wesen enthüllt (offenbart) und zerstört wird (V. 8), vgl. W. Trilling, a.a.O. S. 103f. Gerade auch die Ankündigung der eschatologischen Vernichtung spricht gegen ein eschatologisches Verständnis von παρουσία bezogen auf den Widersacher (gegen W. Bauer/K. u. B. Aland, Wörterbuch Sp. 1273 s.v. παρουσία 2 bγ).

Die Verwendung des Begriffes παρουσία für das eschatologische Erscheinen Christi in 2Thess weist zurück auf Paulus selbst, für den dieser Begriff im Gegenüber zu der singulären Rede von der eschatologischen Offenbarung Christi in 1Kor 1,7 von größerer Bedeutung war und (trotz der nicht sehr zahlreichen Belege) eher als für die Vorstellung des Apostels charakteristisch angesehen werden kann, vgl. 1Kor 15,23 (gleichsam 1,7 in einem Paulus näherliegenden Sinne korrigierend bzw. präzisierend[52]); 1Thess 2,19; 3,13; 4,15; 5,23.[53] Selbst in der übrigen „katholischen" Briefliteratur überwiegt der Terminus παρουσία für das endzeitliche Kommen Christi, vgl. Jak 5,7f.; 1Joh 2,28 (in Verbindung mit φανερωθῇ[54]) und besonders auffällig in dem sich (formal) auf 1Petr beziehenden 2. Petrusbrief in 3,4[55]. Auch die Endzeitrede des Mt verwendet παρουσία (Mt 24,3.27.37.39).[56] Angesichts dieser Verbreitung ist das Fehlen in 1Petr kaum zufällig.[57]

---

[52] T. Holtz, Art. ἀποκαλύπτω Sp. 314, versteht die Wendung in 1Kor 1,7 im Sinne von „*Erscheinen*" des Herrn.

[53] Vgl. D. Lührmann, Offenbarungsverständnis S. 110f. Diesem konsequenten Gebrauch bei Paulus steht 2Thess 1,7 singulär abweichend gegenüber, vgl. aber wieder 2,1(!) und die oben (S. 116 Anm. 45) erwähnte Parallelität dieser Stelle zu 1Kor 1,7. Vgl. auch sinngemäß die Verwendung von ἔρχεσθαι und dessen Derivaten bei der Beschreibung der Wiederkunft Christi (1Kor 4,5; 11,26 [vgl. auch 16,22]; 1Thess 5,2; vgl. auch Apk 1,4.7.8 u.ö.; 22,7.12.20) bzw. ἐπιφάνεια in 2Thess 2,8 (in Verbindung mit παρουσία); 1Tim 6,14; 2Tim 4,1.8; Tit 2,13.

[54] Vgl. Kol 3,4.

[55] Von hier aus wohl auch 1,16; in 3,12 ist παρουσία auf den „Tag des Herrn" bezogen.

[56] Vgl. dazu R. Metzner, Rezeption S. 227-232, der freilich dem terminologischen Unterschied zwischen Mt und 1Petr an dieser Stelle keine Bedeutung beimißt (a.a.O. S. 230); vgl. auch W. Radl, Art. παρουσία Sp. 104; K. Shimada, Romans S. 134.

[57] Vgl. E. G. Selwyn, Peter S. 112f., dessen Verbindung mit dem persönlichen Leben des Petrus, wonach Petrus durch „Offenbarung" die Messianität Jesu erkannte und daher dieser Terminus für ihn naheliegender gewesen sei als παρουσία, freilich nicht überzeugt.

4.3. Zusammenfassung

Das christologische Verständnis von Offenbarung im 1Petr unterscheidet sich von demjenigen paulinischer und deuteropaulinischer Tradition in einer Weise, die eine auf Beeinflussung zielende Schlußfolgerung nicht nahelegt: Die auffälligste Differenz besteht im Verständnis des Offenbarwerdens aller Menschen im Gericht bei Paulus gegenüber der Unterscheidung im 1Petr zwischen dem gegenwärtig sich an den Glaubenden bereits vollziehenden Gericht und dem eschatologischen Gericht an den Nichtglaubenden. Die inhaltlichen Anklänge lassen sich am besten unter der Voraussetzung erklären, daß es sich um eine verbreitete und selbstverständliche christliche Erwartung handelt, die jeweils unter den verschiedenen Aspekten zur Geltung gebracht wird.[58] Allein 1Kor 1,7 und (davon abhängig) 2Thess 1,7 entsprechen in etwa der Ausdrucksweise des 1Petr, sind aber sowohl inhaltlich als auch im Wortlaut verschieden und können auf Grund ihrer Singularität keine Basis für eine anderslautende Schlußfolgerung sein.

Der für Paulus und seine Schule charakteristische und häufigere Gebrauch von παρουσία findet sich auch in „katholischen" Schriften, von denen sich der 1Petr in dieser Hinsicht ebenfalls abhebt und sein eigenes Profil im Verständnis der eschatologischen Offenbarung Christi erweist. Weder παρουσία, noch das von Paulus verwendete ἔρχεσθαι bzw. der für deuteropaulinische Tradition prägende Begriff ἐπιφάνεια (2Thess 2,8 [parallel zu παρουσία]; 1Tim 6,14; 2Tim 1,10; 4,1.8; Tit 2,13) finden sich in 1Petr. Darüber hinaus zeigt der Unterschied des 1Petr zu dem von Paulus abweichenden Verständnis von Offenbarung der deuteropaulinischen Verfasser, daß der 1Petr nicht in diese Entwicklung der Tradition einbezogen werden kann.

---

[58] Vgl. E. G. Selwyn, Peter S. 250ff.; P. H. Davids, Peter S. 58.

5. Soteriologie und Christologie

5.1. Das Verständnis der Erlösung

Der auffallende Zusammenhang der beiden Vorstellungen vom Loskauf sowie von Christus als dem Opferlamm wird durch 1 Petr 1,18f.[1] vorgegeben. Das Heilsgeschehen wird in der Weise beschrieben, daß das Blut Christi als das eines Opferlammes (ὡς ἀμνός) als Mittel fungiert, durch das die Auslösung bzw. der Freikauf[2] der Glaubenden geschieht: Gelöst werden ihre Bindungen an den vergangenen Lebenswandel, der ihnen von ihren Vätern überkommen war.[3] Durch die antithetische Gegenüberstellung von Gold und Silber[4] als den herkömmlichen Zahlungsmitteln bei einem Freikauf von (Kriegs-)Gefangenen bzw. Sklaven[5] wird das Blut Christi als Kaufpreis benannt, der für die Erlösten bezahlt werden muß.[6] Der Autor verbindet also zwei zu unterscheidende Vorstellungen miteinander: 1. Die Hingabe Christi als Lösegeld für die Glaubenden; 2. die Hingabe in seinen Tod als Opferung eines Lammes unter Aufnahme alttestamentlicher Opfertradition.[7]

---

[1] Zur Struktur des Kontextes und zur formgeschichtlichen Bestimmung dieser Verse vgl. H. Manke, Leiden S. 61-76.

[2] Vgl. W. Bauer/K. u. B. Aland, Wörterbuch Sp. 979 s.v. λυτρόω κτλ. 1.

[3] L. Goppelt, Petrusbrief S. 121, weist darauf hin, daß die auch bei Paulus verwendete Einleitung εἰδότες in 1 Petr 1,18 eine „Formel" einführt, was bei Paulus nicht der Fall ist. Stets aber erinnert sie an Bekanntes, vgl. F. W. Beare, Peter S. 103; E. Best, Peter S. 88.

[4] Zum Einfluß von Jes 52,3 vgl. unten S. 121 Anm. 8 und S. 132.

[5] Vgl. O. Procksch, Art. λύω S. 333; F. Büchsel, Art. λύω S. 341.352 (Belege dort S. 341: Josephus, Ant XII,28.33.46; XIV,107.371; XV,156; Bell I,274.384; Vita 419); L. Goppelt, Petrusbrief S. 122 Anm. 49.

[6] Vgl. L. Goppelt, Petrusbrief S. 121f.

[7] N. Brox, Petrusbrief S. 81, spricht von einer 'scheinbaren Vermischung' dieser beiden Vorstellungen; H. Frankemölle, Petrusbrief S. 39, sieht in V. 19 eine Variation zu V. 18. Zur bewußten Gestaltung des Verfassers vgl. H. Manke, Leiden S. 70.

5.1.1. Erlösung und Loskauf

Für die Vorstellung des Loskaufes der Glaubenden durch das Blut Christi in 1 Petr 1,18f., ausgedrückt durch ein Verbum vom Stamm λυτρ-, ist vor allem das Motiv von Christus als dem Lösegeld (hier nominal durch λύτρον formuliert) in Mk 10,45 (par. Mt 20,28) zu vergleichen.[8] Der sonst auch bei Paulus verwendete und etymologisch verwandte Terminus ἀπολύτρωσις (Röm 3,24; 8,23; 1 Kor 1,30; Kol 1,14; vgl. Eph 1,7.14; 4,30) könnte nur dann zum Vergleich herangezogen werden, wenn die Lösegeldvorstellung

---

[8] Vgl. W. Haubeck, Loskauf S. 280; E. Best, Peter S. 89. Dabei ist es traditionsgeschichtlich nicht entscheidend, ob bereits Mk 10,45par. Gemeindebildung ist (vgl. z.B. J. Becker, Sühnetod S. 32-35; G. Barth, Tod Jesu S. 13f.; ausführlich z.B. J. Roloff, Deutung passim) oder ob es sich „um ein im präzisen methodischen Sinn des Wortes *'unableitbares' und eben deshalb ursprüngliches Jesuslogion*" handelt (P. Stuhlmacher, Theologie 121; vgl. J. Jeremias, Lösegeld passim, bes. S. 224-229; E. Lohse, Märtyrer. 117-122; W. Haubeck, Loskauf S. 226-249; ähnlich W. J. Moulder, Background passim). L. Goppelt, Petrusbrief S. 122, geht sogar so weit zu sagen, daß in 1 Petr 1,18f. „eine von dem Logion [sc. Mk 10,45par.] herkommende Tradition ausgearbeitet" ist, indem „beide Seiten der Aussage ausgebaut" wurden; vgl. F. Büchsel, Art. λύω S. 53; K. C. P. Kosala, Taufverständnis S. 119. Anders jedoch N. Brox, Petrusbrief S. 81, der in Anlehnung an H. Manke, Leiden S. 80-83, 1 Petr 1,18 ausschließlich von Jes 52,3 ableiten will; vgl. H. Windisch/H. Preisker, Briefe S. 57; F. Büchsel, Art. λύω S. 353 Anm. 14; C. Spicq, Pierre S. 66f.; K. H. Schelkle, Petrusbriefe S. 48; O. Knoch, Petrusbriefe S. 53. F. W. Horn, Petrusbrief S. 663 Anm. 29, vermutet eine Anspielung auf LXX Jes 52,3; vorsichtig auch W. Haubeck, Loskauf S. 277 Anm. 3; vgl. dazu unten S. 132. – Ferner sind zu vergleichen: Lk 1,68; 2,38; Hebr 9,12 (jeweils λύτρωσις); auch Lk 21,28. Lk 24,21 wird die Verbindung vom Tod Christi und der Erlösung Israels in der Enttäuschung der Jünger hergestellt, vgl. W. Haubeck, a.a.O. S. 271-274, der den alttestamentlichjüdischen Hintergrund der lukanischen Vorstellung herausarbeitet; zu Hebr vgl. a.a.O. S. 274-276. Die neutestamentliche Gestaltung des Motivs ist vom alttestamentlichen Hintergrund der λύτρωσις-Vorstellung in Bezug auf den Exodus geprägt; siehe besonders Dtn 7,8; 9,26; 13,6 u.ö.; Ex 6,6; 15,13 u.ö.; im Blick auf den „zweiten Exodus" z.B. PsLXX 129,8; Jes 41,14; 43,1-4.14; 44,21-23.24; 45,13; 51,5-8; 52,3 u.ö.; vgl. W. Wiefel, Lukas S. 6; U. Wilckens, Römer I S. 189f.; H. Hegermann, Hebräer S. 179. Dabei dürfte Jes 43 eine besondere Rolle gespielt haben, vgl. P. Stuhlmacher, Theologie 121; W. Haubeck, Loskauf S. 240-249, dessen Auffassung von der bewußten Anknüpfung Jesu an die *rabbinische* Auslegungstradition von Jes 43,3f. freilich nicht überzeugt, vgl. dazu K. Kertelge, Art. λύτρον Sp. 903f.; G. Barth, Tod Jesu S. 73f.

damit verbunden wäre.[9] Das ist bei Paulus nicht der Fall, obwohl auch er vom Erkauftsein der Glaubenden sprechen kann; jedoch in einer charakteristisch von 1Petr 1,18f. verschiedenen Weise.[10] In 1Kor 6,20 heißt es: ἠγοράσθητε γὰρ τιμῆς, und diese Aussage wird in 7,23 wiederholt: τιμῆς ἠγοράσθητε. Beide Stellen haben einen ethischen Kontext[11] und werden trotz ihrer Knappheit nicht wei-

[9] Sonst wäre sie für einen konkreten Vergleich nicht charakteristisch genug, da es sich um eine allgemeine, vom Alten Testament herkommende urchristliche Vorstellung handelt; s.o. S. 121 Anm. 8. Ohne Differenzierung H. Windisch/H. Preisker, Briefe S. 57; K. H. Schelkle, Petrusbriefe S. 48; O. Knoch, Petrusbrief S. 53. Die ursprüngliche Bedeutung von ἀπολύτρωσις – „Freilassung gegen Löse-geld" (vgl. F. Büchsel, Art. λύω S. 354; K. Kertelge, Art. ἀπολύτρωσις Sp. 332; W. Bauer/K. u. B. Aland, Wörterbuch Sp. 192, s.v. ἀπολύτρωσις) wird bei Paulus nicht aufgegriffen (F. Büchsel, a.a.O. S. 357f.). ἀπολύτρωσις ist in Röm 3,24ff. und Kol 1,14 als *Vergebung* der Sünden verstanden, wobei freilich die Wortwahl den Aspekt der Befreiung aus der Schuldverhaftung konnotiert; vgl. E. Lohse, Märtyrer S. 149; U. Wilckens, Römer I S. 189; P. Pokorný, Kolosser S. 45 (vgl. Eph 1,7; dazu P. Pokorný, Epheser S. 63); K. Kertelge, a.a.O. Sp. 332.334. Röm 8,23 blickt auf die noch ausstehende *eschatologische Erlösung*; vgl. U. Wilckens, Römer I S. 189 und II S. 158 (vgl. Eph 4,30; vielleicht ist auch Eph 1,14 hier einzuordnen; vgl. U. Wilckens, Römer I S. 189; P. Pokorný, Epheser S. 62.74 zu 4,30 und a.a.O. S. 194 Anm. 28: „Im Unterschied zum »Tag Jahwes« im A. T. ... hat »der Tag« bei Paulus öfter die positive Bedeutung der Parusie als Erlösung ..."); K. Kertelge, a.a.O. Sp. 334.335f. In 1Kor 1,30 ist Erlösung neben Heiligung und Gerechtigkeit Kennzei-chen der in Christus sichtbar werdenden *Weisheit* Gottes; vgl. H. Conzelmann, Ko-rinther S. 68: „Eine spezifische Erlösungstheorie verbindet er [sc. Paulus] mit die-sem Wort nicht" (a.a.O. Anm. 31); ferner K. Kertelge, a.a.O. Sp. 332f.; L. Goppelt, Petrusbrief S. 122f. Anm. 53: „Das häufig begegnende ἀπολύτρωσις ... bringt nicht den Sinn von Jesu Sterben zur Sprache, sondern seine gegenwärtige und zukünf-tige soteriologische Wirkung ..." – W. Seufert, Abhängigkeitsverhältniss S. 379f., vermutete für 1Petr 1,18ff. eine Abhängigkeit von Röm 4,25 und konstatiert als „charakteristisch", „dass 'Petrus' das ächt paulin. Wort παράπτωμα und den paulin. Gedanken διὰ τὴν δικαίωσιν ἡμῶν vermieden" habe; ähnliches wird für die Paral-lele zwischen 1Petr 1,18 und Röm 5,9f. behauptet (a.a.O. S. 380); vgl. dazu unten S. 135f.

[10] Vgl. L. Goppelt, Petrusbrief S. 122 Anm. 53, der besonders auf den Unter-schied hinsichtlich der Aufnahme von Mk 10,45par. hinweist; ferner A. Linde-mann, Paulus S. 254, zu 1Petr 1,18f.: „Spezifisch paulinische Theologie ist hier nicht wirksam." W. Haubeck, Loskauf S. 280, versteht 1Petr 1,18f. in demselben Sinne wie die paulinische Vorstellung von ἀπολύτρωσις, rechnet jedoch nicht mit einer Abhängigkeit, sondern mit einer gemeinsamen, auf Mk 10,45 zurückgehen-den Tradition.

[11] Vgl. R. Kirchhoff, Sünde passim, bes. S. 188-193; W. Haubeck, Loskauf S. 137-149.

ter erläutert, so daß zu vermuten ist, daß Paulus hier auf eine den Korinthern bekannte Wendung zurückgreift.[12] Paulus denkt jedoch nicht an das Beispiel eines sakralen Sklavenfreikaufs[13], sondern an den Kauf auf dem Markt[14] und die neuen „Eigentumsverhältnisse", die sich aus dem Kauf ergeben; die Ergänzung in 7,23 läßt dies besonders deutlich hervortreten: „Werdet nicht Sklaven der Menschen." Wer von jemanden ge- bzw. erkauft ist, kann sich nicht in die Knechtschaft eines anderen begeben.[15] Ähnlich, jedoch stärker unter Betonung des Aspektes des Freikaufes, formuliert Paulus in Gal 3,13 und 4,5: ἵνα τοὺς ὑπὸ νόμον ἐξαγοράσῃ (4,5): Aus der Knechtschaft des Gesetzes sind die Glaubenden freigekauft in die Kindschaft; aus dem rechtlosen Stand der Sklaverei des Gesetzes in den zur Erbschaft der Verheißung legitimierten.[16]

---

[12] Vgl. H. Conzelmann, Korinther S. 136; C. Wolff, Erster Korintherbrief S. 131 (zu 6,20).

[13] Wie bei Paulus wird auch für die Vorstellung in 1Petr die „sakrale Sklavenbefreiung in der hellenistischen Umwelt" (N. Brox, Petrusbrief S. 81) als Hintergrund vermutet, in Aufnahme der These von an A. Deißmann, Licht S. 271-281; vgl. F. Büchsel, Art. ἀγοράζω S. 126; H. Windisch/H. Preisker, Briefe S. 57; E. G. Selwyn, Peter 145; T. Spörri, Gemeindegedanke S. 41f.; J. N. D. Kelly, Peter S. 73; W. Schrage, Erster Petrusbrief S. 78; H. Frankemölle Petrusbrief S. 38; O. Knoch, Petrusbrief S. 53. Bei N. Brox ist jedoch bereits die Problematik dieser Konkretion hinsichtlich des 1Petr erkannt, da dann die von ihm auch angenommenen Anklänge an Jes 52,3 „reiner Zufall" (a.a.O.) wären. Das aber ist nicht wahrscheinlich; vgl. H. Schlier, Adhortatio S. 272; F. Schröger, Gemeinde S. 24. *Sakraler* Sklavenloskauf kann schon insofern nicht als Vergleich dienen, als dabei der Sklave selbst das Lösegeld im Tempel hinterlegt und nicht, wie in 1Petr und auch sonst in der neutestamentlichen Tradition das Lösegeld von einem anderen bezahlt wird, vgl. dazu H. Conzelmann, Korinther S. 137.154; R. Kirchhoff, Sünde S. 189f. Schon F. Büchsel, a.a.O. S. 125, hat darauf hingewiesen, daß mindestens im Judentum ein *sakraler* Sklavenfreikauf nicht nachgewiesen werden kann, vgl. K. Kertelge, Art. ἀπολύτρωσις Sp. 333; W. Haubeck, Loskauf S. 164-166; G. Barth, Tod Jesu S. 72f. Unbefriedigend ist die Lösung von F. W. Beare, Peter S. 22 und J. N. D. Kelly, Peter S. 73, zwischen Intention des Verfassers (= alttestamentlicher Hintergrund) und Assoziation der Adressaten (= Sklavenloskauf) zu unterscheiden.

[14] Vgl. H. Conzelmann, Korinther S. 137 (gegen A. Deißmann): „Das Stichwort ἀγοράζειν paßt nicht zu den Texten von Delphi. Es heißt nicht 'freikaufen', sondern 'auf dem Markt kaufen' ..."; vgl. ferner F. Büchsel, Art. ἀγοράζω S. 126.

[15] Vgl. W. Haubeck, Loskauf S. 140f.; C. Wolff, Erster Korintherbrief S. 151f.

[16] Vgl F. Büchsel, Art. ἀγοράζω S. 126f.; J. Rohde, Galater S. 144f.; W. Haubeck, Loskauf S. 152-155.155-161.

Einen unmittelbaren und ausdrücklichen Bezug zum Blut bzw.
dem gewaltsamen Tod Christi als Kaufpreis stellt Paulus nicht her,
gleichwohl er nach seinem Verständnis vorauszusetzen wäre. Angedeutet wird dies in Gal 3,13 durch das Zitat aus Dtn 27,26 bzw.
21,23 über das Verfluchtsein dessen, „der am Holz hängt", womit
der Tod Christi am Kreuz angesprochen ist.[17]
   Die Verwendung der Vorstellung vom Loskauf in so unterschiedlichen Zusammenhängen wie 1Kor 6,20 und 7,23 auf der einen, sowie Gal 3,13 und 4,5 auf der anderen Seite erweist, daß
auch für Paulus gilt: Der (Los-)Kauf durch Gott markiert einen Ei-
gentumswechsel und befreit von den als Knechtschaft verstandenen vorchristlichen Lebensbezügen.[18] Dem letzteren Sinne vergleichbar formuliert auch 1Petr 1,18f.[19] Die zu Tage tretenden Unterschiede jedoch machen eine direkte Verbindung unwahrscheinlich: Paulus verwendet für den Loskauf konsequent die Vokabel

---

[17] Vgl. E. Lohse, Märtyrer S. 155; J. Rohde, Galater S. 144; W. Haubeck, Loskauf S. 155.

[18] Vgl. W. Haubeck, Loskauf S. 156-160; J. N. D. Kelly, Peter S. 74; G. Barth,
Tod Jesu S. 74. Die im Galaterbrief verwendete Form ἐξαγοράζειν gegenüber dem
Simplex im 1. Korintherbrief markiert den Unterschied der Aussage*richtung*, der
durch die konkrete Adressatensituation hervorgerufen wird: Den die eigene Freiheit betonenden Korinthern gegenüber muß Paulus Christus als ihren neuen „Ei-
gentümer" in Erinnerung rufen; den sich erneut unter das Gesetz beugenden Ga-
latern hingegen die Tatsache des Freikaufes von dieser „Sklaverei" bzw. „Gefangenschaft". R. Kirchhoff, Sünde S. 190 Anm. 346, hebt den Unterschied zwischen
1Kor 6,20 und Gal 3,13; 4,5 hervor, so daß es „methodisch nicht sinnvoll (ist),
1Kor 6,20 von Gal 3,13; 4,5 oder Röm 3,24 her zu interpretieren". Allerdings zeigt
gerade die Nähe der beiden Galaterstellen zu Röm 3,24 einerseits und zu 1Kor
6,20; 7,23 andererseits, daß ein inhaltlicher Zusammenhang besteht.

[19] Vgl. K. H. Schelkle, Petrusbriefe S. 48. Zum Problem W. C. van Unnik, Paganism passim, bes. S. 141, der den nichtchristlichen Hintergrund der Aussage
herausarbeitet, vgl. ders., Redemption S. 32. Der von A. R. C. Leany, Passover S.
246, hergestellte Bezug zu Jos 24,2-4 steht unter dem Interesse, 1Petr als Passaliturgie zu verstehen und hat im Text keinen Anhalt; ähnlich spekulativ sind Leanys
übrige Parallelen (s. a.a.O. S. 248). W. C. van Unnik, Redemption S. 31f., hat auf
den Zusammenhang von 1,17 und 18f. hingewiesen, wobei der neue Lebenswandel in Gottesfurcht dem nichtigen, überkommenen Lebenswandel gegenübergestellt wird; vgl. ähnlich K. C. P. Kosala, Taufverständnis S. 120ff.

(ἐξ-)ἀγοράζειν, 1Petr das Passiv von λυτροῦν, das bei Paulus nicht vorkommt.[20]

Einziger Beleg im Corpus Paulinum ist Tit 2,14, der wahrscheinlich – wie auch die singuläre Formulierung ἀντίλυτρον ὑπὲρ πάντων in 1Tim 2,6 – von Mk 10,45par. abhängig ist.[21] Die unterschiedliche Terminologie und die jeweils damit verbundenen Interpretationshorizonte (1Petr – λυτροῦν in Aufnahme alttestamentlicher Exodusterminologie; Paulus – ἀγοράζειν in Aufnahme der Terminologie des weltlichen Sklavenkaufs, was im Kontext des Exodus in der Septuaginta nicht vorkommt) deuten darauf hin, daß das Motiv in jeweils eigenständiger Weise interpretiert wurde. P. Stuhlmacher spricht von einer „Nähe des Loskaufmotivs [sc. in Gal 4,4f.] zur (vor-)paulinischen Rede von der Erlösung (ἀπολύτρωσις) in 1Kor 1,30; Röm 3,24-26; Kol 1,14", die es wahrscheinlich mache, „daß der durch Christi Fleischwerdung und Opfergang bewirkte Loskauf und die ἀπολύτρωσις ἐν Χριστῷ Ἰησοῦ *in typologischer Entsprechung zum Loskauf Israels aus der Schuldsklaverei in Ägypten und zu Ex 19,5; Dt 7,6; 14,2 zu sehen sind ...*"[22] Allerdings unterscheidet sich Paulus, wie beschrieben, durch den Gebrauch von ἀγοράζειν von der Exodusterminologie, ein Sachverhalt, der nicht durch die Feststellung einer Nähe zur Rede von der Erlösung zu erklären ist. Gerade diese Nähe läßt fragen, warum Paulus das *Verbum* λυτροῦν so konsequent vermeidet, wenn er diesen Bezug zum Exodus hervorheben wollte. In dieser Hinsicht wäre 1Petr 1,18 näher an der Exodusterminologie als Paulus.[23]

Das Verständnis des Heilswerkes als Loskauf wird im 1Petr durch die konkrete Rede vom Kaufpreis hervorgehoben.[24] Davon spricht

---

[20] Vgl. W. C. van Unnik, Redemption S. 29.

[21] Vgl. F. Büchsel, Art. λύω S. 351f.; W. Haubeck, Loskauf S. 205-225, bes. S. 210.225; K. Kertelge, Art. λύτρον Sp. 901; J. Jeremias, Lösegeld S. 226 (für 1Tim 2,6); J. Roloff, Timotheus S. 111 (für 1Tim 2,6); N. Brox, Pastoralbriefe S. 128 (für 1Tim 2,6); H. Merkel, Pastoralbriefe S. 24.98, der aus dem Vergleich mit 1Petr 1,13-19 und 2,9f. hinter Tit 2,14 eine judenchristliche Formel vermutet (a.a.O. S. 98); L. Oberlinner, Timotheus S. 75f.; ferner L. Goppelt, Petrusbrief S. 122 (für 1Tim 2,6); gegen G. Holtz, Pastoralbriefe, der den Gebrauch von ἀντίλυτρον in 1Tim 2,6 von dem bei Paulus verwendeten stammverwandten Begriff ἀπολύτρωσις (a.a.O. S. 61) sowie Tit 2,14 von Ps 130,8 (a.a.O. S. 228) herleiten will.

[22] P. Stuhlmacher, Theologie S. 290.

[23] Vgl. H. Manke, Leiden S. 84ff.

[24] Vgl. K. H. Schelkle, Petrusbriefe S. 48f.; L. Goppelt, Petrusbrief S. 121f. F. W. Beare, Peter S. 104, hat auf den instrumentalen Aspekt des Dativs hingewiesen, weil der Dativ nicht zur Preisangabe verwendet wird, vgl. E. Best, Peter S. 89; H. Manke, Leiden S. 81. Daran wird sichtbar, daß 1Petr 1,18f. verschiedene Motive vereint, weshalb der Dativ αἵματι vor allem wegen der Parallelisierung mit „Silber" und „Gold" (ebenfalls Dativ!) zur Preisangabe wird. Zu berücksichtigen ist ferner hinsichtlich der Bildebene, daß der Preis das *Mittel* ist, durch das ein Kauf zu-

wiederum Paulus nicht ausdrücklich, sondern gibt in 1Kor 6,20[25] und 7,23 nur die Weise der Zahlung durch den Genitiv τιμῆς[26] als Ausdruck der Gültigkeit des Kaufes und der Verbindlichkeit der dadurch entstandenen Eigentumsverhältnisse an.[27] Dieser Aspekt klingt in 1Petr 1,19 durch das attributiv zu αἷμα stehende Adjektiv τίμιος an, erhält aber auf Grund der Unterscheidung von Gold und Silber eine andere Intention.[28] Von Gal 3,13 und 4,5 ausgehend ist für Paulus als Subjekt des Loskaufes Christus vorausgesetzt[29]; in 1Petr 1,18 dagegen beinhaltet die passive Formulierung von ihrem Kontext her (vgl. 1,15-17) Gott als Subjekt (passivum divinum)[30], während Christus bzw. seinem Tod eine instrumentale Funktion in diesem Vorgang zukommt.[31]

5.1.2. Christus als Opferlamm

Die Rede von Christus als dem Opferlamm (ἀμνός) begegnet neben 1Petr 1,19 in dieser Terminologie nur in Joh 1,29.36 und Apg 8,32f. Im Text der Apostelgeschichte wird Jes 53,7 als Ursprung des Motivs ausdrücklich hervorgehoben und zitiert. Unter anderer

---

stande kommt. E. G. Selwyn, Peter S. 144, führt den Dativ auf LXX-Einfluß zurück. – Zum Problem des sakralen Sklavenloskaufs s.o. S. 123 Anm. 13.

[25] K. H. Schelkle, Petrusbriefe S. 49, sieht auch in 1Kor 6,20 die Opfervorstellung enthalten.

[26] Dies ist als absoluter genitivus pretii zu verstehen und erhält dadurch die Bedeutung „Barzahlung", vgl. F. Blaß/A. Debrunner/F. Rehkopf, Grammatik § 179,1; W. Bauer/K. u. B. Aland, Wörterbuch Sp. 1629 s.v. τιμή 1, sowie a.a.O. Sp. 22 s.v. ἀγοράζω 2; ferner A. Deißmann, Licht S. 274f.; R. Kirchhoff, Sünde S. 190.

[27] Vgl. W. Haubeck, Loskauf S. 141; C. Wolff, Erster Korintherbrief S. 131f. (zu 1Kor 6,20) bzw. S. 151 (zu 1Kor 7,23).

[28] Vgl. Ps 49(48),8f.; Zeph 1,18; dazu W. C. van Unnik, Redemption S. 46f.

[29] Vgl. z. B. G. D. Fee, 1 Corinthians S. 265; R. Kirchhoff, Sünde S. 189; C. K. Barrett, 1 Corinthians S. 152. F. Lang, Korinther S. 84 u.a. sehen in Gott das Subjekt.

[30] Vgl. L. Goppelt, Petrusbrief S. 121 mit Anm. 48. Passivisch formuliert freilich auch Paulus in 1Kor 6,20 und 7,23, vgl. dazu C. Wolff, Erster Korintherbrief S. 131f.

[31] Vgl. W. C. van Unnik, Redemption S. 49f.

Akzentsetzung ist dieser alttestamentliche Kontext auch für 1 Petr 1,19 von Bedeutung.[32]

Daß das Lamm als Passalamm gedacht ist[33], könnte freilich erst aus der Verbindung mit dem Exodus als Loskauf aus Ägypten plausibel werden.[34] Dieses auf interpretierendem Wege erschlossene Motiv des Passalammes war schließlich ein Grund dafür, in 1 Petr eine Passaliturgie zu vermuten.[35] N. Brox kann „über den bloßen Hinweis hinaus keine konkretere oder speziellere Korrespondenz zu atl.- jüdischen Kultbegriffen oder -praktiken ausfindig"[36] machen. Anders argumentierte bereits E. Kühl: *„Die in diesen Worten* [sc. in 1,19] *enthaltene Aussage über die Heilsbedeutung des Todes Christi ist weder aus dem Typus der alttestamentlichen Opfer, noch aus einer Beziehung auf das Passahlamm, sondern ausschließlich aus Jes 53 zu erklären."*[37] Ob man jedoch auf der einen Seite Jes 53 eine solche Bedeutung beimessen, andererseits aber die alttestamentliche Opfertradition in dieser Weise ausgrenzen kann, ist fragwürdig. Daß z.B. das Attribut ἄμωμος in den Motivzusammenhang des alttestamentlichen Opferrituals gehört und insofern das „Lamm" als „Opferlamm" qualifiziert, ist m.E. offensichtlich.[38] Wenn hiermit die „sittlich-religiöse Makellosigkeit" Christi angesprochen wird[39], dann könnte dies mit der verbreiteten Vorstellung von der Sündlosigkeit Christi (vgl. neben 1 Petr 2,22 bes. 2 Kor 5,21; Joh 8,46; Hebr 4,15) verbunden werden. Anders aber als sonst im Neuen Testament ist sie in 1 Petr im Bild des Opfers angewandt und wird auch in 2,22 mit einem Zitat aus Jes 53 interpretiert. „Der bildliche Gebrauch schließt den Gedanken an Jesu *Sündlosigkeit* nicht aus, sondern ein."[40] Von daher ist das in diesem Zu-

---

[32] Vgl. H. Windisch/H. Preisker, Briefe S. 57; C. Spicq, Pierre S. 68; K. H. Schelkle, Petrusbriefe S. 49f.; O. Knoch, Petrusbrief S. 53; W. Haubeck, Loskauf S. 278; J. N. D. Kelly, Peter S. 75; K. Kertelge, Art. λύτρον Sp. 904. Anders L. Goppelt, Petrusbrief S. 123, der eher die auch von Paulus aufgegriffene Passalamm-Tradition als Hintergrund für 1 Petr 1,19 in Betracht zieht, vgl. P. Stuhlmacher, Theologie S. 135; E. Lohse, Märtyrer S. 143.183f.; H. Manke, Leiden S. 84.

[33] Vgl. T. Holtz, Christologie S. 44.

[34] Vgl. E. Lohse, Märtyrer S. 143; J. N. D. Kelly, Peter S. 75; W. Schrage, Erster Petrusbrief S. 79, der jedoch das Passalammmotiv alternativ Jes 53,7 gegenüberstellt und einen Bezug zu dieser Prophetenstelle ablehnt, ähnlich P. H. Davids, Peter S. 72f.

[35] Vgl. F. L. Cross, Paschal Liturgy passim; A. R. C. Leany, Passover passim; zur Kritik an Cross vgl. bes. C. F. D. Moule, Nature passim, bes. S. 4; T. L. G. Thornton, Paschal Liturgy? passim.

[36] N. Brox, Petrusbrief S. 82; vgl. schon R. Knopf, Briefe S. 73ff.

[37] E. Kühl, Briefe S. 122f. mit Anm. **; Zitat S. 122 (im Original gesperrt).

[38] Vgl. W. C. van Unnik, Redemption S. 34-40, der auch für den Begriff φθαρτοῖς in 1 Petr 1,18 auf den kultischen Kontext hinweist (Lev 22,17-25); vgl. ferner H. Windisch/H. Preisker, Briefe S. 57; O. Knoch, Petrusbrief S. 53 u.a.

[39] So E. Kühl, Briefe S. 122; vgl. A. Oepke, Art. ἄσπιλός S. 500; J. N. D. Kelly, Peter S. 74f.

[40] A. Oepke, a.a.O.

sammenhang singuläre ἄσπιλος von ἄμωμος her zu verstehen und nicht umgekehrt dieses durch jenes in ethischer Hinsicht zu interpretieren.[41] W. C. van Unnik lehnt einen Bezug von 1Petr 1,18f. sowohl auf die Passalammvorstellung als auch auf Jes 53,7 ab.[42] Nach van Unnik hätte 1Petr auch ein anderes Opfertier nennen können.[43] Unter dieser Voraussetzung aber bliebe unklar, wie es im frühen Christentum (vgl. Joh/Paulus) zu der Verbindung von Messias (Christus) und Lamm kommen konnte. 1Petr 1,18f. ist nach van Unnik nicht auf alttestamentlichem Hintergrund, sondern mittels der Vorstellung vom Proselytenopfer zu verstehen[44], doch kann van Unnik als Parallelen ausschließlich rabbinische Traditionen anführen[45], in denen er die in 1Petr 1,18f. enthaltenen Motive wiederfindet, freilich nicht in einer ähnlichen Zusammenstellung wie in 1Petr: Nach mKer II,1; bKer 9a ist jeweils über das Proselytenopfer diskutiert worden in einer Zeit, in der keine Opfer mehr stattfinden können. Man muß jedoch beachten, daß hier weder von einem Lamm als dem hauptsächlichen Opfertier noch von einem Loskauf die Rede ist, so daß der von van Unnik vorausgesetzte Bezug auf diese Praxis unwahrscheinlich ist. Auch das Motiv der Geldzahlung als *Ersatzleistung* für das Opfer ist ausdrücklich auf das Geflügelopfer bezogen, nicht auf ein Lammopfer (bKer 9a). Das Opfer wird dadurch nicht als Loskauf vom nichtigen Lebenswandel verstanden. Der Tatsache, daß auf das für die Proselytenkonversion wichtigste Element der Beschneidung keine Andeutung in 1Petr zu finden ist, mißt van Unnik keine Bedeutung bei.[46] Die Ablehung von Jes 53 beruht vor allem auf der Beobachtung, daß kein Artikel bei ἀμνός steht und in Jes 53 nicht vom Blut die Rede ist.[47] Doch damit wird der assoziative Charakter von 1Petr 1,18f. unterschätzt, wo ja nicht zitiert, sondern Tradition erinnert wird. Daß dabei über den alttestamentlichen Text hinaus Motive aufgenommen werden, ist nicht ungewöhnlich, so daß das Stichwort 'Blut' durchaus als christologisches Interpretament des in Jes 53,7 erwähnten ἐπὶ σφαγὴν ἤχθη verstanden werden kann.[48]

In der Offenbarung des Johannes wird Christus ebenfalls als Lamm tituliert, hier jedoch mit dem Terminus ἀρνίον.[49]

---

[41] Gegen E. Kühl, Briefe S. 122 Anm. **; vgl. auch K. H. Schelkle, Petrusbriefe S. 50 Anm. 2; W. C. van Unnik, Redemption S. 33-36.

[42] W. C. van Unnik, a.a.O. S. 50-52; vgl. dazu W. Haubeck, Loskauf S. 279 Anm. 16.

[43] W. C. van Unnik, a.a.O. S. 51.

[44] A.a.O. S. 41-46.52.

[45] A.a.O. S. 42-44.

[46] A.a.O. S. 77f.

[47] A.a.O. S. 33.

[48] Das ist auch gegen H. Manke, Leiden S. 84f., einzuwenden, der freilich allein die Passa-Exodus-Thematik als Hintergrund annimmt und darauf hinweist, daß auch „dem Blut des ägyptischen Pascha eine erlösende Wirkung zugesprochen wurde" (a.a.O. S. 86).

[49] Apk 5,6.8.12f.; 6,1.16; 7,9f.14.17; 12,11; 13,8.11; 14,1.4.10; 15,3; 17,14; 19,7ff.; 21,9.14.22f.27; 22,1ff.; im Johannesevangelium werden die *Glaubenden* in

Paulus greift die Vorstellung nur einmal in 1Kor 5,7 auf im Zusammenhang der Auseinandersetzung um den in Schande mit seiner Stiefmutter lebenden Mann. Christus wird als das Passalamm (τὸ πάσχα) bezeichnet, das geopfert wurde (ἐτύθη) und das – hier bleibt Paulus im Kontext der Passafeier – durch den „Sauerteig" des Frevlers mißachtet wird.[50] Der Apostel spricht jedoch in diesem Zusammenhang nicht von der Erlösung bzw. von einem Loskauf, der durch die Opferung des Lammes erfolgen würde[51], sondern dem Exodusgeschehen entsprechend (vgl. Ex 12) von dem Gericht über den „alten Sauerteig" (vgl. Ex 12,15; 13,6f.; auch 23,18) und der Erneuerung der Gemeinde, die durch das geopferte Passalamm geschehen ist (1Kor 5,7-8).[52] Die Tatsache,

21,15 ἀρνία genannt parallel zu πρόβατα (V. 16; Codex B, C und wenige andere Hss. lesen wahrscheinlich in Anlehnung an die Parallele προβατία); vgl. 1Petr 2,25; dazu J. Jeremias, Art. ἀμνός S. 345. – Im Blick auf die Lamm-Vorstellung in der Offenbarung des Johannes lehnt T. Holtz, Christologie S. 42f., einen Einfluß von Jes 53,7 ab. Für 1Petr 1,19 ist dies jedoch angesichts der *offensichtlichen* Kenntnis dieses Jesaja-Textes in 2,21-25 nicht plausibel, vgl. E. Best, Peter S. 90. Daß in 2,21ff. Jes 53,7 nicht angeführt wird, könnte gerade darin begründet sein, daß diese Aussage bereits für die Formulierung von 1,19 verwendet wurde; vgl. dazu ferner H. Patsch, Hintergrund S. 278f.

50 Vgl. H. Conzelmann, Korinther S. 126; C. Wolff, Erster Korintherbrief S. 106f.

51 Gegen H. Windisch/H. Preisker, Briefe S. 57: „Die ganze Anschauung [sc. in 1Petr] ist der paulinischen verwandt, braucht aber nicht direkt von den Lehren oder Schriften des Paulus abzuhängen ..."

52 Vgl. W. Schrage, Korinther I S. 384f.; C. Wolff, Erster Korintherbrief S. 107. J. Jeremias, Art. ἀμνός S. 342f., sieht in Jes 53 einerseits und der Passalammtradition andererseits zwei zu unterscheidende „Gedankenreihen" für die Entstehung der Vorstellung von Christus als dem Lamm und nennt Apg 8,32 als Beleg für die Aufnahme der Jesajatradition, 1Kor 5,7 neben Joh 19,36 für die Passalammtradition (a.a.O. S. 342; vgl. ferner Joh 18,28; 19,31-33). Für die tatsächliche Entstehung des Motivs greift J. Jeremias auf eine Ableitung von der aramäischen Verbindung טַלְיָא דָּאלָהָא zurück, die der Wendung ἀμνὸς τοῦ θεοῦ in Joh 1,29 zugrunde liegen soll und im Sinne des hebräischen עֶבֶד יהוה verstanden wurde, da טַלְיָא im Aramäischen sowohl 'Lamm', als auch 'Knecht' bzw. 'Sklave' bedeuten kann. Daher sei in Joh 1,29.36 ursprünglich von Jesus als dem Gottesknecht die Rede gewesen, vgl. E. Lohse, Märtyrer S. 145. Diese eindrucksvolle Ableitung setzt jedoch eine aramäische Tradition voraus, die nicht wirklich zu erheben ist. Ferner ist nicht טַלְיָא, sondern עבדא das aramäische Äquivalent zu עבד, vgl. C. K. Barrett, Johannes S. 201. Das Johannesevangelium ist vielmehr ein Beleg dafür, daß man nicht, wie Jeremias, verschiedene „Gedankenreihen" annehmen muß, son-

daß Paulus die Passalammtypologie nicht entfaltet, zeigt, daß er sie
bei den Korinthern als bekannte Vorstellung voraussetzt.[53]

In deuteropaulinischer Literatur wird von Christus als Opferlamm nicht gesprochen.[54]

5.1.3. *Traditionsgeschichtliche Überlegungen – Zusammenfassung*

Die unterschiedliche Entfaltung des Loskauf-Motives und der Vorstellung Christi als eines Opferlammes bei Paulus und im 1 Petr
deuten darauf hin, daß nicht eines vom anderen abgeleitet werden
kann, sondern daß frühchristliche Traditionen aufgegriffen und
kontext- bzw. situationsbezogen entfaltet werden.[55]

Dahin weisen auch die Belege in Apk 5,9[56] und 14,3f., die in ihrer Gestaltung trotz
unterschiedlicher Terminologie dem 1 Petr näher stehen als Paulus[57]: In Apk 5,9
wird das auf dem Thron sitzende Lamm (ἀρνίον) von den Ältesten gepriesen, weil
es geschlachtet wurde (ἐσφάγης) und mit seinem Blut (ἐν τῷ αἵματί σου) die Menschen für Gott erkauft hat (ἠγόρασας)[58]; in 14,3f. ist von den 144.000 die Rede, die

dern daß die von Jes 53 herkommende Vorstellung von Jesus als dem Lamm
gleichsam programmatisch für die spezifische Darstellung des Todes Jesu im Johannesevangelium gewirkt hat. Die *Identifizierung* Jesu mit dem Lamm unterscheidet Joh von Apg 8,32 und 1 Petr 1,19, wo Jesus jeweils mit dem Lamm nur *verglichen* wird (ὡς); vgl. J. Jeremias, a.a.O. S. 343 Anm. 5.

[53] Vgl. E. Lohse, Märtyrer S. 142; H. Conzelmann, Korinther S. 126 Anm. 49.
W. Schrage, Korinther I S. 382f., sieht darin eine für Paulus unübliche christologische Deutung, vgl. weiterhin G. Delling, Existenz S. 100; C. Wolff, Erster Korintherbrief S. 106f.

[54] Eph 5,2 spricht von der Selbsthingabe Christi als προσφορά und θυσία. Zu
einer Christologie der 'Paulus-Schule' vgl. P. Stuhlmacher, Christusbild passim.

[55] Damit ist nicht gesagt, daß es sich um ein allgemein bekanntes Motiv handelt; zur Verwendung des von Paulus benutzten und wahrscheinlich durch ihn
vermittelten Terminus ἀγοράζειν vgl. 2 Petr 2,1: „ ... die den Herrn verleugnen,
der sie erkauft hat" (τὸν ἀγοράσαντα αὐτούς); vgl. W. Schrage, Zweiter Petrusbrief
S. 139; O. Knoch, Petrusbrief S. 260 („formelhafte Wendung").

[56] Vgl. L. Goppelt, Petrusbrief S. 122 Anm. 53. K. H. Schelkle, Petrusbriefe S.
48 nennt Apk 5,9 neben 1 Kor 7,23; O. Knoch, Petrusbrief S. 53 neben 1 Kor 6,20.

[57] Zu Apk 5,9 vgl. bes. T. Holtz, Christologie S. 44-47; zu 14,3f. a.a.O. S. 63-68;
ferner W. Haubeck, Loskauf S. 280.283-288.

[58] Nach T. Holtz, Christologie S. 45f., ist auch in Apk 5,9 an das Passalamm zu
denken, wobei freilich zu fragen wäre, inwiefern das Loskaufmotiv damit zu verbinden ist; vgl. weiterhin J. Roloff, Offenbarung S. 75f.; anders U. B. Müller, Offenbarung S. 162.

„von der Erde" (V. 3) bzw. „für Gott und das Lamm" (V. 4) erkauft sind (ἠγορασ-μένοι).[59] Als Terminus für dieses Geschehen wird in der Offenbarung wie bei Paulus (und im 2. Petrusbrief) eine Aoristform des Verbums ἀγοράζειν verwendet; es wird auf ein in der Vergangenheit liegendes Geschehen, nämlich das Sterben Jesu, zurückgeblickt. Für diesen Rückblick dient im 1 Petr in Anlehnung an Jes 52,3 der Stamm λυτρ-, den Paulus auf die Gegenwart der Sündenvergebung oder die eschatologische Erlösung bezieht[60]. Noch deutlicher als in 1 Petr 1,19 ist in Apk 5,9 der Bezug zu Jes 53,7 durch die Aufnahme der Schlachtungsaussage (ἐσφάγης) aus dem alttestamentlichen Text (dort: ἐπὶ σφαγήν) zu erkennen (vgl. auch Apg 8,32f.).[61] Inhaltlich verwandt erweisen sich die Aussagen der Apk mit 1 Petr 1,18f. gegenüber Paulus ferner durch die Angabe des Blutes Christi als Kaufpreis.[62]

Das Vorkommen in 1 Petr 1,18f.; Apk 5,9 und 14,3f. einerseits und bei Paulus andererseits deutet entweder darauf hin, daß der Verfasser der Offenbarung u.a.[63] wahrscheinlich die auch bei Paulus und im 1 Petr verarbeiteten Traditionen kannte und daraus die in Apk 5,9 und 14,3f. vorliegende gestaltet hat, oder daß es eine allen drei Schriften zugrundeliegende frühchristliche Tradition gab, die bereits das Loskauf-Motiv und das Opferlamm-Motiv in sich vereinte.[64] Doch da in den paulinischen Briefen als der ältesten literarischen Schicht des Neuen Testaments die Opferlamm-Tradition in ihrer Konkretion im Kontext des Passa (noch) nicht mit dem Kaufmotiv verbunden und ein Grund für eine eventuell sekundäre Trennung durch Paulus nicht ersichtlich ist[65], läßt sich die zweite Möglichkeit nicht wahrscheinlich machen. Demgegenüber erlaubt der oben durchgeführte Vergleich die Schlußfolgerung, daß verschiedene Deutekategorien traditionell zur Verfügung standen, die die verschiedenen Autoren in je eigener Akzentsetzung aufnahmen und gestalteten. Dazu gehörten zumindest das Passalamm-Motiv, das Gottesknechtslied Jes 52,13-53,12 sowie die Vorstellung vom Loskauf. In Apk 5,9 wird der Bezug zu Jes 53,7 ausdrücklich terminologisch hergestellt, in 1 Petr 1,19 wird er erweitert durch die Aussage von der Fehlerlosigkeit des Lammes (ἀμνός wie in Jes 53), wie es für das alttestamentliche Opfer – einschließlich des Passalam-

---

[59] Zum Motiv des Lammes und den theologischen Implikationen in der Apk vgl. M. Hengel, Throngemeinschaft passim.

[60] S.o. S. 122 Anm. 9.

[61] Vgl. E. Lohmeyer, Offenbarung S. 55; H. Kraft, Offenbarung S. 112; anders T. Holtz, Christologie S. 42f.; U. B. Müller, Offenbarung S. 161f.; M. Hengel, Throngemeinschaft S. 162.

[62] Vgl. T. Holtz, Christologie S. 64.

[63] Auf die traditionsgeschichtlichen Zusammenhänge der johanneischen Traditionen und ihrer Ursprünge kann hier nicht eingegangen werden; vgl. dazu umfassend M. Hengel, Die johanneische Frage passim.

[64] T. Holtz, Christologie S. 67, vermutet den Ursprung der Vorstellung der Apk bei Paulus, vgl. U. B. Müller, Offenbarung S. 160. Hinsichtlich 1 Petr 1,18 konstatiert Holtz eine „selbständige Behandlung des gleichen Bildes" (a.a.O.) und vermutet eine übernommene Tradition.

[65] In Gal 3 wäre die Verbindung sogar sinnvoll gewesen.

mes – konstitutiv war.[66] Ein möglicher Passa-Bezug kommt im 1Petr durch die
Aufnahme des Loskauf-Motivs sowie anderer Exodusmotive im Kontext von 1,18f.
zum Ausdruck, vgl. 2,9 (ähnlich Apk 5,10), in diesem Zusammenhang vielleicht
auch das Motivs des „Gürtens" in 1Petr 1,13. Den Aspekt der Makellosigkeit
bringt Paulus in 1Kor 5 im Blick auf die Gemeinde zur Geltung (vgl. bes. 5,8). Die
Verbindung mit der Vorstellung vom Loskauf erfolgt nur in 1Petr und Apk, Paulus verwendet sie unabhängig vom Opfermotiv und läßt den Kaufpreis unter Verwendung des Genitiv τιμῆς unbestimmt, während die Kennzeichnung des Blutes
des Lammes als Kaufpreis 1Petr und Apk gemeinsam ist. Hinsichtlich des Kauf-
motives bietet 1Petr 1,18f. im Unterschied zu Apk und Paulus – vielleicht unter
dem Einfluß der durch Mk 10,45par. vermittelten Tradition[67] – λυτροῦν statt
ἀγοράζω und hebt in der Folge dieser Änderung die besondere Bedeutung des
Blutes als Kaufpreis durch die Gegenüberstellung zu Gold und Silber hervor. Damit wird wahrscheinlich die im *Kontext* des Gottesknechtliedes stehende Aussage
von Jes 52,3 aufgenommen[68], der alttestamentliche Textzusammenhang also noch
erweitert. Man kann vielleicht sogar so weit gehen zu sagen, daß gerade die Tatsache, daß Jes 52,3 so nahe im Zusammenhang von Jes 53,7 steht, zu einer Umge-
staltung in dieser Weise angeregt hat. Die Charakterisierung des Kaufpreises als
„kostbar" (τίμιον, 1Petr 1,19) gehört vielleicht zum ursprünglichen Bestand der
Loskauf-Tradition, da sie auch von Paulus, freilich dem Kontext entsprechend in
charakteristisch veränderter Form, aufgegriffen wird. Die beobachteten Unterschiede in der Aufnahme der Traditionen lassen auf eine ursprünglich mündliche
Form schließen. Neben der Lösegeldvorstellung als Interpretationsmodell für den
Tod Christi auf dem Hintergrund von Jes 43 und 53 und unter Betonung eines
Motives aus Jes 53 ist wahrscheinlich die Auffassung von Christus als Passalamm
entstanden, die sich auf Grund der engen zeitlichen Verknüpfung seines Todes
mit dem Passafest anbot.[69] Diese Deutung hat Paulus in 1Kor 5 ausdrücklich aufgenommen.[70] Unabhängig davon wird das Motiv im Johannesevangelium als er-
zählerisches Konzept umgesetzt, indem es das Lamm-Motiv – vielleicht unter dem
Einfluß von Jes 53 (vgl. bes. die Vorstellung vom „Tragen" der Sünden in 53,11) –

---

[66] Vgl. bes. Ex 12,5; Lev 1,10; 9,3; 14,10-13; 22,17-25; 23,18 u.ö.; Num
6,12-14; 28,3.9.11.19.27; 29,2.8.13.17.20.23.26.29.32.36 u.ö.; Ez 46,4.13.

[67] Die Alternative, ob eine direkte Abhängigkeit von Mk 10,45 vorliegt oder
nicht, wird dadurch ebenso relativiert wie die Frage, ob diese christliche Tradition
alternativ zu den alttestamentlichen Motiven betrachtet werden muß, vgl. H.
Manke, Leiden S. 82.

[68] Vgl. L. Goppelt, Petrusbrief S. 122 Anm. 52; H. Manke, Leiden, S. 82f.; G.
Barth, Tod Jesu S. 48; vgl. oben S. 121 Anm. 8. – Von einer „Formelhaftigkeit" des
Begriffes „Blut" in 1Petr 1,2.19 als „Nachklang paulinischer Theologie" (so H.
Goldstein, Gemeinde S. 61) kann nicht die Rede sein.

[69] Vgl. dazu sowie zur Passionschronologie P. Stuhlmacher, Theologie S. 54-57;
zum Verständnis des letzten Mahles Jesu als Passamahl a.a.O. S. 131-143.

[70] Wegen des einmaligen Vorkommens im Corpus Paulinum ist dies wahrscheinlich keine eigene (paulinische) Bildung.

dadurch hervorhebt, daß Jesus bereits am Vortag des Passafestes hingerichtet wurde, als man im Tempel die Lämmer schlachtete (Joh 18,28; 19,31.42).[71]

Die versuchte Rekonstruktion, deren hypothetischer Charakter ausdrücklich hervorgehoben sei, wird m.E. einer traditionsgeschichtlichen Interpretation des neutestamentlichen Befundes eher gerecht als die literarische Ableitung eines Zusammenhanges, der dann im Grunde nicht mehr klar umrissen werden könnte. Der Vorgang im 1Petr läßt sich auf diese Weise als eine schriftorientierte, theologische Weitergestaltung der in Mk 10,45par. als Jesustradition überlieferten Vorstellung verstehen, die noch nicht an Jes 52/53 orientiert war: Das Motiv der Selbsthingabe Christi wäre konsequent auf dem Hintergrund von Jes 52,13-53,12 interpretiert worden, wodurch die ursprüngliche Formulierung in der 1. Person Singular rückblickend in die 3. Person Singular übertragen wurde, indem Christus als (ὡς) das Lamm angesehen wurde, von dem Jes 53 spricht; das Motiv des Lösegeldes aus dem traditionsgeschichtlichen Kontext des Exodus hingegen wurde auf dem konkreten Hintergrund der profanen und allgemein verständlichen Praxis des Sklaven- bzw. Gefangenenkaufes veranschaulicht.

Während also 1Petr die frühchristliche Tradition aufgreift, indem er das Heilswerk Christi in direkter Anlehnung an Jes 52/53 beschreibt, deutet Paulus den Zusammenhang zwischen Loskauf und dem Tod Christi nur an, ohne die möglichen Bezüge auszuschöpfen. Gleichzeitig expliziert er das Motiv in einer von 1Petr zu unterscheidenden Wortwahl. 1Petr 1,18f. kann daher nicht von 1Kor 6/7 oder Gal 3/4 hergeleitet bzw. interpretiert werden.[72] Daß das Motiv nur in 1Kor und Gal vorkommt, läßt vermuten, daß Paulus sonst andere Vorstellungen zur Darstellung des Heilswerkes Christi bzw. des Heilswerkes Gottes in Christus bevorzugt und das (frühchristliche) Loskauf-Motiv nur dort in seiner Argumentation einsetzt, wo er es als ein schon bekanntes wirken lassen

---

[71] Vgl. E. Lohse, Märtyrer S. 144, der einen Einfluß von Jes 53,7 jedoch ablehnt; R. Schnackenburg, Johannesevangelium I S. 286; P. Stuhlmacher, Theologie S. 54f. Folgerichtig fehlt daher im Joh die Erwähnung des letzten Passamahles Jesu. Deutlich wird besonders unter Berücksichtigung von 1,29.36 das theologische Interesse des Verfassers, das er literarisch umsetzt, so daß die Überlegungen von R. Riesner, Frühzeit S. 41f., über die historische Zuverlässigkeit des Joh im Blick auf den Todestermin Jesu nicht überzeugen, zumal Riesner neben 1Kor nur spätere Texte zur Unterstützung seiner These anführen kann, vgl. P. Stuhlmacher, Theologie S. 55f.

[72] Vgl. W. C. van Unnik, Redemption S. 53; ferner K. C. P. Kosala, Taufverständnis S. 117-147.

kann.[73] Diese Vermutung bestätigt sich bei einem Blick auf das
paulinische Verständnis des Heilsgeschehens. Größere Bedeutung
als das Loskauf-Motiv hat für Paulus die Vorstellung von der Rettung (σῴζειν und seine Derivate) bzw. von der Versöhnung
(καταλλάσσειν/ καταλλαγή).

5.2. Die Beschreibung des Heilswerkes bei Paulus und den deuteropaulinischen Verfassern

5.2.1. Versöhnung und eschatologische Rettung

Die Termini (ἀπο)καταλλάσσειν/καταλλαγή begegnen ausschließlich
im Corpus Paulinum (Röm 5,11; 11,15; 2Kor 5,18.19 – καταλλαγή,
Röm 5,10; 2Kor 5,18.19.20 – καταλλάσσειν[74], sowie ἀποκαταλλάσ-
σειν in Kol 1,20.22; vgl. Eph 2,16). Der 1. Petrusbrief kennt diese
gewichtigen theologischen Gedankengänge des Paulus nicht.[75]
    In Röm 5,10f. und 11,15 wird neben καταλάσσειν/καταλλαγή
auch σῴζειν verwendet; hier kommt – neben 2Kor 5,18-21 – das
für Paulus charakteristische Verständnis des Heilswerkes Christi
zum Ausdruck: Gott erweist seine Liebe zu den Menschen, indem

---

73 Vgl. G. Delling, Existenz S. 100: „Paulus würde von der Hingabe des Sohnes
in den Tod sprechen, um die Größe des Geschehens zu bezeichnen."
74 1Kor 7,11 erscheint das Verbum im Zusammenhang der Versöhnung zwischen Mann und Frau in der Ehe.
75 Vgl. C. Wolff, Zweiter Korintherbrief S. 134, der von einer „originär *paulini-
sche(n)* Deutung des Heilswerkes" spricht; vgl. auch a.a.O. S. 136.; P. Stuhlmacher,
Theologie S. 318ff.; aus der Fülle der Literatur zum Ganzen z.B. M. Wolter, Rechtfertigung passim; E. Lohse, Märtyrer S. 147-162; M. Hengel, Atonement passim;
J. Becker, Sühnetod passim, bes. S. 38-47; O. Hofius, Erwägungen passim; H. J.
Findeis, Versöhnung passim; P. Stuhlmacher, Sühne passim; C. Breytenbach, Versöhnung passim; ders., Versöhnung, Stellvertretung und Sühne passim; J. Schröter, Versöhner S. 291-320. Zu den Versöhnungsaussagen in Kol und Eph vgl. bes.
C. Burger, Schöpfung und Versöhnung passim; P. Stuhlmacher, Christusbild S.
173f. – Im Blick auf die Problemstellung dieser Untersuchung muß auf eine Darstellung der Problematik sowie der kontroversen Diskussion über Herkunft und
inhaltliche Entfaltung des paulinischen Versöhnungsverständnisses verzichtet
werden.

Christus für sie (d.h. um ihretwillen, vgl. 5,7) stirbt (Röm 5,6.8). Gott bewirkt durch den Tod Christi die Versöhnung zwischen sich und den Menschen (5,10; vgl. 2Kor 5,19[76]; Kol 1,20ff.), die mit einer Versöhnung zwischen 'Feinden' (ἐχθροί) verglichen wird. Zu beachten ist dabei der Dreischritt Schwache/Gottlose – Sünder – Feinde: Die Feindschaft zwischen Gott und Mensch liegt in der Sünde begründet; die ohnehin Gottlosen werden durch die Sünde zu Feinden Gottes. Dieser Prozeß wird schließlich durch die Versöhnungstat Gottes[77] durchbrochen und beendet.[78] Die Versöhnung ist daher als ein Geschehen der Vergangenheit (das Sterben Jesu) beschrieben[79], wirkt sich aber in der Gegenwart der Glaubenden als Vergebung der Sünden (vgl. 2Kor 5,21)[80] auf ihr Gottesverhältnis aus (καταλλαγέντες σωθησόμεθα, Röm 5,10; δι' οὗ νῦν τὴν καταλλαγὴν ἐλάβομεν, V. 11; vgl. V. 9).[81] Dem gegenwärtigen Verständnis der Versöhnung steht das zukünftige Geschehen des Gerettetwerdens gegenüber: Die Versöhnung ist der jetzt schon verwirklichte Aspekt des Heils, das Gerettetwerden der zukünftige, der noch aussteht und sich erst in der Zukunft erweisen wird (vgl. vor allem das Futur σωθησόμεθα, 5,10).[82] Die Zusammengehörig-

---

[76] C. Breytenbach, Versöhnung S. 118f., vermutet in 2Kor 5,19b eine vorpaulinische Tradition hellenistisch-judenchristlicher Prägung (vgl. auch a.a.O. S. 190; anders z.B. C. Wolff, Zweiter Korintherbrief S. 136).

[77] καταλλάγημεν in Röm 5,10 ist auf dem Hintergrund von 2Kor 5,18f. als passivum divinum zu verstehen, vgl. C. Wolff, Zweiter Korintherbrief S. 135; C. Breytenbach, Versöhnung S. 154. Nicht angemessen ist m.E. die von O. Hofius, Erwägungen S. 3, vorgetragene Alternative: „... der Tod Christi (ist) nicht das Mittel zur Versöhnung, sondern ihr *Vollzug*, nicht bloß ihre Ermöglichung, sondern ihre *Verwirklichung*." Gottes 'Sein in Christus' impliziert doch gerade sein Handeln *durch* Christus, wie besonders die Parallele in 2Kor 5,18 zeigt, vgl. H. J. Findeis, Versöhnung S. 188; C. Wolff, Zweiter Korintherbrief S. 130; vgl. oben S. 93f.

[78] Vgl. O. Hofius, Erwägungen S. 4f., C. Breytenbach, Versöhnung S. 154; U. Wilckens, Römer I S. 295ff.

[79] Vgl. C. Breytenbach, Versöhnung S. 154f.

[80] Vgl. E. Lohse, Märtyrer S. 158; C. Wolff, Zweiter Korintherbrief S. 133.136. J. Schröter, Versöhner S. 314.316, spricht von „Beseitigung" der Sünden.

[81] Vgl. C. Breytenbach, Versöhnung S. 155.

[82] Vgl. C. Wolff, Zweiter Korintherbrief S. 134: „... die Rettung vor dem Zorn(-gericht) (ist) die Konsequenz der Versöhnung ..."; ferner C. Breytenbach, Versöhnung S. 170-172. Zum eschatologischen Bezug der Rettung vgl. auch Röm 8,24; 10,9-13; 1Kor 3,14; 5,5; 10,33; 1Thess 2,16. Den Zusammenhang von Ver-

keit beider Aspekte erhält ihre Begründung durch das Sterben
Jesu: Sein Tod bewirkt die Versöhnung und Gerechtmachung (Röm
5,9f.; 2Kor 5,21) und wird dadurch zur Grundlage für die eschatologische Rettung vor dem Zorn Gottes (vgl. auch 1Thess 1,10).[83]

Die Erwartung einer solchen eschatologischen Rettung, die für
Paulus hinsichtlich des Heilswerkes Gottes in Christus zentral ist
und die als Errettung von dem Zorn Gottes die Vorstellung vom
noch ausstehenden Gericht Gottes voraussetzt, wird im 1Petr nicht
reflektiert. Nur an zwei Stellen wird das Verbum σῴζειν verwendet
(3,21; 4,18). 3,21 bezieht die Rettung auf die in der Gegenwart ge-
schehende Taufe: Die Taufe ist der Ort, wo die Rettung erfolgt
(*νῦν σῴζει βάπτισμα* – Präsens!).[84] Die Deutlichkeit dieser präsenti-

---

söhnung und Rettung als Gegenwart und Zukunft des Heilswerkes Gottes wendet
Paulus in Röm 11 auf die Beurteilung Israels an: Die (zeitweise) Verwerfung Israels eröffnete die Möglichkeit zur Versöhnung der Welt (καταλλαγὴ κόσμου, 11,15),
aber für die noch ausstehende Zukunft des Gottesvolkes gilt ebenso: „Ganz Israel
wird gerettet werden" (πᾶς 'Ισραὴλ σωθήσεται, 11,26).

[83] Vgl. M. Wolter, Rechtfertigung S. 180-195; O. Hofius, Erwägungen S. 5. C.
Breytenbach, Versöhnung S. 171f., betont, daß σωθησόμεθα in Röm 5,10 nicht
durch ἀπὸ τῆς ὀργῆς bestimmt wird (a.a.O. S. 171), wobei 5,10 dennoch sinnvoll
mit 5,9 korrespondiert, indem das zukünftige Gerettetwerden einmal negativ und
einmal positiv bestimmt wird; vgl. ferner C. Wolff, Zweiter Korintherbrief S. 134.
Der Bezug der Versöhnungsaussage auf Christus (2Kor 5,18.19) läßt erkennen,
daß der λόγος τῆς καταλλαγῆς (5,19b) wohl nicht allein das Angebot zur Versöhnung meint (vgl. C. Breytenbach, a.a.O. S. 114), sondern eher das Angebot, diese
in Christus bereits geschehene Versöhnung des *Kosmos* (Röm 11,15; 2Kor 5,19) jeweils individuell als solche anzuerkennen und die entsprechenden Konsequenzen
daraus zu ziehen, vgl. C. Wolff, a.a.O. S. 130; P. Stuhlmacher, Versöhnung S. 347.
Dafür spricht besonders die Differenzierung, die Paulus durch die Aussage von
der Versöhnung der *Welt* (5,18: καταλλάξαντος – vorzeitiges Aorist-Partizip, bzw.
5,19: ἦν καταλλάσσων) einerseits und die persönliche Aufforderung zum Sich-
Versöhnen-Lassen (5,20: καταλλάγητε) vornimmt. – Der Bezug zum Tod Christi
ist Grund dafür, daß Paulus auch der eschatologischen Rettung eine präsentische
Bedeutung verleihen kann, gleichsam als glaubende Vorwegnahme des noch ausstehenden Heils (vgl. Röm 5,1; 8,1; 1Kor 1,21; 9,22; 15,2), vor allem durch die Bezeichnung der Glaubenden als σῳζόμενοι, d.h. als „Gerettet werdende" (Partizip
Präsens; vgl. 1Kor 1,18; 2Kor 2,14). Deuteropaulinisch überwiegt das real-präsen-
tische Verständnis des Gerettet*seins*, vgl. Eph 2,4.8: σεσῳσμένοι (Partizip *Perfekt*;
vgl. dazu P. Pokorný, Epheser S. 104-108); ferner 1Tim 1,15; 2,3; 4,16; 2Tim 1,9;
Tit 3,5; eher zukünftig in 2Thess 2,10; 1Tim 2,15.

[84] Dazu s.u. S. 199f.211ff.

schen Rettungsaussage wird durch 4,18 problematisiert, wo das Gerettetwerden durch die Erwähnung des Gerichtes über die Ungehorsamen scheinbar nicht auf die Gegenwart bezogen, sondern unter einem zukünftigen Aspekt angesprochen wird[85], was zumindest als inkonsequent aufgefaßt werden könnte. Doch 4,18 ist ein fast[86] wörtliches Zitat aus Prov 11,31 und dient als Schriftbeleg für die Argumentation über das *gegenwärtige* Verhältnis derer, die als Gerechte leiden zu jenen, die das Leiden verursachen (4,14-16).[87] Die Rettung ist auch hier im Präsens (σῴζεται) ausgedrückt, wodurch das Zitat formal zur Aussage von 3,21 paßt. Auch der Kontext des Zitats hat einen präsentischen Bezug: Das Gericht beginnt bereits in der Gegenwart, am „Hause Gottes"[88], das Gericht über die Gottlosen jedoch steht noch aus (4,17). Der Gegenwart des Gerichtes entspricht die Gegenwart des Rettungsgeschehens, denn Rettung wird im Gericht vollzogen und von daher ist auch das Präsens in 4,18 als solches zu verstehen.[89] Für die Glaubenden ist es nicht das Gericht selbst, das eschatologisch erwartet werden muß, sondern das *Ergebnis* des Gerichtes als Teilhabe bzw. Nichtteilhabe am Heil wird sich eschatologisch erweisen, vgl. 4,13.[90]

Es zeigt sich, daß 1Petr eine andere Vorstellung von Rettung entwickelt als Paulus[91], was jedoch im Blick auf diesen zentralen theo-

---

85 Vgl. L. Goppelt, Petrusbrief S. 315, der auf dem Hintergrund der paulinischen Gerichtsvorstellung interpretiert und damit aus seiner eigenen Darstellung des Gerichtes in 1Petr herausfällt; eschatologisch interpretieren auch R. Knopf, Briefe S. 185; H. Windisch/H. Preisker, Briefe S. 53; W. Schrage, Erster Petrusbrief S. 115.

86 μέν wird ausgelassen; ergänzt durch 𝔓[72], Minuskel h und Vulgata Sixtina.

87 Vgl. dazu E. G. Selwyn, Peter S. 299-303; J. Barr, ΜΟΛΙΣ passim.

88 Vgl. E. G. Selwyn, Peter S. 209f.; L. Goppelt, Petrusbrief S. 311; N. Brox, Petrusbrief S. 222; O. Knoch, Petrusbrief S. 127; Zur Deutung und Bedeutung der Gerichtsvorstellung im 1. Petrusbrief s.o. S. 111ff.

89 Vgl. N. Brox, Petrusbrief S. 223.

90 Vgl. K. H. Schelkle, Petrusbriefe S. 126; N. Brox, Petrusbrief S. 223; O. Knoch, Petrusbrief S. 128.

91 Vgl. P. E. Davies, Christology S. 117, der jedoch in Paulus die entwickeltere Christologie vorfindet, während 1Petr eine unreflektiertere (primitive) Stufe in Gestalt eines einfachen, unkomplizierten jüdischen Monotheismus (a.a.O. S. 121) repräsentiere. Davies kurze Ausführungen sind aber zu assoziativ, um eine solche These hinreichend begründen zu können.

logischen Topos nicht zu erwarten wäre, stünde der 1Petr in der Tradition des Paulus, zumal auch in 1Petr die Erwartung des eschatologischen Heils eine nicht unbedeutende Rolle spielt (vgl. 1,3-9).

5.2.2. Das Verständnis von σωτηρία

Das Nomen σωτηρία ist vom Verbum σῴζειν abgeleitet und gehört in die Untersuchung der Auffassung vom Heilswerk Gottes. Im Unterschied zum Verständnis Gottes bzw. Christi als σωτήρ[92], ist σωτηρία in fast[93] allen Schichten des Neuen Testaments ein wichtiger Begriff. Im 1Petr begegnet er in 1,5.9.10 und 2,2. Wie schon das Verbum, jedoch mit einem anderem Verständnis, ist auch σωτηρία recht präzise umrissen: Es handelt sich um das offenbar werdende eschatologische Heil (1,5.9)[94], das bereits jetzt als Erbe (κληρονομία) im Himmel verwahrt wird (1,4)[95] und das im Leiden

---

[92] Eine Reflexion dieses Titels kann hier ausgelassen werden, da er in 1Petr fehlt und daher allenfalls als argumentum e silentio eine Rolle spielen könnte. Bei Paulus erscheint er singulär in Phil 3,20; ausgeprägt ist die Vorstellung dagegen in den deuteropaulinischen Briefen (vgl. Eph 5,23; 1Tim 1,1; 2,3; 4,10; 2Tim 1,10; Tit 1,3.4; 2,10.13; 3,4.6) sowie in „katholischer" Brieftradition (1Joh 4,14; Jud 25; 2Petr 1,1.11; 2,20; 3,2.18), vgl. W. Foerster, Art. σῴζω S. 993.1015-1018. Die Verbreitung in deuteropaulinischer Literatur und das Fehlen in 1Petr könnten als Indiz dafür gelten, daß 1Petr nicht in dieser nachpaulinischen Tradition steht.

[93] Nicht im Markus- und Matthäusevangelium.

[94] Das zukünftige Verständnis von σωτηρία wird vor allem durch 1,9 angezeigt, wo das Heil als τέλος τῆς πίστεως näher bestimmt wird. Zum Ausdruck σωτηρία ψυχῶν vgl. G. Dautzenberg, Σωτηρία passim, bes. S. 264-270, der auf den traditionellen apokalyptischen Hintergrund der Vorstellung aufmerksam macht. Dautzenberg hebt ebenfalls die beiden Dimensionen von σωτηρία hervor (a.a.O. S. 271f.) und spricht von dem „unbedingte(n), präsentische(n) Zuspruch der eschatologischen σωτηρία ψυχῶν" (a.a.O. S. 272) als der Rettung des Lebens (a.a.O. S. 275f.); vgl. E. G. Selwyn, Peter S. 132f.; J. N. D. Kelly, Peter S. 58, der den Unterschied zum paulinischen Verständnis von ψυχή hinweist; ferner H. Manke, Leiden S. 27-32. – K. H. Schelkle, Petrusbriefe S. 32, bezieht ἐν καιρῷ ἐσχάτῳ in 1Petr 1,5 auf die Gegenwart der Glaubenden, die „Endzeit ist" und versteht daher die Erwartung des Heils im Horizont der drängenden Naherwartung; anders R. Knopf, Briefe S. 47; F. W. Beare, Peter S. 84f.; E. G. Selwyn, Peter S. 125.

[95] G. Delling, Existenz S. 96, weist auf die frühjüdische Vorstellung von dem im Himmel bereitstehenden himmlischen Jerusalem als Hoffnungsziel hin, vgl. 4Esr 7,26; 10,54; äthHen 90,28f. u.ö.

und in der Herrlichkeit Christi begründet ist (1,10f.).[96] Die Zeit bis zur Enthüllung des Heils wird für die Glaubenden als Zeit der Bewahrung durch Gott (1,5) und des geistlichen Wachstums (2,2f.) beschrieben.[97] Durch die charakteristische inhaltliche Füllung von σωτηρία als Leiden und Herrlichkeit Christi in 1,10f. wird die Gegenwart als ein Bestandteil des Heils mit einbezogen: Das Heil, das eschatologisch enthüllt werden wird, ist in 4,13 und 5,1 als „Offenbarung der Herrlichkeit Christi" beschrieben, an der die Glaubenden Anteil erhalten.[98] Darin wird das Heil sichtbar werden. Das eschatologische Verständnis von σωτηρία unterscheidet sich daher vom Gebrauch des Verbums σῴζειν, dessen Gewicht auf dem präsentischen Aspekt des Heils liegt, nicht als schon vorhandenes

[96] Vgl. J. N. D. Kelly, Peter S. 62. Nach E. Kühl, Briefe S. 98f. (vgl. K. H. Schelkle, Petrusbriefe S. 39), ist die σωτηρία Teil der in der Offenbarung Christi dargebrachten Gnade: „χάρις bezeichnet ... *den ganzen Umfang entweder der Heilsthatsachen selbst als der spezifischen Gnadenerweisungen Gottes oder der auf die Heilsthatsachen in der Offenbarung Christi gegründeten Gnadenmittheilungen Gottes an die Christen,* und die σωτηρία wird nur ihr letzter Act sein ... Also nicht Voraussetzung und Prinzip des Heils, wie in der technischen Bedeutung bei Paulus, sondern Umschreibung des ganzen Heilsinhaltes ist hier χάρις. Es hat deshalb keinen Sinn und Zweck, hier als Parallelstelle Eph 25: χάριτί ἐστε σεσωσμένοι [sic] anzuführen ..." (kursiv im Original geperrt); gegen H. Windisch/H. Preisker, Briefe S. 54; N. Brox, Petrusbrief S. 69; vgl. G. Dautzenberg, Σωτηρία S. 264.

[97] Vgl. D. G. Miller, Deliverance S. 415-417.419-421, der das Zusammenspiel der göttlichen Initiative und der menschlichen Antwort beim Rettungsgeschehen besonders unterstreicht. L. Goppelt, Petrusbrief S. 97 Anm. 27, versteht σωτηρία in 1,5-9 als „Rettung aus der Bedrängnis"; in 1,10 als Erfüllung alttestamentlicher Verheißung und in 2,2 als Vollendung. Die argumentative Logik des Verfassers ist dabei jedoch nicht ausreichend gewürdigt. Nach N. Brox, Petrusbrief S. 66, ist 1 Petr 1,9 wegen des Partizip Präsens κομιζόμενοι präsentisch aufzufassen: „Dieses Heil wird jetzt schon erlangt ..."; den Widerspruch zu seiner Deutung von 1,5 (a.a.O. S. 63) reflektiert er nicht. Der eschatologisch orientierte Kontext und vor allem die Wendung τέλος τῆς πίστεως blicken auf das endzeitliche Heil: Wenn das Heil das *Ziel* des Glaubens ist (vgl. a.a.O. S. 66), das Heil aber schon jetzt erlangt würde, dann wäre als Konsequenz auch das Ziel des Glaubens schon jetzt erreicht; vgl. O. Knoch, Petrusbrief S. 46. Das ist jedoch nicht die Intention des Verfassers (s.o. S. 138 Anm. 94). Die Präsensform des Partizips hat wahrscheinlich einen durativen Aspekt: In ihrer Leidensexistenz sind die Glaubenden schon im Begriff, das Heil zu erlangen, aber erst im Zusammenhang mit der eschatologischen Offenbarung Christi (vgl. bes. 1,7!) wird das „Ziel des Glaubens" zur realen Gegenwart.

[98] Vgl. dazu oben S. 113ff.

und erst eschatologisch offenbar werdendes Gut, sondern als der
bereits in der Gegenwart sich vollziehende Vorgang der Rettung,
dessen Ziel die Teilhabe am eschatologisch zu erlangenden Heil
ist.[99] Das Leiden (1,10f.) ist insofern einbezogen, als erst die Teilhabe am Leiden Christi zur Teilhabe an seiner eschatologisch offenbar werdenden Herrlichkeit befähigt.[100] Mit der Herrlichkeit
wird demnach der Sinn der Leiden erst endgültig verstanden als
Leiden um der Gerechtigkeit (3,14), um des Namens Christi willen
(4,14)[101] bzw. ὡς Χριστιανός (4,16), die Teil der Gnade Gottes
sind.[102] Erst auf dem Hintergrund des Verständnisses der gegenwärtigen Leiden als Teil der zukünftigen Heilsoffenbarung kann
für die Adressaten der Zuspruch des Verfassers Trost bewirken:
Das Leiden, sofern es ein Leiden um Christi willen ist, wird nicht
als ein zu fliehendes Übel, sondern als zur gegenwärtigen Existenz
der Glaubenden um des Erbes des Heils willen *notwendig* zugehörig (vgl. εἰ δέον [ἐστίν] in 1,6), ja geradezu als ein Ziel der Berufung angesehen (2,20f.).

Den Zusammenhang von gegenwärtigem Leiden und der Teilhabe an der zukünftigen Herrlichkeit kennt zwar auch Paulus,
aber er entfaltet dies nicht im Kontext seines Verständnisses von
σωτηρία. 'Heil' ist für ihn ebenfalls eschatologisch bezogen, beinhaltet jedoch primär – wie schon das Verbum σῴζειν – den Aspekt
der eschatologischen Rettung vor dem *Gericht* Gottes (Röm 1,16f.
auf dem Hintergrund von 1,18ff.; besonders deutlich die parallele
Formulierung im Zusammenhang von Röm 10,9f.; ferner 11,11;
13,11f.: Das Heil ist nahe, weil der „Tag" nahe ist, hier wohl der
„Tag des Herrn" als Gerichtstag; weiterhin 1Kor 1,18; 2Kor 7,10;

---

99 Zum Unterschied zwischen 1Petr 1,9; 2,2 einerseits und 3,21 andererseits
vgl. L. Goppelt, Petrusbrief S. 97f. Fraglich ist, ob die von L. Goppelt, a.a.O. Anm.
27, vorgenommene Differenzierung von 3,21 und 4,18 durchgehalten werden
kann (dazu s.u. S. 211f.).
100 Vgl. O. Knoch, Petrusbrief S. 47; K. C. P. Kosala, Taufverständnis S.
148-155.
101 Die in 3,14 und 4,14 ausgesprochene Seligpreisung weist auf den gleichen
Traditionskreis wie Mt 5,10f.; vgl. R. Metzner, Rezeption S. 19-29.34-38.
102 Vgl. E. Kühl, Briefe S. 102.

1Thess 5,8).[103] Ein präsentischer Bezug kommt in 2Kor 6,2 zum Ausdruck, wo der Apostel in Anknüpfung an Jes 49,8 formuliert: „… jetzt ist der Tag des Heils". Aus dem Kontext von 5,18ff. bedeutet dies: In der Bereitschaft zur Annahme der durch Christus erfolgten Versöhnungstat Gottes entscheidet sich in der Gegenwart, ob man in die eschatologische Rettung vor dem Gericht einbezogen sein wird.[104] Der aus Jes 49,8 eingetragene präsentische Aspekt in 2Kor 6,2 ist daher kein Widerspruch zum sonstigen eschatologischen Verständnis von σωτηρία.[105]

Deuteropaulinisch ändert sich das Verständnis in unterschiedlicher Weise. Während in 2Thess noch stärker in Anlehnung an Paulus der eschatologische Aspekt sowohl der Rettung (2,10) als auch des Heils (2,13) angesprochen wird (vgl. V. 14 und ähnlich 2Tim 2,10; 3,15; 4,17), erhält σῴζειν/σωτηρία im Epheserbrief eine präsentische Prägung. Auf dem Hintergrund von Eph 2,8 wird das Heil in der Wendung εὐαγγέλιον τῆς σωτηρίας (1,13) als gegenwärtiges Heil des Gerettetseins verstanden.[106] Dem korrespondiert die Bezeichnung der Glaubenden als Gerettete (σεσῳσμένοι – Partizip *Perfekt*; 2,5.8). Charakteristisch ist die Veränderung des paulinischen Verständnisses von Röm 3,28 in Eph 2,8: Beschrieb Paulus den gegenwärtigen Heilszustand als „*Gerechtmachung* durch den Glauben" (δικαιοῦσθαι πίστει, vgl. Röm 3,24: δικαιούμενοι … τῇ αὐτοῦ χάριτι), so sind nach Eph 2,8 die Christen „*Gerettete* durch den Glauben (σεσῳσμένοι διὰ πίστεως).[107] Paulus selbst könnte diese Formulierung nicht verwenden, ist für ihn doch die Rettung erst ein zukünftiges Geschehen.

---

103 Zum Ganzen vgl. z.B. E. Synofzik, Vergeltungsaussagen passim, bes. S. 78-90; F. Froitzheim, Eschatologie S. 3-28; H.-H. Schade, Apokalyptische Christologie S. 46-63.98-104. – E. G. Selwyn, Peter S. 302, weist auf die Differenz zwischen 1Petr 4,17ff. und 2Thess 2,2-12 hin, wo betont wird, daß der Tag des Herrn noch nicht da ist (vgl. 1Thess 5,2); ähnlich H. Manke, Leiden S. 30.

104 Vgl. C. Wolff, Zweiter Korintherbrief S. 138: Der Zuspruch der erfolgten Versöhnung ist „stets verpflichtende Gegenwart"; s. auch oben S. 136 Anm. 83.

105 Unsicher ist der Bezug in Phil 1,19.28. Nach J. Gnilka, Philipper S. 66; U. B. Müller, Philipper S. 57, hat Paulus auch hier das eschatologische Heil im Blick; anders W. Foerster, Art. σῴζω S. 994.

106 Vgl. dazu den Exkurs bei P. Pokorný, Epheser S. 104-108.

107 Vgl. P. Pokorný, Epheser S. 103f.

Ein präsentisches Verständnis findet sich auch in 1Tim 1,15 und 2,4: Christus ist gekommen (ἦλθεν) um Sünder zu retten (1,15), was dem Willen Gottes zur Rettung aller Menschen entspricht und sich in der Wahrheitserkenntnis gegenwärtig vollzieht (2,4).[108]

Aus der sonst in 2Tim vorwiegend futurischen und damit Paulus entsprechenden Beschreibung von Heil und Rettung fällt 2Tim 1,9 heraus, wo ebenfalls von bereits geschehener Rettung auf Grund der göttlichen Berufung die Rede ist.[109]

5.2.3. Zusammenfassung

Innerhalb des Corpus Paulinum läßt sich daher folgende Linie nachzeichnen: Dem eschatologischen Verständnis von σῴζειν/ σωτηρία bei Paulus sind die Autoren von 2Thess und 2Tim gefolgt, wobei in 2Tim 1,9 bereits die Rettung als gegenwärtiges bzw. vergangenes Geschehen in den Blick genommen werden kann. Der präsentische Aspekt tritt dagegen in 1Tim und besonders reflektiert und konsequent in Eph zu Tage.[110]

Ein in Gegenwart und Zukunft differenziertes Geschehen von Rettung (Gegenwart) und Heilsempfang (Zukunft), wie es für den 1Petr festgestellt werden konnte, findet sich in keiner Schrift des Corpus Paulinum. Auch zu der vorwiegend unter präsentischem Aspekt dargestellten Vorstellung von Rettung in manchen deuteropaulinischen Schriften läßt sich von 1Petr her keine Verbindung

---

[108] Vgl. N. Brox, Pastoralbriefe S. 126; J. Roloff, Timotheus S. 120; L. Oberlinner, Pastoralbriefe S. 73. Von den problematischen Stellen in 1Tim 2,15 und 4,16 ausgehend ist m.E. kein eindeutiger Rückschluß auf ein präsentisches oder futurisches Verständnis von Heil bzw. Rettung möglich; vgl. dazu L. Oberlinner, a.a.O. S. 101-104.213-215.

[109] N. Brox, Pastoralbriefe S. 230; H. Merkel, Pastoralbriefe S. 58f.

[110] Mit der Zeichnung dieser Entwicklungslinie soll keine chronologische Folge bestimmt werden. Auch wenn umstritten ist, in welchem Verhältnis 1Tim und 2Tim zueinander stehen (siehe folgende Anm.), so muß der Unterschied in diesem Punkt wahrgenommen werden. Auch der Eph steht keinesfalls etwa am Ende dieser Reihe, sondern es ist wahrscheinlicher, daß es verschiedene *parallele* Ausformungen der paulinischen Tradition gegeben hat: im Blick auf das Verständnis der Rettung jene, die näher an Paulus geblieben ist, und eine andere, die von ihm abweichend das Präsens des Geschehens betonte.

ziehen. Die oben dargestellten Entwicklungen von Paulus zu seiner Schule, die in sich schon nicht einheitlich sind, zeigen, daß 1Petr noch einmal in einer anderen Weise das Heilsgeschehen reflektiert.

Die Beziehung der gegenwärtigen Rettung zur Taufe, wie sie in 1Petr 3,21 hergestellt wird, begegnet in der deuteropaulinischen Tradition singulär in Tit 3,5, wo das „Bad der Wiedergeburt" als Mittel zur Rettung bezeichnet wird (ἔσωσεν ἡμᾶς διὰ λουτροῦ παλιγγενεσίας).[111] Ob sich hier jedoch eine Verbindung zu 1Petr 3,21 herstellen läßt, muß an anderer Stelle im Rahmen der Untersuchung des Verständnisses von Taufe und des Verhältnisses von Taufe und Wiedergeburt (bzw. Neugeburt) erörtert werden.[112]

5.3. Christus als Eckstein

Als Parallele zu paulinischer Tradition wird der Passus 1Petr 2,4-10 in seinem Verhältnis zu Röm 9,25f.32f. angesehen.[113] Der Grund dafür ist das gehäufte Vorkommen gleicher alttestamentlicher Anspielungen und Zitate, wie sie so nur in diesen Texten des Neuen Testaments vorkommen. Es handelt sich dabei um den Bezug auf Jes 8,14; Jes 28,16; Hos 2,1.25 sowie Ps 118(117),22.[114] Der Psalmvers jedoch, dies sei bereits hier hervorgehoben, findet

---

[111] In 2Tim 1,9 geschah die Rettung, wie oben dargestellt wurde, durch die göttliche Berufung, nicht durch die Taufe. Das sowohl in 1Tim als auch in Tit 3,5 vorliegende präsentische Verständnis stellt diese beiden Briefe in dieser Hinsicht näher zueinander als 1Tim zu 2Tim; vgl. W. G. Kümmel, Einleitung S. 324, ferner a.a.O. S. 340: „Man wird wohl weder die vorausgesetzte Situation des einzelnen Briefes noch die Reihenfolge ihrer Abfassung feststellen können."

[112] S.u. S. 223ff.

[113] R. Knopf, Briefe S. 92: „darin unmittelbar von Paulus Röm 9,32f. abhängig"; so auch F. W. Beare, Peter S. 126. Zu den älteren Auffassungen vgl. E. Kühl, Briefe S. 145-150; vgl. W. Schrage, Erster Petrusbrief S. 60: „gemeinsam benutzte Auslegungstradition"; ferner M.-A. Chevallier, Israël S. 126; A. Lindemann, Paulus S. 255.

[114] Zur Behauptung von R. Perdelwitz, Mysterienreligionen S. 69ff., daß im Hintergrund von 1Petr 2,4ff. Praktiken aus Mysterienreligionen stehen, vgl. P. Vielhauer, Oikodome S. 137f.

bei Paulus keine Aufnahme. Auf die gemeinsame Verwendung von Hos 2,1.25 soll an anderer Stelle näher eingegangen werden[115]; hier stehen die christologischen Implikationen im Vordergrund.

Um das Verhältnis von 1Petr 2,4-8 zu Röm 9,32f. bestimmen zu können, ist zunächst deren Funktion im Kontext festzustellen.[116] Für Röm 9,32f. wird dieser durch die in Kapitel 9-11 verhandelte Israelproblematik vorgegeben. Die hierbei herangezogenen Texte Jes 8,14 und Jes 28,16 sind in Form eines Mischzitates auf das alttestamentlich-jüdische Gottesvolk bezogen: *Israel* hat sich an dem „Stein des Anstoßes" gestoßen (9,32). Diese vorweggenommene Anspielung auf Jes 8,14 wird in Röm 9,33 dazu verwendet, das Zitat[117] von Jes 28,16 in negativer Hinsicht zu verändern: Aus dem „kostbaren und erlesenen" Stein wird bei Paulus unter Aufnahme der Verbindung aus Jes 8,14 der „Stein des Anstoßes und Fels des Ärgernisses". Das in diesen Zusammenhang eigentlich passende Wort vom verworfenen und zum Eckstein gewordenen Stein aus Ps 118(117),22 verwendet Paulus nicht, wie er überhaupt die sonst verbreitete Ecksteinmetapher (vgl. Mk 12,10f. par. Mt 21,42; Apg 4,11; Eph 2,20) nicht aufnimmt, was die Parallelität zwischen Röm 9,32f. und 1Petr 2,4ff. bereits etwas undeutlicher werden läßt. Daß Paulus die Ecksteinmetapher nicht heranzieht, könnte sich auf Grund der genannten Belege, die in ihrer literarischen Form historisch nach Röm anzusetzen sind, daraus erklären, daß Paulus diese Tradition entweder (noch) nicht kannte, oder daß ihm die Aussage von Christus als Eckstein wegen der aus Jes 8,14 in Jes 28,16 eingetragenen negativen Konnotation in diesem Zusammenhang ungeeignet erschien. Wahrscheinlich und die Tatsache am einfachsten erklärend ist die erste Möglichkeit, was Konsequenzen für die später zu referierende Hypothese einer frühchristlichen Sammlung alttestamentlicher Texte hat.[118] Gestützt wird dies durch die Tatsache, daß Paulus in 1Kor 3,11 von Chri-

---

[115] S.u. S. 182ff.

[116] Vgl. dazu z.B. E. G. Selwyn, Peter S. 268-277; H. Hübner, Gottes Ich S. 66-70.

[117] Als solches ist es durch die Einleitung καθὼς γέγραπται gekennzeichnet.

[118] S.u. S. 153ff.

stus als dem Fundament spricht, eine Aussage, die sich von Jes 28,16 herleiten läßt[119] und auch hier nicht – im Unterschied etwa zum ähnlichen Kontext im deuteropaulinischen Epheserbrief (Eph 2,20) – auf die Ecksteinmetapher Bezug nimmt. Für Paulus ist Christus das Fundament des Glaubens, für die spätere Generation wird er zum Eckstein, weil nunmehr auch die apostolische und prophetische Tradition fundamentale Bedeutung erlangt. Das deutet auf ein fortgeschrittenes Stadium der Reflexion der Ecksteinmetapher in ihrem Verhältnis zum paulinischen Verständnis Christi als Fundament (1Kor 3,11): Christus wird im Epheserbrief nicht mehr als Fundament, sondern als der im Fundament der Apostel und Propheten entscheidende Stein verstanden, ohne den dieses nicht trägt.[120] Erst später scheint also Ps 118(117),22 eine

---

[119] S.u. S. 148f. Freilich kann hier kaum mehr als eine Assoziation vorliegen, da nicht Gott, sondern Paulus das Subjekt ist (vgl. 1Kor 3,10).

[120] Die Aufforderung zum Sich-Erbauen-Lassen legt für 1Petr 2,4-8 die Bedeutung „Eckstein" nahe, gemeint ist also auf der Bildebene der für die Festigkeit des Fundamentes entscheidende Stein, nicht der Schlußstein des Hauses, etwa in einem tragenden Bogen; anders z.B. R. N. Longenecker, Christology S. 52. Darüber hinaus müssen Ecksteine besondere Qualitäten aufweisen und besonders gut behauen bzw. geformt und von besonderer Festigkeit sein. Beachtenswert ist hierbei auch die den hebräischen Text ergänzende Formulierung εἰς τὰ θεμέλια in JesLXX 28,16: Der Eckstein wird dadurch als ein in das Fundament integrierter, allerdings in seiner Besonderheit hervorgehobener Stein verstanden (vgl. U. Maiburg, Eckstein S. 248), was auf der Bildebene der Tatsache Rechnung trägt, daß es in einem Fundament nicht nur einen Eckstein gibt. Vor allem auf Grund der letzten Überlegung bleibt fraglich, ob das Bild wirklich so weit trägt und ob vielleicht schon bei seiner ursprünglichen Verwendung kein präzises Wissen um die Verhältnisse beim Hausbau vorhanden waren, sondern nur assoziativ darauf zurückgegriffen wurde, vgl. J. N. D. Kelly, Peter S. 94f. Zu fragen wäre weiterhin, ob hier nicht schon auf der Bildebene eine Vermischung vorliegt von dem Wissen um die Notwendigkeit eines tragfähigen Fundamentes für den Hausbau und der Bedeutung einzelner Steine. – Nach J. Jeremias, Der Eckstein passim; ders., κεφαλή passim; vgl. ders., Eckstein passim, handelt es sich um den Schlußstein, wie er in Gewölben verwendet wurde, doch weisen neben den oben genannten Aspekten die verbreitete Verbindung zum Fundament-Motiv sowie die implizite Intention des Zu-Fall-Kommens (vgl. etwa Lk 20,28) auf die Bedeutung „Eckstein". Zur Diskussion vgl. P. Pokorný, Epheser S. 131; R. Schnackenburg, Epheser S. 123f.; zur Kritik an Jeremias' Auffassung vgl. ferner E. Percy, Probleme S. 329ff.485ff.; R. J. McKelwey, Cornerstone S. 352-359; J. H. Elliott, Elect S. 24-26; H. Merklein, Amt S. 145-150; U. Maiburg, Eckstein S. 251f. mit Anm. 41, zur Diskussion der patristi-

Rolle in christlicher Tradition zu spielen. Interessant an dieser Beobachtung zu Eph 2,20 ist auch, daß hier das Stichwort „Stein"
(λίθος) nicht mehr vorkommt, während es für Paulus und auch für
1 Petr 2,4ff. von maßgeblicher Bedeutung ist. Andererseits ist die
direkte Identifizierung Christi mit dem „Stein" bzw. dem „Eckstein" in Eph 2,20 und 1 Petr 2,4ff. bei Paulus in Röm 9,32f. zwar
vorausgesetzt[121], aber nicht ausdrücklich vorgenommen.

Der konkrete und eingegrenzte inhaltliche Bezug der alttestamentlichen Zitate im Römerbrief markiert einen deutlichen Unterschied zu 1 Petr 2,4-10. Hier wird der alttestamentliche Kontext
zum einen wesentlich weiter gefaßt und zum anderen haben die
Texte eine andere Funktion als bei Paulus.

Die Perikope in 1 Petr 2 ist hinsichtlich ihrer Kontextfunktion
nicht einfach zu bestimmen. Zwar schließt sie sich relativisch an
den vorigen Abschnitt an (πρὸς ὅν ist auf ὁ κύριος zu beziehen),
eröffnet aber thematisch einen neuen Gedankengang. Die Abgrenzung von 2,11ff. ist durch den Neueinsatz in der Anrede von V. 11
und einem erneuten Themenwechsel markiert. Insgesamt jedoch
ordnet sich der Abschnitt innerhalb des mit 1,13 beginnenden
mehrmaligen Wechsels von inhaltlich zusammengehörenden imperativischen und indikativischen Aussagen ein, den man in etwa folgendermaßen abgrenzen kann: 1,13-17 Imperativ <-> 1,18-21 Indikativ; 1,22 Imperativ <-> 1,23-25 Indikativ; 2,1-2 Imperativ
<-> 2,3 Indikativ; 2,4-5 Imperativ <-> 2,6-10 Indikativ; 2,11-20
Imperativ <-> 2,21-25 Indikativ; 3,1-17 Imperativ <-> 3,18-22
Indikativ; 4,1-11 Imperativ <-> 4,12-19 Indikativ; 5,1-9 Imperativ <-> 5,10-11 Indikativ.[122] Der Text 1 Petr 2,4-10 läßt sich
schließlich wie folgt gliedern: 4-6 – das Verhältnis von Christus

---

schen Belege a.a.O. S. 251-256. – Zur Wirkungsgeschichte des Verständnisses als
Schlußstein vgl. E. G. Schmidt, Schlußsteinsymbolik passim (unter Aufnahme der
Interpretation von Jeremias).

[121] Vgl. U. Wilckens, Römer II S. 213.

[122] Auffallend ist, daß der Imperativ dem zugehörigen Indikativ jeweils vor-
angeht und nicht aus ihm folgt. Freilich steht alles unter den in der Eingangseulogie formulierten Heilsaussagen, vgl. E. Lohse, Paränese passim. – Zur literarischen
Struktur von 1 Petr 1,1-2,10 vgl. M.-A. Chevallier, Structure passim, zu 2,1-10
a.a.O. S. 136.

und Gemeinde; 7-8 – das Verhältnis von Christus und den Nicht-glaubenden; 9-10 – die herausragende Stellung der Gemeinde.[123] Die alttestamentlichen Bezüge stehen also in einem anderen in-haltlichen Zusammenhang als bei Paulus.

In V. 4 werden bereits einzelne Motive aus den später wörtlich zitierten Stellen Ps 118(117),22 und Jes 28,16 als Anspielungen vorweggenommen und miteinander verknüpft.[124] Christus wird als der „kostbare und erlesene Stein" (Jes 28,16) mit dem in Ps 118(117),22 erwähnten von Bauleuten verworfenen Stein identifi-ziert. Dabei erfahren die Motive eine der Intention des Autors ent-sprechende Veränderung: Der Stein erhält das partizipiale Attribut ζῶν (lebend/lebendig), und aus den Bauleuten (οἰϰοδομοῦντες) des Psalmtextes (vgl. 1Petr 2,7) werden allgemein „die Menschen". Da-mit ist die ursprüngliche Bildebene bereits vor dem expliziten Be-zug auf die entsprechende Tradition verlassen und gleichzeitig ge-deutet. Dieser Vorgang setzt die Kenntnis des Bildes bei den An-geredeten voraus. Das alle auf Christus bezogenen alttestamentli-chen Stellen verbindende Stichwort ist λίθος. Die Zusammenstel-lung in der Folge Jes 28,16 – Ps 118(117),22 – Jes 8,14 deutet dar-auf hin, daß unter dem leitenden Stichwort, wahrscheinlich als Stichwortassoziation[125], die Texte bewußt in der oben beschriebe-nen Argumentationsstruktur (Christus – Gemeinde – Christus – Nichtglaubende) eingesetzt wurden. Daraus ergibt sich notwendig eine andere Zusammenstellung als in Röm 9,32f. Dort ist Jes 8,14

---

[123] Diese Art der Gliederung spricht auch gegen die These von H. Windisch/ H. Preisker, Briefe S. 158, V. 6-8 seien ein späterer Einschub; vgl. L. Goppelt, Pe-trusbrief S. 139, der in Anschluß an J. H. Elliott formuliert: „Der Verf. hat die Zita-tenkomplexe um den erwählten Stein V. 6ff. und um das erwählte Volk V. 9f. nicht als nachträglichen 'Schriftbeweis' angefügt; er hat sie vielmehr aus jüdisch-christli-cher Tradition übernommen und sie durch die thematischen Sätze V. 4f. wie durch die midraschartigen Anmerkungen in V. 6-10 auf die Briefsituation angewendet."
[124] Vgl. E. G. Selwyn, Peter S. 280.281-285; J. H. Elliott, Elect S. 17-23. H. Frankemölle, Petrusbrief S. 42, macht auf die verschränkte Struktur von christolo-gischen und ekklesiologischen Aussagen aufmerksam: V. 4 entsprechen V. 6-8; V. 5 entsprechen V. 9-10. Für P. Vielhauer, Oikodome S. 137, war dies Anlaß, die Prio-rität des Schriftbeweises anzunehmen, aus dem V. 4 und 5 vom Verfasser des Brie-fes sekundär gebildet wurden.
[125] So schon R. Knopf, Briefe S. 92.

in Jes 28,16 eingefügt[126]; im 1Petr wird Jes 28,16 zunächst Ps 118(117),22 gegenübergestellt, und die Worte λίθος προσκόμματος καὶ πέτρα σκανδάλου (vgl. Jes 8,14) werden als erläuternde Weiterführung Ps 118(117),22 zugeordnet.

Jes 8,14 lautet in der LXX jedoch anders: οὐχ ὡς λίθου προσκόμματι συναντήσεσθε αὐτῷ οὐδὲ ὡς πέτρας πτώματι. In Röm 9,33 findet sich die gleiche Formulierung wie 1Petr 2,8, die dem hebräischen Text nähersteht: לְאֶבֶן נֶגֶף וּלְצוּר מִכְשׁוֹל. H. Hübner hat besonders die Übereinstimmungen zwischen dem Zitat von Jes 8,14 in Röm 9,33 mit den Übersetzungen des Alten Testaments durch Aquila, Theodotion und Symmachus, die ebenfalls dem hebräischen Text näher stehen als die Septuaginta, herausgearbeitet.[127] Nach D.-A. Koch setzt Paulus „einen bereits revidierten Text von Jes 8,14" voraus.[128] Wegen der Nähe zum hebräischen Text und der Substitution von ἐμβαλῶ durch τίθημι in Röm 9,33 und 1Petr 2,8 könnte die Vermutung eines gemeinsamen Bezugtextes naheliegen.[129] R. Knopf deutet die gemeinsame Abweichung vom Septuagintatext als Einfluß von Röm 9,33 auf 1Petr.[130] A. Lindemann rechnet mit einer Weiterentwicklung der bildhaften Sprache „aus dem Gebrauch von Jes 28,16 LXX heraus"[131]. „Da die Fassung von V. 8 [sc. 1Petr 2,8] wörtlich Röm 9,33 entspricht, in LXX dagegen ohne Parallele ist, liegt der Schluß nahe, daß der Vf des 1Petr den paulinischen Text von Röm 9,33 gekannt und dessen LXX-Gebrauch selbständig weitergeführt hat."[132] Allerdings sind im Wortlaut neben den Gemeinsamkeiten auch Unterschiede zu Jes festzustellen: Die in Jes 28,16 zweimal vorkommende Wendung εἰς τὰ θεμέλια läßt Paulus in Röm 9,33 aus, wie auch 1Petr 2,6. Auch in dem Austausch des Verbums stimmt das paulinische Zitat mit 1Petr 2,6 überein. Doch müßte man auf Grund der Verneinung οὐ μή und der Verbform καταισχυνθῇ in 1Petr 2,6 annehmen, daß hier wohl eher Jes 28,16 direkt im Hintergrund steht und nicht die Version, die auch Paulus verwendet und die nur einfaches οὐ sowie die Form καταισχυνθήσεται bietet (die Hss. D, F und G gleichen an den Septuagintatext an). Man müßte ferner annehmen, daß Paulus den ursprünglichen Wortlaut veränderte, der dann lautete: Ἰδοὺ τίθημι ἐν Σιὼν λίθον ἀκρογωνιαῖον ἐκλεκτὸν ἔντιμον,

---

126 Vgl. D.-A. Koch, Schriftgebrauch S. 179f.; ders., Schrift S. 59f.; K. Müller, Anstoß S. 75-78; H. Hübner, Gottes Ich S. 68.

127 H. Hübner, Gottes Ich S. 66.

128 D.-A. Koch, Schriftgebrauch S. 182f. (vgl. ders., Schrift S. 59f.), hier gegen K. Müller, Anstoß S. 73ff., der eine Ableitung von Röm 9,33 von einer bekannten griechischen Jesajatextform nicht für möglich hält. Zur Textanalyse vgl. auch K. R. Snodgrass, Formation S. 99f.; T. P. Osborne, Citations S. 68-70.

129 Vgl. K. H. Schelkle, Petrusbriefe S. 62: 1Petr und Röm benutzen Texte, „die miteinander übereinstimmend in gleicher Weise von der LXX abweichen".

130 R. Knopf, Briefe S. 92f.; so auch F. W. Beare, Peter S. 121.

131 A. Lindemann, Paulus S. 255.

132 Ebd.; vgl. aber G. Delling, Existenz S. 104, der mit einer vorpaulinischen Tradition rechnet.

καὶ ὁ πιστεύων ἐπ' αὐτῷ οὐ μὴ καταισχυνθῇ (Jes 28,16) bzw. καὶ λίθος προσκόμματος καὶ πέτρα σκανδάλου (Jes 8,14). Unverständlich wäre jedoch, warum Paulus die starke Verneinung abgeschwächt haben sollte. Die These von einer Benutzung einer auf die LXX zurückgehenden Vorlage, die Paulus und der 1 Petr jeweils verändert hätten, ist nach alledem recht kompliziert.[133] Zu überlegen wäre, ob an dieser Stelle nicht vielmehr der hebräische Text jeweils der Ausganspunkt ist, nicht literarisch, sondern aus der Erinnerung heraus, wodurch sich manche Probleme lösen ließen, vor allem die Veränderungen bei Paulus. Das gemeinsame τίθημι statt ἐμβαλῶ könnte dabei durchaus zufällig sein als eine dem *Perfekt* Piel יִסַּד eher entsprechende Übersetzung anstelle des *Futurs* ἐμβαλῶ in der LXX (vgl. die – immer noch nicht konsequente – varia lectio des *Präsens* ἐμβάλλω in B und *L*). Der Rückbezug auf den hebräischen Text würde auch die Tatsache erklären, daß sowohl 1 Petr 2 als auch Röm 9 εἰς τὰ θεμέλια nicht lesen.[134]

Die Vorwegnahme der alttestamentlichen Motive in 1 Petr 2,4 hat für den folgenden und auf die Gemeinde bezogenen Imperativ einleitende Funktion: Dem lebendigen Stein Christus entsprechend werden die Glaubenden ihrerseits als lebendige Steine bezeichnet, und es ergeht an sie die Aufforderung, sich als solche Steine zu einem „geistlichen Haus" zusammenfügen zu lassen.[135] Der „geistliche" Charakter des Hauses korrespondiert der Lebendigkeit der „Steine"; diese wiederum entspricht der Lebendigkeit des entscheidenden „Steines", Christus.[136] Die im Wortsinn 'fundamentale' Bedeutung Christi wird in V. 6 ausdrücklich mit dem nachgeschobenen Zitat begründet: Er ist der von Gott gelegte Eckstein, der das geistliche Haus trägt.[137] Der christologische Bezug der alttestamentlichen Zitate erhält hier seine konkrete Funktion innerhalb eines ekklesiologischen Zusammenhanges, auf dem das Schwergewicht des Imperativs liegt. Der ekklesiologische Aspekt wird in V. 7 ausgeweitet, indem die Glaubenden (in Aufnahme der

---

[133] Zu den entsprechenden Entwürfen vgl. F. Schröger, Gemeinde S. 75.

[134] D.-A. Koch, Schrift S. 60, nimmt eine LXX-Textform von Jes 8,14 an, die bereits vor Paulus anhand des hebräischen Textes korrigiert wurde; vgl. a.a.O. S. 69-71 zu Jes 28,16; zu Barn 6,2-4, wo neben der LXX-Fassung von Jes 28,16 und Ps 117,22 auch Jes 50,7 angeführt wird, vgl. a.a.O. S. 250.

[135] Die Form οἰκοδομεῖσθε ist mehrdeutig: Entweder handelt es sich um ein Präsens Indikativ oder einen medialen bzw. passiven Imperativ. Die Kontextstruktur (s.o. S. 146) macht eine imperativische Deutung sinnvoll (s. auch unten S. 186 Anm. 128).

[136] Zum metaphorischen Gebrauch vgl. P. S. Minear, House S. 241-246.

[137] S.o. S. 145f. Anm. 120.

Glaubensaussage aus Jes 28,16b) von den Nichtglaubenden abgegrenzt werden, die sich heute an dem einst von den Bauleuten (Ps
118[117],22) verworfenen Eckstein stoßen.[138] Dieser Bezug zu Ps
118(117),22 fand sich bei Paulus nicht, und auch der Anstoß bezog
sich auf *Israel*, nicht auf alle (ungläubigen) Menschen (vgl. 1 Kor
1,23: für *Juden* ist die Verkündigung Christi als Gekreuzigten das
Ärgernis [σκάνδαλον], für Heiden dagegen ist sie eine Torheit).[139]
Die universelle Ausrichtung im 1 Petr markiert einen entscheidenden Unterschied zu dem Israelbezug bei Paulus.[140]

[138] Der Aorist ἀπεδοκίμασαν aus dem Psalmzitat in V. 7 entspricht dem Perfekt
Partizip ἀποδεδοκιμασμένον in der Formulierung des Verfassers von V. 4: Auf die
Verwerfung Christi wird zurückgeblickt, so daß zwischen den an der Verwerfung
Jesu Beteiligten und den Ungläubigen allgemein differenziert wird (anders z.b.
N. Brox, Petrusbrief S. 97 und bes. S. 101); die Folgen der Verwerfung aber haben
in der Gegenwart ihre Auswirkungen.

[139] Zum paulinischen Verständnis von σκάνδαλον vgl. K. Müller, Anstoß S.
71-121. Dabei ist zu beachten, daß σκάνδαλον und πρόσκομμα Synonyme sind; vgl.
Röm 14,13; dazu K. Müller, a.a.O. S. 32f., so daß sich die paulinische Rede vom
σκάνδαλον aus den traditionellen Formulierungen von dem πρόσκομμα, vor allem
dessen Israelbezug, ergibt.

[140] Vgl. A. Schlatter, Petrus und Paulus S. 102; U. Maibaum, Eckstein S. 250;
R. E. Brown, Heritage S. 82f.; N. Brox, Petrusbrief S. 49: „Gravierend ist auch
eine Differenz zu Paulus in der Bewertung Israels: 1 Petr 2,4-10 zeigt, daß der
Brief vom historischen und theologischen Problem Israel nicht mehr tangiert ist.
Der totale Fortfall dieses Themas ist unpaulinisch ... Paulus hätte sich ein 'Verges-
sen' Israels in dieser Form nicht gestattet", gegen K. M. Fischer, in: H.-M.
Schenke/K. M. Fischer, Einleitung S. 213, der die Schwierigkeit ebenfalls sieht und
von einer 'einseitigen Auslegung' der paulinischen Gedanken spricht; vgl. auch
M.-A. Chevallier, Israël S. 127. Aber dies setzte eben den bewußten Bezug auf Paulus voraus, der nicht auszumachen ist. Den „antijüdischen" Charakter von 1 Petr
2,4-10 hatte besonders H. Windisch betont (Briefe S. 61); vgl. dazu H. Goldstein,
Volk passim, bes. S. 279f.290-301. Zur Frage nach dem (fehlenden) Israelbezug im
1 Petr vgl. M.-A. Chevallier, Israël passim, bes. S. 126, der im 1 Petr (bes. im Blick
auf 2,4-10) die Vorstellung von der Identität des einen Gottesvolkes wiederfindet,
innerhalb dessen die Christen eine neue Generation repräsentieren, in deren Gestalt Israel gleichsam wiedergeboren ist (1,3, vgl. a.a.O. S. 122). N. Brox, „Sara
zum Beispiel ..." passim, betont demgegenüber, daß von „Israel" in 1 Petr 2,4-10
gar nicht die Rede sei, sondern vom „Heilscharakter der Kirche" (a.a.O. S. 487),
wobei die zahlreichen alttestamentlichen Bezüge als „ehrwürdiges (weil altes) und
reichhaltiges Arsenal erbaulicher Weisheit" anzusehen seien, die als Spruchgut
und bildhaft verwendet werden (a.a.O. S. 489): „Die totale Aneignung ist vollzogen
... Das Alte Testament ist – ohne jede Polemik oder Auseinandersetzung – ein Buch
nicht ehedem Israels, sondern ein Buch von vornherein der Kirche allein" (a.a.O.

Die unterschiedliche Kontextuierung von Jes 8,14 und 28,16
bei Paulus und im 1Petr legt folglich einen unmittelbaren oder gar
literarischen Zusammenhang nicht nahe.[141] Da jedoch traditionsgeschichtliche Beziehungen innerhalb einer Schultradition nicht
auf die literarische Ebene einzuschränken sind, wäre nach Parallelen sowohl in der *Darstellung* als auch der *Funktion* der Schriftbe-
züge zu fragen. Hier jedoch gibt es zwischen Röm 9 und 1Petr 2,
außer dem christologischen Bezug und der Zusammenstellung von
Jes 8 und 28, wie sie im Neuen Testament nur an diesen beiden
Stellen zu finden ist, ebenfalls keine Gemeinsamkeiten. Doch für
zwei christliche Verfasser dürfte auch unabhängig voneinander die
christologische Auslegung verständlich sein[142]; und auch die ge-

S. 490f.). Nach Brox handelt es sich demnach um ein „tendenzfreies Desinteresse",
womit er seine im Kommentar vertretene Auffassung von der Ablösung durch die
Kirche korrigiert (a.a.O. S. 492 mit Anm. 28). Ob jedoch das *Fehlen* einer Auseinandersetzung mit Israel überhaupt zu derartigen Vermutungen hinsichtlich des
Verhältnisses des Verfassers zu Israel veranlassen darf, ist methodisch fraglich. Die
Art und Weise jedenfalls, wie er in theologisch wichtigen Zusammenhängen auf
das Alte Testament zurückgreift (vgl. nur 1,18f., s.o. S. 126ff.130ff.) zeigt doch,
daß ein paradigmatisches Verständnis verkürzend ist (zur alttestamentlichen Begründung der Ethik im 1Petr vgl. G. L. Green, Use passim).
141 Dies ist von L. Goppelt, Petrusbrief S. 140, mit Recht zurückgewiesen worden; vgl. A. Schlatter, Petrus und Paulus S. 96f.; G. Delling, Existenz S. 104; H.
Windisch/H. Preisker, Briefe S. 61; K. R. Snodgrass, Formulation S. 99-106; A.
Lindemann, Paulus S. 255; F. Schröger, Gemeinde S. 75f.; F. W. Horn, Petrusbrief
S. 672 Anm. 61; s. auch unten S. 153f.
142 In Qumran wurde Jes 28,16 eschatologisch im Blick auf die Gemeinde verstanden (1QS 8,7; 1QH 6,26; 7,8-9 u.a.), vgl. J. H. Elliott, Elect S. 26f.; C. Dohmen,
Gründung passim, bes. S. 86f. F. W. Danker, Pericope S. 101, versteht diesen Sachverhalt als Hinweis darauf, daß 1Petr freien Gebrauch von diesen bekannten alttestamentlichen Stellen macht, vgl. E. Best, Reconsideration S. 275-278.282; K. R.
Snodgrass, Formation S. 99-106. – In rabbinischen Auslegungen wird Ps 118,22
auf Abraham (PRE 24) oder auch David (bPes 119a; Targum Ps 118,22-29) gedeutet, vgl. P. Billerbeck, Kommentar I S. 849f.875f. In QohR 3,8 wird u.a. Jes 28,16
auf Israel bezogen; in ähnlicher Intention bezieht DevR 3,13 diese Jesajastelle auf
den Tempelbau, vgl. P. Billerbeck, a.a.O. III S. 276. Targum Jes 8,14 bezieht auf
Gott selbst, vgl. P. Billerbeck, a.a.O. Eine messianische Hoffnung drückt sich darin
freilich nicht aus, so jedoch J. H. Elliott, Elect S. 27; auch J. Jeremias, Art. λίθος S.
276, für Targum Jes 28,16. Eine messianische Deutung von Ps 118,22 findet sich
im 11./12. Jh. bei Rashi zu Mi 5,1, vgl. J. Jeremias, a.a.O. S. 277. – In bSan 38a
könnte eine messianische Deutung von Jes 8,14 vorliegen (vgl. J. H. Elliott, Elect S.
27f.), hier allerdings im Rahmen eines Gespräches, das eher der Gattung 'Tischre-

meinsame Kombination von Jes 8 und Jes 28 ist nicht so außergewöhnlich, daß sie durch Abhängigkeiten erklärt werden müßte.
Vielmehr zeigt die Art und Weise der Verbindung im Röm und im
1Petr, daß die alttestamentlichen Stellen nicht im gleichen Sinne
verstanden wurden.[143] Ferner geht der Schriftbezug von 1Petr
durch die Einbeziehung von Ps 118(117),22 über Röm 9 hinaus.
Der Psalmvers ist auch in den synoptischen Evangelien und der
Apostelgeschichte auf Christus bezogen: im Weinberggleichnis Jesu
Mk 12,10 par. Mt 21,42; Lk 20,17 sowie in Apg 4,11 in einer Rede
des Petrus.[144] Dem gegenüber steht der auffallende Sachverhalt,
daß weder bei Paulus, noch in anderen katholischen Briefen oder
im johanneischen Traditionskreis das Verwerfungsmotiv des
Psalms – oder der Psalmvers selbst – Verwendung findet, obwohl
es zumindest in Röm 9 in den Kontext gepaßt hätte und eine
sinnvolle Ergänzung gewesen wäre.

Von Bedeutung für die Einschätzung der paulinischen Tradition ist schließlich Eph 2,20, wo ebenfalls Jes 28,16 aufgenommen
ist.[145] In Eph 2,20 wird auf Jes 28,16 durch die Aufnahme des
Stichwortes ἀκρογωνιαῖος angespielt, wobei jedoch zu fragen ist, ob
dieser Bezug direkt durch Paulus (Röm 9) vermittelt oder auf

---

den' zuzuordnen wäre: Rabbi Hijas reichte seinen Söhnen Wein, damit sie gesprä-
chiger werden: „Als sie angeheitert waren, begannen sie und sprachen: Der Sohn
Davids wird nicht eher kommen, als bis zwei Familien in Jisraél untergegangen
sein werden, das sind nämlich der Exilarch in Babylonien und der Fürst im Jisra-
élland, denn es heißt: *Er wird den beiden Häusern Jisraéls sein ein Heiligtum und ein
Stein des Anstosses und ein Felsblock des Strauchelns*" (zit. nach L. Goldschmidt, Talmud
VII S. 152f.).

143 S.o. S. 144ff.
144 Vgl. G. Delling, Existenz S. 103f. Die Anspielung auf die Verwerfung Jesu
hat außerdem in der synoptischen Tradition ihren festen Ort in der ersten
Leidensankündigung Jesu Mk 8,31 par. Lk 9,22, findet sich jedoch nicht im Zusammenhang von Mt 16,18-23, so daß die Feststellung von R. Metzner, Rezeption
S. 124, Mt 16,18 entspreche 1Petr 2,5 hinsichtlich des Fundamentmotivs (vgl. auch
K. H. Schelkle, Petrusbriefe S. 63), nicht überzeugt. Darüber hinaus verwendet Mt
den Begriff ἐκκλησία, der in 1Petr fehlt; vgl. schon H. Windisch/H. Preisker,
Briefe S. 60; ferner N. Brox, Petrusbrief S. 96.
145 In 2Tim 2,19 findet sich eine Assoziation des Motivs, die von der paulinischen θεμέλιος-Vorstellung beeinflußt ist und hier eine eigene Prägung erhält, vgl.
N. Brox, Pastoralbriefe S. 249; H. Merkel, Pastoralbriefe S. 68f.

Grund des ohnehin bildlichen Kontextes nur traditionell hergestellt ist (Apostel und Propheten als Fundament[146] – Christus als
Eckstein des Fundaments – Gemeinde als der darauf errichtete
Tempel).[147] Die „fundamentale" Bedeutung Christi als Grund bzw.
Fundament, wie sie auch bei Paulus selbst noch eine Rolle spielte
(θεμέλιος – 1Kor 3,11), wird auf die Apostel und Propheten übertragen.[148] Dadurch setzt dieser deuteropaulinische Text einen anderen Schwerpunkt als 1Petr 2, hebt sich aber auch von Paulus bereits deutlich ab.[149] Die abweichende Tendenz des Epheserbriefes
macht es unwahrscheinlich, daß 1Petr ebenfalls in deuteropaulinischer Tradition steht. Die Apostel und Propheten spielen im Unterschied zur deuteropaulinischen Literatur (Eph 2,20; vgl. 3,5;
4,11; ferner 2Petr 3,2), in 1Petr keine Rolle als Fundament des
Glaubens der Gemeinde.[150]

L. Goppelt[151] hat zu zeigen versucht, daß das Vorkommen und die unterschiedliche Verwendung von Jes 8; Jes 28 und Ps 118,22 im Corpus Paulinum, in der synoptischen Tradition, in der Apostelgeschichte sowie im Ersten Petrusbrief auf eine
allen Schichten vorausliegende „Testimoniensammlung" zurückzuführen sei.

---

[146] Vgl. R. Schnackenburg, Epheser S. 122f.

[147] Vgl. H. Merklein, Amt S. 136f.

[148] Vgl. H. Merklein, a.a.O. S. 138f.

[149] Vgl. P. Pokorný, Epheser S. 134f.; U. Maiburg, Eckstein S. 251.

[150] Die Differenzierung in Apostel und Propheten als Fundament und Christus
als dem Eckstein des Fundaments könnte in dem schwierigen Verständnis der
Schlußstein - Eckstein - Problematik begründet liegen (s.o. S. 145f. Anm.120). Zur
Intention der Aussage vgl. P. Pokorný, Epheser S. 136. Da ein Fundament nicht
nur aus einem Stein besteht, aber ein einzelner durchaus entscheidende (tragende) Funktion haben kann, war es auch auf der Sachebene möglich, diesen Unterschieden gerecht zu werden, indem zwar die Apostel und Propheten das Fundament als ganzes repräsentieren, dieses aber nur dann tragfähig ist, wenn es
durch Christus als den entscheidenden Stein gehalten wird. Hier zeigt sich deutlich ein späteres Stadium der Reflexion dieser Problematik, in der – nach wie vor
für paulinische Tradition charakteristisch – Ps 118(117),22 keine Rolle spielt. Eph
2,20 erweist sich als eine auf spätere Situationen angewandte Reflexion der paulinischen Variante der Ecksteinmetapher. Von hier aus relativiert sich die bei F.
Neugebauer, Bedeutung S. 72, vorgenommene Spekulation über Eph 2,20.

[151] Petrusbrief S. 148, unter Aufnahme einer Hypothese von R. Harris, Testimonies I/II, Cambridge 1916-1920; vgl. H. Windisch/H. Preisker, Briefe S. 60f.; J.
N. D. Kelly, Peter S. 95; vorsichtig vermutend K. H. Schelkle, Petrusbriefe S. 62;
ferner K. Müller, Anstoß S. 74f.; U. Wilckens, Römer II S. 214.

Diese These beruht auf der Beobachtung der unterschiedlichen Verwendung gleicher Texte und spräche ebenfalls gegen einen Bezug von 1Petr 2,4ff. auf die paulinische oder deuteropaulinische Tradition. Jedoch ist eine solche christliche Zusammenstellung alttestamentlicher Texte in schriftlicher Form nicht nachweisbar und daher nur schwer glaubhaft zu machen.[152] Dagegen spricht auch, daß z.B. Paulus in Röm 9 Ps 118,22 wegläßt, wofür kein ersichtlicher Grund vorliegt, zumal der Vers in anderen (späteren) Schriften eine Schlüsselrolle einnimmt (vgl. Mt 21,42; Mk 8,31; 12,10f.; Lk 20,17; Apg 4,11).[153] Das könnte ein Hinweis darauf sein, daß dieser Psalmvers erst später für die Christologie bedeutsam wurde. Andererseits ist der Nachweis von Jes 8 in der synoptischen Tradition unsicher.[154] Setzt man aber voraus, daß jene Sammlung alle diese Texte enthielt (einschließlich Hos 2,1.25?[155]), dann sind die Unterschiede schwerer erklärbar, als wenn man das Alte Testament als Quelle – bzw. das Erinnern der alttestamentlichen Texte – voraussetzt.[156]

---

[152] Die Qumran-Parallelen 4QFlor und 4QTest enthalten keine der in 1Petr genannten Texte, wobei 4QFlor 15f. Jes 8,11 aufgenommen ist, vgl. K. Müller, Anstoß S. 75. – Unwahrscheinlich ist daher auch die Vermutung von P. Prigent, I Pierre 2,4-10 passim, der in 2,6-10 eine selbständige Einheit vor dem Brief sieht, in V. 4f. die Interpretation des Autors; Prigent verweist dafür ebenfalls auf 4QFlor und 4QTest (a.a.O. S. 55).

[153] Vgl. D.-A. Koch, Schrift S. 249f.

[154] In Lk 20,18 könnte man auf Grund des Steinmotivs eine Anspielung auf Jes 8,14 vermuten. Dabei ist freilich zu beachten, daß λίθος als Stichwort aus dem vorhergehenden Zitat aufgenommen sein kann und daß darüber hinaus keine Wortanklänge an Jes 8,14 vorliegen, zu vergleichen wären wegen der Vorstellungen vom Fallen wie vom Zerstören eher Dan 2,34f. (θ), vgl. W. Grundmann, Lukas S. 372. W. Wiefel, Lukas S. 340, ordnet Jes 8,14 der ersten, Dan 2,34 der zweiten Vershälfte zu, ohne jedoch anzugeben, welche Worte bzw. Motive den jeweiligen Bezug begründen. Stellt man aber die antithetische Struktur von Lk 20,18 in Rechnung, so wird m.E. dieser Vers als eine interpretierende Weiterführung des Zitats von Ps 118,22 verständlich, zumal die redaktionelle Arbeit des Lk an der Markusvorlage durch die Auslassung des zweiten Teils des Psalmzitates bereits angezeigt ist.

[155] Vgl. U. Wilckens, Römer II S. 210.

[156] Dies gilt besonders auf dem Hintergrund der Überlegungen über den gemeinsamen und voneinander unabhängigen Rückgriff von Röm 9 und 1Petr 2 auf den hebräischen Text von Jes 28,16 (s.o. S. 148f.). Gegen eine solche Testimoniensammlung spricht sich auch E. G. Selwyn, Peter S. 268-277, bes. S. 272-277, aus, vermutet jedoch als gemeinsame Quelle eine frühchristliche Hymne oder ein Gebet, was ebenfalls nur auf spekulativer Ebene möglich ist (vgl. a.a.O. S. 276; zustimmend P. S. Minear, House S. 241). Letztlich bleiben ähnliche Bedenken wie gegenüber einer Testimoniensammlung; vgl. bes. A. C. Sundberg, Testimonies passim; ferner J. H. Elliott, Elect S. 133-138.145; F. W. Danker, Pericope S. 101; E. Best, Reconsideration S. 270; D.-A. Koch, Schriftgebrauch S. 184; P. H. Davids, Peter S. 85 Anm. 15; N. Brox, Petrusbrief S. 100 Anm. 333. – D.-A. Koch, Schrift S.

An dieser Stelle ist die oben erwähnte[157] Beobachtung hinsichtlich des unterschiedlichen kontextuellen Bezuges der Aussagen aufzugreifen und auszuwerten. Während Paulus den Anstoß Israels hervorhebt, ist die entsprechende Aussage in 1Petr auf alle Menschen bezogen. Berücksichtigt man, daß in Jes 8,14f. ebenfalls der Unglaube Israels thematisiert wird, dann ist es wahrscheinlich, daß Paulus diesen Vers im Zusammenhang von Röm 9-11 eben aus diesem Grunde aufgenommen hat.[158] Das wiederum deutet darauf hin, daß die Kombination von Jes 8,14 mit 28,16 den spezifisch christlichen Akzent in der Auseinandersetzung um die heilsgeschichtliche Stellung Israels formuliert. Nicht zu entscheiden ist jedoch, ob Paulus diese Kombination selbst geschaffen hat oder sie bereits vorfand.[159] Die Art und Weise freilich, wie *er* diese Kombination verwendet[160] und wie sie demgegenüber in 1Petr wiederzufinden ist, lassen eher das letztere vermuten.[161] 1Petr hat die Zitatenkombination aus ihrem ursprünglichen 'Sitz im Leben' herausgelöst[162] und verallgemeinernd auf die Menschen übertragen und schließlich durch die Kenntnis der synoptischen Tradition (wahrscheinlich vermittelt durch Mt[163]) um Ps 118(117),22 erweitert.[164]

250, rechnet „mit verschiedenen Traditionen, die erstmalig in 1Petr 2,6-8 vereinigt worden sind".

[157] S.o. S. 150.

[158] Vgl. D.-A. Koch, Schrift S. 161f.

[159] Vgl. H. Hübner, Gottes Ich S. 68. Auf Grund der Voraussetzung einer Florilegientradition hält K. Müller, Anstoß S. 75, die Vermischung für das Werk des Paulus.

[160] Vgl. H. Hübner, Gottes Ich S. 68f.

[161] Vgl. J. H. Elliott, Elect S. 32; R. Schnackenburg, Epheser S. 124; K. R. Snodgrass, Formation S. 103f.106; K. H. Schelkle, Petrusbriefe S. 62. Nach D.-A. Koch, Schriftgebrauch S. 180ff., ist nur für Jes 28,16, nicht aber für 8,14 eine vorpaulinische Verwendung in christlicher Tradition anzunehmen; vgl. ders., Schrift S. 59. Die Tatsache, daß im Unterschied zu Röm 9 in 1Petr 2 die Zitate unvermischt begegnen, spricht auch für K. Müller, Anstoß S. 74, gegen eine Kenntnis des Röm durch 1Petr.

[162] Nach H. Goldstein, Volk S. 290, hatte die Zitatenkombination ursprünglich eine „antijüdische Spitze".

[163] Vgl. R. Metzner, Rezeption S. 205f.

[164] Die Eigenständigkeit des Verfassers bei der Auswahl der Zitate betont H. Frankemölle, Petrusbrief S. 42; vgl. auch P. H. Davids, Peter S. 89; F. W. Danker,

Daß Paulus Ps 118,22 nicht verwendet, könnte darauf hindeuten,
daß er diese christologische Interpretation der synoptischen Tradition (noch) nicht kannte. Umgekehrt läßt die Verwendung von Ps
118,22 neben Jes 8 und 28 in 1Petr 2,4ff. darauf schließen, daß
1Petr unabhängig von Paulus auf die synoptische Tradition bezogen ist und, auf Grund der möglichen Stichwortassoziation, eigenständig die jesajanischen Texte verarbeitet.[165] Die Art der Bezugnahme muß keinen schriftlichen Prozeß voraussetzen, sondern wäre wegen des assoziativen Charakters auch auf der Ebene der
mündlichen Traditionsverarbeitung bzw. -weitergabe sowohl der
synoptischen als auch der alttestamentlichen Texte hinreichend
verständlich.[166] Die Weise der Fortführung der paulinischen Tradition in Eph 2 zeigt, daß die ursprüngliche und ausführliche Verankerung der Vorstellung von Christus als Eckstein, wie sie bei
Paulus und im Ersten Petrusbrief unabhängig voneinander entscheidend war, in späterer Zeit der Paulusschule in ihrer Bedeutung schwand und sich auf ein einzelnes Stichwort beschränkte,
das nicht einmal mehr eindeutig als alttestamentlicher oder auch
direkter Bezug zu Paulus aufgefaßt werden mußte.[167]

Pericope S. 101 und bes. J. H. Elliott, Elect S. 145; H. Goldstein, Volk S. 290-301.
Dies macht auch die Annahme Selwyns (s.o. S. 154 Anm. 156) unwahrscheinlich.

[165] Vgl. N. Brox, Petrusbrief S. 95. W. Bornemann, Taufrede S. 147, sah die
Aufnahme von Ps 118,22 in der Orientierung des Autors an Ps 34 begründet.

[166] Vgl. L. Goppelt, Petrusbrief S. 148; P. H. Davids, Peter S. 89; J. H. Elliott,
Elect S. 32; D.-A. Koch, Schrift S. 71. E. G. Selwyn, Peter S. 273 (vgl. a.a.O. S. 163),
deutet die Wendung περιέχει ἐν γραφῇ als Hinweis auf eine schriftliche Quelle;
vgl. aber T. P. Osborne, Citations S. 70.74. – Hinzuweisen ist in diesem Zusammenhang auf die Zitatenkollektion in Barn 6,1-19, wo neben anderen die Ecksteinthe-
matik anhand von Jes 28,16 (Barn 6,2) und Ps 118(117),22 (Barn 6,4) zur Sprache
kommt, jedoch in einer Kombination mit Zitaten anderer inhaltlicher Ausrichtung.

[167] Pointiert stellte bereits E. Kühl, Briefe S. 150, fest, daß „... die durch den
Context nothwendig gemachten Deutungen und Beziehungen der einzelnen Ci-
tatentheile ... in unserem Briefe so prägnant und originell sind, dass die Behauptung einer Abhängigkeit von Paulus absurd ist", wobei hinzuzufügen wäre, daß
Kühls postulierte Priorität des 1Petr gleichermaßen nicht überzeugend ist, vgl.
dazu E. G. Selwyn, Peter S. 272.

Es hat sich gezeigt, daß eine Abhängigkeit von 1Petr 2,4-10 von Röm 9,25ff. nicht nachzuweisen ist. Beide Texte werden von ihren Verfassern in der Kenntnis und Auslegung christologisch relevanter alttestamentlicher Stellen in eigener Zielrichtung formuliert. Die deutlichste Differenz liegt dabei in der universellen Ausrichtung in 1Petr 2 gegenüber dem Israelbezug bei Paulus. Die deuteropaulinische Veränderung der Eckstein- bzw. Fundamentmetaphorik im Eph, besonders hinsichtlich des Verhältnisses von Christus und Aposteln/Propheten, markiert eine Tendenz, in die sich der 1Petr nicht einfügt.

6. Ekklesiologie

In seinem Exkurs über das Kirchenverständnis des 1 Petr schreibt O. Knoch:

„Bezeichnend ist, daß der Vf. des 1 Petr, der die paul. Kirchentheologie kennt und an Gemeinden im paul. Missions- und Einflußgebiet schreibt, weder die Bezeichnung Kirche ..., noch das Bild vom Leib Christi ... gebraucht. Es läßt sich *vermuten*, daß er den Begriff Kirche zu institutionell empfand, während es ihm um lebendige, sich brüderlich stützende und tragende Gemeinden ging ...“[1]

Damit ist bereits eine wesentliche Differenz zu Paulus angezeigt und gleichzeitig die Verlegenheit formuliert, die sich durch die Voraussetzung des Einflusses paulinischer Tradition auf den 1 Petr ergibt. Zu prüfen sind daher die einzelnen ekklesiologischen Motive, die den 1 Petr mit Paulus bzw. der paulinischen Tradition verbinden.

6.1. Das Verständnis der Charismen

Das Vorkommen des Begriffes χάρισμα sowie die Art und Weise seiner Entfaltung in 1 Petr 4,10f. wird oft als Einfluß paulinischer

---

[1] O. Knoch, Petrusbrief S. 67f. (Hervorh. v. mir). Nach H. Goldstein, Gemeindeverständnis S. 349, ist die Ekklesiologie des 1 Petr „primär aus paulinischem Geist entworfen", wobei Goldstein, Gemeinde S. 55, jedoch hinsichtlich des Fehlens der paulinischen Leib-Christi-Vorstellung im 1 Petr einräumt: „Das sollte man im Hinblick auf die Eigenständigkeit unseres Briefes nicht unterschätzen, zumal ja die im paulinischen Missionsgebiet entstandenen Briefe an die Kolosser und Epheser die Rede vom 'Leib Christi' sehr wohl kennen und sie teilweise (vgl. Eph 2,20-22) mit dem Bild des Baues verbinden." Das aber verwundert insofern, als auch 1 Petr im paulinischen Missionsgebiet wirken sollte. Wohl wegen dieser Schwierigkeit fragt Goldstein, Gemeinde S. 56f., weiter, ob der Leib-Gedanke bei Paulus wirklich so zentral sei und verweist auf die 'In-Christus-Vorstellung' als dem eigentlichen „Kernpunkt paulinischen Denkens" (a.a.O. S. 57). Vgl. auch T. Spörri, Gemeindegedanke S. 300, der jedoch den Unterschied zwischen der Gleichartigkeit der Grundgedanken und der „Art des Denkens und Formulierens" festhält (a.a.O. S. 298); zum Problem vgl. F. Schröger, Gemeinde S. 1-8.

Tradition verstanden, zumal das Wort χάρισμα in seiner spezifisch christlichen Bedeutung von Paulus geprägt zu sein scheint und im Neuen Testament nur in paulinischen Schriften und in 1 Petr 4,10 zu finden ist.[2] Vor- und außerneutestamentlich ist der Begriff wenig und unsicher belegt.[3] Diese Beobachtungen führen in der Regel zu der Konsequenz, 1 Petr 4,10f. von Paulus her zu verstehen bzw. die Abhängigkeit von ihm oder seiner Schultradition zu vermuten. Das wiederum veranlaßt, das Verständnis von χάρισμα in 1 Petr 4,10 gänzlich von Paulus her zu erheben.[4]

[2] Vgl. z.B. E. Käsemann, Amt S. 110 Anm. 2; H. Schürmann, Gnadengaben S. 241; F. W. Horn, Angeld S. 282: „Entscheidend aber ist die Tatsache, daß Pl selber mit χάρισμα ein neues Wort in die christliche Sprache einführt"; vorsichtiger jedoch H. Conzelmann, Art. χάρισμα S. 394 Anm. 11: „Es ist nicht festzustellen, ob es Pls selbst war, der χαρίσματα als Bezeichnung der πνευματικά ... in den Sprachgebrauch einführte."

[3] Vgl. H. Conzelmann, Art. χάρις S. 393. In PsLXX 30,22 liest Theodotion χάρισμα für ἔλεος, in Sir 7,33 bietet Sinaiticus das Wort anstelle von χάρις, in Sir 38,30 der Vaticanus für χρῖσμα – alle diese Varianten (auch der offensichtliche Lesefehler in Sir 38,30) beruhen auf christlichem Einfluß und sind daher als Parallelen ohne Wert; dies gilt jedoch nicht für Philo, All III,78; Frgm. Jub 3,1 (Adam benennt die Tiere kraft eines göttlichen Charisma) und wahrscheinlich auch für die Intention von Sib 2,54 (Seele als göttliches Charisma); vgl. zu diesem Problem D. Zeller, Charis S. 185(mit Anm. 139)-189. G. Hasenhüttl, Charisma S. 108 mit Anm. 10, verweist auf vier griechische Papyri mit profanem Gebrauch des Wortes. – Zum traditionsgeschichtlichen Hintergrund vgl. O. Betz, Hintergrund passim, der sich hinsichtlich der paulinischen Herkunft des Wortes skeptisch äußert: „Ich möchte die schöpferische Kraft des Theologen Paulus nicht bezweifeln. Aber schon angesichts der grossen Bedeutung der Begriffe χαρις und χαρισματα für die Rechtfertigungslehre und das Leben der Kirche ist es kaum denkbar, dass Paulus ohne einen Bezug zum Alten Testament auskam" (a.a.O. S. 257). Betz verweist – ausgehend von Justin, Dial 12,1 – bes. auf Jes 55,1-3 und schlußfolgert, „dass hinter dem neutestamentlichen und speziell paulinischen Begriff χαρις nicht etwa ein hebräisches hen, sondern das hoch-theologische häsäd steht, das wie sedaqah auch einen Plural bilden und mit ihm die Akte bzw. Gaben der göttlichen Gnade bezeichnen kann" (ebd.); vgl. ferner den Hinweis a.a.O S. 274 auf Fragmente der 4. Höhle von Qumran, wo von Gnadenerweisen die Rede ist (vgl. 4QMMT 21,1).

[4] Vgl. F. W. Horn, Angeld S. 282, der 1 Petr 4,10 (im Anschluß an U. Brockhaus, Charisma S. 129 Anm. 9) als Beleg innerhalb der von Paulus abhängigen Literatur anführt; vgl. ders., Petrusbrief S. 673 („Rückwirkung paulinischer Gemeindeordnung"). H. Conzelmann, Art. χάρις S. 394, sieht darin einen „Nachklang" der paulinischen Verwendung. Vgl. weiterhin F. Schröger, Gemeinde S. 111: „Es ist also durchaus ein paulinisches Gemeindeverständnis vorhanden, nach dem jeder Getaufte eine Charismen-Begabung hat"; N. Brox, Petrusbrief S. 207:

Trotz dieses scheinbar klaren äußeren Befundes bleibt dennoch die Frage, ob das einmalige Vorkommen von χάρισμα in 1 Petr cin solchcs Vorgchcn mcthodisch rechtfertigt. Denn selbst wenn ein Verfasser einen paulinisch geprägten *Begriff* aufgreift, so ist damit nicht notwendig vorauszusetzen, daß auch die *inhaltliche Entfaltung* übernommen wird. Die Singularität des Begriffes in 1 Petr 4,10 macht eine Interpretation im Briefkontext zwar schwierig; diese Schwierigkeit aber darf kein Grund sein, ohne eingehende Prüfung den paulinischen bzw. deuteropaulinischen Kontext für das Verständnis heranzuziehen.

6.1.1. Charisma im 1. Petrusbrief

Es ist daher zunächst sinnvoll – unter methodischer Absehung vom paulinischen Gebrauch – den Begriff wegen seines sprachlichen Kontextes auf dem Hintergrund des Verständnisses von χάρις im 1 Petr zu interpretieren. Das legt sich nicht nur etymologisch nahe, sondern ist durch den Kontext geboten, in dem die auf Grund von Charisma Dienenden dies als „Haushalter der *vielfältigen Gnade* Gottes" tun (4,10). Dadurch wird χάρισμα deutlich von der göttlichen χάρις bestimmt. Das gegenseitige Dienen ist der dem gemeinsamen Miteinander förderliche und die christliche Gemeinschaft aufbauende Umgang mit der Gnade, die Gott jedem einzelnen gewährt und anvertraut. Dementsprechend muß jeder auf seine Weise der göttlichen Gnade gerecht werden, die insofern vielfältig ist, als sie jeden einzelnen in die Pflicht[5] zur „guten

---

„Der paulinische Charakter ethischer Elemente des 1 Petr ist an dieser Stelle ... immerhin besonders deutlich." Vgl. ferner W. Seufert, Abhängigkeitsverhältniss S. 363f.; R. Knopf, Briefe S. 175; F. W. Beare, Peter S. 185f.; C. Spicq, Pierre S. 151f.; E. Best, Peter S. 160f.; K. H. Schelkle, Petrusbriefe S. 119; W. Schrage, Erster Petrusbrief S. 112; H. Goldstein, Gemeinde S. 13f.16f.; O. Knoch, Petrusbrief S. 116: Der Verfasser von 1 Petr „folgt hier deutlich der vom Apostel Paulus entfalteten Charismenlehre" (vgl. auch a.a.O. S. 120). Keine Abhängigkeit sehen z.B. H. Windisch/H. Preisker, Briefe S. 75f.; unsicher D. Zeller, Charis S. 185 Anm. 139. – Zum Problem vgl. K. C. P. Kosala, Taufverständnis S. 191-194.

[5] Das Partizip Präsens διακονοῦντες ist Teil der Explikation des Liebesgebotes in V. 8, das grammatisch unter den Imperativen von V. 7 steht (vgl. unten S.

Haushalterschaft" nimmt. Dadurch korrespondiert ἕκαστος inhaltlich sinnvoll mit ποικίλη: jeder empfängt Charisma, und darin ist
die Gnade vielfältig.[6] Diese Vielfalt läßt sich im Kontext des 1Petr
konkret füllen. Wie noch zu erörtern sein wird[7], ist χάρις im 1Petr
nicht, wie bei Paulus, als Grund für das Heilswerk Gottes in der
Rechtfertigung der Glaubenden entfaltet, sondern dient unmittelbar als Beschreibung ihrer Lebenssituation: Im Ertragen des Leidens mit gutem Gewissen erfahren sie die göttliche Gnade
(2,19f.).[8] Von daher wird der ungewöhnliche Ausdruck ποικίλη
χάρις weiter präzisiert: Weil die Leiderfahrungen vielfältig sind
und sich die Gnade Gottes gerade darin erweist, kann auch von
der Vielfalt der Gnade Gottes gesprochen werden. Dem entspricht
1Petr 1,6, wo mit dem gleichen Attribut ποικίλος von Anfechtun-
gen (πειρασμοί) die Rede ist. Auf diesem Hintergrund meint Haushalterschaft den rechten Umgang und das rechte Verhalten der
Glaubenden in ihrem leiderfüllten Lebenskontext, so daß sie ihn
wirklich als göttliche Gnade erfahren und verstehen können.[9]

162f.); zum Verhältnis von Partizip und Imperativ in 1Petr vgl. D. Daube, Participle passim.

[6] Vgl. F. Schröger, Verfassung S. 242; ders., Gemeinde S. 176.

[7] S.u. S. 205ff.

[8] Der Abschnitt steht zwar innerhalb der Sklavenparänese, hat aber im 1Petr
eine allgemeinere Funktion, vgl. dazu W. C. van Unnik, Parallel S. 107 und passim.

[9] Die innere Konsistenz der Aussagen des 1Petr über Leiden, Gnade und die
auf diese Gnade zu beziehenden Gaben erweist ein Reflexionsniveau, das durch
eine Interpretation von Paulus her nicht wahrgenommen werden kann, und dem
die meist nivellierenden und unspezifischen Auslegungen nicht gerecht werden;
vgl. z.B. H. Conzelmann, Art. χάρισμα S. 397: „Nach 1Pt 4,10 ... ist χάρισμα jede
Dienstleistung, wenn sie dem Liebesgebot entspricht"; K. H. Schelkle, Petrusbriefe
S. 119 (im Blick auf Röm 12; 1Kor 12; 13,1; 14,1): „Solcher Art Charismen wird
auch 1 Petr meinen." F. W. Horn, Angeld S. 283, sieht in Röm 12,6 und 1Kor
12,4.31 eine „technische Verwendung" von χάρισμα, die Paulus geprägt habe und
„welche auch im nachpl Schrifttum erhalten bleibt (1Petr 4,10; 1Tim 4,14; 2Tim
1,6)". Gerade im Vergleich zu den Pastoralbriefen als deuteropaulinische Tradition
fällt auf, daß die dort konsequent durchgeführte Verengung auf das durch Handauflegung vermittelte Charisma der Gemeindeleitung dem 1Petr fremd ist. Ähnliches geschieht dort auch mit dem Verständnis von Haushalterschaft, dazu s.u. S.
171ff.

Ein weiterer Gesichtspunkt scheint bedenkenswert, der sich aus dem Gesamtzusammenhang von 1Petr 4,7-11 ergibt. Dieser als abgrenzbare thematische Einheit anzusehende Abschnitt kann in drei Unterabschnitte gegliedert werden[10]: 7 als Einleitung, 8-10 als Aufzählung von Verhaltensweisen, von denen die erste (8a) von den Imperativen in 7b regiert und durch ein Zitat begründet wird, während 9 und 10 als Konkretionen der Aussage von 8a angesehen werden können, sowie dem doxologischen Abschluß in 11, der mit den beiden Wenn-Sätzen als einer Ergänzung zum dritten Glied der Aufzählung zur Doxologie hinführt. Dadurch wirkt V. 11a wie ein Nachtrag, der das Stichwort des Dienens in V. 10 noch einmal aufgreift und es in der Zweiheit von Wortverkündigung und (praktischem) Dienst konkretisiert. Die folgende Übersicht verdeutlicht die Struktur:

> 7 ... σωφρονήσατε ... καὶ νήψατε εἰς προσευχάς
> 8 ... εἰς ἑαυτοὺς τὴν ἀγάπην ἐκτενῆ ἔχοντες ...
> 9 ... φιλόξενοι εἰς ἀλλήλους ...
> 10 ... εἰς ἑαυτοὺς αὐτὸ διακονοῦντες ...
> 11a εἴ τις λαλεῖ ... εἴ τις διακονεῖ ...
> 11b ... ἐν πᾶσιν δοξάζηται ὁ θεός ...

Diese grammatische Struktur ist für das Verständnis von V. 10 von Bedeutung, dessen Aussage über Charisma somit als ein Teil der Aufzählung zur Geltung zu bringen ist und nicht isoliert betrachtet werden darf. In den Übersetzungen des Textes wird das Problem daran sichtbar, daß meist die Abhängigkeit der Einzelglieder von V. 7b durch die Formulierung einzelner selbständiger Sätze nicht zum Tragen kommt.[11] Nimmt man dagegen den Zusammen-

---

10 Vgl. ähnlich H. J. B. Combrink, Structure S. 47.

11 N. Brox, Petrusbrief S. 201, beginnt zwar jeden Satz mit einem Imperativ, stellt aber jede Aussage selbständig neben die andere; vgl. auch K. H. Schelkle, Petrusbriefe S. 117; L. Goppelt, Petrusbrief S. 278; W. Schrage, Erster Petrusbrief S. 111; O. Knoch, Petrusbrief S. 114. Nur deshalb kann Brox, a.a.O. S. 204, schreiben: „Der eschatologische Bezug von V 7 ist in den VV 8-11 nicht weiter betont. Die Paränesen verstehen sich hier auch ohne diesen direkt endzeitlichen Rahmen." Die *grammatische* Konstruktion aber gewährleistet vielmehr, daß die Aussa-

hang ernst, so ergibt sich, daß die Aufforderung zur Liebe in V. 8 in der Ermahnung zur Gastfreundschaft in V. 9 und zum gegenseitigen Dienen in V. 10 konkretisiert wird. Aus diesem Grund könnte auch die Wendung πρὸ πάντων (V. 8a) nicht nur auf das Liebesgebot, sondern auf alle drei Glieder der Aufzählung in der genannten Zuordnung bezogen werden.[12]

Wie bereits angedeutet, fällt V. 11a durch den grammatischen Neuansatz aus der bisherigen Konstruktion heraus und ergänzt das dritte Glied der Aufzählung. Der Zusammenhang mit V. 10 ergibt sich aus dem gemeinsamen Stichwort διακονεῖν, das in V. 11a durch die Unterscheidung von Wortverkündigung (λαλεῖν) und praktischem Dienen[13] (διακονεῖν) präzisiert wird.[14] Diese Differenzierung scheint jedoch ihrerseits nicht ausführlich zu sein, weshalb sie *auf paulinischem Hintergrund* als Verkürzung und „Dürftigkeit" verstanden wurde.[15] Doch eine solche Einschätzung erweist sich als

gen inhaltlich in dem eschatologischen Bezug verstanden werden; vgl. G. Delling, Existenz S. 99; F. Schröger, Gemeinde S. 113.192; H. Frankemölle, Petrusbrief S. 63; P. H. Davids, Peter S. 156; O. Knoch, Petrusbrief S. 114f. – R. H. Gundry, Verba Christi S. 343, hat auf Lk 21,34 sowie Mk 14,38 als Parallelen zu 1Petr 4,7 hingewiesen.

[12] Unter Betonung der Intention wäre zu übersetzen: „(7) Doch das Ende aller (Dinge) ist nahegekommen. Daher seid besonnen und nüchtern zum Beten; (8) vor allem (aber [vgl. P, 1739, 𝔐 u.a.]), indem ihr an der gegenseitigen Liebe festhaltet – denn Liebe bedeckt eine Menge von Sünden. (9) (Diese gegenseitige Liebe erweist einander,) als solche, die ohne Murren gegenseitige Gastfreundschaft üben, (10) (und) indem ihr als gute Haushalter der vielfältigen Gnade Gottes einander dient (in dem Maße), wie jeder Gnadenzuwendung erfahren hat."

[13] Wegen der Unterscheidung vom Reden ist wahrscheinlich ein Dienen im sozialen Bereich intendiert; vgl. E. G. Selwyn, Peter S. 219; T. Holtz, Christus Diakonos S. 410.

[14] Aus diesem Grund ist διακονεῖν in V. 10 und V. 11a jeweils unterschiedlich akzentuiert; vgl. T. Holtz, Christus Diakonos S. 410; K. H. Schelkle, Petrusbriefe S. 119f.; P. H. Davids, Peter S. 161.

[15] So bes. T. Spörri, Gemeindegedanke S. 300; vgl. H. Freiherr von Campenhausen, Amt S. 80; H. Goldstein, Gemeinde S. 16: „Der 'petrinische' Verfasser bewegt sich in den Spuren paulinischer Charismenlehre, ohne sie in ihrer ganzen Fülle zu erreichen"; dazu N. Brox, Petrusbrief S. 208; F. Prast, Presbyter S. 380f.; L. Goppelt, Petrusbrief S. 287f. – Nach F. Schröger, Gemeinde S. 112, stehen die beiden Gaben von 1Petr 4,11 beispielhaft für alle anderen, so auch N. Brox, Petrusbrief S. 207. – Zum Versuch der Erweiterung der Gnadenfülle bei H. Goldstein, Gemeindeverständnis S. 237f., vgl. F. Schröger, a.a.O. S. 112f.

unangemessen, wenn man den Text nicht von Paulus her versteht.
Die einfache Unterscheidung zwischen „Wort-Dienst" und „Sozial-
Dienst" weist traditionsgeschichtlich vielmehr in eine Richtung,
auf die zwar gelegentlich verwiesen[16], die aber nicht ernsthaft als
Parallele herangezogen wird, wahrscheinlich deshalb, weil dort
nicht von χάρισμα die Rede ist. Die gleiche „Dürftigkeit" findet sich
nämlich in Apg 6,1ff., wonach die Versorgungsprobleme hellenistischer Witwen dazu geführt haben, daß eine Unterscheidung zwischen der Wortverkündigung der Apostel und den sozialen Diensten der „Diakone" gemacht wird (διακονία τοῦ λόγου [6,4] – διακονεῖν τραπέζαις [6,2]).[17] Diese „Arbeitsteilung" einerseits, die in ihrer grundlegenden Differenzierung in Wort- und Sozialdienst eher
urtümlich wirkt[18] und daher wahrscheinlich gerade nicht pars pro
toto zu verstehen ist[19], sowie die problematische Auslegung von
1Petr 4,10 auf dem Hintergrund der paulinischen Charismenlehre
andererseits deuten darauf hin, daß die *Entfaltung* von χάρισμα in
1Petr 4,10 traditionsgeschichtlich unabhängig von paulinischer
Charismentradition geschieht und daß die *Vorstellung* von 4,11
eher mit Apg 6 als mit Paulus verwandt ist.[20] Das schließt nicht
aus, daß der Begriff χάρισμα aus einem ursprünglich von Paulus
geprägten Sprachgebrauch entlehnt ist, gleichwohl er auch außerneutestamentlich immerhin nicht unbekannt ist.[21] Daß „nur" zwei
Phänomene genannt werden, ist daher nicht als Verkürzung paulinischer Vorgaben[22], sondern als Benennung der grundlegenden

---

16 Vgl. z.B. H. Windisch/H. Preisker, Briefe S. 76; E. Schweizer, Petrusbrief S.
90; E. Best, Peter S. 160; K. H. Schelkle, Petrusbriefe S. 120 u.a.
17 Vgl. L. Goppelt, Petrusbrief S. 279; zum geschichtlichen Hintergrund von
Apg 6 vgl. M. Hengel, Zwischen Jesus und Paulus passim; ferner G. Schille, Konfliktlösung passim, bes. S. 250.
18 Vgl. E. G. Selwyn, Peter S. 219; L. Goppelt, Petrusbrief S. 287f. – Zum alttestamentlichen und frühjüdischen Hintergrund der „Diakonie" vgl. F. Crüsemann,
Grundlage passim; K. Berger, Armenfürsorge passim.
19 So z.B. R. Knopf, Briefe S. 175f.; E. Best, Peter S. 160; P. H. Davids; Peter S.
161f.; E. Schweizer, Gemeinde S. 100; V. Scippa, Carismi S. 20 u.a.
20 Vgl. E. G. Selwyn, Peter S. 219; L. Goppelt, Petrusbrief S. 288.
21 S.o. S. 159 Anm. 3.
22 Vgl. W. Schrage, Erster Petrusbrief S. 111: „Zwei Beispiele von Gnadengaben"; weiterhin T. Spörri; Gemeindegedanke S. 31f.; F. W. Beare, Peter S. 186; E.

Bereiche gegenseitigen Dienens zu verstehen. Ob Apg 6,1ff. schon in der vorliegenden Form vorauszusetzen ist, kann nicht festgestellt werden.[23] Die sprachlichen Unterschiede machen zumindest eine gemeinsame Tradition wahrscheinlich, die jeweils aufgenommen wird. Auch dies ist ein Indiz dafür, daß 1Petr 4,10 nicht mit einer 'Charismenlehre' wie der des Paulus verglichen werden kann, bzw. daß ein solcher Vergleich eine Interpretation in 1Petr einträgt, die dem Brief selbst fremd ist.

Anhand von zwei Themenbereichen paulinischer Tradition soll diese Schlußfolgerung überprüft werden: an der Verhältnisbestimmung von χάρις und χάρισμα bei Paulus und den in seiner Tradition stehenden Schriften, sowie am Motiv der Haushalterschaft, das 1Petr 4,10 mit der Charismenvorstellung verbindet.

6.1.2. Charis und Charisma bei Paulus

Um den Zusammenhang in der notwendigen Kürze darstellen zu können, ist eine Beschränkung erforderlich. Ein zentraler Text für das paulinische Verständnis ist Röm 5f., wo Paulus χάρις und χάρισμα eng miteinander verknüpft. Der Apostel versteht die

---

Best, Peter S. 160; H. Goldstein, Gemeinde S. 239; F. Schröger, Verfassung S. 242f. Kritisch dazu N. Brox, Petrusbrief S. 208. Die im Vergleich zu Paulus fehlende Vielfalt der Gaben ist jedoch kein Mangel, sondern durch den Zusammenhang mit der Vielfalt der Gnade und deren Verständnis bereits gegeben. Einen Mangel sieht nur, wer Paulus schon als Maßstab anlegt.

[23] Apg 6,1-7 ist wahrscheinlich ein redaktionell gestalteter Abschnitt, der „sowohl aus Elementen urchristlicher Geschichte als auch aus der speziellen theologischen Darstellungsabsicht des Lukas geformt worden ist" (A. Weiser, Apostelgeschichte S. 99; vgl. J. Roloff, Apostelgeschichte S. 107f.; ders., Art. Amt S. 514; G. Lüdemann, Christentum S. 79-85; G. Schille, Konfliktlösung S. 243-246). Der traditionelle Charakter der Dienstaufteilung (nach G. Lüdemann, a.a.O. S. 82, redaktionell; vgl. auch G. Schille, a.a.O. S. 255f.) ergibt sich aus der Spannung, die dadurch aufgebaut wird, daß die Diakone in der weiteren Darstellung des Lukas in der *Verkündigung* tätig sind, was nach 6,4 für die Apostel vorgesehen war; vgl. G. Schille, a.a.O. S. 252-254, der die Zuordnung als Modell für die lukanische Konfliktlösung versteht. Die Verkündigung der *Diakone* Stephanus und Philippus entspricht dagegen dem lukanischen Missionskonzept (Apg 1,8); vgl. A. Weiser, a.a.O.; J. Roloff, Apostolat S. 219, der jedoch Apg 6,2b-4 als lukanische Bildung ansieht (a.a.O. S. 220f.).

Gnade Gottes als den geschenkhaften Empfang der Gerechtigkeit, die durch Jesus Christus neues Leben ermöglicht (οἱ τὴν περισσείαν τῆς χάριτος καὶ τῆς δωρεᾶς τῆς δικαιοσύνης λαμβάνοντες ἐν ζωῇ βασιλεύσουσιν διὰ τοῦ ἑνὸς Ἰησοῦ Χριστοῦ, 5,17; vgl. 5,15).[24] Daraus folgt, daß das eine *grundlegende* Charisma das neue, ewige Leben Gottes ist (6,23; vgl. 5,16), das in der Gnade der durch Christus geschehenen Rechtfertigung gründet.[25] Dieser grundlegende Singular bestimmt das Verständnis des Plurals der Gnadengaben, die gleichsam der sichtbare Ausdruck des 'unsichtbaren' Charismas der Rechtfertigung sind.[26] Während das *eine* Charisma aber unteilbar ist, kann seine Entfaltung in *den* Charismen der Gemeinde unterschiedlich sein (Röm 12,6; 1 Kor 7,6). Besonders im Blick auf Röm 12,6 ist dies festzuhalten, ein Text, von dem oft die größte Nähe zu 1 Petr 4,10 behauptet wird.[27] Doch das ist nicht der Fall. Auch die für Paulus charakteristische Verbindung der Vielfalt der Gaben mit der Vorstellung von der Gemeinde als Leib mit vielen Gliedern unterschiedlicher Funktionen (Röm 12,4; 1 Kor 12,12ff.) findet sich in 1 Petr nicht.[28] Dem entspricht die Tatsache, daß Paulus die Vielfalt der Charismen katalogartig zusammenstellt, vermutlich unter Aufnahme derjenigen Gaben, die in der (korinthi-

---

24 Vgl. U. Wilckens, Römer I S. 322f.; U. Brockhaus, Charisma S. 132f. F. W. Horn, Angeld S. 282, hält „die Nähe zum christlichen Gebrauch des Wortes χαίρω κτλ" für entscheidend. Zu vergleichen wäre ferner Röm 1,5; 12,3; 15,15; 1 Kor 3,16; Gal 2,9; vgl. dazu O. Betz, Hintergrund S. 271-273.

25 Vgl. U. Brockhaus, Charisma S. 132; K. Kertelge, Gemeinde S. 104f.; F. Hahn, Charisma S. 425; E. Käsemann, Amt S. 110; G. Hasenhüttl, Charisma S. 119f.; D. Zeller, Charis S. 152-159, bes. S. 157f.; C. Wolff, Erster Korintherbrief S. 288.

26 Dieser Zusammenhang wird von U. Brockhaus, Charisma S. 140, abgelehnt.

27 Vgl. R. Knopf, Briefe S. 175f.; J. N. D. Kelly, Peter S. 179; L. Goppelt, Petrusbrief S. 280; K. Berger, Art. χάρισμα Sp. 1103; zur Differenzierung mahnt T. Holtz, Christus Diakonos S. 410 Anm. 43.

28 Vgl. z.B. E. G. Selwyn, Peter S. 81. Zum paulinischen Verständnis der Gemeinde als Leib vgl. z.B. J. Hainz, Ekklesia S. 259-265; C. Wolff, Erster Korintherbrief S. 301-305; H.-W. Park, Kirche als Leib Christi passim; G. L. O. R. Yorke, Church passim; A. Lindemann, Kirche als Leib passim. – P. von der Osten-Sacken, Charisma passim, bes. S. 105ff., hebt die Bedeutung des „Einzelnen" bei Paulus besonders hervor und vermutet a.a.O. S. 114, daß 1 Petr 4,11 die paulinische Tradition „in selten unversehrter, authentischer Gestalt" aufgenommen sei.

schen[29]) Gemeinde besonders geschätzt wurden.[30] Das Verständnis von Charisma im 1Petr dagegen kommt ohne eine solche Art der Darstellung aus.[31]

Zurückgeführt werden die Gaben bei Paulus in 1Kor 12 ausdrücklich auf das Wirken des Geistes Gottes (1Kor 12,4-11; vgl. den Parallelbegriff πνευματικά bzw. πνευματικοί in 1Kor 12,1 und 14,1).[32] Im Röm nennt der Apostel Gott als denjenigen, der die Gaben als „Maß des Glaubens" zuteilt (12,3; vgl. Eph 4,7). Paulus betont in diesem Zusammhang den Aspekt des Gebens (vgl. die häufige Verwendung des Stammes δω-), sieht also die Verteilung der Charismen gleichsam aus der Perspektive Gottes (vgl. Röm 12,3.6-8; 1Kor 1,4; 12,8-10; im Vergleich damit geradezu pleonastisch in Eph 4,7: ἐδόθη ἡ χάρις κατὰ τὸ μέτρον τῆς δωρεᾶς τοῦ Χριστοῦ[33], während in 1Petr der Akzent stärker auf dem Empfangen liegt (ἔλαβεν, 4,10). Weder bei Paulus noch in den deuteropaulinischen Schreiben wird λαμβάνειν im Zusammenhang der Gnadengaben verwendet; lediglich in 1Kor 4,7 spricht Paulus im Kontext der Abwehr eines Vorzugsdenkens davon, daß eine Vorrangstellung, derer man sich rühmen könnte, kein eigenes Verdienst ist, sondern empfangen wurde (τί δὲ ἔχεις ὃ οὐκ ἔλαβες;). Innerhalb des 1Kor ist dies zwar auch auf die Gnadengaben zu beziehen; im engeren Zusammenhang der Charismenproblematik verwendet Paulus den Begriff λαμβάνειν aber nicht.[34] Die Ausführlichkeit der pneumatischen Begründung der Charismen in 1Kor

---

[29] Der Katalog in Röm 12 ist wahrscheinlich ebenfalls vom korinthischen Kontext geprägt, da der Brief vermutlich in Korinth geschrieben wurde (Röm 15,25f.; 16,1); vgl. z.B. U. Wilckens, Römer I S. 44f.; U. Schnelle, Einleitung S. 135.

[30] Vgl. dazu C. Wolff, Erster Korintherbrief S. 289.306.

[31] S.o. S. 163ff.

[32] Vgl. C. Wolff, Erster Korintherbrief S. 298f. Nach F. Hahn, Charisma S. 422f., sind auch διακονίαι und ἐνεργήματα in 1Kor 12,5f. Parallelbegriffe zu χαρίσματα, vgl. ferner F. W. Horn, Angeld S. 180-201; J. Rohde, Charismen und Dienste S. 211.

[33] Vgl. F. Hahn, Charisma S. 425. In 1Kor 7,7 gebraucht Paulus ἔχειν, nach Röm 12,6 *haben* die Christen die Charismen entsprechend der *gegebenen* Gnade (ἔχοντες δὲ χαρίσματα κατὰ τὴν χάριν τὴν δοθεῖσαν ἡμῖν διάφορα). Zu Eph 4,7 s.u. S. 168f.

[34] Vgl. C. Wolff, Erster Korintherbrief S. 86.

12 zeigt die Bedeutung, die sie für Paulus hat[35]; in 1 Petr 4 spielt sie dagegen keine Rolle.[36] Die in Charismen, Dienste und Taten unterscheidende Zuordnung zu Geist, Kyrios und Gott (1 Kor 12,4-6)[37] erweist darüber hinaus eine Art der Reflexion dieser Wirkungen zur Auferbauung der Gemeinde[38], die in 1 Petr keine Entsprechung findet.[39]

6.1.3. Das deuteropaulinische Charismenverständnis

Nachdem die Unterschiede zum paulinischen Verständnis der Charismen deutlich wurden, ist die deuteropaulinische Tendenz hinsichtlich der Gnadengaben anhand von Eph 4,7ff.; 1 Tim 4,14 und 2 Tim 1,6 zu betrachten und zu prüfen, ob 1 Petr dieser Tendenz entspricht.[40]

Es ist auffällig, daß im Zusammenhang des Kataloges von Eph 4,7-16 der für Paulus spezifische Begriff χάρισμα nicht mehr verwendet wird. An seine Stelle tritt δωρεά (4,7), was der paulinischen Akzentuierung des *Gebens* der Charismen durch Gott bzw. durch die Wirkung des Geistes entspricht und in V. 11 erneut mit ἔδωκεν aufgegriffen wird.[41] Charakteristisch hierfür ist die Veränderung des Verbums λαμβάνειν aus PsLXX 68,19 zu ἔδωκεν in Eph 4,8.[42] Ferner wird als Urheber der Gnadengabe nicht mehr Gott, son-

---

[35] Die parallel zu 1 Kor 12,4 erfolgende Bezugnahme auf den Kyrios in 12,5 sowie auf Gott in V. 6 wird von Geistaussagen gerahmt; 12,7 fährt mit dem Thema 'Geist' fort; vgl. C. Wolff, Erster Korintherbrief S. 287ff.

[36] Vgl. F. W. Beare, Peter S. 186; E. Best, Peter S. 160; L. Goppelt, Petrusbrief S. 287. Der pneumatische Akzent der Charismen tritt auch in Röm 12 in den Hintergrund.

[37] Vgl. F. Hahn, Charisma S. 423 mit Anm. 13; F. W. Horn, Angeld S. 283f.; C. Wolff, Erster Korintherbrief S. 289.

[38] Vgl. F. W. Horn, Angeld S. 287-291.

[39] Auch in Röm 12 ist dieser Aspekt nicht entfaltet; vgl. oben Anm. 36.

[40] Bei einer paulinischen Interpretation von 1 Petr 4,10f. wird eine Überprüfung dieses Problems meist nicht durchgeführt; vgl. N. Brox, Petrusbrief S. 206-209; anders L. Goppelt, Petrusbrief S. 286.

[41] Vgl. F. Hahn, Charisma S. 445; H. Merklein, Amt S. 62-67.73-80, der ἔδωκεν als konstitutiv für den Kirchenbegriff des Eph herausarbeitet (bes. S. 78f.).

[42] Vgl. H. Merklein, a.a.O. S. 65f.

dern Christus genannt.[43] Dieser Unterschied fällt wegen der Ähnlichkeit der Liste mit 1Kor 12,28 auf. Von dort werden drei Gaben übernommen: Apostolat, Prophetie und Lehre.[44] Hinzu kommen die Evangelisten und Hirten. Es zeigt sich, daß Eph an einer wirklichen Vielfalt der Gaben im Sinne des Paulus kein Interesse hat. Wundertätigkeit, Glossolalie, Heilung, das gegenseitige Helfen treten als Gnadengaben deutlich hinter den Aufgaben der Verkündigung, Lehre und Gemeindeleitung zurück.[45] Die Verbindung der Gaben mit der paulinischen Vorstellung von der Gemeinde als Leib hingegen wird von Eph übernommen (4,12-16).[46]

Die deuteropaulinische Tendenz des Eph wird durch die Pastoralbriefe bestätigt.[47] Im Unterschied zum Eph wird hier der paulinische Begriff χάρισμα verwendet und noch weiter eingegrenzt. Zwar kennt auch 1Tim verschiedene Aufgaben in der Gemeinde (Bischöfe – 3,1ff.; Diakone – 3,8ff.; Weissagung – 4,14; Lehre – 4,16; Witwen – 5,3ff.; Älteste – 5,17[48]), aber sie werden nicht mehr als zugeteilte Gaben verstanden.[49] Nach 1Tim 4,14 ist χάρισμα speziell die Einsetzung des Timotheus in seine Aufgaben, die er in der Gemeinde wahrzunehmen hat. Dies geschieht in Verbindung mit einem besonderen Akt der Handauflegung durch die Ältesten.[50] Daran knüpft 2Tim 1,6 an und versteht den Auftrag

---

[43] Vgl. E. Käsemann, Amt S. 113; J. Roloff, Art. Amt S. 524; P. Pokorný, Epheser S. 168.

[44] Vgl. F. Hahn, Charisma S. 444f.; J. Rohde, Charismen und Dienste S. 213f.

[45] Vgl. F. Hahn, Charisma S. 444, der darin eine Parallele zu dem Sachverhalt in 1Petr sieht, wo „die ekstatischen [Gaben] bereits völlig entfallen sind". Aber auch hierbei wird vorausgesetzt, daß die in 1Petr beschriebene Tradition von Paulus her ihren Ausgang nahm; vgl. ferner H. Merklein, Amt S. 116.

[46] Vgl. P. Pokorný, Epheser S. 176-178; C. Colpe, Leib-Christi-Vorstellung passim; H. Merklein, Amt S. 83-99.

[47] Vgl. H. Merklein, Amt S. 384-391.

[48] Bischöfe und Älteste erwähnt auch Tit 1,5f.; vgl. N. Brox, Pastoralbriefe S. 147-152; J. Roloff, Timotheus S. 169-181.

[49] Vgl. J. Rohde, Charismen und Dienste S. 218.

[50] Vgl. dazu J. Roloff, Timotheus S. 255-257; L. Oberlinner, Timotheus S. 208-211; H. Merklein, Amt S. 388f.; M. Karrer, Ältestenamt S. 176f.; J. Rohde, Charismen und Dienste S. 217f.

des Timotheus als χάρισμα θεοῦ. Wie in Eph wird der Vorgang mit dem Stamm δω- beschrieben (1 Tim 4,14; 2 Tim 1,7).[51]

Das Verständnis von χάρισμα im 1 Petr kann weder von Paulus selbst noch von der sich dem Apostel zurechnenden Tradition abgeleitet werden. Der Unterschied zu Paulus wird neben terminologischen Differenzen (λαμβάνειν statt δοῦναι) vor allem durch die christologisch-pneumatologische Begründung bei Paulus (Zusammenhang von χάρις und χάρισμα) einerseits, sowie die Nähe von 1 Petr 4,10 zu der aus Apg 6 bekannten grundsätzlichen Zweiteilung der Gaben in Wortdienst und praktischen Dienst andererseits angezeigt. Ferner konnte festgestellt werden, daß 1 Petr der deuteropaulinischen Tendenz des Betonens des Gabe-Aspektes und der Verkündigungs- und Leitungsgaben (Eph) bzw. zur Eingrenzung auf einen bestimmten Vermittlungsakt (Past) nicht entspricht.[52] Hinzu kommt, daß Eph an dem paulinischen Motiv der Gemeinde als Leib festhält (4,12)[53] und anhand dieser Metapher das Zusammenspiel der Gaben zur Auferbauung (οἰκοδομή) beschreibt. Auch dieser Sachverhalt spricht gegen die Annahme, 1 Petr stehe in paulinischer Tradition.[54]

---

[51] Vgl. K. Kertelge, Gemeinde S. 148f.; H. Merklein, Amt S. 389; J. Roloff, Timotheus S. 258; M. Karrer, Ältestenamt S. 177; H. Merkel, Pastoralbriefe S. 39.57. O. Knoch, Petrusbrief S. 119, denkt an eine „Ausschaltung der 'charismatischen Funktionäre' aus der Gemeindeleitung".

[52] Vgl. L. Goppelt, Petrusbrief S. 286; bes. gegen W. Seufert, Verwandtschaftsverhältniss S. 333.

[53] Vgl. F. Hahn, Charisma S. 427-434, bes. 428.

[54] Vgl. H. Freiherr von Campenhausen, Amt S. 81: „... wir kommen mit dieser Sicht der Dinge jetzt doch in den Umkreis einer gegenüber Paulus grundsätzlich anders gebauten Gemeindeordnung und eines anders verstandenen und begründeten Begriffs der geistlichen Vollmacht und Autorität. Nicht zufällig trägt das pseudonyme Schreiben, das an Gemeinden des früher paulinischen Missionsgebietes gerichtet ist, nicht den Namen des Paulus, sondern des Petrus an seiner Spitze, d. h. der ersten juden- und heidenchristlichen Autorität für die von Jerusalem ausgehende und von Paulus unabhängige Mission." (Zur Differenzierung im Blick auf das Verständnis der Adressatengebiete als paulinisches Missionsgebiet s.o. S. 35ff.).

6.1.4. Das Verständnis von Haushalterschaft

Der Autor des 1Petr entfaltet das gegenseitige Dienen als Haushalterschaft, die die Vielfalt der Gnade Gottes in rechter Weise „verwaltet"[55]. Auch Paulus kennt das Motiv der Haushalterschaft, und es ist bemerkenswert, daß es in der Briefliteratur[56] außer 1Petr 4,10 nur im Corpus Paulinum vorkommt (1Kor 4,1f.; Gal 4,2; Röm 16,23; Tit 1,7). Ein spezifisch *geistlicher* Gebrauch liegt in 1Kor 4,1f. und Tit 1,7 vor, wobei an letzterer Stelle der Begriff bereits auf den Episkopus als Haushalter Gottes beschränkt (vgl. Tit 1,9) und durch bestimmte Anforderungen an dieses Amt erläutert wird (vgl. 1Tim 3,2-7).[57] Von daher ist der deuteropaulinische Beleg für das Verständnis von 1Petr 4,10 inhaltlich nicht relevant, zeigt aber, daß 1Petr 4,10f. auch hier von deuteropaulinischer Tendenz abweicht. Die Haushalterschaft des Episkopus ist in Tit 1,9 nicht charismatisch begründet, und umgekehrt wendet 1Petr 4,10 die Haushalterschaft auf die ganze Gemeinde an.

Paulus selbst bezieht den Begriff οἰκονόμος in 1Kor 4,1f. in einer Formulierung der 1. Person Plural auf seinen apostolischen Dienst der Verkündigung des Evangeliums, den er als Haushalterschaft an den „Geheimnissen Gottes" umschreibt. Zu beachten ist jedoch an dieser auch bei Paulus singulären Stelle, daß der Plural nicht Paulus allein meint, sondern daß sich der Apostel vom Kontext des Kap. 3 her in eine Reihe mit Apollos und Kephas stellt.[58] Das „Wir" von 4,1 kann daher kaum anders verstanden werden,

---

[55] Zum Begriff οἰκονόμος vgl. O. Michel, Art. οἶκος S. 151-153; J. Reumann, Stewards of God passim; ders., Oikonomia-Terms passim. Reumann versucht, den Terminus auf dem Hintergrund der Mysterienkulte zu verstehen (Stewards of God S. 349; als Anhaltspunkt dient 1Kor 4,1: μυστήρια θεοῦ), weist jedoch eine direkte Verbindung ab (Oikonomia-Terms S. 166); vgl. auch H. Kuhli, Art. οἰκονομία Sp. 1220; W. Schrage, Korinther I S. 321.

[56] Es begegnet ferner in Lk 12,42; 16,1.3.8; zum traditionsgeschichtlichen Verhältnis zur Briefliteratur vgl. E. G. Selwyn, Peter S. 218; L. Goppelt, Petrusbrief S. 287; J. Reumann, Oikonomia-Terms passim.

[57] Vgl. J. Roloff, Apostolat S. 267; K. Kertelge, Amt S. 144f.; N. Brox, Pastoralbriefe S. 285; H. Merkel, Pastoralbriefe S. 90.

[58] Vgl. J. Reumann, Oikonomia-Terms S. 160; H. Conzelmann, Korinther S. 109; W. Schrage, Korinther I S. 320; C. Wolff, Erster Korintherbrief S. 79.

als daß auch jene beiden im Dienst an den Gemeinden ihre Haushalterschaft wahrnehmen. Daß Paulus diesen Begriff sonst nur
noch in seiner profanen Bedeutung verwendet (Gal 4,2; Röm
16,23), könnte daraufhin deuten, daß der Terminus von ihm in
1Kor 4 deshalb aufgenommen wird, weil er unter den Verkündi-
gern und ihren Gemeinden (hier konkret die korinthische) in eben
dieser speziellen Bedeutung bekannt war.[59] Nur so ist er in der
These von 4,1f. sinnvoll, die der Rechtfertigung des Apostels gegenüber den Korinthern voransteht.

Auf diesem Hintergrund kann das Vorkommen des Begriffes
οἰκονόμος in paulinischen Schreiben einerseits und einem Schreiben mit petrinischem Anspruch andererseits nicht im Sinne einer
traditionsgeschichtlichen Verbindung verstanden werden, zumal er
in 1Petr sowohl durch den Bezug auf die Charismen als auch in
der Ausrichtung auf die Gemeinde anders entfaltet wird als bei
Paulus[60], der mit dem Terminus herausgehobene Persönlichkeiten
bezeichnet und ihn in seinen breiten Ausführungen zu den Gei-
stesgaben nicht heranzieht. Die deuteropaulinische Engführung in
Tit 1,7 liegt daher in der von Paulus vorgegebenen Richtung und
ist ein weiteres Indiz dafür, 1Petr nicht in paulinische Tradition zu
stellen. In der Ausweitung der Haushalterschaft auf die Gemeinde
läuft er dieser Tendenz sogar entgegen.

---

[59] Vgl. J. Reumann, Stewards of God S. 349.

[60] Vgl. L. Goppelt, Petrusbrief S. 287; der Gemeindeplural findet sich auch bei
Ignatius, Pol 6,1 (vgl. O. Michel, Art. οἶκος S. 153). Goppelt weist auf das Haushal-
tergleichnis der Jesustradition hin (Lk 12,42-48 par. Mt 24,45-51 = „Q"). In dieser
Hinsicht stünde 1Petr 4,10 der Jesustradition näher als Paulus; vgl. auch R. Metzner, Rezeption S. 239-246. Damit wäre an diesem Punkt eine konkrete Tradition
als gemeinsame Grundlage auszumachen. Den Begriff οἰκονόμος bietet allerdings
nur Lk und ebenfalls, wie bei Paulus, mit der Betonung der Verantwortung der
Apostel! – Der Terminus findet sich aber nicht nur in christlicher Literatur; vgl.
ParJer 7,2, wo Baruch als οἰκονόμος τῆς πίστεως bezeichnet wird (vgl. dazu J. Herzer, Paralipomena S. 114.173); ferner TestJos 12,3.

6.2. Die sog. „Presbyterialverfassung" in 1Petr 5,1-4

Neben dem ekklesiologischen Verständnis der Charismen kommt 1Petr in 5,1ff. auf Gemeindestrukturen zu sprechen, die davon ausgehen, daß Presbyter die geistliche Verantwortung für die Gemeinde tragen. Versteht man bereits 1Petr 4,10f. von Paulus her, so kann man angesichts dieses Sachverhaltes nur von der „Vermischung ... paulinischer und palästinischer Gemeindestruktur"[61] sprechen. Dabei ist vorausgesetzt, paulinisch sei die charismatische Gemeindeordnung[62], palästinisch die durch 1Petr 5,1ff. repräsentierte. Demgegenüber wird aber darauf hingewiesen, daß eine presbyteriale Gemeindeordnung vor allem im kleinasiatischen Raum zu finden sei.[63] Als Referenztexte dafür gelten Apg 20,17-35, die Pastoralbriefe (1Tim 3,1; Tit 1,5-9), johanneische Traditionen u.a.[64] Doch dieser Hinweis dient kaum zur Klärung des Problems, in welchem Verhältnis 1Petr 5,1ff. zur paulinischen Gemeindestruktur steht. Nach N. Brox ist die presbyteriale Verfassungsform des 1Petr „insofern verwunderlich, als der Brief formell an paulinische Missionsregionen gerichtet ist, in denen man die paulinische Kirchenverfassung mit Bischöfen und Diakonen erwartet hätte (Phil 1,1)"[65]. Daran wird einmal mehr deutlich, wie

61 H. Frankemölle, Petrusbrief S. 66f.; vgl. R. Metzner, Rezeption S. 185. Nach F. Schröger, Verfassung S. 245, versucht 1Petr 5,1ff. aus praktischen und sozialen Gründen „den ursprünglich paulinisch charismatisch verfaßten Gemeinden die presbyteriale Verfassung nahezulegen" (vgl. auch a.a.O. S. 247-251); vgl. ferner H. Goldstein, Gemeinde S. 18-20.

62 Vgl. H. Freiherr von Campenhausen, Amt S. 60-65; K. Schäfer, Gemeinde als „Bruderschaft", bes. S. 385-418 (Lit.); F. Schröger, Gemeinde S. 114.

63 Vgl. H. Freiherr von Campenhausen, Amt S. 82-134; O. Knoch, Petrusbrief S. 130f.; R. Metzner, Rezeption S. 184. Dies wird schließlich als Argument gegen die Einheitlichkeit des 1Petr verwendet, vgl. F. Schröger, Verfassung S. 240f.; s. dazu F. Prast, Presbyter S. 380f.

64 Vgl. z.B. J. Roloff, Art. Amt S. 516-518; R. Metzner, Rezeption S. 184. Zur historischen Frage nach der Funktion der Presbyter vgl. M. Karrer, Ältestenamt passim, bes. S. 154-170.

65 N. Brox, Petrusbrief S. 226f.; s. auch F.-R. Prostmeier, Handlungsmodelle S. 455f. Brox kann das Problem nur durch die These auflösen, daß sich der „fiktive Charakter des 1Petr nicht völlig durchschauen läßt" und „die Frage nach dem Verhältnis des Autors und auch des Briefes selbst zu Kleinasien und die Absicht bei dieser Adressenangabe (bzw. -wahl) nicht sicher beantwortbar" ist (a.a.O. S. 227);

bestimmte Voraussetzungen (hier: paulinisches Missionsgebiet, daher paulinische Verfassung usw.) ein Verständnis der Aussagen im
1 Petr selbst erschweren.[66]

Grundsätzlich ist festzustellen, daß Paulus selbst die Bezeichnung πρεσβύτερος für eine Gemeindefunktion nicht verwendet[67], so
daß bereits ein Unterschied zwischen paulinischer und deuteropaulinischer Gemeindestruktur berücksichtigt werden muß, wobei
aus letzterer Eph wiederum herausfällt, der den Begriff wie Paulus
nicht benutzt und sich im Blick auf die Gemeinde*funktionen* an
Paulus anschließt[68]. Daraus ergibt sich die Fragestellung, inwiefern
1 Petr 5,1ff. mit der Auffassung von den Presbytern in den Pastoralbriefen zu vergleichen ist.[69]

Auf dem Hintergrund dieser Problemstellung sollte bedacht werden, ob der Terminus „Verfassung" für das Gemeindeverständnis des 1 Petr angemessen ist, setzt
er doch eine festgeschriebene Gemeindeordnung voraus.[70] Der Widerspruch, der
oft zwischen 1 Petr 4,10f. und 5,1ff. gesehen wird, ist m.E. auf diese Begrifflichkeit
zurückzuführen, wonach nämlich die „paulinisch-charismatische" und die „jü-

---

vgl. F. Schröger, Verfassung S. 247-251 (s.o. S. 173 Anm. 61). Nach F. Prast, Presbyter S. 381, handelt es sich in 1 Petr 4f. um eine durch die Leidenssituation der
Gemeinden veranlaßte Relativierung des paulinisch-charismatischen Gemeinde-
modells durch „das institutionell geprägtere und krisenfestere Presbyteramt". H.
Goldstein, Gemeinde S. 18, geht sogar so weit zu warnen, aus der Nichterwäh-
nung von Diakonen und Episkopen zu schlußfolgern, daß es diese Funktionen
nicht gegeben hätte; vgl. ähnlich a.a.O. S. 19 zur Frage nach der charismatischen
Geistberufung in das Presbyteramt. – Zum Verständnis von Phil 1,1 vgl. z.B. J.
Hainz, Anfänge S. 106f.; E. Lohse, Entstehung S. 62-64, bes. S. 64: „Aus dieser ersten Erwähnung christlicher ἐπίσκοποι läßt sich noch nichts entnehmen, was auf
ein spezifisch christliches Amt hindeuten könnte." Die Originalität und die Son-
derstellung von Phil 1,1 betont auch F. Prast, a.a.O. S. 366-369.
   [66] Auch die johanneischen Gemeinden befanden sich im paulinischen Missionsgebiet und repräsentieren eine von Paulus unterschiedene Tradition!
   [67] In Phlm 9 begegnet πρεσβύτης als Altersbezeichnung; vgl. L. Goppelt, Petrusbrief S. 321; dazu M. Karrer, Ältestenamt S. 170, im Blick auf die frühchristliche Ältestentradition: „Die Distanz zum Denken des Paulus ist groß."
   [68] S.o. S. 168f.
   [69] Vgl. A. Lindemann, Paulus S. 260.
   [70] Vgl. dazu J. Roloff, Art. Amt S. 509f.

disch-presbyteriale Kirchenverfassung"[71] miteinander vermischt würden[72]. Neben dem Begriff „Verfassung" sind auch die Termini „Amt" bzw. „Amtsträger" in Bezug auf die Presbyter nicht unproblematisch, schon wegen der Konnotationen, die sie in der modernen Sprache haben.[73] Auch die Art und Weise, wie in 1 Petr 5,1ff. von den Presbytern gesprochen wird, weist in eine andere Richtung.

In 1 Tim werden die Ältesten (5,17-21)[74] neben Bischöfen (3,1-7) und Diakonen (3,8-13) genannt.[75] Während Diakone praktischen Dienst versehen (3,10.13), haben Älteste wie Bischöfe die Aufgabe des Gemeindevorstandes (3,5; 5,15), jedoch in unterschiedlichen Funktionen. Zwar wird man kaum sicher bestimmen können, wie die Funktionen im einzelnen aussahen, aber die unterschiedliche Terminologie weist auf die Differenzierungen hin: Ein Bischof „trägt Sorge um die Gemeinde Gottes" (ἐκκλησίας θεοῦ ἐπιμελήσεται, 3,7), die Ältesten mühen sich u.a. um Verkündigung und Lehre (κοπιῶντες ἐν λόγῳ καὶ διδασκαλίᾳ, 5,17).[76] Was bei Paulus und im

---

71 N. Brox, Petrusbrief S. 227, der dies jedoch als eine falsche Alternative benennt. Nach Brox sind auch die in 5,1-4 erwähnten „Amtstätigkeiten" als „charismatische Dienste" zu verstehen.

72 Vgl. H. Frankemölle, Petrusbrief S. 66ff. F. Hahn, Charisma S. 448, weist darauf hin, „daß die Aussagen über die Charismen bei Paulus grundsätzlichen Charakter haben und nicht eo ipso mit einer bestimmten Gemeindeordnung identisch sind".

73 Vgl. auch H. W. Beyer, Art. ἐπισκέπτομαι S. 612, im Blick auf Apg 20,28: „Das 'Amt' ist seinem sachlichen Gehalt nach da. Seine bleibende Benennung ist erst im Werden"; dazu weiterhin J. Rohde, Charismen und Dienste S. 204-209; M. Karrer, Ältestenamt passim (Lit.). Vgl. demgegenüber die unangemessen pauschalisierende Formulierung von S. Schulz, Mitte S. 281: „Der 1. Petrusbrief ordnet sich mit dieser Presbyterialverfassung, der konkreten Amtsanweisung und der Warnung vor dem Mißbrauch der Amtsgewalt organisch in die entstehende Beamtenkirche des werdenden Frühkatholizismus ein, die außerdem heilsgeschichtlich und dualistisch zugleich begründet, gerechtfertigt und hergeleitet wird."

74 Die Ältestenfunktion in 5,17ff. ist von der Erwähnung der älteren Männer und Frauen in 5,1 zu unterscheiden, wo es um das Verhältnis zwischen den Generationen geht; vgl. auch das Verhältnis von Tit 1,5 (Einsetzung von Ältesten) zu 2,2 (Ermahnung der Älteren).

75 Vgl. Phil 1,1 (Bischöfe und Diakone), s. dazu E. Lohse, Entstehung S. 62-64; J. Rohde, Ämter S. 54-56; vgl. ferner 1 Clem 42,4f.; Did 15,1.

76 In Did 15,1 wird von den Bischöfen und Diakonen gesagt: ὑμῖν γὰρ λειτουργοῦσι καὶ αὐτοὶ τὴν λειτουργίαν τῶν προφητῶν καὶ διδασκάλων. Bischöfe und Diakone beginnen, den Dienst von Propheten und Lehrern zu übernehmen, gleichwohl sie (noch) mit ihnen gemeinsam Verantwortung tragen (15,2); vgl. F.

Eph noch als Charisma bzw. Gabe verstanden wurde (vgl. Röm
12,8f.; 1Kor 12,28; Eph 5,11), wird den Bischöfen und Ältesten
zugeordnet, ohne den Gabencharakter eigens hervorzuheben.[77]
Nach 1Tim 4,14 sind die Ältesten bereits in einem Presbyterium
zusammengefaßt und für die Einsetzung anderer in Gemeindefunktionen verantwortlich.[78] Erst in diesem Kontext wird von
Charisma gesprochen, das nicht mehr unmittelbar von Gott durch
den Geist gegeben wird (wie bei Paulus), sondern mittelbar durch
die Ältesten (vgl. 1Tim 4,14 mit 2Tim 1,6[79]).

Ein etwas anderes Bild ergibt sich aus Tit. Nach 1,5 soll Titus
Älteste einsetzen, wobei die Kriterien zum Teil denen entsprechen,
die 1Tim 3,1ff. für den Bischof nennt. Wenn Tit 1,7 in der Formulierung der Begründung (γάρ) der Anordnung von V. 5f. ausdrücklich auf den Bischof zu sprechen kommt, dann entsteht der
Eindruck, als wären mit den Ältesten eben die Bischöfe gemeint
(„... damit du Älteste einsetzt ... *Denn* ein Bischof ...").[80] Von klaren

Hahn, Charisma S. 444f. Nach K. Kertelge, Gemeinde S. 147, sind in 1Tim die
„Vorsteher-Presbyter mit den Episkopen zu identifizieren".

[77] Vgl. H. W. Beyer, Art. ἐπισκέπτομαι S. 613: „... die Tatsache, daß im Blick auf
die Befähigung zum Bischofsamt nicht mehr vom heiligen Geist, sondern nur
noch von den notwendigsten menschlichen Voraussetzungen die Rede ist, zeigt,
wie stark die Entwicklung bereits durch die Notwendigkeiten des Alltags bestimmt
ist."

[78] Vgl. K. Kertelge, Gemeinde S. 146. O. Knoch, Petrusbrief S. 119, vermutet
den Bischof als „Vorsteher des örtlichen Presbyterkollegiums" (vgl. a.a.O. S. 131),
wofür es jedoch kaum Anhaltspunkte gibt.

[79] Danach wäre Paulus Mitglied des Presbyteriums gewesen. – J. Jeremias,
ΠΡΕΣΒΥΤΕΡΙΟΝ passim, verstand den Begriff in 1Tim 4,14 als genitivus finalis
und die Vorstellung in der Entsprechung zum hebr. סְמִיכַת זְקֵנִים als „Handauf-
stemmung zur Verleihung der Ältestenwürde" (a.a.O. S. 132), womit die Spannung zwischen 1Tim 4,14 und 2Tim 1,6 aufgelöst wäre; vgl. O. Hofius, Auslegungsgeschichte passim; G. Bornkamm, Art πρέσβυς S. 654, der zwar Jeremias
hinsichtlich des außerchristlichen Beleges Sus 50 (Theodotion) zustimmt, dies
aber nicht auf Past anwendet (vgl. ebd. und S. 666f.). Ob jedoch der Beleg in Sus
50 (Theodotion) dieses Verständnis tatsächlich impliziert, wird durch den Kontext
m.E. nicht eindeutig bestimmt, vgl. dazu P. Katz, πρεσβυτέριον S. 27-30, der bes.
auf die Unsicherheit des Textes Sus 50 hinweist; ferner J. Roloff, Timotheus S.
258f.

[80] Vgl. J. Rohde, Ämter S. 81.85f.; J. Roloff, Art. Amt S. 523f.; E. Lohse, Entstehung S. 66f.; J. Ysebaert, Amtsterminologie S. 69-73; H. Merklein, Amt S. 390;
M. Karrer, Ältestenamt S. 177. G. Holtz, Pastoralbriefe S. 208, vermutet, daß der

Amts- oder Verfassungsstrukturen kann daher kaum die Rede sein. Es wird lediglich deutlich, daß in den Gemeinden verschiedene Funktionen entstanden sind, die wohl auch in einer gewissen Rangfolge standen, aber kaum mit festen Abgrenzungen und einer festen Terminologie.[81] Dahin deutet auch Apg 20,17f.[82] Die Ältesten (πρεσβύτεροι), werden von Paulus aus Ephesus nach Milet gerufen und dort damit beauftragt, als Bischöfe die „Herde", die Gemeinde Gottes, zu weiden. Auch hier findet sich eine Verbindung der Ältestenbezeichnung mit der des Episkopus. Hinzu kommt in Apg jedoch das Motiv der Gemeinde als der Herde, die geweidet werden soll, was wiederum auf 1Petr 5,1ff. zurückführt.[83]

Im 1Petr werden die Ältesten nicht von anderen „Ämtern" unterschieden.[84] Der Duktus des Textes scheint insgesamt auch kein Interesse an der Beschreibung eines Amtes zu haben.[85] Dafür ist die begriffliche und motivische Darstellung nicht präzise genug. Das zeigt sich zunächst an der Gleichstellung des als Apostel eingeführten Verfassers mit den Ältesten (συμπρεσβύτερος, 5,1). Der Apostel hat keinen höheren Rang als die Ältesten; die Autorität zur Ermahnung folgt nicht aus dem Apostolat, sondern aus der Tatsache, daß er ihr Schicksal teilt.[86] Auch die ausdrückliche Paral-

---

Bischof einer der Ältesten ist, jedoch mit einer besonders hervorgehobenen Stellung, vgl. E. Lohse, a.a.O. S. 67. Ähnlich könnte 1Clem 44,5 verstanden werden, wo im Blick auf die Probleme mit den Bischöfen die „vorausgegangenen Presbyter" gepriesen werden (μακάριοι οἱ προοδοιπορήσαντες πρεσβύτεροι ...), vgl. H. W. Beyer, Art. ἐπισκέπτομαι S. 616. Doch der Kontext weist eher darauf hin, daß nach 1Clem die Presbyterfunktion als die ältere und ursprünglichere Form der Gemeindeleitung angesehen wird, die es nun – nach einer Zeit des Übergangs – nicht mehr gibt.

[81] Vgl. J. Rohde, Ämter S. 86f.; ders., Charismen und Dienste S. 214-216.

[82] Vgl. R. Schnackenburg, Episkopus passim; P. H. Davids, Peter S. 177f.; M. Karrer, Ältestenamt S. 176f.

[83] Dazu s.u. S. 190ff.

[84] Darin entspricht 1Petr dem Jakobusbrief (Jak 5,14); vgl. M. Karrer, Ältestenamt S. 173f.

[85] Vgl. H. Frankemölle, Petrusbrief S. 66.

[86] Vgl. L. Goppelt, Petrusbrief S. 319.322-324; P. H. Davids, Peter S. 176. Daher ist das Verständnis dieser Bezeichnung für den Apostel kaum als „Ausdruck der Bescheidenheit" zu werten, so R. Knopf, Briefe S. 188; H. Windisch/H. Preisker, Briefe S. 78; W. Schrage, Erster Petrusbrief S. 116; dagegen L. Goppelt, Pe-

lelität (ὁμοίως, 5,5) der Ältestenparaklese zur Ermahnung an die Jüngeren[87] fügt sich nicht ohne Weiteres in ein Amtsverständnis ein.[88] Dem entspricht auch das Nebeneinander von Ältestenfunk-

trusbrief S. 322. Ebensowenig kann die Diskrepanz zwischen Apostel und Presbyter als Indiz gewertet werden, daß die Verbindungen zu Petrus am Anfang und am
Ende des Briefes spätere Zusätze seien, vgl. dazu F. W. Beare, Peter S. 198. Unwahrscheinlich ist ferner das Verständnis von J. Michl, Presbyter S. 60, der Begriff
συμπρεσβύτερος bringe zum Ausdruck, daß das „Apostelamt ... im Presbyteramt
(weiterlebt)"; ähnlich F. Prast, Presbyter S. 383. – Als Parallele zu 1Petr 5,1 vgl.
etwa den Begriff σύνδουλος, den Ignatius, Eph 2,1; Magn 2,1; Phld 4,1 und Sm
12,2 auf sich anwendet; vgl. R. Knopf, Briefe S. 188; E. G. Selwyn, Peter S. 228; J.
N. D. Kelly, Peter S. 198; J. Michl, Presbyter S. 58 Anm. 54.

[87] ὁμοίως ist kennzeichnend für die Aufstellung der Haustafel in 3,1.7 (vgl. L.
Goppelt, Petrusbrief S. 320), weshalb nach N. Brox, Petrusbrief S. 234, 5,5a „form-
und traditionsgeschichtlich der Haustafel-Tradition zuzurechnen" ist; vgl. auch
F.-R. Prostmeier, Handlungsmodelle S. 170-177.450ff. Zum Gegenüber von πρεσβύτεροι und νεώτεροι vgl. Apg 2,17, wo im Zitat von Joel 3,1 die νεανίσκοι und
πρεσβύτεροι „als die beiden Flügel der Lebensalter die Gesamtheit der Gemeinde
(repräsentieren)" (L. Goppelt, Petrusbrief S. 330; vgl. J. Roloff, Apostelgeschichte
S. 52); vgl. dazu bes. 1Petr 5,5, wo in der Fortsetzung des Gedankenganges mit
πάντες die Gesamtheit der Gemeinde unter dem Aspekt der Demut in den Blick
kommt (ähnlich wird auch 1Joh 2,13f. das Gegenüber von Vätern und Jüngeren
entfaltet). Wie 1Petr 5,5 werden die νεώτεροι in Polyk 5,3 zur Unterordnung unter die Ältesten (und Diakone) gemahnt; vgl. 1Clem 57,1. Im Unterschied zu den
Ältesten sind die Jüngeren keine Gruppe mit bestimmter Funktion (so C. Spicq,
Pierre 170f.; ders., La place passim; F. W. Beare, Peter S. 201; vgl. dagegen N.
Brox, Petrusbrief S. 233). In 1Clem 1,3; 3,3 und 21,6 scheint πρεσβύτεροι die älteren Gemeindeglieder zu bezeichnen, denen die ihrem Alter entsprechende Ach-
tung entgegenzubringen ist; vgl. L. Goppelt, Petrusbrief S. 331. Nach C. Spicq, La
place passim, bes. S. 518-521, handelt es sich bei den „Jüngeren" nicht um eine Altersbezeichnung, sondern um eine spezifische Gruppe der Gemeinde; vgl. auch J.
H. Elliott, Ministry S. 375-386, der den Begriff νεώτεροι wegen seiner allgemeinen
Verwendung in 1Petr 5,5 als Einfluß einer Tradition über Amt und Kirchenord-
nung versteht und dabei auf den Zusammenhang mit Mk 10,35-45 par. Mt
20,20-28 und bes. Lk 22,24-27, aber auch Joh 21,15-23 hinweist. Auf Grund der
engen Verbindung mit Petrus bestimmt er diese Tradition als eine petrinische
(a.a.O. S. 387f.), deren „Sitz im Leben" die Taufkatechese sei.

[88] So schreibt z.B. N. Brox, Petrusbrief S. 226: „Die Paränese für *kirchliche
Amtsträger* folgt an dieser Stelle völlig unvorbereitet; der abrupte Wechsel zu diesem neuen Thema war vom bisherigen Themenfächer des 1Petr her nicht gerade
erwartbar" (Hervorh. v. mir). O. Knoch, Petrusbrief S. 130, sieht zwar die „Antithese", mißt ihr aber keine Bedeutung bei; zum Problem vgl. auch G. Bornkamm,
Art. πρέσβυς S. 665f.; J. Michl, Presbyter S. 52-54; J. Ysebaert, Amtsterminologie S.
78; F.-R. Prostmeier, Handlungsmodelle S. 454f.

tion und dem Verständnis der allgemeinen Haushalterschaft über die Charismen (4,10f.).[89] Auf diesem Hintergrund scheint beachtenswert, daß πρεσβυτέρους ohne Artikel steht und ἐν ὑμῖν sie ausdrücklich in den Kreis der Gemeinde integriert, was dem ἐν ὑμῖν in 5,2 korrespondiert.[90]

Die Ältesten sollen die „Herde Gottes" in der Weise von Episkopen „weiden".[91] In einer dreifachen Gegenüberstellung positiver und negativer Merkmale wird erläutert, was dies bedeutet: nicht gezwungenermaßen, sondern freiwillig; nicht des Gewinnes wegen, sondern aus Geneigtheit; nicht als Unterdrücker, sondern als Vorbilder.[92] Die Liste erinnert äußerlich an die Beschreibung der Bischofs- bzw. Diakonenfunktion in 1Tim[93]; jedoch sind sowohl in formaler Hinsicht durch die antithetische Dreierstruktur als auch inhaltlich im Blick auf die Terminologie und die Auswahl der Kriterien die Unterschiede offensichtlich.[94] Bis auf das Wort αἰσχροκερδῶς ist keines der in 1Petr 5,2f. genannten Charakteristika in den Listen der Past zu finden.[95] Abgesehen von der Tatsache, daß αἰσχροκερδῶς und προθύμως ein logisches Gegensatzpaar bilden[96], das so im Neuen Testament nur im 1Petr vorkommt,

---

[89] Vgl. dazu L. Goppelt, Petrusbrief S. 332: Es handelt sich bei den Ältesten nicht um eine Institution, „weil der Kreis der Presbyter erst im Werden ist". N. Brox, Petrusbrief S. 227, rechnet mit einer „Überschneidung" von Amtstätigkeit und charismatischen Diensten.

[90] Anders z.B. F. W. Beare, Peter S. 199.

[91] Daß die Ältesten den „Hirtendienst" des *Petrus* „an der Einzelgemeinde weiterführen (sollen)" (so L. Goppelt, Petrusbrief S. 319), kommt m.E. nicht zum Ausdruck. Zur Verbindung von πρεσβύτερος mit ἐπισκοπεῖν vgl. J. Ysebaert, Amtsterminologie S. 67f.; zum textkritischen Problem s.u. S. 190f. Anm. 151.

[92] W. Nauck, Probleme S. 443, vermutet auf Grund der stilistischen Gleichförmigkeit, daß hier vorgegebenes Material aufgenommen wurde (vgl. auch K. H. Schelkle, Petrusbriefe S. 128 Anm. 2; M. Karrer, Ältestenamt S. 171 Anm. 101), wobei etwa CD 13,7-13; 16,1ff. zu vergleichen wären; der Inhalt dieser Stellen entspricht jedoch nicht der in 1Petr 5,1ff. intendierten Aussage. – R. H. Gundry, Verba Christi S. 344, verweist auf Mk 10,42-45par.

[93] Vgl. F. W. Beare, Peter S. 200; L. Goppelt, Petrusbrief S. 318f.; N. Brox, Petrusbrief S. 230.

[94] Vgl. E. G. Selwyn, Peter S. 436f.; L. Goppelt, Petrusbrief S. 318f.

[95] Zur Kombination von ἀναγκαστῶς und ἑκουσίως vgl. Phlm 14.

[96] Vgl. W. Bauer/K. u. B. Aland, Wörterbuch Sp. 47 s.v. αἰσχροκερδῶς.

kann die Verwendung des Adjektives αἰσχροκερδής in 1Tim 3,8 und
Tit 1,7 kaum in eine traditionsgeschichtliche Verbindung dazu gebracht werden. Inhaltlich wird damit eine allgemeine Gefahr zur
Sprache gebracht, in der diejenigen standen, die in der Gemeinde
Verantwortung trugen und daher Versorgungsansprüche hatten
(bes. 1Kor 9,4-12; vgl. Mt 10,10par.; 2Kor 2,17; 12,13-18; Phil
1,17; 1Tim 5,18; Did 15,1).[97]

Die Art und Weise, in der sich 1Petr 5,1ff. einerseits von der
deuteropaulinischen Tradition der Past unterscheidet, andererseits
durch das Wortfeld πρεσβύτερος, ποιμαίνειν, ποίμνιον, ἐπίσκοπος/
ἐπισκοπεῖν der in Apg 20,17.28 entfalteten Vorstellung entspricht[98],
deutet erneut auf einen Zusammenhang des 1Petr mit der Apostelgeschichte.[99] Anders kann die Charakteristik der Vorstellung, die
im Neuen Testament nur an diesen beiden Stellen in dieser Form
zu finden ist, nicht erklärt werden.[100] Der Ausdruck πρεσβύτερος
für eine verantwortliche Position in der christlichen Gemeinde ist
in der Apg im Verhältnis zum Neuen Testament insgesamt besonders häufig (Apg 11,30; 14,23; 15,2.4.6.22.23.41[vl in D u.a.];
16,4; 20,17; 21,18). Nach Apg 14,23 wird über das Einsetzen von
Ältesten als Bestandteil der Missionstätigkeit in summarischer
Form berichtet.[101] Dieses allgemeine Summarium ist der lukani-

---

[97] Vgl. J. N. D. Kelly, Peter S. 201; K. H. Schelkle, Petrusbriefe S. 129; L. Goppelt, Petrusbrief S. 326f.; W. Schrage, Erster Petrusbrief S. 117.

[98] Vgl. F. W. Beare, Peter S. 197; L. Goppelt, Petrusbrief S. 319, der zusätzlich
auf die Entsprechung von Apg 20,32 und 1Petr 5,4 hinweist. „Zwischen beiden [sc.
Apg 20 und 1Petr 5] ist ein Unterschied in dieser Frage kaum zu ermitteln" (a.a.O.
S. 320). Goppelt vermutet, daß 1Petr 5 ein früheres Stadium der Gemeindeverfas-
sung repräsentiert (ebd.); vgl. ferner J. Roloff, Art. Amt S. 523. Zur lukanischen
Prägung von Apg 20,17ff. vgl. J. Roloff, Apostelgeschichte S. 220.300-302; A. Weiser, Apostelgeschichte S. 316f.; M. Karrer, Ältestenamt S. 155; F. Prast, Presbyter S.
28-38.157-211 und bes. S. 380 mit Anm. 74; G. Lüdemann, Christentum S.
234-238.

[99] L. Goppelt, Petrusbrief S. 319.324, vermutet auf Grund der inhaltlichen
Nähe eine gemeinsame Tradition; vgl. auch J. Roloff, Art. Amt S. 523.

[100] Am nächsten kommen Joh 21,15ff. (Hirtenauftrag an Petrus) sowie Mt
18,10-14; vgl. R. Metzner, Rezeption S. 152-155.

[101] Vgl. Tit 1,5; vielleicht nimmt auch 1Clem 42,4 darauf Bezug, doch spricht
er nicht von Ältesten, sondern in charakteristischer Weise nach paulinischem Vorbild von Bischöfen und Diakonen (davon weicht Tit 1,5 vielleicht unter Einfluß

schen Redaktion zuzuordnen[102], was auch für die Einleitung der Paulusrede in 20,17 gilt.[103] Damit hätte 1Petr nicht nur traditionelle Motive und Begriffe mit Apg, vor allem die Ältestenfunktion, gemeinsam[104], sondern setzt entweder die lukanische Redaktion voraus oder zumindest die gleiche Überlieferung, wie sie auch die lukanische Redaktion verwendet, die ihm – wie auch in Apg 20 – die Verbindung der Ältestenfunktion mit dem traditionellen Motiv des Hirten als Episkopus vorgibt.

6.3. Gemeinde als Priesterschaft und Herde Gottes

Für die Ekklesiologie des 1Petr sind das Motiv der Priesterschaft (2,5.9) und das Motiv der Herde (2,25; 5,2f.) in besonderem Maße kennzeichnend. Diese verschiedenen Vorstellungen werden jeweils in einem christologischen Bezug entfaltet.

---

von Apg 14,23 ab). In 1Clem 42,5 wird sogar ein Schriftbeweis geführt (Jes 60,17), aber unter erheblicher Veränderung des (LXX-)Textes. Die Anpassung des Beleges an den zu belegenden Sachverhalt liegt in der eher vagen Erinnerung an den alttestamentlichen Text begründet (ausdrücklich angezeigt durch που). Zu den Ursprüngen des Bischofsamtes vgl. z.B. E. Lohse, Entstehung passim. – Zu Apg 14,23 vgl. F. Prast, Presbyter S. 212-222.356-361.

[102] Vgl. J. Roloff, Apostelgeschichte S. 219; A. Weiser, Apostelgeschichte S.199f.; F. Prast, Presbyter S. 221f.; G. Lüdemann, Christentum S. 170f. Zwar wird der Begriff πρεσβύτερος in der Regel auf Traditionseinfluß zurückgeführt (A. Weiser, a.a.O. S. 200), aber die Häufigkeit der redaktionellen Einbindung zeigt die Bedeutung, die ihm der Verfasser für sein eigenes Verständnis beimißt. Für die weitere traditionsgeschichtliche Wirkung des Presbyterverständnisses ist das entscheidend. Zu 14,23 schreibt J. Roloff, Apostelgeschichte S. 220: „Die Einsetzung von Gemeindeältesten durch Paulus und Barnabas ist sicherlich ein Anachronismus; wieder projiziert Lukas seine eigenen gemeindlichen Verhältnisse in die Anfangszeit zurück (vgl. 6,5f.; 20,17). Die Ältestenverfassung war den paulinischen Gemeinden fremd (vgl. Phil 1,1f.)"; vgl. A. Weiser, a.a.O. S. 201.

[103] Vgl. J. Roloff, Apostelgeschichte S. 301; M. Karrer, Ältestenamt S. 174-175; F. Prast, Presbyter S. 39f.

[104] Vgl. E. Lohse, Entstehung S. 61f., der in diesem Zusammenhang auf die in den judenchristlichen Gemeinden fortwirkenden jüdischen Leitungsstrukturen (Presbyterium) hinweist; vgl. auch F. Prast, Presbyter S. 380.

6.3.1. Gemeinde als Priesterschaft und Gottesvolk

Die Aussage in 1Petr 2,5 wird von christologischen Sätzen über
Christus als den Eckstein gerahmt. Über diese Thematik und den
argumentativen Zusammenhang des Kontextes ist bereits gehan-
delt worden.[105] Im Blick auf die Beschreibung der Gemeinde wird
sowohl für 2,5 als auch für 2,9f. ein Zusammenhang zur paulinischen Tradition vermutet; für 2,5 vor allem auf Grund der Verwendung des Begriffes οἰκοδομεῖν[106], sowie durch die Affinität der
Wendung πνευματικὰς θυσίας εὐπρόσδεκτος τῷ θεῷ zu Röm 12,1[107];
für 2,9f. vor allem wegen der Aufnahme von Hos 2,25, eine Stelle,
die auch Paulus in Röm 9,24f. zitiert. Die Verwendung von Hos
2,25 in 1Petr 2,10, wo im Unterschied zu Paulus nur wesentliche
Begriffe und Motive aus Hos 2,25 aufgenommen sind[108], kann
aber nicht auf die Kenntnis von Röm 9 zurückgeführt werden[109],
da die Hoseastelle im Zusammenhang der anderen alttestamentlichen Zitate und Anspielungen gesehen werden muß.[110] Der paulinische Bezug auf das heilsgeschichtliche Verhältnis von Israel und
den Heiden samt der ausführlichen Zitatenkombination von Hos
2,1.25; Jes 10,22 und Jes 1,9 ist in 1Petr 2 nicht einmal angedeutet.[111] Hier ist die Zitatenreihe insgesamt anders angelegt und darüber hinaus um PsLXX 117,22 erweitert, so daß der Rückgriff auf
frühchristliche Tradition am wahrscheinlichsten ist, die jeder in
seiner Weise zusammenstellt.[112]

Der Verfasser des 1Petr hat bereits am Beginn der Eingangseulogie den neuen Status der Glaubenden auf das Erbarmen Got-

---

[105] S.o. S. 143ff.
[106] H. Hübner, Theologie II S. 393.
[107] Ebd.; so bereits W. Seufert, Abhängigkeitsverhältniss S. 362f., der alle Differenzen ignoriert.
[108] Vgl. E. G. Selwyn, Peter S. 280; J. H. Elliott, Elect S. 45.
[109] So z.B. R. Knopf, Briefe S. 97; F. W. Beare, Peter S. 133.
[110] Vgl. E. G. Selwyn, Peter S. 280; J. H. Elliott, Elect S. 44-48, zur Einheit der
Verse 6-10 s. a.a.O. S. 141-145.
[111] Vgl. J. H. Elliott, Elect S. 45f.
[112] S.o. S. 153ff.; vgl. K. R. Snodgrass, Formation S. 100f.; J. H. Elliott, Elect S.
45; N. Brox, Petrusbrief S. 107 Anm. 361: „1Petr ist hier nicht von Röm 9,25f abhängig"; s. auch L. Goppelt, Petrusbrief S. 154 Anm. 72.

tes zurückgeführt (1,3: ὁ κατὰ τὸ πολὺ αὐτοῦ ἔλεος ἀναγεννήσας ἡμᾶς). Als Wiedergeborene konstituieren sie das Gottesvolk, das in 2,9 mit alttestamentlicher Terminologie beschrieben wird.[113] Die bei Paulus in Röm 9-11 bestimmende Problematik des Verhältnisses zwischen altem und neuem Gottesvolk verhandelt 1Petr nicht; die alttestamentliche Charakterisierung der durch Gott Wiedergeborenen ist vielmehr ganz unproblematisch und wie selbstverständlich: Als Wiedergeborene sind sie ohne Einschränkungen „erwähltes Geschlecht" (vgl. Jes 43,20), „heiliges Volk", „königliche[114] Priesterschaft" (vgl. Ex 19,6) usw.[115] Eine ähnliche Beschreibung der Gemeinde findet sich in Apk 1,6, wo ebenfalls ein Bezug zu Ex 19,6 wahrscheinlich ist (vgl. Apk 5,10).[116] Die Aufnahme von Exodustraditionen ist in 1Petr für den gesamten Abschnitt von 1,13-2,10 auffallend, beginnend mit dem Motiv des Gürtens der Lenden in 1,13 (vgl. Ex 12,11)[117]; das Verständnis der Erlösung als

---

[113] Vgl. E. G. Selwyn, Peter S. 277-281.

[114] Vgl. zum Verständnis E. G. Selwyn, Peter S. 165ff.; J. H. Elliott, Elect S. 149-153; E. Best, Reconsideration S. 288. Ein substantivisches Verständnis legt sich weder von Ex 19,6 her nahe (so z.B. J. B. Bauer, Könige S. 285f.; F. Schröger, Gemeinde S. 82), noch entspricht es der parallelen Formulierungen in 1Petr 2,5 (s.u.); vgl. dazu J. Blinzler, IEPATEYMA S. 62; E. Schüssler Fiorenza, Priester S. 95-101, die jedoch die Entscheidung offen läßt.

[115] Vgl. G. Delling, Existenz S. 104; F. W. Beare, Peter S. 127; L. Goppelt, Petrusbrief S. 151; ausführlich E. G. Selwyn, Peter S. 277ff.; H. Goldstein, Gemeinde S. 46-115.

[116] Vgl. dazu vor allem E. Schüssler Fiorenza, Priester passim, bes. S. 68-290; J. H. Elliott, Elect S. 107-120; ferner G. Delling, Existenz S. 104; F. W. Beare, Peter S. 130. – L. Goppelt, Petrusbrief S. 151, sieht die Aussagen von 1Petr 2,9f. in Qumran-Traditionen „vorgezeichnet", doch können die herangezogenen Belege nicht überzeugen, zumal der für 1Petr 2,9f. wichtige Bezug zu Ex 19,6 dort keine Bedeutung hat; vgl. J. H. Elliott, Elect S. 50-107. – In der Liste bei L. Goppelt, Petrusbrief S. 50, wird Tit 2,14 als Parallele zu 1Petr 2,9 genannt, wahrscheinlich wegen der Wendung λαὸς περιούσιος, doch ist dieser entfernte Gleichklang zu λαὸς εἰς περιποίησιν in 1Petr 2,9 nicht aussagekräftig, sondern erweist allenfalls den Einfluß von Ex 19,5. 1Petr 2,9 übernimmt trotz des Bezuges zu Ex 19,6 die Formulierung aus V. 5 nicht, sondern formuliert in Anlehnung an Jes 43,21 (vgl. dazu S. Halas, Sens dynamique passim, bes. 256f.; vgl. auch Mal 3,17). Zum Verständnis von Ex 19,6 vgl. J. B. Bauer, Könige passim; J. H. Elliott, Elect S. 50-128; J. Blinzler, IEPATEYMA S. 58-62; E. Schüssler Fiorenza, Priester S. 113-155.

[117] Anders N. Brox, Petrusbrief S. 75, der dieses einzelne Motiv nicht aus dem Exoduskontext verstehen will, da es zu verbreitet sei. Wichtig ist aber nicht das

Loskauf in 1,18f. (vgl. das Motiv des Auslösens in Verbindung mit dem Exodus in Ex 13,2-16; vgl. das Loskaufmotiv in Jes 52,3); das Motiv des (Passa-)Lammes in 1,19 (vgl. Ex 12,5 neben Jes 53,7).[118] Von den alttestamentlichen Referenzstellen her ist auch das Gegenüber von Licht und Finsternis in 1Petr 2,9c zu verstehen (ὅπως τὰς ἀρετὰς ἐξαγγείλητε τοῦ ἐκ σκότους ὑμᾶς καλέσαντος εἰς τὸ θαυμαστὸν αὐτοῦ φῶς). Hierbei wird auf Eph 5,8 als Parallele verwiesen.[119] Doch außer der im Neuen Testament auch sonst verbreiteten Licht-Finsternis-Terminologie[120] gibt es keine wirkliche Entsprechung. Vielmehr legt schon die Konzentration alttestamentlicher Zitate und Anspielungen nahe, auch hier einen alttestamentlichen Hintergrund zu vermuten, zumal dann, wenn ein solcher sich in verschiedener Hinsicht andeutet und sogar im unmittelbaren Kontext des Zitates aus Jes 43 liegt. In Jes 42,6f. heißt es:

„Ich, Herr (und) Gott, habe dich in Gerechtigkeit gerufen, und ich werde (dich) halten an deiner Hand und dich stärken, und ich habe dich zum Bund für Geschlechter gesetzt, zum Licht von Nationen, um die Augen der Blinden zu öffnen,

---

Einzelmotiv, sondern der Zusammenhang mit anderen, die in ihrer *Gesamtheit* die Exodustradition nahelegen; vgl. auch oben S. 125.132.

[118] S.o. S. 126ff. L. Goppelt, Petrusbrief S. 113, vermutet darüber hinaus einen Bezug des Zitates von Jes 40,6ff. in 1Petr 1,24f. zum sog. „zweiten Exodus" aus der babylonischen Gefangenschaft. Doch geht es in 1Petr 1,24f. um die Verläßlichkeit des Wortes hinsichtlich der Wiedergeburt der Glaubenden und nicht um das Exodusmotiv als solches, sowie um terminologische Bezüge für die Charakterisierung des neuen Gottesvolkes (vgl. S. Halas, Sens dynamique S. 258; anders L. Goppelt, a.a.O.). Unwahrscheinlich ist, daß hierin „ungewollt" das Selbstverständnis der Qumrangemeinschaft den traditionsgeschichtlichen Hintergrund bildet (L. Goppelt, ebd.). Die von Goppelt, a.a.O. Anm. 11, angeführten Belege 1QS 8,13f. und 9,19 können diese These nicht tragen. Das Exodusverständnis von Qumran ist anders motiviert (vgl. besonders das Zitat von Jes 40,3 in 1QS 8,14; C. Dohmen, Gründung S. 82f., nennt Jes 60,21 als Referenz). Der Unterschied zu 1Petr liegt vor allem darin, daß in 1Petr 1,24 zwar der auch aus dem für Qumran wichtigen Text Jes 40 zitiert wird, aber gerade nicht V. 3, sondern V. 6ff. – Zum alttestamentlichen Kontext vgl. F. Schröger, Gemeinde S. 76-84.

[119] Vgl. O. Knoch, Petrusbrief S. 64.

[120] Vgl. Mt 4,16; 6,23; 10,27par.; Joh 1,5; 3,19; 8,12; 12,35.46; Apg 26,18; Röm 2,19; 13,12; 1Kor 4,5; 2Kor 4,6; 6,14; Kol 1,12f.; 1Thess 5,4f.; 1Joh 1,5.6; 2,8-11; vgl. H. H. Malmede, Lichtsymbolik passim.

um die Gebundenen herauszuführen aus den Fesseln und aus dem Gefängnis diejenigen, die (in) Finsternis sitzen."[121]

Hier finden sich die wichtigen Begriffe von 1Petr 2,9 wieder, und
zwar nicht nur Licht[122] und Finsternis, sondern auch das Motiv der
Berufung (καλεῖν, V. 6), sowie in der Fortsetzung die Verkündigung
der guten Taten Gottes (τὰς ἀρετὰς αὐτοῦ ... ἀναγγελοῦσιν, V. 12).[123]
Die Unterschiede der Formulierung und Akzentsetzung erklären
sich aus der Verwendung des Textes in 1Petr 2, da es kein Zitat ist,
sondern eher eine freie Wiedergabe der Intentionen und Motive,
ähnlich wie es auch hinsichtlich Hos 1f. festzustellen war.[124]

Das Verständnis der Glaubenden auf dem Hintergrund alttestamentlich-priesterlicher Tradition kommt auch in 2,5 zum Ausdruck.[125] Das Bild vom οἶκος (vgl. 4,17) ist wegen der kultischen
Terminologie des Kontextes auf den Tempel zu beziehen[126]: Die
heilige Priesterschaft (ἱεράτευμα ἅγιον) repräsentiert den geistlichen
Tempel[127], ja, die Glaubenden sollen sich *als* lebendige Steine, d.h.

[121] Auf diesen Text hat bereits J. H. Elliott, Elect S. 41f. (s. auch a.a.O. S. 43f.), hingewiesen.

[122] Das Attribut θαύμαστον begegnet ferner als Adverb in PsLXX 117,23, vgl. R. Knopf, Briefe S. 97.

[123] F. W. Danker, Pericope S. 97, verweist auf den Kontext von Jes 8-9; vgl. ferner H. H. Malmede, Lichtsymbolik S. 132, der die Licht-Finsternis-Aussage in 1Petr 2,9 als ein 'konventionelles' Reden „in verblaßten Termini ohne bildhafte und gedankliche Ambitionen" charakterisiert.

[124] Vgl. J. H. Elliott, Elect S. 41. N. Brox, Petrusbrief S. 106 Anm. 359, zieht dieser Erklärung die Annahme eines Zufalls vor. Aber das ist ganz unwahrschein-lich.

[125] Vgl. H. Goldstein, Art. ἱεράτευμα Sp. 426; E. Best, Reconsideration S. 282-288; J. H. Elliott, Elect S. 185-198.

[126] Vgl. E. G. Selwyn, Peter S. 291; E. Best, Reconsideration S. 282.289; G. Klinzing, Umdeutung S. 192; L. Goppelt, Petrusbrief S. 144; P. Weigand, Art. οἶκος Sp. 1226; J. Blinzler, IEPATEYMA S. 54f.; T. Spörri, Gemeindegedanke S. 37; anders deuten Ph. Vielhauer, Oikodome S. 138f.; F. W. Beare, Peter S. 122 („household"); N. Brox, Petrusbrief S. 98; ferner J. H. Elliott, Elect S. 149f.156ff.; ders., Home S. 168ff.200-208; vgl. dazu jedoch E. Best, Reconsideration S. 289; L. Goppelt, Petrusbrief S. 145; C. Wolff, Rez. J. H. Elliott Sp. 445. – Zur Auseinander-setzung mit der These Elliotts, die Begriffe οἶκος und πάροικος seien korrelativ zu verstehen und in dieser Hinsicht Schlüsselbegriffe für 1Petr vgl. ausführlich R. Feldmeier, Fremde S. 203-210.

[127] Vgl. E. G. Selwyn, Peter S. 291-294; O. Michel, Art. οἶκος S. 129f.; F. Schrö-ger, Gemeinde S. 66-70.

als geistliches Haus, erbauen lassen[128] und so zu einer heiligen
Priesterschaft werden, die geistliche Opfer bringt.[129] Die Glaubenden konstituieren das geistliche Haus und sind gleichzeitig die
darin opfernden Priester. Diese Formulierung, die das Tempelbild
überfordert[130], macht deutlich, daß die Vorstellung von 1Petr 2,5
nicht mit den entsprechenden paulinischen Entfaltungen des Motives vergleichbar ist.[131] Zwar kennt auch Paulus das Bild von der
Gemeinde als Tempel Gottes bzw. des heiligen Geistes (1Kor
3,16f.; 6,19; 2Kor 6,16), verwendet aber stets das Wort ναός.[132] Als
Priesterschaft bezeichnet er die Gemeinde nicht; auch die Aussage,
daß die Gemeindeglieder sich als lebendige Steine zu einem geistlichen Haus erbauen lassen, findet sich nicht bei ihm, obwohl die

---

[128] οἰκοδομεῖσθε ist m.e. an dieser Stelle vor allem wegen der Kontextstruktur,
die den semantischen Gehalt mitbestimmt, als medialer Imperativ sinnvoll, auch
wenn ein solcher sonst im Neuen Testament nicht vorkommt (vgl. z.B. Eph 2,22,
dazu unten S. 187f.; zu 1Petr 2 s. auch oben S. 149 mit Anm. 135); vgl. R. Knopf,
Briefe S. 89f.; L. Goppelt, Petrusbrief S. 144; N. Brox, Petrusbrief S. 97f.; F. Schröger, Gemeinde S. 69 u.a. Die indikativische Deutung bevorzugen Ph. Vielhauer,
Oikodome S. 140; E. G. Selwyn, Peter S. 159; F. W. Beare, Peter S. 92; J. Michl,
Briefe S. 118; E. Best, Peter S. 101; J. Blinzler, IEPATEYMA S. 50; H. Goldstein,
Gemeindeverständnis S. 94; vgl. dazu K. C. P. Kosala, Taufverständnis S. 188 (zu
1Petr 2,4-10): „Den Abschnitt indikativisch deuten heißt, ihn paulinisch zu deuten." – Zum Problem vgl. L. Thurén, Strategy S. 18f., der vermutet, daß der Autor
bewußt mehrdeutige Ausdrücke verwendet (a.a.O. S. 28f.164-176).

[129] Vgl. P. Seidensticker, Opfer S. 264f.; F. Schröger, Gemeinde S. 94-109.

[130] Vgl. R. Knopf, Briefe S. 90; P. Seidensticker, Opfer S. 265. J. Blinzler, IEPA-
TEYMA S. 51.55, versteht aus diesem Grund die Wendung οἶκος πνευματικός als
Prädikatsnomen, nicht als Apposition. Doch die Rahmung des Verbums durch die
beiden *Nominativ*-Verbindungen macht dies unwahrscheinlich; als Prädikatsnomen
wäre ein Akkusativ zu erwarten (vgl. W. Bauer/K. u. B. Aland, Wörterbuch Sp.
1131 s.v. οἰκοδομέω 1). Ferner zeigt die Präposition εἰς wie auch die Nominalbil-
dung ἱεράτευμα (vgl. F. Blaß/A. Debrunner/F. Rehkopf, Grammatik § 109,2) das
Ergebnis des Erbauens an (vgl. Polyk 3,2 im Blick auf den Glauben). Bereits diese
grammatische Konstruktion ist singulär im Vergleich zu paulinischen οἰκοδομεῖν-
Aussagen.

[131] Allerdings ist sie im Vergleich zu Paulus auch nicht als abgeschliffen zu bezeichnen, so Ph. Vielhauer, Oikodome S. 140 (im Anschluß an H. Wenschkewitz,
Spiritualisierung S. 162).

[132] Vgl. dazu W. Strack, Terminologie S. 221-272.

Vorstellung des Gemeindebaus sonst eine große Rolle spielt.[133] Ein entscheidender Aspekt ist für Paulus, daß Gott bzw. der Geist Gottes in diesem Tempel *wohnt* (1Kor 3,16; 6,19; 2Kor 6,16b; vgl. Röm 8,9.11). In 1Petr 2,5 fehlt eine solche Aussage, obwohl sie intentional durch die assoziative kultische Terminologie naheliegen würde.[134] Das Attribut πνευματικός in 1Petr 2 ist zwar – analog zu Paulus – als Ausdruck der Geistbestimmtheit der Glaubenden aufzufassen: Nach 1,2 sind sie erwählt ἐν ἁγιασμῷ πνεύματος[135] und werden nach 4,14 in ihrer Leidensexistenz vom Geist Gottes bewahrt; daher wird auch die Gemeinde als ein „geistliches Haus" geprägt. Aber daraus läßt sich allenfalls eine der paulinischen Tempelaussage entsprechende (= christliche) Intention ableiten, nicht jedoch ein Abhängigkeitsverhältnis.[136]

Die paulinische Sicht wird in Eph 2,20ff. differenziert: Die Gemeinde ist der auf dem Fundament der Apostel und Propheten errichtete Bau (οἰκοδομή), der zu einem Tempel Gottes wächst (V. 21), in dem Gott schließlich Wohnung nimmt. Die Adressaten werden zu diesem Bau „miterbaut" (V. 22).[137] Auch bei dieser deuteropaulinischen Sicht fehlen die wesentlichen Elemente, die in

---

[133] Vgl. dazu O. Michel, Art. οἶκος S. 142-145.149-151; I. Kitzberger, Bau der Gemeinde passim (Lit.). Ph. Vielhauer, Oikodome S. 142, sieht den Unterschied zwischen Paulus und 1Petr 2,5 darin, daß Paulus οἰκοδομεῖν meist imperativisch gebraucht, 1Petr 2,5 dagegen indikativisch, was Vielhauer freilich als 'Armut' gegenüber Paulus wertet; weiterhin H. Goldstein, Gemeinde S. 55.

[134] Vgl. E. G. Selwyn, Peter S. 287-289. O. Michel, Art. οἶκος S. 138, vermutet in der Wendung πνεῦμα θεοῦ οἰκεῖ ἐν ὑμῖν „katechetisches, lehrhaftes Gut der paulinischen Theologie".

[135] Dazu s.o. S. 42f.

[136] Vgl. z.B. J. Michl, Briefe S. 119; J. N. D. Kelly, Peter S. 90; E. Best, Reconsideration S. 292f.; F. Schröger, Überlegung S. 140ff.; ders., Gemeinde S. 68; ohne Bezug zu Paulus J. H. Elliott, Elect S. 167; P. S. Minear, House S. 243. Die Parallele, die E. Schweizer, Gemeinde S. 99, zwischen dem geistlichen Haus in 1Petr 2 und der paulinischen Vorstellung von der Gemeinde als Leib sieht, ist nicht überzeugend.

[137] Vgl. dazu W. Strack, Terminologie S. 343-357. – Das Verständnis von συνοικοδομεῖσθε als *Indikativ* Präsens in Eph 2,22 wird hier m.E. – wie in 1Petr 2 das imperativische Verständnis – durch den Kontext von V. 21 nahegelegt: 'Der ganze Bau wächst (αὔξει – Indikativ Präsens) ... auch ihr werdet miterbaut.'

1 Petr 2 von Bedeutung sind.[138] Darüber hinaus ist der entscheidende Terminus οἰκοδομεῖν in frühchristlicher Tradition nicht nur bei Paulus verbreitet (vgl. Mt 7,24.26; 16,18; 26,61; Apg 7,49; 9,31, 20,32 u. ö.)[139] und wird deshalb erst im jeweiligen Kontext charakteristisch, in welchem er Verwendung findet.[140]

Das Motiv der Priesterschaft (ἱεράτευμα), das im gesamten Corpus Paulinum fehlt, führt 1 Petr 2,5 in Bezugnahme auf die Opfertätigkeit der Priesterschaft weiter, wobei die Bildebene immer verwirrender wird: Während in V. 5a mit λίθοι ζῶντες ein guter Stichwortanschluß an V. 4 (λίθον ζῶντα) gelingt und das Bild von den „lebendigen Steinen" mit dem Bau des geistlichen Hauses fortgeführt wird, verläßt der Autor mit dem Priesterschaftsmotiv das Bild. Die Verbindung besteht allein in dem Terminus πνευματικός: Dem geistlichen Haus entsprechend bringt die Priesterschaft geistliche Opfer.[141] Damit sind zumindest terminologische Unterschiede zu Röm 12,1 verbunden.[142] Paulus spricht nicht von *geistlichen* Opfern, sondern von der Existenz der Glaubenden als *lebendigem* Opfer[143]; Paulus verwendet εὐάρεστος, nicht εὐπρόσδεκτος, ferner das Wort παραστῆσαι, nicht ἀναφέρειν wie 1 Petr in deutlich

---

138 Vgl. E. G. Selwyn, Peter S. 289; gegen C. L. Mitton, Relationship S. 70 f., der die Differenz übergeht und in der Abhängigkeit des 1 Petr von Eph die einfachste Erklärung sieht, so auch F. W. Beare, Peter S. 122. G. Klinzing, Umdeutung S. 192 ff., erblickt darin Einfluß der Qumrantradition, die freilich in 1 Petr christlich umgedeutet sei.
139 Vgl. O. Michel, Art. οἶκος S. 140 ff. 147.
140 Vgl. oben S. 187 Anm. 137. L. Goppelt, Petrusbrief S. 145, weist auf ähnliche Vorstellungen in Qumran hin, die aber wiederum keine echten Parallelen zum neutestamentlichen Vorkommen sind, vgl. dazu auch G. Klinzing, Umdeutung passim, bes. S. 50-93.191-196. Von einer „Vorbereitung" der christlichen Auffassung in Qumran kann m. E. keine Rede sein; zu den Unsicherheiten hinsichtlich der Verbindungen s. G. Klinzing, Umdeutung S. 210-213.
141 Vgl. J. H. Elliott, Elect S. 175. Zum Terminus πνευματικός in 1 Petr 2,4 f. vgl. E. G. Selwyn, Peter S. 281-285; J. H. Elliott, a.a.O. S. 174-179. Die Assoziationen des Kultes bestärken das Verständnis von οἶκος als Tempel.
142 Vgl. E. G. Selwyn, Peter S. 294-298; J. N. D. Kelly, Peter S. 91 f.; K. Shimada, Romans S. 116 f.; gegen W. Seufert, Abhängigkeitsverhältniss S. 362 f.; A. Feuillet, Sacrifices S. 709; P. Seidensticker, Opfer S. 265; H. Hübner, Theologie II S. 393.
143 Vgl. dazu P. Seidensticker, Opfer S. 129-280, bes. S. 256-263.

kultischer Konnotation, der somit auch in der Wortwahl auf der priesterlichen Ebene bleibt (vgl. auch Hebr 13,15).[144] Weiterhin ist zu beachten, daß 1Petr nicht sagt, worin die geistlichen Opfer bestehen; auch dies ist ein Unterschied zu Röm 12,1.[145] Wichtiger ist für 1Petr, daß durch die priesterlichen Bezüge der Bereich der Gemeinde gleichsam als heiliger Bezirk gegenüber den Außenbereichen abgegrenzt wird, in denen die „Ungläubigen" leben.[146] Das verdeutlichen die Gegenüberstellungen von Gemeinde und Außenstehenden in den folgenden Versen (2,7.9). Diese Intention bezieht sich schließlich zurück auf die Heiligkeitsvorstellung in 1,15f., der einzigen Stelle im Neuen Testament, an der Lev 19,2 aus dem Heiligkeitsgesetz zitiert wird[147], und ist dadurch ein sinnvoller Abschluß des ersten Hauptteils des 1Petr und gleichzeitig die Voraussetzung, unter der der zweite Teil (2,11-4,11)[148] als Aus-

---

144 Vgl. W. Strack, Terminologie S. 368f.

145 Vgl. A. Lindemann, Paulus S. 255 mit Anm. 150; K. Shimada, Romans S. 116; anders L. Goppelt, Petrusbrief S. 146, der die Hingabe des Menschen von Röm 12,1 als Beispiel für die geistlichen Opfer von 1Petr 2,5 anführt, vgl. bereits R. Knopf, Briefe S. 90f.; ferner O. Knoch, Petrusbrief S. 65f. und bes. A. Feuillet, Sacrifices S. 709; K. H. Schelkle, Petrusbriefe S. 58f., der jedoch auf alttestamentlich-jüdische Vorbilder verweist (Ps 140,2; 49,14; 50,19; 106,22; Hos 6,6; Mi 6,6; 1QS 9,3-5; 10,6; 4QFlor 1,6-7), so auch W. Schrage, Erster Petrusbrief S. 84; P. H. Davids, Peter S. 88. Vgl auch J. H. Elliott, Elect S. 176-179, der für 1Petr den spezifischen Bezug zu ἀναστροφή und ἀγαθοποιία hervorhebt. Dem gegenüber versucht A. Feuillet, Sacrifices S. 714-725, die Bedeutung des Gottesknechtsliedes Jes 53 für das Verständnis der geistlichen Opfer herauszustellen: Das geistliche Opfer der Glaubenden entspricht dem Opfer Christi (a.a.O. S. 714.727). Doch hat dies einerseits die Gleichsetzung der Intention von 1Petr 2,5 und Röm 12,1 zur *Voraussetzung* (vgl. a.a.O. S. 709.727), andererseits ist Jes 53 trotz des ausführlichen alttestamentlichen Kontextes in 1Petr 2,4-10 nicht erwähnt, so daß eine solche Deutung nicht wahrscheinlich ist.

146 Vgl. F. W. Danker, Pericope S. 99-102; N. Brox, Petrusbrief S. 99. Daß damit ein spezieller Zusammenhang zur Eucharistie hergestellt wird, wie E. G. Selwyn, Peter S. 296f., u.a. vermuten, ist nicht deutlich, vgl. dazu J. N. D. Kelly, Peter S. 92, der demgegenüber auf ausdrückliche Deutungen der Eucharistie als Opfer verweist (Did 14; Justin, Dial 117,1); vgl. ferner D. Hill, Formulation S. 61.

147 Der Vers ist auch im Alten Testament auf die ganze Versammlung bezogen (19,2a).

148 Vgl. die Gliederungen der Kommentare von L. Goppelt, O. Knoch u.a. N. Brox, Petrusbrief S. 111, dagegen spricht von „vielen größeren und kleineren Blöcke(n)", die in dem Brief aneinandergereiht sind.

einandersetzung mit den Anfeindungen von außen gelesen werden
soll.[149] Erst dadurch werden die geistlichen Opfer konkretisiert als
die Leidensexistenz, in der sich die Glaubenden auf vielfältige
Weise zu bewähren haben, „damit in allem Gott ... gepriesen wird"
(4,11). Somit steht die Intention der Gesamtkonzeption von Kap.
2-4 in gewisser Analogie zur Auffassung des Paulus in Röm 12,1ff.,
dies läßt jedoch keine Rückschlüsse auf eine Abhängigkeit zu, sondern muß als eine eigenständige Beschreibung christlicher Existenz gelten.

6.3.2. Gemeinde als Herde Gottes

Es wurde bereits im Zusammenhang der Erörterung von 1 Petr
5,1ff. bemerkt, daß das Motiv der Herde ekklesiologisch im Corpus Paulinum keine Bedeutung erlangt.[150] Gerade dadurch aber
werden die Unterschiede zwischen der paulinischen Ekklesiologie
und der des 1 Petr erhärtet.

Nach 1 Petr 5,2 sind die Ältesten in die Hirtenverantwortung
genommen. Die Art und Weise ihrer Aufgabe des „Weidens" wird
durch das modal aufzulösende Partizip ἐπισκοποῦντες[151] erläutert:

---

149 Vgl. H. Frankemölle, Petrusbrief S. 43, der 1 Petr 2,4-10 als *„Dreh- und An-
gelpunkt des ganzen Briefes"* bezeichnet. Dies ist wiederum ein Indiz für die Geschlossenheit des Briefes, vgl. F. W. Danker, Pericope S. 100.

150 S.o. S. 177ff.; vgl. J. Jeremias, Art. ποιμήν S. 493.500f. In 1 Kor 9,7 führt
Paulus das Beispiel des Hirten an, der von der Milch seiner Herde lebt, um die berechtigten Versorgungsansprüche eines Apostels zu veranschaulichen. Das Bild ist
aber für Paulus nicht typisch, und er zieht daraus keine besonderen Schlußfolgerungen für sein Gemeindeverständnis, sondern es begegnet in einer Aufzählung
verschiedener Berufe. Als eine Funktion neben anderen erwähnt auch Eph 4,11
ποιμήν, ein besonderes *Gemeindeverständnis* wird ebenfalls nicht damit verbunden.
Nach H. Goldstein, Art. ποιμήν Sp. 304, gehören Hirten und Lehrer in Eph 4,11
zu einer Gruppe; der Hirtentitel „benennt bildlich die Obliegenheiten des Leh-
rers". Zur sachlichen Begründung vgl. H. Merklein, Amt S. 363-365.

151 Die Ursprünglichkeit des Partizips ist jedoch nicht sicher, es fehlt im Sinaiticus, Vaticanus, bei Didymos von Alexandrien u.a. Nach H. W. Beyer, Art. ἐπισκέπτομαι S. 600 (vgl. a.a.O. S. 611), ist es sekundär unter dem Einfluß von 2,25 hinzugefügt. Doch könnte diese Stelle eher Grund für die Auslassung sein, da das auf
Christus bezogene Motiv der Fürsorge für die Seelen in der Anwendung auf die
Ältesten unangemessen schien; gegen die Auslassung vgl. F. W. Beare, Remarks S.

Die Gemeinde „weiden" bedeutet, auf sie fürsorglich achtzugeben, wie dies ein Hirte für seine Schafe tut.[152] Darin werden sie der Gemeinde zu Vorbildern (V. 3). Den Ältesten als den Hirten der Gemeinde übergeordnet ist der „Oberhirte"[153] Christus, bei dessen Erscheinen sie den Herrlichkeitskranz empfangen, wenn sie ihrer eigenen Hirtenaufgabe in seinem Sinne gerecht werden.[154] Mit dieser christologischen Begründung der Verantwortung der Ältesten knüpft der Autor an 2,25 an, wo er das Hirtenmotiv bereits auf Christus bezogen hatte.[155] Unter direkter Anknüpfung an das alttestamentliche Motiv von den verirrten Schafen aus Jes 53,6[156]

---

265. L. Goppelt, Petrusbrief S. 324 Anm. 17, sieht den Grund der Auslassung in der Anstößigkeit, „die Tätigkeit der Presbyter als die Ausübung eines Bischofsamtes zu kennzeichnen". Textgeschichtlich unwahrscheinlich ist die Vermutung von W. Nauck, Probleme S. 446, es handele sich um „einen sehr alten Einschub ..., der möglicherweise auf den Verfasser des 1 Petrusbriefes selbst zurückgeht".

[152] Vgl. W. Jost, ΠΟΙΜΗΝ S. 45-57; H. W. Beyer, Art. ἐπισκέπτομαι S. 599f.; L. Goppelt, Petrusbrief S. 324.

[153] Vgl. dazu Hebr 13,20; TestJud 8,1. A. Deißmann, Licht S. 77ff., beschreibt ein ägyptisches Mumienetikett aus Holz, dessen Aufschrift diesen Begriff enthält, der hier einen Schafhirten als „Oberhirten" bezeichnet. W. Jost, ΠΟΙΜΗΝ S. 47, verweist auf eine Lesart des Symmachus in 2Kön 3,4 für eine Bezeichnung des Königs von Moab.

[154] Vgl. L. Goppelt, Petrusbrief S. 329; W. Jost, ΠΟΙΜΗΝ S. 47-50.

[155] Aus diesem Grund erfolgte wahrscheinlich die Auslassung κατὰ θεόν in B und 𝔐.

[156] Vgl. den unmittelbaren Kontext, der ebenfalls Jes 53,4ff. heranzieht (s. bes. den Zusammenhang von Jes 53,5 und 6 im Vergleich zu 1Petr 2,24 und 25). Die Differenzen in den Formen (aus der 1. Person Plural in Jes 53 wird die 2. Person Plural in 1Petr 2; statt des Aorist ἐπλανήθημεν verwendet 1Petr 2 das Partizip πλανώμενοι in einer conjugatio periphrastica) folgen logisch aus dem Duktus der Darstellung. N. Brox, Petrusbrief S. 139, vermutet, daß die Intention, mit der 1 Petr 2,25 das alttestamentliche Zitat von Jes 53,6 aufgreift, nicht zum Christuslied hinzugehört, sondern vom Verfasser des Briefes formuliert wurde. Das ist vor allem wegen 5,2ff. wahrscheinlich. Die Bezugnahme auf einen konkreten alttestamentlichen Text relativiert den allgemeinen Hinweis auf die Verbreitung des Hirt-Herde-Motivs, das auch außerhalb des Alten Testaments vorkommt (vgl. J. Jeremias, Art. ποιμήν S. 485 und passim). Für unseren Zusammenhang ist entscheidend, daß sich 1Petr durch dessen Aufnahme in einen bestimmten Traditionskreis stellt (neben der synoptischen besonders die johanneische Tradition; s. auch Hebr 13,20; vgl. L. Goppelt, Petrusbrief S. 211), während Paulus und seine Nachfolger die Vorstellung trotz ihrer Verbreitung nicht in der eigenen Ekklesiologie verwenden, obwohl auch sie den alttestamentlichen Hintergrund kennen

wird das Einst (ἦτε) und Jetzt (ἀλλὰ … νῦν) der Glaubenden beschrieben, die aus der Verirrung zu Christus als ihrem Hirten zu-
rückgckchrt sind, dcr für das IIcil ihrcr Scclcn Sorgc trägt[157]. Das
direkte Hirt-Herde-Verhältnis zwischen Christus und den Glaubenden ist für das Hirtenverständnis von 5,2 eine wichtige Voraussetzung, weil dadurch auch die Presbyter zur Herde Gottes gehören und somit ihre eigene Hirtenfunktion nur eine relative ist. Sie
sind darin an Christus gebunden und ihm für die Gemeinde verantwortlich. Die in 2,21ff. beschriebene Hingabe des Hirten Christus[158] für die Gemeinde und seine Fürsorge wird ihnen zum Vorbild für den eigenen Hirtendienst.[159] Charakteristisch für 2,25 ist,
daß in Analogie zu 5,2 „Hirt" durch „Episkopus" erläutert wird.[160]
Die Gestaltung dieses Wortfeldes ist kennzeichnend für 1Petr und
für die traditionsgeschichtliche Frage von Bedeutung.[161] Die Nähe
zu Apg 20,28, die bereits für 5,2 vermutet wurde, wird durch die

---

konnten. Daß auch in deuteropaulinischer Tradition das Motiv keine Bedeutung
erlangt, zeigt den starken Einfluß der paulinischen Prägung. Das aber trifft nicht
für 1Petr zu.

[157] So muß wohl die Wendung ἐπίσκοπος τῶν ψυχῶν ὑμῶν im Kontext des
Briefes verstanden werden, vgl. die Bedeutung der Seele(n) in 1,9.22; 2,11; 4,19;
vgl. H. W. Beyer, Art. ἐπισκέπτομαι S. 600; die Verwandtschaft zur alttestamentlichen Vorstellung von Israel als der Herde Gottes ist deutlich, vgl. Jer 13,17; Jes
40,11; Sach 10,3; dazu J. Jeremias, Art. ποιμήν S. 499; R. Schnackenburg, Episkopos S. 423-427.

[158] Im Corpus Paulinum fehlt diese Christusbezeichnung; vgl. aber Joh
10,11.14; Hebr 13,20; Mt 2,6 (Aufnahme von Mi 5,3; 1Kön 5,2); ferner zu Christus
in der Hirtentätigkeit Mk 6,34; Mt 9,36; Apk 7,17; in Joh 21,15-17 wird die Aufgabe des Weidens von Christus auf Petrus übertragen; im Gerichtskontext Apk
2,27; 12,5; 19,15.

[159] Zur Selbsthingabe des Hirten vgl. Joh 10,15f.; 11,51f.

[160] Durch καί-explicativum; vgl. L. Goppelt, Petrusbrief S. 211. Zur traditionellen Verbindung der Wortstämme ποιμαν- und ἐπισκεπτ- vgl. W. Nauck, Probleme S. 443-446. Die angeführten Belege (1Clem 44,3; Ignatius, Röm 9,1; Phld
1,1-2,1; Did 18.22; syrDidaskalia 4,5 u.a.) stammen freilich aus späterer Zeit.

[161] Zur Verbindung vgl. bes. Num 27,16f. (Bestellung des Josua): ἐπισκεψάσθω
κύριος ὁ θεὸς τῶν πνευμάτων … ὅστις ἐξάξει αὐτοὺς καὶ ὅστις εἰσάξει αὐτούς, καὶ οὐκ
ἔσται ἡ συναγωγὴ κυρίου ὡσεὶ πρόβατα, οἷς οὐκ ἔστιν ποιμήν, ferner 2Chr 24,6; Jer
33,2; Ez 34,11.12(A); Sach 11,16; vgl. H. W. Beyer, Art. ἐπισκέπτομαι S. 597.611.

Formulierung von 2,25 bestätigt[162], und die Weise, wie die Worte ἐπίσκοπος bzw. ἐπισκοπεῖν in 1Petr verwendet werden, zeigt einen weiteren Unterschied zur Episkopus-Funktion, wie sie in Phil 1,1; 1Tim 3,2 und Tit 1,7 vorausgesetzt ist.[163]

Eine davon zu unterscheidende Bedeutung hat das nur schwer interpretierbare Hapaxlegomenon ἀλλοτριεπίσκοπος in 1Petr 4,15. Wegen seiner Singularität hat die Deutung des Begriffes von mehreren Beobachtungen auszugehen: Durch die Wiederholung des ὡς wird er einerseits vom Kontext der Aufzählung hervorgehoben[164], andererseits gehört er in diese hinein (Mörder – Dieb – Übeltäter – ἀλλοτριεπίσκοπος), die insgesamt dem ὡς Χριστιανός in negativer Hinsicht korrespondiert.[165] Daher liegt m.E. zunächst ein unmittelbarer Bezug zur gemeindeleitenden Funktion nicht nahe, zumal in 4,12ff. noch die ganze Gemeinde angesprochen ist.[166] Durch den Kontext ist es wahrscheinlich, in dem ἀλλοτριεπίσκοπος

---

[162] Vgl. R. Schnackenburg, Episkopos S. 421. R. Metzner, Rezeption S. 152-155, hat die Ähnlichkeit des Motives der verirrten Schafe zu dem Gleichnis in Mt 18,12-14 beschrieben (vgl. auch Mt 9,36) und auf den redaktionellen Unterschied zur lukanischen Fassung (Lk 15,3-7) hingewiesen; vgl. L. Goppelt, Petrusbrief S. 325, der von einer Assoziation spricht. Eine direkte Verbindung zwischen der Entfaltung des Motivs in 1Petr und Mt 18 läßt sich jedoch nicht feststellen, da Mt die für 1Petr charakteristische Verbindung der Wortstämme ποιμν- und ἐπισκεπτ- nicht hat (vgl. W. Nauck, Probleme S. 443ff.). Gerade dieses Wortfeld aber ist für die traditionsgeschichtliche Verbindung zu Apg 20,28 von entscheidender Bedeutung. Inwiefern Apg 20,28 „durch und durch paulinische(r) Art" sei (H. W. Beyer, Art. ἐπισκέπτομαι S. 612), ist nicht nachvollziehbar. Der Bezug von 1Petr 2,25 auf Jes 53,6 deutet auf eine je eigene Entfaltung des gemeinsamen Motives in 1Petr und Mt hin, da Mt 18,12ff. für seine Version eher auf Ez 34,5-16 zurückgreift (s. vor allem den Aspekt des Suchens der Schafe; Ez 34,6.11f.16; vgl. Mt 10,6); vgl. dazu J. P. Heil, Ezekiel 34 passim, bes. S. 701f.704.

[163] Vgl. J. Rohde, Ämter S. 57.71; R. Metzner, Rezeption S. 154 Anm. 51; F. W. Horn, Petrusbrief S. 673; anders J. Roloff, Apostolat S. 268f.

[164] Vgl. A. Bischoff, Ἀλλοτρι(ο)επίσκοπος S. 272; J. N. D. Kelly, Peter S. 189; L. Goppelt, Petrusbrief S. 308 Anm. 37.

[165] Vgl. H. W. Beyer, Art. ἐπισκοπέω S. 617-619, der freilich das Verständnis von ἐπίσκοπος als christlicher Bezeichnung an dieser Stelle zurückweist (a.a.O. S. 619f.).

[166] Vgl. in diesem Sinne K. Erbes, ἀλλοτριεπίσκοπος S. 40-44 (unter Hinweis auf Joh 10): Der ἀλλοτριεπίσκοπος ist jemand, der den in 5,2 genannten Ansprüchen an die führenden Positionen in der Gemeinde nicht gerecht wird (a.a.O. S. 44, wobei die Spekulation Erbes über einen „Volkswitz" freilich unangemessen sind); vgl. ders., Noch etwas zum ἀλλοτριεπίσκοπος S. 249; weiterhin J. Ysebaert, Amtsterminologie S. 68. Ähnlich argumentieren auch N. Brox, Petrusbrief S. 218-220; O. Knoch, Petrusbrief S. 126f., unter Verweis auf Epiphanius, Haer.

jemanden zu verstehen, der sich in einer ihm nicht angemessenen Weise Funktionen (ἐπισκοπαί) anmaßt, die ihm nicht zustehen, vielleicht im Verstoß gegen die der Paränese vorangestellten sog. Loyalitätsparänese in 2,11-16[167], so daß eine politische Konnotation nicht auszuschließen ist.[168]

6.4. Zusammenfassung

Die Untersuchung des Verständnisses von Charisma und Charis im 1Petr hat gezeigt, daß zwar ein formaler terminologischer Zusammenhang mit der paulinischen und deuteropaulinischen Tradition festgestellt werden kann, daß aber die inhaltliche Entfaltung zu unterscheiden und 1Petr 4,10f. nicht von Paulus her zu verstehen ist.[169] Das Vorkommen gleicher Begrifflichkeit allein rechtfertigt ein solches Vorgehen nicht. Ein paulinischer Interpretationshorizont läßt im Gegenteil die spezifische Aussage des 1Petr nicht sichtbar werden, dessen Vorstellung Berührungen zu Apg 6,1ff. aufweist. In dieser Hinsicht muß m.E. in noch stärkerem Maße historisch gefragt werden, wie derartige Berührungen terminologischer Art zustande kommen und dennoch eine solch unterschiedliche Entfaltung erfahren können, ein Aspekt, der bei der Untersuchung traditionsgeschichtlicher Linien innerhalb des Neuen Testaments oft unangemessen vernachlässigt wird. Es zeigt sich, daß rein literarische Lösungen den Texten nicht immer gerecht werden können, da diese mit ihrem Anspruch stets auch bestimmte,

---

66,85,6, jedoch nicht im Blick auf die ἐπίσκοποι von 1Petr 5,2f. – Zum Ganzen s. J. B. Bauer, Maleficus passim, bes. S. 112-114.

167 Dazu s.u. S. 227ff.

168 Vgl. L. Goppelt, Petrusbrief S. 308 (a.a.O. Anm. 37: „Welche Vorstellungen der Verf. genau mit dem Wort verbindet, läßt sich nicht exakt ermitteln"); ferner A. Bischoff, Ἀλλοτρι(ο)επίσκοπος S. 271-274, der den Begriff im politischen Sinne von „Aufrührer" deutet. Doch dafür gibt es keine Belege, vgl. J. N. D. Kelly, Peter S. 188f. Zum politischen Aspekt vgl. auch J. B. Bauer, Verfolgung S. 518ff.; ders., Maleficus S. 110f.

169 Vgl. im Unterschied dazu das Urteil von N. Brox, Petrusbrief S. 208: „Das Gemeindeverständnis, das sich ... hier abzeichnet, ist paulinischer Art und Herkunft"; ähnlich H. Goldstein, Gemeinde S. 63: „Der Verfasser des 1. Petrusbriefs bewegt sich mit sachdienlicher Treue und verantwortlichem Traditionsbewußtsein in den Bahnen paulinischen Gemeindeverständnisses."

für ihr Verstehen wichtige historische Konstellationen voraussetzen, die literarisch kaum mehr nachvollziehbar sind.

Auf die Ältesten als für die Gemeinde verantwortliche Hirten kommt 1Petr unabhängig von seinem Charismenverständnis zu sprechen. Auch hier führt eine paulinisch orientierte Deutung zu Fehleinschätzungen. Die Entfaltung der Aufgabe der Ältesten erfolgt in der gleichen Weise wie Apg 20,17.28. Eine differenzierte Ämterstruktur, wie sie in deuteropaulinischer Tradition entwickelt wird, ist nicht erkennbar.

Die Bezeichnung der Ältesten als Hirten, deren „Oberhirte" Christus ist, impliziert das Verständnis der Gemeinde als der Herde Gottes. Nach 2,25 steht sie gleichermaßen in einem direkten Hirt-Herde-Verhältnis zu Christus. Diese Motive stammen nicht aus paulinischer oder deuteropaulinischer Tradition.[170] Dasselbe gilt hinsichtlich der Anwendung alttestamentlich-priesterlicher Terminologie auf die Gemeinde in 2,5.9.[171] Die in diesem Zusammenhang stehende Beschreibung der Gemeinde als „geistliches Haus" (2,5) ist zwar auf das auch bei Paulus zu findende Tempelmotiv hin zu interpretieren, entspricht aber nicht der paulinischen Darstellung.

---

[170] Nach L. Goppelt, Petrusbrief S. 325, ist es „vielleicht zufällig", daß das Hirtenbild bei Paulus fehlt.
[171] Vgl. A. Lindemann, Paulus S. 255.

7. Taufe und Wiedergeburt

Die Behauptung der Nähe des 1Petr zur paulinischen Tradition stützt sich in der Regel *nicht* auf den Vergleich der Taufaussagen. Das verwundert einerseits, weil die Taufe ein zentraler Topos urchristlichen Glaubens ist und daher zu erwarten wäre, daß traditionsgeschichtlich aufeinander bezogene Schriften in diesem Punkt besondere Ähnlichkeiten aufweisen bzw. im Falle direkter Abhängigkeiten diese sich aus der jeweils älteren Schicht erklären lassen. Andererseits deutet jener Umstand darauf hin, daß ein solcher Nachweis nicht unmittelbar möglich und einleuchtend ist, da die Auffassungen von der Taufe bei Paulus bzw. in seiner Schule und im 1Petr bereits auf den ersten Blick nur schwer miteinander in Verbindung gebracht werden können.[1] Dies soll im Folgenden überprüft werden, zumal gelegentlich auch die andere Position von der Nähe beider Überlieferungen über die Taufe vertreten wird. In Bezug auf 1Petr 1,3 schreibt G. R. Beasley-Murray: „Das ist nicht identisch mit der Lehre von Röm 6,3ff., kommt ihr aber nahe."[2] Dieser Satz, der im Kontext einer Untersuchung von 1Petr 3,20f. steht, macht die Implikationen des Problems sichtbar.[3]

In diesem Zusammenhang ist neben der einzigen direkten Aussage über die Taufe in 1Petr 3,20f. deren Verhältnis zu den Aussagen über die „Neugeburt" bzw. „Wiedergeburt" in 1,3.22; 2,1

---

[1] Das gilt vor allem hinsichtlich der Taufaussagen bei Paulus, die daher im Folgenden nicht eigens thematisiert werden müssen. Von besonderer Bedeutung ist erst die deuteropaulinische Verbindung von Taufe und Wiedergeburt.

[2] Taufe S. 343; vgl. bereits W. Seufert, Abhängigkeitsverhältniss S. 382f.

[3] Vgl. H. Goldstein, Gemeinde S. 62, der 1Petr 3,21 trotz der Feststellung der Unterschiede zu Röm 6,1-11 als eine „legitime Explizierung eines Sachverhaltes paulinischer Theologie" versteht (vgl. a.a.O. S. 110). A. Lindemann, Paulus S. 257, sieht „trotz scheinbar paulinischer Terminologie eine durchaus nicht-paulinische Tendenz". „... (E)s fällt schwer, 3,21 direkt mit Röm 6 in Verbindung zu bringen, zumal der nachpaulinische Begriff des 'guten Gewissens' eher auf einen Zusammenhang mit den Past als auf Röm 6 weist" (ebd.).

zu bedenken, die einem breiten Konsens folgend als Taufbezüge behandelt werden. Die Nähe zur paulinischen Tradition hängt aber offenbar gerade an diesem Verständnis der Aussagen über die Wiedergeburt. Zu fragen ist also ferner, ob dies zutrifft.

7.1. Die Taufaussage in 1Petr 3,20f.

Die Aussage über die Taufe in 1Petr 3,20f. ist Teil eines Abschnittes, der das Werk Christi von seinen Leiden (V. 18) bis zu seiner Erhöhung (V. 22) beschreibt.[4] Innerhalb des letzten Hauptteils des 1Petr (3,8-5,9), der nach den Paränesen der Haustafel (2,11-3,7) Mahnungen an alle Glaubenden richtet und das Ausharren und die Bewährung in Bedrängnissen und Leiden in den Vordergrund stellt, wird Christus als Beispiel vor Augen geführt, der durch sein Leiden zur himmlischen Herrschaft durchgedrungen ist. Die das Leben der Glaubenden prägende Wirkung des Leidens Christi ist auf zweifache Weise entfaltet: durch den Stichwortanschluß von V. 18 an V. 17[5] (πάσχειν – ἔπαθεν[6]) und durch die schlußfolgernde (οὖν) Wiederaufnahme der Leidensthematik in 4,1 (Χριστοῦ παθόντος σαρκί ... καὶ ὑμεῖς ... ὅτι ὁ παθὼν σαρκί ...).

---

[4] Vgl. dazu z.B. H. Giesen, Hoffnung passim.

[5] Zum Zusammenhang von 3,18-22 mit 3,13-17 vgl. H. Giesen, a.a.O. S. 94.

[6] Trotz der geringen äußeren Bezeugung von ἔπαθεν in B, P und 𝔐 ist diese Lesart auf Grund innerer Kriterien vorzuziehen; besonders die parallele Formulierung in 2,21 weist darauf hin, daß die Veränderung in ἀπέθανεν eine sekundäre Angleichung an bekannte urchristliche Tradition ist, vgl. vor allem 1Kor 15,3-5b. Die Abweichung davon in 1Petr 3,18 erweist ἔπαθεν als die schwierigere Lesart, die aber inhaltlich der Leidensthematik des Briefes insgesamt entspricht (vgl. 4,13; 5,1: τοῦ Χριστοῦ παθήματα); vgl. F. W. Beare, Peter S. 167; H. Manke, Leiden S. 155; N. Brox, Petrusbrief S. 167. Die Argumentation von K. Wengst, Formeln S. 83, für ἀπέθανεν kann nicht überzeugen, zumal sie die problematische Rekonstruktion eines Hymnus zur Voraussetzung hat; vgl. bereits H. Windisch/H. Preisker, Briefe S. 70. A. Lindemann, Paulus S. 256f., weist auf die Nähe von 1Petr 3,18 zu Röm 1,3f. und 1Tim 3,16 hin und vermutet als gemeinsamen Hintergrund judenchristliche Christologie, zu diesem Zusammenhang vgl. auch M.-É. Boismard, Quattre hymnes S. 57ff.; R. Deichgräber, Gotteshymnus S. 173; E. G. Selwyn, Peter S. 17f.; J. T. Sanders, Hymns S. 17f.

Die durchdachte Konzeption und die Funktion des Abschnittes im Kontext ist zu beachten, wenn nach aufgenommenen Traditionen gefragt und deren Rekonstruktion als ein Hymnus versucht wird. Die voneinander abweichenden Ergebnisse von R. Bultmann[7] und K. Wengst[8] können insgesamt nicht überzeugen, da trotz zahlreicher Konjekturen am Text die rekonstruierte Vorlage stilistisch nicht einheitlich ist und nur schwer einsichtig gemacht werden kann, warum der Verfasser des 1Petr sie derart stark verändert und zusätzlich auseinandergerissen haben sollte.[9] Im Rahmen unserer Untersuchung ist eine eingehende Erörterung dieser Rekonstruktionsversuche nicht erforderlich.[10]

Die beiden Aussagen über Christus sind an zwei Stellen auf die Glaubenden bezogen: Durch Leiden und Sterben Christi wird der Zugang zu Gott möglich (V. 18); durch seine Auferstehung hat die in der Taufe formulierte Bitte um ein gutes Gewissen ihren Grund (V. 21). Eigentümlich ist der Zusammenhang, in welchem der Verfasser auf die Taufe Bezug nimmt, und die Weise, in der er sie versteht.

---

[7] Liedfragmente passim.

[8] Formeln passim; anders rekonstruiert z.b. C.-H. Hunzinger, Struktur S. 144.

[9] R. Bultmann, Liedfragmente S. 293ff., sowie K. Wengst, Formeln S. 163, rechnen z.B. 1,20 hinzu; in Anknüpfung an Bultmann u.a. auch C.-H. Hunzinger, Struktur S. 143, der jedoch 1,20 nicht mit 3,18ff. verbinden will; vgl. M.-É. Boismard, Quatre hymnes S. 57-109. Dadurch aber wird die Geschlossenheit des von Bultmann rekonstruierten Hymnus wieder aufgegeben. Schon R. Deichgräber, Gotteshymnus S. 173, konnte allenfalls Fragmente eines Hymnus erkennen, vgl. auch J. T. Sanders, Hymns S. 18 Anm. 2; H. Manke, Leiden S. 152-155.187f.; K. Shimada, Formula S. 168 Anm. 8. – Auf diesem Hintergrund ist auch die erneute Rekonstruktion der Vorlage von K. C. P. Kosala, Taufverständnis S. 69-115, bes. S. 112f., zu problematisieren, der sieben Strophen mit folgenden Bestandteilen herausarbeitet: 1,3+1,21 / 1,20+3,19+3,22 / 2,21b+2,4b+2,21cd / 2,22f. / 2,24 / 3,18 / 1,18f.+2,25. Vgl. dazu Kosala selbst (a.a.O. S. 114): „Bei der Rekonstruktion ist es uns nicht iwchtig [sic], ob der Hymnus in dieser oder ähnlicher Gestalt existiert hat." Kritisch gegenüber 1Petr 2,21-25 äußert sich auch G. Kennel, Frühchristliche Hymnen? S. 278.

[10] Vgl. dazu u.a. J. Jeremias, Karfreitag S. 323-326; N. Brox, Petrusbrief S. 165f.; D. Hill, Formulations S. 56-57; K. Shimada, Formula passim; H. Giesen, Hoffnung S. 96-98: Die Rekonstruktionsversuche beweisen lediglich, „daß es in 1 Petr Texte gibt, die man mit einigem Geschick zu einem geschlossenen Hymnus zusammenstellen kann, nicht aber, daß es einen solchen einmal wirklich gegeben hat" (a.a.O. S. 98). – Zum Problem der Identifikation und Klassifikation frühchristlicher Hymnen vgl. jetzt ausführlich G. Kennel, Frühchristliche Hymnen? passim.

Der relativische Anschluß von V. 21 an V. 20 durch das neutrische Pronomen ὅ stellt die rettende Taufe abbildhaft[11] (ἀντίτυπον) der alttestamentlichen Erzählung von der Rettung Noahs und seiner Familie gegenüber. ὅ kann sich seiner neutrischen Form wegen entweder auf das Wasser der Flut beziehen, das als Gegenüber zum Taufwasser verstanden wird[12], oder auch auf den Vorgang der Rettung Noahs als solchem.[13] Das letztere liegt *inhaltlich* näher[14], denn Noah wird nicht *mittels* des Wassers gerettet, sondern *durch* das Wasser *hindurch* (διεσώθησαν) mittels der Arche.[15] Das

[11] Vgl. dazu unten S. 200f. Anm. 20.

[12] N. Brox, Petrusbrief S. 176: „Das *grammatisch* Nächstliegende ist, ὅ auf ὕδατος (V20) zu beziehen" (Hervorh. v. mir); vgl. H. Windisch/H. Preisker, Briefe S. 72; G. Delling, Existenz S. 108.

[13] Vgl. R. Knopf, Briefe S. 155.156; F. W. Beare, Peter S. 174.

[14] ὅ ist daher in Verbindung mit ἀντίτυπον modal aufzufassen, so daß paraphrasiert werden kann: 'Das (= dieser Vorgang) (ist) aber [καί] (im Blick auf) euch abbildhaft (zu verstehen) – jetzt rettet die Taufe ...'; vgl. etwa die Übersetzung von L. Goppelt, Petrusbrief S. 239: „Als Gegenbild dazu ..."

[15] Vgl. F. Blaß/A. Debrunner/F. Rehkopf, Grammatik § 223,2; J. N. D. Kelly, Peter S. 158; G. R. Beasley-Murray, Taufe S. 339 (mit Hinweis auf die Analogie in Weish 14,5: διὰ τοῦτο καὶ ἐλαχίστῳ ξύλῳ πιστεύουσιν ἄνθρωποι ψυχὰς καὶ διελθόντες κλύδωνα σχεδίᾳ διεσώθησαν, vgl. auch Josephus, Ant I,75-79: καὶ Νῶχος μὲν οὕτως μετὰ τῶν οἰκείων διασώζεται, 78); A. Reichert, Praeparatio S. 253; ferner D. Cook, Problem S. 73-75, dessen aktivisches Verständis von διεσώθησαν im Sinne von „fliehen" jedoch nicht einleuchtet. Ebenso unwahrscheinlich ist es, den lokalen Sinn von διά auf die Arche zu beziehen („durch das Wasser hindurch in die Arche"; so bereits R. Knopf, Briefe S. 155, und die ebd. Genannten unter Hinweis auf BerR 32,6 zu Gen 7,7, vgl. dazu die Kritik bei P. H. Davids, Peter S. 142f. Anm. 44; vgl. auch E. G. Selwyn, Peter S. 202f.; A. Reichert, Praeparatio S. 251f.; H. Giesen, Hoffnung S. 132f.). Ein solches Verständnis setzte voraus, daß mit der Taufe die Rettung schon geschehen sei („... not ... too far from Paul's sacramental theology at this point", D. Cook, a.a.O. S. 77), was aber für 1Petr nicht zutrifft (s.u. S. 208ff.). Unentschieden bleiben z.B. J. Michl, Briefe S. 138; J. N. D. Kelly, Peter S. 159; O. Knoch, Petrusbrief S. 103f. Die instrumentale Bedeutung von δι' ὕδατος wird auch von H. Manke, Leiden S. 179 bevorzugt. – In diesem Zusammenhang wäre zu erwägen, ob ὅ zum ursprünglichen Text gehört oder nicht vielmehr – auch auf Grund der lectio brevior – mit 𝔓72, Sinaiticus u.a. ausgelassen werden müßte, da auf Grund der *grammatischen* Nähe (s.o. Anm. 12) zu ὕδωρ der Verdacht besteht, daß ὅ um der Vereinfachung und der assoziativen Affinität des Flutwassers zum Taufwasser willen hinzugefügt wurde und damit ein bestimmtes Verständnis in den Text einträgt. In diese Richtung tendiert auch die grammatische Analyse von A. Reichert, Praeparatio S. 254-261, bes. S. 261: mit 3,21a beginne ein neuer Satz. F. W. Beare, Peter S. 174, liest mit Hort u.a. ᾧ: „... it is impossible to

Wasser der Flut ist nicht das Rettungsmittel, sondern das Mittel des Gerichtes Gottes an den „Ungläubigen" (V. 20a).[16] Das ist jedoch kaum auf die Taufe ubertragbar.[17] Hinzu kommt, daß auch die Bildtypik problematisch wäre. In der Arche werden Noah und seine Familie gerade nicht naß, wie jedoch die Glaubenden in der Taufe.[18] Das Einst-Jetzt-Schema deutet ebenfalls in diese Richtung. Wie Noah einst (ποτε) durch das Gericht Gottes mittels der Arche gerettet wurde, so werden die Glaubenden jetzt (νῦν[19]) gerettet mittels der Taufe.[20] Bemerkenswert ist gerade in diesem Zusam-

construct ὅ in any reasonable sense"; vgl. auch G. R. Beasley-Murray, Taufe S. 341. Abgesehen davon, daß die Textbezeugung für ᾧ sehr gering ist (vielleicht in Minuskel 241, ferner in 630 und einigen anderen Minuskelhandschriften), würde diese Konjektur die Rettungs*vorgänge* von einst und jetzt miteinander in Verbindung bringen. Auch altkirchliche und frühmittelalterliche Autoren verstanden die *Arche* als Rettungsmittel in Analogie zur Kirche (Tertullian, De Baptismo 8,4; De Idololatria 24,4 [CCL I,283 bzw. II,1124]; ferner Hilarius von Poitier, Tractatus in Ps 146,13 [CSEL 22,852f.]); vgl. dazu H. Boblitz, Allegorese S. 163-170 (dort weitere Belege); A. Reichert, Praeparatio S. 254-259.

16 Vgl. G. R. Beasley-Murray, Taufe S. 339; H. Manke, Leiden S. 178; H. Giesen, Hoffnung S. 132f.; L. Goppelt, Petrusbrief S. 255.

17 Vgl. A. Reichert, Praeparatio S. 254; gegen A. Schlatter, Petrus und Paulus S. 140ff.; E. G. Selwyn, Peter S. 202f.; E. Best, Peter S. 147; W. Schrage, Erster Petrusbrief S. 108; C. T. Fritsch, ANTITYΠON S. 101; F. Schröger, Gemeinde S. 33. – Die Argumentationsfolge von N. Brox, Petrusbrief S. 176, ist in dieser Hinsicht nicht konsequent; ähnlich bei W. Schrage, a.a.O.

18 Vgl. G. Delling, Existenz S. 108: „... der Vergleich in 3,21 ist technisch gewiß nicht sehr glücklich, der Sinn jedoch deutlich." Daher ist die Taufe auch nicht als „Wiederauflage der Sintflut" zu verstehen, so H. Manke, Leiden S. 180. – Ein ähnliches Problem ergibt sich bei der Tauftypologie in 1Kor 10,1f., wo Paulus den Meeresdurchzug, den Israel bekanntlich trockenen Fußes bewältigte, als Taufe auf Mose versteht, vgl. C. Wolff, Erster Korintherbrief S. 214f.

19 Die Funktion des νῦν innerhalb dieser Konstruktion macht es unwahrscheinlich, darin einen Hinweis auf einen aktuell vollzogenen Taufritus zu sehen; vgl. N. Brox, Petrusbrief S. 177: „... es geht um das Jetzt der Heilsepoche seit Christus." Zum traditionellen Hintergrund des „Einst-Jetzt-Schemas" vgl. P. Tachau, „Einst" und „Jetzt" passim, bes. S. 21-78, zu 1Petr S. 16-20.130 Anm. 168, der auf Grund des zeitlichen Aspektes 1Petr 3,18f. gerade nicht als einen Beleg für das traditionell christliche Schema, wie es bei Paulus anzutreffen ist, ansieht.

20 Vgl. G. R. Beasley-Murray, Taufe S. 341; E. Schweizer, Petrusbrief S. 82; P. Tachau, „Einst" und „Jetzt" S. 130 Anm. 168; L. Goppelt, Petrusbrief S. 256; P. Dschulnigg, Theologie S. 320; F. W. Beare, Peter S. 174 u.a. Für das Gegenüber von Flutwasser = Gericht und Taufwasser = Heil könnte der Begriff ἀντίτυπον in Anspruch genommen werden. Wenn dies richtig wäre, dann würde das alttesta-

menhang, daß im Unterschied zu anderen neutestamentlichen Taufaussagen Begriffe, die in ihrer Intention mit dem Motiv „Wasser" korrespondieren (hineintauchen, waschen/abwaschen, reinigen, rein u.a.[21]), in 1Petr 3,21 *nicht* verwendet werden.[22] Das Verständnis dessen, was Taufe ist bzw. nicht ist, zeigt, daß der Wortstamm λουτρ- wahrscheinlich bewußt vermieden wurde. Allein schon die Tatsache, daß der Verfasser mit einer negativen Bestimmung beginnt, die noch dazu ein an dieser Stelle schwer zu deutendes Hapaxlegomenon enthält, weist darauf hin, daß ihm an der Abwehr eines Mißverständnisses gelegen war, das in den Gemeinden nicht selten gewesen zu sein scheint, nämlich Taufe zu verstehen als ein „Abtun des Schmutzes des Fleisches" (σαρκὸς ἀπόθεσις ῥύπου).[23] Doch was ist damit gemeint? Eine scheinbar nahelie-

---

mentliche Beispiel noch weniger zu der neutestamentlichen Anschauung passen, denn neben Gericht ist auch dort von Heil, nämlich der Rettung des Noah, die Rede; vgl. L. Goppelt, Art. τύπος S. 253f.: „Er [sc. der Begriff τύπος] ist dem 1. Petrusbrief bereits so geläufig, daß dieser auch ἀντίτυπος in entsprechendem Sinn verwendet ...", vgl. ders., Petrusbrief S. 256. Dennoch sieht auch Goppelt die Flut parallel zum Taufwasser (Petrusbrief S. 254). Die Betonung der Wirklichkeit der Rettung auf *beiden* Seiten darf bei der Deutung nicht unberücksichtigt bleiben, will man keine falschen Alternativen aufbauen. Die Rettung der Glaubenden heute ist ἀντίτυπον, weil es die Taufe damals (noch) nicht gab, die aber jetzt zum Rettungsmittel geworden ist. Zur Bedeutung von ἀντίτυπον vgl. C. T. Fritsch, ANTITYΠON passim, bes. S. 101-106, dessen Deutekategotie der 'Erfüllung' für 1Petr 3,21 (a.a.O. S. 106) jedoch problematisch ist; ferner E. G. Selwyn, Peter S. 298f.: „'corresponding' or 'the corresponding thing'" im prädikativen Sinn wegen der sonst doppelten Apposition, was nach Selwyn ein dem Autor nicht entsprechendes schlechtes Griechisch wäre (a.a.O. S. 299). Selwyn bezieht ἀντίτυπον jedoch nur auf die Glaubenden, die Noah und seiner Familie korrespondieren (a.a.O. S. 203); vgl. ferner J. N. D. Kelly, Peter S. 160; E. Best, Peter S. 147, dagegen P. H. Davids, Peter S. 143 Anm. 46.

21 Vgl. 1Kor 12,13: ἐβαπτίσθημεν – ἐποτίσθημεν, 1Kor 6,11: ἀπελούσασθε, Eph 5,26: λουτρὸν τοῦ ὕδατος, Tit 3,5: λουτρὸν παλιγγενεσίας, Apg 22,16: βάπτισαι καὶ ἀπόλουσαι τὰς ἁμαρτίας σου, Hebr 10,22: λελουσμένοι τὸ σῶμα ὕδατι καθαρῷ.

22 Gegen N. Brox, Petrusbrief S. 176, für den das Wasser, das in V. 20 noch Unheil bedeutete, in V. 21 zu „Typos und Medium des Heils" wird.

23 Die Bedeutungslosigkeit, die N. Brox, Petrusbrief S. 177 Anm. 571, dieser negativen Klarstellung beimißt („antithetische Redefigur ..., über die man nicht viel sinnieren muß"), ist unangemessen. Damit erspart man sich freilich die Bemühung um eine Interpretation, so auch bei W. Schrage, Erster Petrusbrief S. 108. Zur Wortstellung vgl. R. Knopf, Briefe S. 157; E. G. Selwyn, Peter S. 204. σαρκός

gende Deutung wäre der Bezug auf kultische Reinigungsbäder.[24] Das ist aber wegen deren regelmäßigen Vollzuges nicht wahrscheinlich, würde dies doch voraussetzen, daß die dem Mißverständnis Verfallenen auch die Taufe regelmäßig übten. Dafür gibt es keine Anhaltspunkte. Auch eine unkultische, profane Reinigung scheint kein angemessener Deutehorizont zu sein, da die Formulierung ohnehin nicht von „Reinigung", sondern vom „Abtun" (ἀπόθεσις) spricht, und die Assoziation mit dem Reinigen von bzw. Abwaschen des Schmutzes von vornherein vermieden werden will.[25] ἀποτίθημι bedeutet nicht abwaschen, sondern „ablegen" bzw. „ausziehen" (von Kleidung).[26] „Schmutz des Fleisches" würde, verstünde man es im assoziativen Kontext von ἀπόθεσις als Abwaschen/Reinigen[27], dasjenige bezeichnen, was den *Körper* beschmutzt bzw. ihn in *kultischer* Hinsicht unrein macht.[28] Wie bereits deutlich wurde, hat jedoch ἀπόθεσις diese Konnotation nicht und würde sie erst dann zulassen, wenn man es von dem beschriebe-

---

als genitivus subjectivus zu verstehen, ist vom Zusammenhang wegen der Parallelität zu συνειδήσεως ἀγαθῆς ἐπερώτημα unwahrscheinlich.

24 Vgl. B. Reicke, Spirits S. 187ff.; als Möglichkeit angeführt bei W. Schrage, Erster Petrusbrief S. 108.

25 Vgl. N. Brox, Petrusbrief S. 178: „Merkwürdigerweise fährt sie [sc. die Aussage in V. 21b] nicht in der Symbolik des Abwaschens fort."

26 W. Bauer/K. u. B. Aland, Wörterbuch Sp. 202 s.v. ἀποτίθημι 1. Auf diesem Hintergrund ist die Verwendung dieses Wortstammes im Zusammenhang der christlichen Taufe verständlich, wenn man berücksichtigt, daß Paulus in Gal 3,27 ein ähnliches aber gleichzeitig anders intendiertes Bild benutzt (auf Christus getauft – Christus *angezogen*). – In einem anderen Kontext ist der Gebrauch von ἀπόθεσις in 2Petr 1,14 zu vergleichen.

27 Unter Hinweis auf Hebr 10,22 konstatiert L. Goppelt, Petrusbrief S. 257 Anm. 86, daß ἀπόθεσις „statt 'Abwaschen'" gebraucht wird, „wohl deshalb, weil ἀποτίθημι ein Leitwort der frühchristlichen Paränese für das 'Ablegen' des alten Menschen ist". Gerade darum ist aber die Gleichsetzung von Ablegen und Abwaschen nicht wahrscheinlich. Undeutlich bleibt bei Goppelt, ob er mit „Schmutz ..., der dem 'Fleisch', dem Körper, anhaftet" (a.a.O. S. 257) äußerliche Verunreinigungen oder den „alten Menschen" meint, der – so Goppelt selbst (a.a.O. S. 258 Anm. 86) – nicht abgewaschen werden kann.

28 Zu den Deutungsmöglichkeiten vgl. A. Reichert, Praeparatio S. 279-289.

nen Verständnis von σαρκὸς ῥύπος herleitete.[29] Das aber kann insgesamt als ein zirkuläres Argument nicht überzeugen.[30]

Eine Schwierigkeit der Deutung besteht in der Singularität von ῥύπος innerhalb des Neuen Testaments. Im Kontext der Taufe ist in der christlichen Tradition eine Parallele im Barnabasbrief zu finden, die zur Erhellung von 1 Petr 3,21 beitragen kann.[31] In deutlicher Bezugnahme auf das Taufritual heißt es Barn 11,11:

> „Zwar steigen wir in das Wasser hinab voller Sünden und Schmutz, aber wir steigen heraus als solche, die Frucht bringen im Herzen, und im Geist die Furcht und die Hoffnung haben, (die) auf Jesus (gerichtet ist)."[32]

Die positive Aussage, daß mit dem Hineinsteigen in das Taufwasser der Schmutz bzw. die Sünden abgewaschen werden (wobei freilich auch hier das Wortfeld „[ab]waschen" nicht vorkommt, aber indirekt assoziiert wird), entspricht der negativen Aussage von 1 Petr 3,21.[33] Traditionsgeschichtlich ist dies insofern von Interesse, als Barn 11,11 durch die positive Darstellung des in 1 Petr 3,21 zurückgedrängten Verständnisses diese Stelle wahrscheinlich nicht voraussetzt bzw. sich nicht auf sie bezieht. Somit wären sowohl 1 Petr 3,21 (in der Negation) als auch Barn 11,11 (in der Position) Belege für ein bestimmtes christliches Taufverständnis, das den Ritus der Taufe als das Abwaschen/Ablegen des Schmutzes,

---

[29] Analog gilt dies auch für W. Daltons Interpretation auf die Beschneidung (Proclamation S. 215-224); vgl. J. N. D. Kelly, Peter S. 161f.; dazu A. Reichert, Praeparatio S. 276f.

[30] Vgl. oben S. 202 Anm. 27 die Darstellung bei L. Goppelt.

[31] Jak 1,21 (ἀποθέμενοι πᾶσαν ῥυπαρίαν) steht nicht im Zusammenhang der Taufe.

[32] ... ἡμεῖς μὲν καταβαίνομεν εἰς τὸ ὕδωρ γέμοντες ἁμαρτιῶν καὶ ῥύπου, καὶ ἀναβαίνομεν καρποφοροῦντες ἐν τῇ καρδίᾳ τὸν φόβον καὶ τὴν ἐλπίδα εἰς τὸν ᾿Ιησοῦν ἐν τῷ πνεύματι ἔχοντες (zit. nach A. Lindemann/H. Paulsen, Väter S. 54). Die übertragene Bedeutung des Wortstammes ῥυπ- findet sich ferner in Apk 22,11. Im Zusammenhang mit der Sünde ist auch das Zitat aus Hi 4,4 in 1Clem 17,4 verwendet worden; das auf die Sünde übertragene Verständnis von Hi 4,4 ist auf jüdischer Seite belegt bei Philo, Mut 48.

[33] Zur Konstruktion οὐκ ... ἀλλά vgl. auch F. Blaß/A. Debrunner/F. Rehkopf, Grammatik § 448,1. Die mögliche einschränkende Bedeutung „nicht (nur) ... sondern (auch)" (s. a.a.O. § 448 Anm. 1) ist hier m.E. wegen der negativen Korrespondenz zu 2,1 nicht naheliegend (s. auch unten S. 204).

nämlich der Sünden verstand.[34] Die Tilgung der Sünden würde damit an einen Ritus gebunden, nicht an den im Vollzug des Ritus erfolgenden Zuspruch der Sündenvergebung. Solch einseitiges, sakramentales, d.h. an den Ritus sich bindendes Verständnis der Taufe wird somit in 1Petr abgewiesen.

Für dieses Verständnis von 1Petr 3,21a spricht auch 1Petr selbst in einer Aussage über die Wiedergeburt. Mit dem in 3,21a verwendeten Wort ἀπόθεσις klingt die Formulierung von 2,1 innerhalb des Passus 1,22-2,3 an. Gerahmt von zwei Aussagen zum (Wieder-)Geborensein der Glaubenden (1,23; 2,2) wird in 2,1 als eine Konsequenz daraus (οὖν) zum Ablegen aller Bosheit usw. aufgefordert. Auch für diese Aussage ist ein vom Aoriststamm des Verbums ἀποτίθημι abgeleitetes Wort gebraucht (ἀποθέμενοι). Auf Grund der herausgearbeiteten übertragenen Bedeutung von ῥύπος in 3,21 als Sünde ist die Nähe beider Aussagen deutlich.[35] Was jedoch in 2,1f. aus dem Wiedergeborenenstatus folgt, wird in 3,21 im Blick auf den Zusammenhang mit der Taufe ausdrücklich *abgelehnt*. Die Konsequenzen dessen für die Beschreibung des Verhältnisses von Taufe und Wiedergeburt sind später zu erörtern.[36] Zuvor muß die positive Taufaussage in 3,21bβ in den Blick genommen werden.

7.2. Taufe und Gewissen

Die als Charakterisierung der christlichen Taufe im Neuen Testament singuläre Wendung συνειδήσεως ἀγαθῆς ἐπερώτημα εἰς θεόν kann nicht von dem in unterschiedlichen Bedeutungen und Zusammenhängen belegten Begriff ἐπερώτημα her erschlossen werden[37],

---

[34] Vgl. oben S. 201 Anm. 21.

[35] Vgl. G. Delling, Existenz S. 108, der in Anm. 14 darauf hinweist, daß die Ausdrucksweise 'Vergebung der Sünden' in 1Petr fehlt; vgl. auch E. G. Selwyn, Peter S. 204.393-400.

[36] S.u. S. 215ff.

[37] So W. Schrage, Erster Petrusbrief S. 108; N. Brox, Petrusbrief S. 178 (dort weitere Autoren); vgl. dazu L. Goppelt, Petrusbrief S. 259.

sondern muß vom Verständnis des Wortes συνείδησις ausgehen, das in 1Petr mehrfach vorkommt (2,19; 3,16; 3,21).[38] Erst von da aus kann die Genitivkonstruktion in 3,21 angemessen interpretiert werden.[39]

Exkurs: Das gute Gewissen[40]

Die Erwähnung des Begriffes συνείδησις erfolgt in 2,19 im Kontext der sogenannten „Haustafel": Die Hausdiener (οἰκέται) sollen sich auch den schwierigen (σκολιοῖς) Herren unterordnen, weil sich ungerechtfertigtes Leiden dann als Gnade erweist, wenn es um des Gewissens willen erduldet wird. „Gewissen" ist durch den Genitiv θεοῦ sowie durch den Zusammenhang von Leiden und Gnade bestimmt. Die die Aussage stark konzentrierende Satzkonstruktion war Anlaß verschiedener Deutungen von θεοῦ.[41] Dessen Verständnis als genitivus objectivus ist wohl das sinnvolle und angemessene[42]: Das sich an Gott orientierende Gewissen[43] ist

---

[38] Vgl. L. Goppelt, Petrusbrief S. 258; H.-J. Eckstein, Syneidesis S. 303-305.

[39] L. Goppelt, Petrusbrief S. 258, verweist wiederum auf Hebr 10,22, wonach „die Reinigung vom 'bösen Gewissen' eben durch die Taufe erfolgt". Die Differenzierung in Hebr 10,22 zwischen Reinigung vom bösen Gewissen durch Besprengung mit *Blut* und dem Waschen des Leibes mit *reinem Wasser* wird nicht reflektiert und der insofern unbefriedigende Versuch unternommen, einen unklaren Sachverhalt durch einen ebenso schwierigen zu erklären. Schon das Gegenüber von Herz und Leib (καρδία und σῶμα) in Hebr 10,22 spricht gegen eine Ineinssetzung von Besprengung und Reinigung in der Taufe; vgl. H. Hegermann, Hebräer S. 207f. Der Bezug von Hebr 10,22 zu 10,2 unterstützt diesen Einwand: Auch im Tempelkult bewirkt gerade nicht die Reinigung die Aufhebung des „Sündengewissens", sondern die Besprengung; dies wird nun auf das Opfer Christi (Besprengung) und die Taufe (Reinigung) bezogen; vgl. H. Hegermann, a.a.O. S. 207. Bedenkenswert wären besonders im Blick auf Hebr 10,22 auch johanneische Traditionen, vgl. z.B. Joh 19,33, dazu 1Joh 1,7: „Das *Blut* Jesu seines Sohnes *reinigt* (καθαρίζει) uns von aller Sünde." 1Joh 5,6f. verbindet Geist, Wasser und Blut.

[40] Die Notwendigkeit der Klärung des Verständnisses von συνείδησις an dieser Stelle eröffnet die Möglichkeit, es sogleich im Gegenüber zum paulinischen Gebrauch zu tun, so daß ein eigener Paragraph entfallen kann.

[41] Vgl. E. G. Selwyn, Peter S. 176-178; J. N. D. Kelly, Peter S. 116f.; H.-J. Eckstein, Syneidesis S. 308-310.

[42] Vgl. F. W. Beare, Peter S. 148; J. N. D. Kelly, Peter S. 117; K. H. Schelkle, Petrusbriefe S. 80; H.-J. Eckstein, Syneidesis S. 308 u.a. L. Goppelt, Petrusbrief S. 196, sieht sprachliche Parallelen in der πίστις-Konstruktion Röm 3,22 (Genitiv) sowie in Apg 20,21 (εἰς).

[43] N. Brox, Petrusbrief, übersetzt: „in der Bindung an Gott" (a.a.O. S. 127) und meint „die moralische Bindung an den Willen Gottes" (a.a.O. S. 133); anders P. H.

Grund und Maßstab dafür, ob das Leiden Gnade ist oder nicht. Die Formulierung
in V. 20 (τοῦτο χάρις παρὰ θεῷ) unterstützt dieses Verständnis.[44] Das Leiden, das
Gnade bei Gott ist, ist wie in V. 19 das Leiden derer, die es ungerechtfertigter
Weise um des Guten willen erdulden; das Gute kann in diesem Zusammenhang
nur dasjenige sein, das Gott als solches anerkennt und als Maßstab des menschlichen Tuns setzt. Das Urteilen darüber, daß das eigene Verhalten mit Gottes Willen
übereinstimmt, faßt V. 19 durch συνείδησις θεοῦ zusammen.[45]

In einem vergleichbaren Kontext[46] begegnet συνείδησις auch in 1Petr 3,16;
hier – wie auch in 3,21 – mit dem Attribut ἀγαθής. Dem guten Gewissen entspricht
der gute Lebenswandel in Christus bzw. das ἀγαθοποιεῖν. Die Beurteilung des eigenen Verhaltens nach den Normen Gottes wirkt sich aus im Tun des Guten (vgl.
schon 2,20), das sich gegenüber den Verleumdern als Lebenswandel in Christus
qualifiziert. Umgekehrt wäre zu sagen, daß dort, wo der Lebenswandel „nicht gut"
ist, auch das Gewissen nicht gut sein kann, weil es den Lebenswandel nicht als
gottgemäß bestätigen kann, denn das Wissen um das Gute gehört mit dem Tun
des Guten notwendig zusammen[47], um die Verleumder ins Unrecht zu stellen.
Das *gute* Gewissen ist demnach die Bestätigung der Übereinstimmung des eigenen
Verhaltens mit dem Willen Gottes.[48]

Davids, Peter S. 107, der den Genitiv θεοῦ als Beschreibung des Charakters des
Gewissens versteht.

[44] Vgl. F. Schröger, Gemeinde S. 175f.; N. Brox, Petrusbrief S. 133: „inhaltlich
eine Wiederholung des im V 19 Gesagten".

[45] Vgl. W. Schrage, Erster Petrusbrief S. 94; H. Frankemölle, Petrusbrief S. 50;
P. H. Davids, Peter S. 107; H. Millauer, Leiden S. 95; F. Schröger, Gemeinde S.
177. – Die Bedeutung von συνείδησις liegt hier also nahe an der ursprünglichen
„profanen" Bedeutung des Wortes συνειδέναι = „in einer Sache Mitwisser sein";
vgl. C. Maurer, Art. σύνοιδα S. 897; E. G. Selwyn, Peter, S. 176ff.; J. N. D. Kelly, Peter S. 117; E. Schweizer, Petrusbrief S. 62; K. H. Schelkle, Petrusbriefe S. 80; F.-R.
Prostmeier, Handlungsmodelle S. 415; gegen L. Goppelt, Petrusbrief S. 195f., der
konsequenter Weise nicht entfaltet, was „ein auf Gott gerichtetes oder an ihn gebundenes Gewissen" inhaltlich aussagt. Nur durch diesen Verzicht kann man – wie
Goppelt (a.a.O. S. 196 Anm. 32, mit C. Maurer, a.a.O. S. 915) – in 1Petr 2,19 den
„erste(n) Kommentar" zu Röm 13,5 finden, vgl. auch J. N. D. Kelly, Peter S. 117. –
H.-J. Eckstein, Syneidesis S. 309f., interpretiert συνείδησις (in Anlehnung an H.
Windisch/H. Preisker, Briefe S. 61 und G. Lüdemann, Art. συνείδησις Sp. 725:
„Wissen um Gott") als „Bewußtsein um Gott" (a.a.O. S. 310). Dabei ist jedoch nicht
mehr deutlich, welche Bedeutung dieses Bewußtsein hat.

[46] Anders z.B. J. N. D. Kelly, Peter S. 144; P. H. Davids, Peter S. 132; J. Stelzenberger, Syneidesis S. 86.

[47] Vgl. E. G. Selwyn, Peter S. 89; dazu W. C. van Unnik, Teaching passim.

[48] Anders J. Michl, Briefe S. 138f., der von der Reinigung des Gewissens
spricht, weshalb das gute Gewissen „das Bewußtsein vor Gott (ist), daß er die
Schuld hinweggenommen hat" (a.a.O. S. 139). Diese Interpretation beruht jedoch
auf der Voraussetzung des paulinischen Taufverständnisses (ebd.). – Zu dem ei-

Die Verbindung συνείδησις ἀγαθής verwendet Paulus in keinem seiner Briefe, obwohl auch er verschiedentlich mit Blick auf das Gewissen argumentiert.[49] In 2Kor 1,12 zielt die Verwendung von συνείδησις auf das Wissen des Paulus, daß er nicht unwahrhaftig aufgetreten ist. Eine ähnliche Intention verfolgt Röm 9,1.[50] 2Kor 4,2 und 5,11 richten sich an die Gewissen derer, von denen Paulus erhofft, daß sie zur rechten Beurteilung seines Dienstes gelangen; das Gewissen ist hier also die „Instanz" zur Selbsteinschätzung zwecks Überprüfung der eigenen Gedanken und Urteile[51] an der Wirklichkeit.[52] In Röm 2,15 ist die Rede vom Gewissen der Heiden als Wissen um den göttlichen Willen[53], und Röm 13,5 nennt das Gewissen als einen Grund, untertan zu sein, und zwar im Zusammenhang des Bestraftwerdens: Ungehorsam der Obrigkeit gegenüber provoziert nicht nur Strafe, sondern auch ein belastetes Gewissen, insofern durch das Wissen um das fordernde Gebot die Strafwürdigkeit des eigenen Verhaltens zu Bewußtsein kommt.[54]

Auf Grund dieser Beobachtungen lassen sich keine deutlichen Vergleichspunkte zwischen den Auffassungen vom (guten) Gewissen bei Paulus und im 1Petr feststellen. Ähnliches gilt hinsichtlich des Vorkommens in den Pastoralbriefen.[55] Zwar begegnet auch hier die Wendung „gutes Gewissen", aber expliziert als Gegenüber von Heuchelei und Wahrhaftigkeit im Blick auf den Gebrauch des Gesetzes (1Tim 1,5ff. – parallel zum „reinen Herzen" und „ungeheuchelten Glauben"; vgl. 1,19); als die Bewahrung des Geheimnisses des Glaubens (1Tim 3,9); als Dienst mit „reinem Gewissen" (ἐν καθαρᾷ συνειδήσει – 2Tim 1,3; vgl. 2Kor 1,12) sowie als Gegensatz zum „unreinen" bzw. „befleckten" Gewissen der Ungläubigen (Tit 1,15;

---

gentümlichen Verständnis von B. Reicke, Spirits S. 178.181 („good-will"), vgl. A. Reichert, Praeparatio S. 267ff.

[49] Gegen J. N. D. Kelly, Peter S. 144. Da in 1Petr jeweils das *eigene* Gewissen der Glaubenden angesprochenen ist, können all die Stellen bei Paulus für den Vergleich zurücktreten, die von der Rücksicht auf das Gewissen *anderer* sprechen; vgl. 1Kor 8,7.10.12; 10,25.27ff.

[50] Vgl. H.-J. Eckstein, Syneidesis S. 179-199, hier S. 199.

[51] Bemerkenswert ist die Verwendung des Begriffes διαλογισμοί im gleichen Zusammenhang Röm 14,1 bzw. die Umschreibung ὁ μὴ κρίνων ἑαυτόν in Röm 14,22.

[52] Vgl. H.-J. Eckstein, Syneidesis S. 232; U. Wilckens, Römer I S. 138: „Instanz im Innern des Menschen, die seine Verantwortlichkeit begründet und ... wahrnimmt."

[53] Vgl. H.-J. Eckstein, Syneidesis S. 137-179.

[54] Vgl. a.a.O. S. 276-300, bes. 289f.298f. – Die Bezeichnung von 1Petr 2,19 als „Kommentar" zu Röm 13,5 (s.o. S. 206 Anm. 45) ist von daher nicht zutreffend, auch deshalb, weil 1Petr 2,19 nicht *nur* auf die Unterordnung (hier der Sklaven) zu beziehen ist, sondern – wie die Fortsetzung mit dem Christushymnus nahelegt – für alle Glaubenden in theologischer Hinsicht bedeutsam ist; vgl. N. Brox, Petrusbrief S. 132.

[55] Vgl. H.-J. Eckstein, Syneidesis S. 303ff.

vgl. 1 Tim 4,2).[56] War bei Paulus noch ein unterschiedlicher Gebrauch des Wortes „Gewissen" festzustellen, so weist die deuteropaulinische Tradition schon einen geprägteren Umgang auf, indem „Gewissen" positiv nur in der Verbindung mit den Attributen „gut" bzw. „rein" vorkommt und dem von Heuchelei befleckten Gewissen der Ungläubigen (1 Tim 4,2; Tit 1,15) gegenübersteht.[57] Durch die Gegenüberstellung erhält das Attribut ἀγαθής seine spezifische Bestimmung im Sinne von καθαρά, das „gute" Gewissen ist in erster Linie ein „gereinigtes" Gewissen.

Die Bedeutung, die das Gewissen in der Leidenssituation und der Auseinandersetzung mit Außenstehenden in 1 Petr hat – bis hin zur engen Verknüpfung des Gewissens mit der Taufe –, ist kaum mit der paulinischen Tradition vergleichbar und in ihr auch nicht angelegt, so daß es sich daraus ableiten ließe oder man gar eine Entwicklung wahrnehmen könnte. Die Art der Verwendung des Terminus συνείδησις in Apg 23,1 und 24,16 (jeweils als verantwortliches Leben vor Gott bzw. vor Gott und Menschen) sowie im Hebräerbrief (9,9.14 – vollkommen machen, reinigen der Gewissen durch das Opfer Christi; ähnlich 10,2; in 10,22 als Teil einer dreigliedrigen Aufzählung neben Besprengung im Herzen und dem Waschen des Leibes mit reinem Wasser) legt die Vermutung nahe, daß συνείδησις zwar kein weit verbreiteter, aber doch bekannter Terminus war, der in unterschiedlicher Akzentuierung gebraucht werden konnte (vgl. auch die Umschreibung von Gewissen mit „Herz" in 1 Joh 3,19ff.; Hebr 13,18 steht in der Intention 2 Kor 1,12 nahe und bringt wiederum eine neue Terminologie ein durch das Attribut καλή).[58]

Zu fragen ist nunmehr, inwiefern das für 1 Petr 2,19 und 3,16 erhobene Verständnis des (guten) Gewissens zur Erhellung des Zusammenhanges in 3,21 hilfreich sein kann. Die zu erklärende Wendung, die positiv das Verständnis der Taufe beschreibt, lautet: συνειδήσεως ἀγαθῆς ἐπερώτημα εἰς θεόν. Die eigentümliche und singuläre Formulierung legt zunächst nahe, das gute Gewissen in derselben Weise zu verstehen wie in 2,19 und 3,16, nämlich als Bewußtsein, dem Willen Gottes entsprechend zu leben, durch das Leid ertragen werden kann, wenn das Tun diesem Wissen entspricht. Die enge Verbindung zwischen Gewissen und Leidenssituation muß daher (briefimmanent) auch für die Deutung von 3,21b als möglicher Interpretationshorizont in Betracht gezogen werden.[59]

56 Vgl. H.-J. Eckstein, a.a.O. S. 304f.
57 Vgl. G. Lüdemann, Art. συνείδησις Sp. 724; H.-J. Eckstein, Syneidesis S. 307f.
58 Vgl. H.-J. Eckstein, Syneidesis S. 110.303ff.306f.; K. C. P. Kosala, Taufverständnis S. 42f., der die rettende Funktion des guten Gewissens hervorhebt.
59 Vgl. A. Reichert, Praeparatio S. 266f.

Der nächste Schritt ist die Frage nach der Art des Genitivs in seiner Abhängigkeit von ἐπερώτημα, das mit der Konstruktion der Vorsilbe ἐπι- und der anschließenden Präposition εἰς seine Bedeutung erhält. Die Singularität des Nomens ἐπερώτημα im Neuen Testament und sein spärliches, außerneutestamentliches Vorkommen machen eine Deutung schwierig. Die Ausrichtung zu Gott hin (εἰς θεόν) legt jedoch nahe, es im Kontext alttestamentlicher Tradition zu verstehen, wo es in der LXX „außerordentlich häufig die *Orakelfrage* an Gott (bezeichnet)"[60]. Vom Verbum ἐρωτᾶν (= fragen) abgeleitet, präzisiert die Vorsilbe die Bedeutung des Nomens im Sinne von „Anfrage, Befragung", was die Intensität des Vorganges unterstreicht[61] und im religiösen Kontext zum Anrufen der Gottheit wird.[62] Der Angerufene bzw. derjenige, an den die Bitte sich richtet, wird in 1 Petr 3,21 durch die Konstruktion mit εἰς angegeben.[63] Die Frage bzw. die Bitte, die an Gott adressiert ist, muß auf diesem Hintergrund – um eine sinnvolle Aussage zu sein – notwendig einen Inhalt formulieren, den der Genitiv συνειδήσεως ἀγαθῆς als genitivus objectivus[64] angibt.

---

60 Vgl. H. Greeven, Art. ἐρωτάω S. 686.

61 Vgl. a.a.O. S. 684.

62 Vgl. a.a.O. S. 685; W. Bauer/K. u. B. Aland, Wörterbuch Sp. 578 s.v. ἐπερωτάω 1b; vgl. die bei Paulus Röm 10,20 aufgenommene Stelle Jes 65,1; auch Jer 37,14. J. Stelzenberger, Syneidesis S. 66f., spricht sogar von „Flehen".

63 Zur Konstruktion des Verbums vgl. F. Blaß/A. Debrunner/F. Rehkopf, Grammatik § 155 Anm. 2.

64 Dies ist auch das Verständnis der Vulgata: „conscientiae bonae *interrogatio* in Deum"; vgl. dazu H. Boblitz, Allegorese passim, bes. S. 161; ferner J. Stelzenberger, Syneidesis S. 67; L. Goppelt, Petrusbrief S. 258: „Das ἐπερώτημα geht also nicht vom guten Gewissen aus, sondern sucht es"; ähnlich auch A. Reichert, Praeparatio S. 269; F. W. Horn, Petrusbrief S. 668. Fraglich bleibt, inwiefern das Verhältnis zwischen Taufe und Bitte um das gute Gewissen zu bestimmen ist; der Hinweis Goppelts, daß das gute Gewissen „nach einhelliger Auffassung der nt. Schriften nicht durch eine Bekehrung, sondern durch die Taufe vermittelt" wird (ebd.), ist wenig hilfreich, führt er doch mit dem Stichwort „Bekehrung" einen Begriff ein, der in 1 Petr 3,21 keine Rolle spielt. Mit der fraglosen Einordnung dieser Stelle in ein „einhelliges" neutestamentliches Zeugnis muß man ebenfalls vorsichtig sein (s.o. S. 206ff.). Die Umschreibung von ἐπερώτημα als „verpflichtende Bitte" (L. Goppelt, a.a.O. S. 258) ist insofern problematisch, als sie zwei Alternativen vereint und nur unter Verweis auf die erst Ende des 2. Jh. n. Chr. belegte

Oft wird die Auffassung vertreten, der Begriff sei als juristischer terminus technicus der Vertragssprache entnommen und meint demzufolge die an Gott gerichtete
Verpflichtung (lat. stipulatio) der Täuflinge.[65] Auch N. Brox bevorzugt die juristi-
sche Bedeutung aus zwei Gründen: Zum einen, weil mit der Bitte um ein gutes
Gewissen „als 'Definition' der Taufe ... niemand recht glücklich sein" könne und
zum anderen, weil es sinnvoll nur aus dem Zusammenhang des Taufritus selbst
heraus als ein an Gott gerichtetes 'Versprechen' bzw. 'Gelöbnis' zu verstehen sei.[66]
Neben den Schwierigkeiten, die Brox selbst gegen diese Auffassung anführt, daß
nämlich „das εἰς θεόν dabei ... philologisch nicht sehr befriedigend erklärbar ist"
und daß die „Bedeutung von συνείδησις ... da freilich mitbetroffen (ist)"[67], muß
ferner eingewandt werden, daß 1.) ἐπερώτημα in dieser speziellen Bedeutung erst
gegen Ende des 2. Jh. n. Chr. belegt ist[68], so daß ein solches Verständnis für 1 Petr
nicht ohne weiteres angenommen werden kann; 2.) der Inhalt des Gelöbnisses
bzw. der Verpflichtung fehlen würde[69]; 3.) ein Taufritus vorausgesetzt wird, für

---

Bedeutung wahrscheinlich gemacht werden kann (a.a.O. S. 260). Die Versuche,
diesbezüglich eine ältere Tradition aufzuspüren, gelingen nicht. Wichtig hingegen
ist der Hinweis Goppelts (a.a.O. S. 259f.), daß die Bitte in 1 Petr 3,21 von dem
Taufbekenntnis in Röm 10,9; 1 Tim 6,12 (vgl. Hebr 4,14; Apg 8,37) zu unterscheiden ist.

[65] Vgl. T. Spörri, Gemeindegedanke S. 49; G. C. Richards, 1 Peter iii,21 S. 77;
F. W. Beare, Peter S. 175; E. G. Selwyn, Peter S. 205f.; G. R. Beasley-Murray, Taufe
S. 342 („das an Gott gerichtete Gelübde, ein gutes Gewissen zu bewahren"); J. N.
D. Kelly, Peter S. 162; E. Best, Peter S. 148; W. Schenk, Art. ἐπερώτημα Sp. 53f.; P.
H. Davids, Peter S. 145.

[66] N. Brox, Petrusbrief S. 178, im Anschluß an B. Reicke, Spirits S. 183ff., sowie G. C. Richards, 1 Peter iii,21 S. 77, der das Verständnis von 1 Petr 3,21 von dem
sekundären Einschub Apg 8,37 her erheben wollte: „This [sc. Apg 8,37] is 'a
pledge to God proceeding from a clear conscience'". Doch ist auch Apg 8,37 weder
vom Gewissen die Rede noch wird der Terminus ἐπερώτημα verwendet. – A.
Schlatter, Petrus und Paulus S. 143, hat – ebenfalls ausgehend von der technischen
Bedeutung – ἐπερώτημα als das dem Menschen vorgelegte Angebot der Taufe ge-
deutet, mit dem der Mensch gefragt werde, „ob er ein gutes Gewissen haben
wolle". Doch in diesem Fall wäre eine Ausrichtung auf den Menschen, nicht auf
Gott zu erwarten; vgl. dazu die m.E. nicht überzeugenden Bemerkungen a.a.O. S.
144f.

[67] N. Brox, Petrusbrief S. 178; vgl. P. H. Davids, Peter S. 145.

[68] Vgl. H. Greeven, Art. ἐρωτάω S. 685; A. Reichert, Praeparatio S. 265. Auch J.
N. D. Kelly, Peter S. 163, führt als Analogie an, daß in der frühen Kirche die Taufe
als ein Vertrag verstanden wurde.

[69] Vgl. K. H. Schelkle, Petrusbriefe S. 109. Brox versteht es daher als „gesamte
Verpflichtung zu einem deutlich veränderten Leben, die der 1 Petr permanent
entwerfen und einüben will" (Petrusbrief S. 178), ähnlich J. N. D. Kelly, Peter S.
163.

den es sonst keine Anhaltspunkte gibt[70]; und schließlich 4.) meist die Identität von Taufe und Wiedergeburt vorausgesetzt wird.[71]

Ausgehend von diesen Beobachtungen ist nun zu klären, inwiefern die Taufe als ein an Gott gerichtetes Anrufen um ein gutes Gewissen (vor dem Gericht Gottes) rettet. Von einer *Vermittlung* des guten Gewissens durch die Taufe zu sprechen[72], reicht nicht aus, da dies im Widerspruch zu 2,19 und 3,16 stünde, wo das (gute) Gewissen eine das ganze Leben der Glaubenden begleitende Forderung, die Vermittlung in der Taufe dagegen einmalig ist. Aufschluß für eine Lösung dieser Probleme bieten das Verständnis des Gewissens in 1Petr insgesamt[73], sowie die Bedeutung des Rettungsmotives (νῦν σῴζει βάπτισμα)[74]. Den Zusammenhang verdeutlicht 4,16-19. Hier wird zwar der Terminus συνείδησις nicht noch einmal explizit angeführt, aber in der Entfaltung desselben *Sachverhaltes*, mit dem in 2,19 und 3,16 das (gute) Gewissen näher bestimmt wurde, von Gericht und Rettung gesprochen. An die Stelle der ἔχοντες ἀγαθὴν συνείδησιν (2,19) tritt nun die Bezeichnung Χριστιανός: Die „als Christen" Leidenden sind diejenigen, die im Leiden um ihres Glaubens an Christus willen ein gutes Gewissen haben sollen. 4,17 versteht das Leiden der Χριστιανοί als Gericht Gottes, das bei ihnen seinen Anfang nimmt (ἀπὸ τοῦ οἴκου τοῦ θεοῦ – ἀφ' ἡμῶν, vgl. 2,5). Der

---

70 Vgl. N. Brox, a.a.O. S. 179 Anm. 578: „Man *mag* sich dabei als Fragesteller Gott, die Gemeinde, den Taufspender denken ..." (Hervorh. v. mir).

71 Vgl. a.a.O. S. 179, dazu s.u. 215ff. – K. Berger, Theologiegeschichte S. 115, betont den apotropäischen Charakter von 1Petr 3,21f. und versteht die Taufe als „Bestätigung des guten Gewissens", wobei freilich die Bedeutung von ἐπερώτημα unklar bleibt. Zur liturgischen Interpretation bei D. H. Tripp, Note S. 267-270, der ἐπερώτημα als eine eidliche Verpflichtung (adjuratio) durch Gott versteht, auf die der Täufling mit einem Bekenntnis antwortet (ähnlich bei O. S. Brooks, Structure S. 292f.: „declaration"; J. B. Soucek, Gemeinde und Welt S. 6: „Befragung des guten Gewissens") siehe P. H. Davids, Peter S. 145 Anm. 51.

72 So L. Goppelt, Petrusbrief S. 258, vgl. auch vorige Anm.

73 Vgl. A. Reichert, Praeparatio S. 271ff.; gegen N. Brox, Petrusbrief S. 178, der zur Differenzierung genötigt ist.

74 Die Schwierigkeit der Verbindung von Rettung und Bitte an Gott führt in der Regel dazu, die Wendung δι' ἀναστάσεως Ἰησοῦ Χριστοῦ auf σῴζει zu beziehen (vgl. z.B. L. Goppelt, Petrusbrief S. 260; N. Brox, Petrusbrief S. 179), ohne die Möglichkeit des unmittelbaren Anschlusses an das an Gott gerichtete Bitten zu erwägen, s.u. S. 213f.

rechte Zeitpunkt (καιρός) für das Gericht an den Glaubenden ist also mit der Leidenssituation bereits gegeben und wird *in der Gegenwart erfahren*.[75] Diese Auffassung trifft sich mit der Taufaussage von
3,21 insofern, als dort das Rettungsgeschehen ebenfalls ein *gegenwärtiges* ist (σῴζει = 3. Person Singular *Präsens*). Diese Gleichzeitigkeit von Gericht und Rettung fügt sich in das Noah-Beispiel, bei
dem Gericht (= Flut) und Rettung (= in der Arche) zeitlich ebenfalls auf einer Ebene liegen.[76] Nur auf Grund der Gleichzeitigkeit
von Gericht und Rettung erklärt sich das Taufgeschehen als Bitte
an Gott um ein gutes Gewissen: In der Taufe bittet der Täufling um
das Gewissen als diejenige Größe, die ihm im Leiden, d.h. im sich
darin gegenwärtig ereignenden Gericht Gottes, die Übereinstimmung seines Lebens mit dem göttlichen Willen bezeugt und wissen
läßt. Durch diese Übereinstimmung mit dem Willen Gottes, die sich
im Tun des Guten erweist, kann der Glaubende das Gericht, also
das Leiden, be- und überstehen und darin vollzieht sich (gegenwärtig) die Rettung.[77] Die Taufe *eröffnet* somit einen Prozeß, der die
Glaubenden in ihrer Leidensexistenz lebenslang begleitet und die
rettende Wirkung der (einmaligen) Taufbitte vergegenwärtigt: Wer
Gott um das gute Gewissen gebeten hat, steht künftig vor der Aufgabe, dies in seinem Leben Wirklichkeit werden zu lassen.[78] Nur so

---

[75] Auf diesen Zusammenhang verweisen auch H. Manke, Leiden S. 178; K. C.
P. Kosala, Taufverständnis S. 167.

[76] Auch das ist ein inhaltliches Indiz dafür, daß Taufe in 3,21 als ἀντίτυπον
nicht im Blick auf das Wasser der Flut, sondern auf den Rettungsvorgang mittels
der Arche zu interpretieren ist; s.o. S. 199f.

[77] Ähnlich T. Spörri, Gemeindegedanke S. 49f.; L. Goppelt, Petrusbrief S. 258.
Nach G. Delling, Existenz S. 108f., vollzieht sich das Rettungsgeschehen als Emp-
fang des guten Gewissens, was gleichzeitig Vergebung der Sünden bedeute. Zum
Verhältnis von σῴζειν und σωτηρία im 1Petr s.o. S. 136ff.138ff. – K. C. P. Kosala,
Taufverständnis S. 150f., betont zwar die soteriologische Bedeutung des „Tuns des
Guten" als Differenz zu Paulus, leitet aber a.a.O. S. 34 aus 1Petr 1,3ff. ab, daß die
Taufe im 1Petr keine Rettung beinhaltet, wobei jedoch die Zuordnung von σῴζειν
und σωτηρία nicht beachtet wird; Inhalt der Taufe ist nach Kosala vor allem die
Vermittlung der Hoffnung, von der in 1,3 die Rede ist (a.a.O. S. 33-37).

[78] Vgl. A. T. Hanson, Salvation S. 104. Ähnlich z.B. auch E. Kühl, Briefe S.
240f. und in Anlehnung an Kühl A. Reichert, Praeparatio S. 272: „Ziel der Bitte ist
danach die Bewahrung in dem dem Christen aufgetragenen Lebenswandel, der
sich im 'guten Gewissen' spiegelt." R. E. Nixon, Meaning passim, hat diesen Zu-

wird man der Funktion des Gewissens in 3,21 auf der einen Seite
und der in 2,19; 3,16 ergehenden Aufforderung zum *Bewahren* des
Gewissens auf der anderen Seite gerecht, ohne für die Interpretation andere und spätere Vorstellungen heranziehen zu müssen oder
von der unwahrscheinlichen Annahme auszugehen, in 1Petr lägen
verschiedene Auffassungen über das Gewissen vor. Die ständige Relevanz der Taufbitte für das Leben als Leidende hebt die Einmaligkeit des Taufaktes nicht auf, und erst in dieser Zuordnung von
Taufbitte und dem daraus folgenen Lebenswandel ergibt sich m.E.
die Intention eines verpflichtenden Charakters der Taufe, nicht
schon aus der Bedeutung von ἐπερώτημα. Gleichzeitig wird mit der
Vermeidung einer Terminologie, die das Taufwasser assoziiert, sowie mit der negativen Beschreibung von Taufe zum Ausdruck gebracht, daß ein als Abwaschen oder Reinigen verstandener Taufritus
keine Heilssicherheit vermittelt und daher der wesentliche Akzent
der Taufe nicht in der Sündenvergebung liegen soll, sondern in der
Befähigung zu einem neuen Lebenswandel, der von einem guten
Gewissen begleitet wird. Die Betonung liegt für den Verfasser des
1Petr auf dem 'inneren' Vorgang der Taufe, der im Unterschied
zum äußeren Ritus allein einen Imperativ im Blick auf das tägliche
Leben der Glaubenden rechtfertigt und möglich macht. Dem Problem der Sakramentalisierung der Taufe begegnet 1Petr damit in
einer ganz eigenen Weise, deren Intention sich von der des Paulus
in 1Kor 10 unterscheidet, gleichwohl ein ähnliches Grundproblem
vorliegt.[79] Mit dem Hinweis auf die Auferstehung Christi wird

---

sammenhang dahingehend verstanden, daß βάπτισμα in 1Petr 3,21 nicht die Taufe
als solche, sondern metaphorisch eine „Leidenstaufe" („the church's and the Christian's baptism of suffering") meint (vgl. auch W. Schenk, Art. ἐπερώτημα Sp. 54).
Doch seine Referenztexte (bes. Mk 10,38-39; Lk 12,49-50) können diese Auffassung für 1Petr 3,21 nicht stützen. Darüber hinaus muß Nixon ἐπερώτημα als „Verpflichtung" (pledge) verstehen (a.a.O. S. 440). Trotz dieser m.E. zu weit gehenden
Konsequenzen ist Nixon angesichts der verschiedenen Hypothesen über den
1Petr als Taufrede bzw. -liturgie insoweit zuzustimmen, als das Thema „Leiden"
das bestimmende ist und auch die Taufe in diesem Zusammenhang hineingestellt
werden muß und nicht umgekehrt das Leiden als Konsequenz der Taufe verstanden werden kann (so z.B. C. F. D. Moule, Nature S. 11 u.a.).
79 Die 'Innerlichkeit' des Vorganges ist jedoch kein Anlaß, Gewissen als Synonym für das „Innere" bzw. das „Herz" zu verstehen, so H.-J. Eckstein, Syneidesis

schließlich erneut die christologische Basis für dieses Heilsgesche-
hen deutlich gemacht: Das Gelingen christlicher Existenz ist in der
Auferstehung Christi begründet, welcher als Erhöhter (V. 22!) den
Glaubensweg begleitet.[80]

Durch die Ausrichtung der Bitte zu Gott hin wird ausgeschlos-
sen, daß durch den imperativischen Kontext von 2,19 und 3,16
das gute Gewissen und damit die Möglichkeit der Rettung im
Menschen selbst ihren Ursprung findet. Rettungsgeschehen ist die
Taufe nicht, indem sie wiederholt wird, sondern indem das (ein-
mal in der Taufe erbetene) gute Gewissen kraft der Auferstehung
Christi durch das gegenwärtige Gericht hindurch rettet, wie die
Arche Noah durch das Flutgericht gerettet hat.[81]

S. 305f., unter Hinweis auf PsLXX 50,12. Voraussetzung ist hier, daß 1Petr 3,21
sowie 2,19; 3,16 unterschiedlich interpretiert werden.

[80] Vgl. G. Delling, Existenz S. 109f.; E. Schweizer, Petrusbrief S. 81; H. J. B.
Combrink, Structure S. 45; K. C. P. Kosala, Taufverständnis S. 43; P. H. Davids, Pe-
ter S. 147. – Zur Vorstellung der Erhöhung Christi in 1Petr 3,22 vgl. M. Gourges,
A la Droite de Dieu S. 75-87, bes. S. 82-87, der vermutet, daß die Aussage von der
Erhöhung Christi dem Taufkontext entnommen ist (mit Hinweis auf Kol 3,1 und
Röm 8,34); vgl. ferner H. Manke, Leiden S. 183-186.

[81] Nach F. W. Horn, Petrusbrief S. 671, stehen „die wenigen Geretteten aus
Noahs Arche – acht Seelen inmitten gottfeindlicher, zum Untergang bestimmter
Umwelt – ... sinnbildlich für die kleinasiatischen bedrängten Gemeinden"; vgl.
auch H. Manke, Leiden S. 179. – Die Konsequenz der Aufnahme des alttestamentlichen Typos macht den engen Zusammenhang zwischen Kap. 3 und 4 deutlich.
Auf diesem Hintergrund liest sich die Darstellung der Verleumder der Glaubenden in Kap. 4 wie die eine Typologie des Verhaltens der Zeitgenossen Noahs (vgl.
etwa Gen 6,11-13; ferner Mt 24,37-39 par. Lk 17,26f.), die auch in 3,20 trotz der
knappen Formulierung zumindest im Motiv des Ungehorsams anklingt; vgl. A.
Strobel, Leiden S. 421; M. Bockmühl, The Noachide Commandments passim, der
die Bedeutung der noachitischen Gebote in ihrer Vermitlung durch frühjüdische
Traditionen für neutestamentliche Traditonen herausarbeitet und u.a. 1Petr 4,3
benennt (a.a.O. S. 190), leider ohne dies weiter auszuführen; vgl. dazu ferner K.
Müller, Tora für die Völker passim, der auf den Lasterkatalog in 1Petr 4,3 jedoch
nur hinweist (a.a.O. S. 178 Anm. 224). Von daher legt es sich auch nahe, 4,6 auf
3,19 zu beziehen, ein Sachverhalt, der des öfteren bestritten wird, ohne daß die
Zweifel wirklich einsichtig wären und oft literarkritische Urteile zur Voraussetzung
haben, vgl. R. Knopf, Briefe S. 152f.; W. Bieder, Vorstellung S. 120-128, bes. S.
127; E. Best, Peter S. 144f.; M. Gourgues, À la Droite de Dieu S. 75, Anm. 1; bes. E.
G. Selwyn, Peter S. 313-362; S. E. Johnson, Preaching S. 50f.; E. Schweizer, Petrusbrief S. 78f.; ders., 1. Petrus 4,6 passim; K. H. Schelkle, Petrusbriefe S. 116; H.

7.3. Taufe und Wiedergeburt

Die Darstellung des Taufverständnisses in 1 Petr zeigt, daß gerade in diesem zentralen, das christliche Leben begründenden Geschehen zu Paulus selbst keine spezifischen Verbindungen festzustellen sind. Die paulinische Taufauffassung darzustellen, ist hier in extenso nicht möglich, aber auch nicht notwendig. An keiner Stelle verbindet Paulus Taufe mit dem guten Gewissen oder bezeichnet sie gar als ein gegenwärtiges Rettungsgeschehen. Rettung hat für Paulus eschatologische Relevanz für das *noch ausstehende* Gericht Gottes.[82] Dem entspricht die überwiegend futurische Formulierung der Rettungsaussagen.[83] Taufe ist dabei der entscheidende

---

Frankemölle, Petrusbrief S. 62; O. Knoch, Petrusbrief S. 110f.; F. W. Horn, Petrusbrief S. 58. Zur Problematik vgl. G. R. Beasley-Murray, Taufe S. 335 Anm. 330 und S. 338f.; P. H. Davids, Peter S. 153-155; A. Reichert, Praeparatio S. 322-335, bes. S. 335, die die martyrologische Perspektive (4,1) geltend macht, unter der die Aussage von 3,19 in 4,6 neu interpretiert wird; vgl. ferner H. Giesen, Hoffnung S. 118f. W. J. Dalton, Interpretation passim, bes. S. 550ff., unterstreicht den Zusammenhang von 1 Petr 3,19 mit 4,6 durch die Parallele in 2 Petr 2,1-3,18, nimmt jedoch jeweils unterschiedliche Zielgruppen an: 3,19 – gefallene Engel (ohne Heilsansage); 4,6 – die Glaubenden (mit Heilszusage).

[82] Vgl. 2 Kor 5,9f.; 1 Kor 3,15; Röm 5,9f.; 14,10; s.o. S. 134ff.

[83] Vgl. neben den Anm. 82 genannten Stellen Röm 9,27 (Zitat Jes 10,22); 10,9.13 (Zitat Joel 3,5); 11,14.26; 1 Kor 5,5; 10,33; die präsentischen Formulierungen in 1 Kor 1,18; 15,2 sind wohl von daher zu interpretieren. Daß die Rettung nach paulinischer Vorstellung ein zukünftiges Geschehen ist, wird auch durch die Verknüpfung des Taufgeschehens mit der Geistgabe deutlich. Nach 2 Kor 1,22; 5,5 (vgl. Eph 1,14) ist der Geist das Angeld, das Pfand, das die eschatologische Rettung verbürgt, eine Auffassung, die in der deuteropaulinischen Tradition aufgenommen ist, vgl. F. W. Horn, Angeld S. 389ff. In diesem Zusammenhang ist wohl auch die bei Paulus singuläre Aoristform ἐσώθημεν in Röm 8,24 zu verstehen, da der Geist nach 8,23 als „Vorausgabe" (U. Wilckens, Römer II S. 157) der Rettung die sich eschatologisch erfüllende Hoffnung nährt, vgl. F. W. Horn, a.a.O. S. 393f. „Der Aorist ἐσώθημεν bezieht sich auf das Christusgeschehen. Die Rettung wird durch die Verkündigung (vgl. 1,16; 1 Kor 1,18.21) zugesprochen und in der Taufe erfahren (vgl. 10,10; Eph 2,51 [sic, wohl 2,5f.]; 1 Petr 3,21), und zwar als endzeitlich-wirkliche Rettung, von der als solche darum im Futurum zu reden ist (vgl. 5,9f; 13,11). Die prägnante Formulierung in 8,24 ist darum der Sache nach kein Widerspruch, wohl aber ein Ausdruck jener Paradoxie des Christseins, von der oben die Rede war" (U. Wilckens, a.a.O. S. 158 Anm. 695). 1 Petr 3,21 in diesem Zusammenhang zu zitieren, läßt sowohl die grammatischen als auch die inhaltli-

Akt der Anteilgabe an der Heilswirkung des Todes Jesu (Röm
6,3f.; 1Kor 1,13), wodurch die *eschatologische* Rettung ermöglicht
wird, weil sich in der Taufe nach Paulus die Vergebung der Sünden und somit die Rechtfertigung ereignet (vgl. bes. Röm 5,9f.;
1Kor 1,30; 6,11).[84] Den bei Paulus und in anderen neutestamentlichen Schriften mit der Taufe verbundenen Terminus (ἀπο-)λούειν[85]
verwendet 1Petr nicht, auf Grund der negativen Formulierung in
3,21a soll eine solche Metaphorik wahrscheinlich bewußt vermieden werden.[86]

Die Verbindung zwischen der Taufvorstellung des 1Petr und
der paulinischen Tradition ist nur dann möglich, wenn man Taufe
und Wiedergeburt in 1Petr als ein Geschehen betrachtet.[87] Diese

---

chen Differenzen unbeachtet. Die 'Prägnanz der Formulierung' in Röm 8,24 und
ihre Singularität könnten auf eine Tradition hindeuten, die Paulus aufgenommen
und in seiner Intention durch den modal zu verstehenden Dativ τῇ ἐλπίδι (vgl. E.
Käsemann, Römer S. 230; U. Wilckens, Römer II S. 158 Anm. 696) akzentuiert: In
der Weise der Hoffnung, die durch die Geistgabe möglich wird, ist die Rettung
verbürgt, vgl. H. Paulsen, Überlieferung S. 121f.; anders P. von der Osten-Sacken,
Römer 8 S. 94: „terminologisch und inhaltlich paulinisch".

[84] Vgl. F. W. Horn, Angeld S. 142-146. – Zu Röm 6 vgl. z.B. H. Frankemölle,
Taufverständis passim, bes. S. 38-60.

[85] Vgl. 1Kor 6,11; Apg 22,16; Hebr 10,22; ferner Joh 13,10.

[86] S.o. S. 201ff. – Abwegig ist m.E. die Interpretation, die F.-R. Prostmeier,
Handlungsmodelle S. 55, für 1Petr 4,1 auf dem Hintergrund von Röm 6,6-23 bietet: παθεῖν σαρκί meine „das Gestorbensein in der Taufe". Weder 1Petr 2,2 noch
3,21 – auf die Prostmeier verweist – legen ein solches Verständnis nahe.

[87] So z.B. H. Windisch/H. Preisker, Briefe S. 59; J. Stelzenberger, Syneidesis S.
67; C.-H. Hunzinger, Struktur S. 145; W. Bieder, Grund S. 24ff.; K. H. Schelkle,
Petrusbriefe S. 30.55; J. H. Elliott, Elect S. 207; G. R. Beasley-Murray, Taufe S.
336; F. Schröger, Gemeinde S. 37f.; N. Brox, Petrusbrief S. 60ff.; P. Dschulnigg,
Theologie S. 320f.; H. Frankemölle, Petrusbrief S. 40; O. Knoch, Petrusbrief S.
42.56 u.a. U. Wilckens, Römer II S. 47, sieht in 1Petr 1,3ff. „zweifellos nicht einen
Nachklang paulinischer Theologie, sondern eine traditionsgeschichtlich dieser
vorausliegende Urgestalt von Tauftheologie ..., aus der Paulus offenbar seine Konzeption der σύν-Aussage entwickelt hat". Freilich läßt sich m.E. keine der in diesem
Satz enthaltenen Vermutungen wahrscheinlich machen, weder, daß 1Petr 1,3ff.
*Tauf*theologie ist, noch, daß eine hymnische Tradition verarbeitet ist, die auch Paulus bekannt gewesen sei; vgl. N. Brox, Petrusbrief S. 60. Dagegen spricht vor allem, wie Paulus ein ähnliches Motiv entfaltet: In 1Kor 4,14f. spricht er von den
Glaubenden als „seinen Kindern", die *er* in Christus Jesus durch das Evangelium

Identifizierung führt dazu, 1Petr in die Nähe der deuteropaulinischen Vorstellung von Tit 3,5 zu stellen, wo deutlich Taufe als
Wiedergeburt (παλιγγενεσία)[88] beschrieben wird und ebenfalls das
Wort σῴζειν begegnet.[89] Das Motiv findet sich ferner – in wiederum veränderter Terminologie (γεννᾶσθαι ἄνωθεν) – in johanne-

---

gezeugt hat (ἐγέννησα); vgl. in diesem Sinne auch Phlm 10; ferner 1Thess 2,11;
Phil 2,22; 2Kor 6,13; 12,14). Hier geht es nicht um die *Wieder*geburt durch Gott,
sondern Subjekt des Vorganges ist der Apostel, dessen 'geistliche Vaterschaft' dadurch begründet wird, vgl. H. Conzelmann, Korintherbrief S. 118; W. Schrage,
Korinther I S. 354-357; C. Wolff, Erster Korintherbrief S. 93f.; H. Binder, Philemon S. 54f.; J. Gnilka, Philemonbrief S. 43-45; P. Stuhlmacher, Philemon S. 38. –
K. C. P. Kosala, Taufverständnis passim, bes. S. 15-49, hat dagegen den Zusammenhang von Taufe und Wiedergeburt in 1Petr zur grundlegenden Deutevoraus-
setzung erhoben: „U. E. ist der ganze Brief nur von der Tauftheologie des Vf. her
zu verstehen, wenngleich er den Begriff 'Taufe' nur einmal verwendet und ihn im
übrigen umschreibt" (a.a.O. S. 16). Es wird nicht dargelegt, worin diese Identifizierung von Taufe und Wiedergeburt begründet ist, sondern sie wird a priori
Ausgangspunkt der Interpretation aller Texte und Vorstellungen in 1Petr (vgl.
a.a.O. S. 20). – Die Identifizierung war auch Voraussetzung für die formkritische
Beurteilung des 1Petr als Taufrede o.ä., was hier nicht zu erörtern ist; vgl. dazu
den instruktiven Überblick bei F.-R. Prostmeier, Handlungsmodelle S. 104f.
[88] Um die Darstellung zu vereinfachen wird das Wort Wiedergeburt auch im
Blick auf 1Petr verwendet, wissend, daß der Brief kein Nomen verwendet (wie Tit
3,5), sondern den Vorgang verbal beschreibt (daher eher: „das Wiedergeboren-
sein").
[89] Vgl. H. Windisch/H. Preisker, Briefe S. 59; H. Merkel, Pastoralbriefe S. 102f.
– M.-É. Boismard, Liturgie Baptismale S. 182-208, hat 1Petr 1,3-12 im Vergleich
mit Tit 3,5-7, 1Joh 3,1-9 und Kol 3,1-4 als Taufhymnus interpretiert. Auch dieses
Verständnis geht von der Identität von Taufe und Wiedergeburt aus, vgl. auch
den Ansatz von O. S. Brooks, Structure S. 294ff., der die Interpretation Boismards
weiterführt: Durch die zentrale Stellung von 1Petr 3,21 im Brief manifestiere sich
das Interesse des Verfassers an der Taufe, welches die Gestaltung des ganzen Briefes bestimme (a.a.O. S. 295); vgl. dazu z.B. P. H. Davids, Peter S. 143 Anm. 46.
Ähnlich wie Brooks argumentiert C.-H. Hunzinger, Struktur S. 145: 1Petr 3,21 sei
„... ein besonders eindrücklicher Beleg für das besondere Interesse an der Taufe,
das den 1. Petrusbrief von 1,3 bis 4,11 durchzieht ... und das m. E. nur durch die
alte These, hier sei eine Tauf-Homilie aufgenommen und ab 4,12 aktualisiert, angemessen gewürdigt wird". Immerhin wird hierbei die Einheitlichkeit der Konzeption des 1Petr vorausgesetzt. – Innerhalb des Taufkontextes interpretiert D.
Hill, Suffering passim, das Leidensverständnis des 1Petr und spricht a.a.O. S. 189
von einem „baptismal tone of the letter".

ischer Tradition.[90] Paulus gebraucht es *in diesem Sinne* nicht[91], sondern erst der Titusbrief spricht davon und verbindet in Fortführung paulinischer Tradition diese nichtpaulinische Vorstellung mit
der Taufe.[92]

Gilt dies aber in dieser Weise auch für den ersten Petrusbrief?[93] Bereits ein erster Blick auf die Belege spricht gegen diese
Annahme: Wo in 1Petr von Wiedergeburt die Rede ist (1,3.23;
2,2), begegnet keine Taufterminologie und umgekehrt.[94]

Gleich zu Beginn des Briefes wird die Aussage über die Wiedergeburt in 1Petr 1,3 an pointierter Stelle hervorgehoben. Die
Wiedergeburt der Glaubenden ist Anlaß zum Lob Gottes, der als
Urheber des Geschehens gepriesen wird. Mit dem Aoristpartizip
ἀναγεννήσας wird auf ein vergangenes, einmaliges Ereignis Bezug
genommen, durch das den Wiedergeborenen eine neue Hoffnungsperspektive eröffnet wird. εἰς ἐλπίδα ζῶσαν bezeichnet das
Ziel der Wiedergeburt, das bereits jetzt im Leben der Glaubenden
wirksam ist (vgl. 3,15), das aber in der Erlangung des himmlischen
Erbes auf die Zukunft hin ausgerichtet ist (1,4).

Eine Verbindung mit der Taufaussage in 3,21 könnte durch
die Wendung δι᾽ ἀναστάσεως Ἰησοῦ Χριστοῦ naheliegend erscheinen, die jeweils der Aussage nachgestellt ist. Die Nachstellung ist
jedoch gleichzeitig das Problematische, erweckt sie doch den Eindruck eines unspezifischen, eher formelhaften Gebrauchs, der für
die Bestimmung des Verhältnisses von Taufe und Wiedergeburt
kaum geeignet ist, zumal der jeweilige Bezugspunkt nicht eindeu-

---

90 Joh 1,13; 3,3.5.7; 1Joh 2,29; 3,9; 4,7; 5,1.4.18; vgl. R. H. Gundry, Verba
Christi S. 338f. – Zu den terminologischen Unterschieden s.u. S. 224. Zum traditionellen Hintergrund vgl. O. Michel/O. Betz, Von Gott gezeugt passim.

91 S.o. S. 216f. Anm. 87.

92 Zu Tit 3,5 s.u. S. 223ff.

93 L. Goppelt, Petrusbrief S. 95, schließt von Tit 3,5 und Joh 3,5 auf das Verständnis in 1Petr 1,3 und kommt allein dadurch (!) zu der Aussage, daß Berufung
(1Petr 5,10) und Wiedergeburt (1,3) „grundlegend in der Taufe" geschehen. Hierbei wird ein traditionsgeschichtlicher Zusammenhang bereits vorausgesetzt, der
erst zu erweisen wäre.

94 Ähnlich bereits F. Büchsel, Art. γεννάω S. 673: „Davon, daß die Wiedergeburt in einem Kultakt oder gar durch ein magisch wirksames Sakrament erfolgt
sei, ist keine Rede."

tig bestimmt werden kann.[95] Für 3,21 wird zumeist angenommen, daß δι' ἀναστάσεως Ἰησοῦ Χριστοῦ sich auf die Rettung bezieht[96], in 1,3 auf die Wiedergeburt[97]. Problematisch bleibt jedoch, was damit ausgesagt werden soll: „die Taufe rettet euch ... durch die Auferstehung Jesu" bzw. „der uns wiedergeboren hat ... durch die Auferstehung Jesu".[98] Näher liegt, die „angehängte" Wendung jeweils im Zusammenhang der Aussage zu verstehen, der sie nachgestellt ist; in 1,3 als Grund bzw. Anlaß[99] nicht für die Wiedergeburt, sondern für die Hoffnung (vgl. das Attribut ζῶσαν); in 3,21 nicht für den Rettungsvorgang, sondern für die an Gott gerichtete Bitte. Damit werden die Aussagen klarer und lassen sich folgendermaßen paraphrasieren: 'Gott hat uns nach seinem reichen Erbarmen wiedergeboren zu einer Hoffnung, die auf Grund der Auferste-

---

95 Vgl. N. Brox, Petrusbrief S. 179 (zu 3,21): „Der Hinweis auf Christi Auferstehung 'klappt nach', *ohne eine exakte Sinnverbindung zu erfahren*" (Hervorh. v. mir).

96 Beim Bezug des Ausdruckes in 3,21 ist Brox auf Vermutungen angewiesen: „am besten läßt er sich auf das 'Retten' beziehen" (a.a.O.); vgl. L. Goppelt, Petrusbrief S. 260. Die inhaltliche Bestimmung dieser Verstehensweise wird nicht ausgeführt.

97 F. Büchsel, Art. γεννάω S. 672; anders jedoch dann S. 673: „Die Wiedergeburt besteht im Grunde darin, daß man hoffen darf um der Auferstehung Jesu willen"; vgl. ferner L. Goppelt, Petrusbrief S. 96; N. Brox, Petrusbrief S. 61.

98 Vgl. die unsichere Umschreibung des Sinnes dieser Aussagen bei N. Brox, Petrusbrief S. 61 (zu 1,3): „Überschneidung infolge der verkürzten Formelsprache"; S. 179 (zu 3,21): „Man kann die Entstehung des Textes in dieser Form nicht mehr durchschauen ..." L. Goppelt, Petrusbrief S. 95, kann sogar schreiben (zu 1,3): „Wiedergeburt wie Hoffnung ist begründet und bewirkt durch die Auferstehung Jesu Christi von den Toten." Der Unterschied zwischen „begründen" und „bewirken" sollte jedoch nicht übersehen werden; beides ist nicht identisch. Von daher wird der Sinn der Aussage Goppelts zu 1,3 unklar, ebenso wie die zusammenfassende Deutung von 3,21: „Die Taufe ... 'rettet', versetzt in die Existenz, die der Täufling erbittet, 'durch die Auferstehung Jesus Christi' – auch weil durch diese Jesu Erhöhung zum endzeitlichen Herrn des Alls eingeleitet wird" (a.a.O. S. 260). Damit ist weder dem Gerichtshintergrund des Rettungsmotives noch dem Problem der Gegenwärtigkeit des Geschehens Rechnung getragen.

99 διά mit Genitiv der Veranlassung vgl. W. Bauer/K. u. B. Aland, Wörterbuch Sp. 361 s.v. διά IIIe und Sp. 362 s.v. IV. Bei den oben (Anm. 98) genannten Deutungen entsteht der Eindruck, daß διά instrumental als Angabe des *Mittels* verstanden wird, durch das der Vorgang verwirklicht wird.

hung Jesu Christi von den Toten[100] die Perspektive des Lebens begründet' (1,3); bzw.: 'Die Taufe rettet euch jetzt ... als die an Gott
gerichtete Bitte um ein gutes Gewissen, die auf Grund der Auferstehung Jesu Christi möglich ist' (3,21).

Für die Differenzierung von Wiedergeburt und Taufe in 1Petr
sprechen weitere Beobachtungen. Neben dem erwähnten zeitlichen Unterschied zwischen ἀναγεννήσας (Partizip *Aorist*) in 1,3 und
σῴζει (Indikativ *Präsens*) in 3,21 ist auf 1,23 hinzuweisen, wo die
Aussage der Wiedergeburt mittels eines Partizips Passiv *Perfekt*
(ἀναγεγεννημένοι) formuliert wird: Die Glaubenden werden zur
Heiligung ihrer Seelen und zur gegenseitigen Liebe aufgefordert
als solche, die (von Gott) wiedergeboren *wurden* und es nun *sind*.
Erst in diesem Kontext wird deutlich auf das *Mittel* der Wiedergeburt eingegangen: Wiedergeburt geschieht aus (ἐκ) unvergäng-
lichem Samen durch (διά) das lebendige und bleibende *Wort Gottes*.[101] An dieser Stelle wird die Bedeutung von διά durch das vor-
anstehende ἐκ bestimmt. Aus dem Samen des Wortes Gottes heraus
wachsen die Wiedergeborenen. Die ursprüngliche Bedeutung von
γεννάω = zeugen klingt in dieser Umschreibung an. Bemerkenswert ist, daß das Wort Gottes in 1,25b mit der Verkündigung des
Evangeliums präzisiert wird (τὸ ῥῆμα τὸ εὐαγγελισθὲν εἰς ὑμᾶς). Wiedergeburt erfolgt also im Vorgang der Verkündigung bzw. durch
das in der Verkündigung gehörte Wort Gottes.[102] Als Subjekt der

---

100 Die Ergänzung ἐκ νεκρῶν, die in 3,21 fehlt, korrespondiert in 1,3 sinnvoll
mit ζῶσαν.

101 Zum Problem des grammatischen Bezuges vgl. E. A. la Verdière, Ambiguity
passim, bes. S. 92.

102 Zum Wortlaut des Septuagintazitates in 1Petr 1,24-25a vgl. M. Scharlemann, Kuriou passim, der die Veränderung der Wendung ῥῆμα θεοῦ (Jes 40,8) in
ῥῆμα κυρίου durch den Taufkontext veranlaßt sieht und daher als „*thing* about the
Lord" (a.a.O. S. 356, Hervorh. v. mir) im Sinne eines Taufbekenntnisses versteht
(a.a.O. S. 354). Als Begründung dafür dient die Interpretation des 1Petr als Taufrede (a.a.O. S. 355). Diese Deutung von ῥῆμα widerspricht jedoch dem Belegcha-
rakter des Zitates für die Aussage von V. 23 (διὰ λόγου ...). Das ist auch gegen die
nicht differenzierende Darstellung von K. C. P. Kosala, Taufverständnis S. 179f.,
einzuwenden.

Wiedergeburt ist auch hier Gott vorauszusetzen.[103] Zu beachten ist ferner, daß dem Aorist ἀναγεννήσας bzw. dem Perfekt ἀναγεγεννημένοι das Partizip Aorist εὐαγγελισθέν entspricht und die Wiedergeburt dadurch auf die gleiche zeitliche Ebene gestellt wird wie die (Erst-?)Verkündigung des Evangeliums.[104] Die Frage des Gewissens spielt in diesem Zusammenhang (noch) keine Rolle, sondern wird erst bedeutsam im Vollzug des mit der Wiedergeburt beginnenden (Leidens-)Weges der Glaubenden, auf dem die Taufe die 'Station' ist, an dem sich die Bitte der Wiedergeborenen an Gott richtet, um von ihm die Bewahrung und Bewährung im Leiden und die Rettung durch dieses Gericht hindurch zu erwarten.

Der Differenzierung von Wiedergeburt und Taufe entspricht die jeweils unterschiedliche Konsequenz: Die Wiedergeborenen werden zum Ablegen alles Bösen aufgefordert (ἀποθέμενοι οὖν ..., 2,1), während in 3,21 herausgestellt wird, daß dies nicht von der Taufe gilt (οὐ ἀπόθεσις).[105] Aus diesem Grunde kann die „Milch" in 2,2 auch nicht die Heilsbotschaft im Sinne von 1,25 meinen.[106] Durch die Zwischenschaltung des Lasterkataloges in 2,1 wird deutlich, daß die Milch als Nahrung der gerade Geborenen (ἀρτιγέννητα βρέφη) nicht die die Wiedergeburt bewirkende Verkündigung, sondern die mahnende Unterweisung in den Anfangsgründen des Lebens in der neuen Hoffnung meint, die eine bekannte „traditio-

---

103 Die Vorstellung von der Wiedergeburt durch das verkündigte Wort Gottes stimmt der Struktur nach mit der oben (S. 216f. Anm. 87) beschriebenen Vorstellung bei Paulus überein, wird aber wiederum inhaltlich anders entfaltet; vgl. M.-A. Chevallier, Structure S. 139f.

104 Die Formulierung von L. Goppelt, Petrusbrief S. 133: „Wort in diesem Sinne ist, wie V. 25b erklärt, was der Gemeinde als Evangelium verkündigt wurde *und wird*" (Hervorh. v. mir), hat keinen Anhalt an der Formulierung des Textes.

105 S.o. S. 201ff.

106 So L. Goppelt, Petrusbrief S. 134.136; ähnlich D. G. McCartney, λογικός S. 132, der unter Hinweis auf 1,23 (διὰ λόγου) meint, daß die Bedeutung in 2,2 mit dem Wort Gottes zu tun haben muß (vgl. auch N. Brox, Petrusbrief S. 92), und daher die Übersetzung: „pure milk of the Word" vorschlägt, wobei freilich auch der Aspekt des Wachstums impliziert sei; ähnlich bereits A. Schlatter, Petrus und Paulus S. 90f.

nelle Metapher"[107] war (vgl. Hebr 5,13; ähnlich 1Kor 3,1f.), deren
Intention 1Petr auf der Bildebene zwar beibehält, auf der Sachebene jedoch in eigener Weise gestaltet.[108] In diese Richtung weist
auch der schwierige Vers 1Petr 2,3: Das „Schmecken des Herrn"
wäre danach die Glaubenweckende missionarische Erstverkündi-
gung des Evangeliums, auf die bereits zurückgeblickt wird (ἐγεύσα-
σθε – *Aorist!*) und die zur Folge hat, daß die zum Glauben Gekommenen (ingressiver Aspekt des Aorist) nach der ihnen entsprechenden und das (geistliche) Wachstum fördernden Speise verlan-
gen.

Zusammenfassend ergibt sich aus den Beobachtungen, daß die
Vorstellungen von Wiedergeburt und Taufe in 1Petr zu differenzieren sind. Beides ist nach 1Petr nicht als ein und dasselbe Geschehen verstanden, sondern Wiedergeburt als das Erwecken des
Glaubens bzw. der lebendigen Hoffnung durch die Verkündigung
des Evangeliums geht der Taufe voraus. Wiedergeburt versetzt das
Leben in die Perspektive der neuen Hoffnung, die durch die Auferstehung Jesu begründet wird und deren Ziel das himmlische Erbe der Herrlichkeit ist. Daß trotz der problematischen Lebenssituation dieses Ziel erreicht wird, dafür ist die Taufe der entscheidende Akt, der die Glaubenden durch die als Gericht Gottes verstandene Leidenssituation hindurchrettet, indem er als Bitte um das
gute Gewissen beschrieben wird, das die Glaubenden begleitet und
die in der Wiedergeburt erlangte Hoffnung bewahren soll. Aus
diesem Grund haben die Bitte wie die Hoffnung ihre Legitimation
in der Auferstehung Jesu. Auf diesem Hintergrund ist der 1Petr
insgesamt folgerichtig gegliedert: Ausgangspunkt ist die Wiedergeburt, die die neue Perspektive eröffnet (Kap. 1) und die zur Veränderung des Lebens führt (Kap. 2 - 3,17), innerhalb dessen die
Bedeutung des guten Gewissens sichtbar wird (2,19; 3,16), das im

---

107 L. Goppelt, Petrusbrief S. 134; zum traditionellen Hintergrund vgl. J.
Francis, Image S. 112-116.
108 Vgl. die unterschiedliche Akzentsetzung im Vergleich zu Paulus in 1Kor
3,1, in dessen Nähe auch Hebr 5,13 steht; vgl. A. Schlatter, Petrus und Paulus S.
91; J. Francis, Image S. 113.115f.

Taufgeschehen seine theologische und christologische Begründung erfährt (3,21). Diese Verortung der Bitte um das gute Gewissen führt schließlich zu einem vertieften Verständnis der Lebenssituation: Die mit einem guten Gewissen leiden, tun es als Christen (4,16), d.h. als solche, die nach dem Namen dessen benannt sind, dem alle (anfeindenden) Mächte unterworfen wurden (3,22).

7.4. Wiedergeburt und Taufe nach Tit 3,5 und Hebr 10,22

Ausgehend von dem für 1Petr erhobenen Befund hinsichtlich des Verhältnisses von Taufe und Wiedergeburt sind abschließend Tit 3,5 und Hebr 10,22 in den Blick zu nehmen.

Tit 3,5 steht der Taufaussage von 1Petr 3,21 insofern nahe, als dort Taufe ebenfalls mit dem Motiv der Rettung verbunden wird: κατὰ τὸ αὐτοῦ ἔλεος ἔσωσεν ἡμᾶς διὰ λουτροῦ παλιγγενεσίας καὶ ἀνακαινώσεως πνεύματος ἁγίου. Vorausgeschickt sei, daß dieser Text singulär und daher keinesfalls repräsentativ für nachpaulinische Tradition ist und im Kontext eines Komplexes steht, der wahrscheinlich schon als geformte Tradition in Tit aufgenommen wurde.[109] Abgesehen davon spricht vor allem die Verbindung von Taufe und Wiedergeburt gegen einen traditionsgeschichtlichen Zusammenhang mit 1Petr. Auch die Terminologie ist verschieden: 1Petr vermeidet, wie wir sahen, das Wortfeld waschen/reinigen ausdrücklich und hebt sich damit auch von Eph 5,26 ab. Die Aussagen über die *rettende* Wirkung der Taufe ist in Tit 3,5 im Aorist als ein einmaliges, vergangenes Geschehen formuliert und nicht in Präsensform wie 1Petr 3,21.[110] Das Motiv der Wiedergeburt wird

---

109 Vgl. besonders die nachstehende Wendung in 3,8: πιστὸς ὁ λόγος (vgl. 1Tim 1,15); s. N. Brox, Pastoralbriefe S. 310, dazu den Exkurs zu 1Tim 1,15 a.a.O. S. 112-114, bes. S. 112: „Die Formel 'zuverlässig ist das Wort' meint nämlich jeweils ein geprägtes, überkommenes Wort kirchlicher Verkündigung ..."

110 Die Formulierung der Rettungsaussagen in der Vergangenheitsform entspricht deuteropaulinischer Tendenz, die sich dadurch auch von Paulus selbst unterscheidet; vgl. Eph 2,5.8 (χάριτί ἐστε σεσῳσμένοι); 2Tim 1,9 (τοῦ σώσαντος ἡμᾶς); Tit 3,5. Die futurischen und darin Paulus eher entsprechenden Aussagen in 1Tim 2,15; 4,16 sind theologisch im Sinne des Paulus schwierig zu füllen: 1Tim 2,15 we-

in 1Petr verbal entfaltet gegenüber der Verwendung eines nomen abstractionis in Tit 3,5; ferner wird die Aussage in 1Petr 1,3 mit der Vorsilbe ἀνα gcbildct, in Tit 3,5 mil παλιν-.

Darin unterscheidet sich 1Petr auch von der johanneischen Tradition, die konsequent einfaches γεννᾶσθαι bevorzugt und nach Joh 3,5 – ähnlich wie Tit 3,5 – Taufe und Wiedergeburt kombiniert.[111] Das Kommen der neuen Geburt „von oben" (ἄνωθεν) bzw. von Gott verbindet johanneische Tradition mit der Vorstellung, wie sie in Jak 1,17f. entfaltet ist, hier freilich erneut in anderer Terminologie und unter Einbeziehung der Motivik der neuen Schöpfung, aber ohne deutlichen Bezug zur Taufe! Dieser sowohl in terminologischer Hinsicht wie auch im Blick auf die Verknüpfung der Motive vielschichtige Befund läßt die Vermutung wahrscheinlich werden, daß das Suchen nach einer traditionsgeschichtlichen Linie nicht sinnvoll ist, sondern daß vielmehr verschiedene Motive zur Beschreibung des neuen Seins der Glaubenden existierten, die weder terminologisch noch in ihren Verknüpfungen festgelegt waren, so daß jeder neutestamentliche Autor in seiner eigenen Intention darauf zurückgreifen konnte. Allein das Fehlen des Motives „*Wieder*geburt durch Gott" bei Paulus läßt vermuten, daß es erst später hinzukam bzw. (wie 1Petr/Joh/Jak zeigen) aus einer nicht auf Paulus zurückzuführenden Schicht ihren (singulären) Eingang in Tit 3,5 gefunden hat. Indiz dafür ist auch die Verwendung des Nomens παλιγγενεσία gleichsam als terminus technicus (vgl. den andersartigen, eschatologischen Gebrauch in Mt 19,28).

Hinzu kommt der häufig nicht beachtete Sachverhalt, daß παλιγγε-νεσία nicht vom Wortstamm γενν- abgeleitet ist und daher ursprünglich auch nicht im Sinne von ἀναγεννᾶν zu verstehen ist, sondern auf Grund des enthaltenen Wortes γένεσις (bzw. γενεσία) zunächst „Wiederentstehung" bedeutet.[112] Darin erweist es sich als Fortsetzung einer paulinischen Vorstellung, nach der das Sein der Glaubenden in Christus, das in der Taufe gründet, als „neue *Schöpfung*" verstanden wird (2Kor 5,17).[113] Die Übersetzung „Wiedergeburt" steht somit unter dem Verdacht, aus anderen neutestamentlichen Traditionen in Tit 3,5 eingetragen zu sein. Die par-

---

gen des wahrscheinlichen Bezuges zur Urgeschichte (Gen 3,16f., vgl. J. Roloff, Timotheus S. 139-142, der dies als Annäherung an jüdische Interpretationen der Genesisstelle versteht); 1Tim 4,16 wegen der „Selbstrettungsaussage" (dazu J. Roloff, a.a.O. S. 261); vgl. ferner 2Tim 4,18.

[111] Belege s.o. S. 218 Anm. 90.

[112] F. Büchsel, Art. γεννάω S. 685.

[113] Vgl. auch Eph 2,10 und 4,22 mit 5,26. In Mt 19,28 ist παλιγγενεσία ein eschatologischer Vorgang (s. dazu die Parallele Lk 22,30; vgl. F. Büchsel, a.a.O. S. 687; F. W. Burnett, Παλιγγενεσία passim, bes. S. 64f.); vgl. auch oben S. 93f.

allele Wendung ἀνακαίνωσις πνεύματος ἁγίου jedenfalls definiert das Geschehen der παλιγγενεσία in anderer und eher der paulinischen Tradition entsprechenden Weise, ohne das Bild vom Geborenwerden zu benötigen.

Eine auf dem Stichwort συνείδησις und dessen Verknüpfung mit der Taufe beruhende Assoziation läßt schließlich Hebr 10,22 anklingen. Doch geht die Verbindung auch hier kaum über die assoziative Ebene hinaus, insofern die Taufe in ihrer inneren und äußeren Wirkung beschrieben wird und vom *bösen* Gewissen (συνείδησις πονηρά) die Rede ist, von dem die Glaubenden durch die „Besprengung" mit dem Blut Christi gereinigt und von Sünden befreit werden (vgl. 9,22; 12,24), was ihnen den Zugang zu Gott eröffnet.[114] Das Verständnis der Taufe als „Waschen des Körpers mit reinem Wasser" ist – auch wenn man es in einem übertragenen bzw. die Blutbesprengung assoziierenden Sinne versteht[115] – 1Petr fremd. Auch die Sündenvergebung kommt in diesem Zusammenhang im 1Petr nicht ausdrücklich zur Sprache, sondern ist implizit in der Bestreitung des Zusammenhanges mit dem äußeren Taufritus enthalten.[116]

7.5. Zusammenfassung

Die Untersuchung der Taufaussage in 1Petr und die Bestimmung des Verhältnisses von Taufe und Wiedergeburt hat gezeigt, daß 1Petr eine sehr spezifische Auffassung vertritt[117], die am wahrscheinlichsten und angemessensten als eigenständige Entfaltung bekannter urchristlicher Motive (Wiedergeburt durch Gott mittels des Wortes; Wachstum der Glaubenden als neugeborene Kinder; Gewissen; Taufe als rettendes Geschehen; Rettung Noahs als Typos) zu verstehen ist, ohne daß ein traditionsgeschichtlicher Zu-

---

114 Vgl. O. Michel, Hebräer S. 346f.; H. Hegermann, Hebräer S. 207f.; H.-F. Weiß, Hebräer S. 528-530; G. R. Beasley-Murray, Taufe S. 324-328.

115 G. R. Beasley-Murray, Taufe S. 326f.

116 S.o. S. 203f.; anders z.B. G. Delling, Existenz S. 108f.

117 Vgl. K. C. P. Kosala, Taufverständnis S. 44.

sammenhang oder eine spezifische „Nähe"[118] zur paulinischen
bzw. deuteropaulinischen Tauftradition festgestellt werden kann,
wie es zu erwarten wäre, stünde 1Petr bewußt in einer Entwicklungslinie, die von Paulus zu seinen Nachfolgern führt. Die Abweichung davon in der Art und Weise, wie sie in 1Petr anzutreffen ist,
wäre nicht erklärbar, zumal bei einem derart zentralen Thema.

118 Vgl. G. R. Beasley-Murray, Taufe S. 343.

8. Christliche Freiheit und weltliche Herrschaft

Von besonderer Bedeutung für die These eines Verwandtschaftsverhältnisses zwischen 1 Petr und der paulinischen Tradition ist die offenkundige Nähe der Ausführungen in 1 Petr 2,13-17 über das Verhalten der christlichen Gemeinde gegenüber weltlichen Herrschaftsinstanzen zu denen des Paulus in Röm 13,1-7.[1] Deuteropaulinisch sind 1 Tim 2,1-3 und Tit 3,1 zu vergleichen.

Die Art und Weise, wie das Verwandtschaftsverhältnis der Texte bestimmt wird, ist unterschiedlich. Im Allgemeinen geht man davon aus, daß 1 Petr 2,13-17 nicht unter dem direkten literarischen Einfluß von Röm 13 steht, sondern daß beide Texte (wie auch 1 Tim 2,1-3 und Tit 3,1) auf eine gemeinsame frühchristliche Tradition zurückgreifen, in der Richtlinien für das Verhalten der Christen gegenüber dem Staat gegeben wurden.[2] Das gilt in glei-

---

[1] Vgl. W. C. van Unnik, Teaching S. 91f.; E. Kamlah, „Haustafeln" S. 240f. mit Anm. 14; L. Goppelt, Petrusbrief S. 180; E. Lohse, Paränese S. 73f.; W. Schrage, Erster Petrusbrief S. 89; N. Brox, Petrusbrief S. 116; O. Knoch, Petrusbrief S. 74; U. Wilckens, Römer III S. 31; ders., Römer 13 S. 21ff.; A. Lindemann, Paulus S. 256. R. E. Brown, Rome S. 137f., sieht in 1 Petr 2,13ff. die Nachwirkung einer von Paulus beeinflußten römischen Tradition. – Bereits für J. D. Michaelis, Einleitung S. 1168ff., war die Parallele von 1 Petr 2,13f. mit Röm 13,1-5 der Hauptgrund für die Annahme, Petrus habe bei der Abfassung seines Briefes den Römerbrief gekannt.

[2] Vgl. H. Windisch/H. Preisker, Briefe S. 63; E. Kamlah, „Haustafeln" S. 241 Anm. 14. E. G. Selwyn, Peter S. 426-429, vermutete, daß 1 Petr 2,13-17 näher an der gemeinsamen Vorlage ist als Röm 13; gut zusammenfassend unter besonderer Berücksichtigung der Unterschiede H. Goldstein, Paränesen passim, bes. S. 92-102; ferner E. Lohse, Paränese S. 74; W. C. van Unnik, Parallel S. 108; J. N. D. Kelly, Peter S. 108; E. Best, Peter S. 33.112f.; E. Bammel, Commands passim; W. Schrage, Haustafeln S. 2f.; ders., Erster Petrusbrief S. 60; O. Knoch, Petrusbrief S. 74; P. H. Davids, Peter S. 98. N. Brox, Petrusbrief S. 116, vermutet „die Existenz einschlägiger Paränese-Formeln"; vgl. ausführlich L. Goppelt, Petrusbrief S. 180-182; U. Wilckens, Römer III S. 31 (zu 1 Petr 2,13-17 wie zu 1 Tim 2,1ff.; Tit 3,1): „Zugleich jedoch sind die Formulierungen im Detail auch so unterschiedlich, daß eine literarische Abhängigkeit dieser nachpaulinischen Stellen von Röm 13 sicher auszuschließen ist"; vgl. ausführlich ders., Römer 13 S. 205-216; ferner R.

cher Weise für die sogenannte „Haustafeltradition"[3], aus der einzelne Elemente in 1Petr 2,18-3,7 aufgenommen sind und die Parallelen in Kol 3,18 4,1 sowie Eph 5,22-6,9 hat.[4] Die Eigenständigkeit des 1Petr, die schon durch die Zusammenstellung von Haustafeltraditionen und Obrigkeitsparänese sowie die starke Verände-

Bergmeier, Loyalitätsparänese S. 345-353. – Einen direkten Einfluß vermuten W. Seufert, Abhängigkeitsverhältniss S. 368-370 (vgl. dagegen K. Shimada, Romans S. 119-121); R. Knopf, Briefe S. 104; A. Barnett, Paul S. 61f.; F. W. Beare, Peter S. 140 u.a. Ohne das Verhältnis der Texte genauer zu bestimmen, formuliert U. Schnelle, Einleitung S. 469: „Schließlich lassen sich zahlreiche Berührungen zwischen dem paränetischen Gut des 1Petr und der paulinischen Paränese aufzeigen, unter denen die großen Übereinstimmungen zwischen 1Petr 2,13-17 und Röm 13,1-7 herausragen." – Zur Analyse von Röm 13,1-7 vgl. J. Friedrich/W. Pöhlmann/P. Stuhlmacher, Situation passim.

[3] Zur Problematik dieser Terminologie im Blick auf 1Petr 2,11-3,7 vgl. M. Gielen, Haustafelethik S. 318; H. von Lips, Haustafel S. 260 Anm. 3.

[4] Zu den Haustafeln in Kol und Eph vgl. bes. M. Gielen, Haustafelethik S. 104-315, zu 1Petr 2,11-3,7 a.a.O. S. 316-545. Problematisch ist die von Gielen, a.a.O. S. 17, behauptete geographische Nähe von 1Petr und Kol/Eph auf Grund der Adressatenangabe in 1Petr 1,1 (dazu s.o. S. 35ff.), wodurch letztlich auch plausibel werde, daß der 1Petr „implizit ... paulinischer Tradition verpflichtet" sei (a.a.O. S. 23, vgl. auch a.a.O. S. 376 Anm. 176). Gielen spricht sogar von einer „selbstverständliche(n) Beheimatung in paulinischer Sprache und Theologie" (a.a.O. S. 22) und versucht zu zeigen, daß „sich der Verfasser ganz der urchristlich rezipierten HT[sc. Haustafel]-Tradition in der in Kol und Eph ausgeformten Weise verpflichtet weiß" (a.a.O. S. 375). Nicht deutlich wird, ob mit „urchristlich rezipierter Tradition" eben die von Kol/Eph gemeint ist, vgl. ebd.: „Vielmehr zeigt der Textbefund eine sehr genaue Kenntnis der HT-Tradition, *wie* sie in Kol und Eph begegnet" (Hervorh. v. mir). Die Frage einer literarischen Abhängigkeit wird ausdrücklich nicht behandelt (a.a.O. S. 376); vgl. demgegenüber K. Müller, Haustafelethik S. 269f., der konstatiert, daß von Kol/Eph „kein direkter Weg überlieferungsgeschichtlicher Filiation zu 1 Petr 2,13-3,7 (führt)", wobei bes. die klassische paarweise Anordnung der Haustafelelemente in Kol/Eph den entscheidenden Unterschied markiert. Vgl. dazu ferner L. Goppelt, Petrusbrief S. 163-179; P. Pokorný, Kolosser S. 149-152; A. Lindemann, Paulus S. 256; F.-R. Prostmeier, Handlungsmodelle passim; K.-H. Fleckenstein, Eheperikope S. 111-141; U. Wagener, Ordnung passim. D. L. Balch, Wives passim, skizziert das hellenistisch-pagane Umfeld; vgl. dazu U. Wagener, Ordnung S. 18ff.; ferner E. Schweizer, Weltlichkeit S. 399-412; K. Thraede, Hintergrund S. 362-368. – Zum Versuch von W. Munro, Authority S. 39-43, die Haustafeltraditionen in 1Petr als eine späte pro-römische Interpolation zu erweisen, die die christliche Gemeinde vom Judentum (am Anfang des 2. Jh. n. Chr.! – a.a.O. S. 150) unterscheiden sollte, vgl. J. H. L. Dijkman, 1 Peter passim, der gerade den jüdischen Hintergrund der verschiedenen Elemente hervorhebt.

rung des traditionell zweigliedrigen Haustafelschemas hervortritt[5], muß daher an dieser Stelle nicht ausführlich erwiesen werden.[6] Hervorgehoben sei lediglich die unterschiedliche Charakterisierung der staatlichen Instanzen: Nach Röm 13,1 haben sie ihre Macht von Gott erhalten, sie sind von Gott eingesetzt (ὑπὸ θεοῦ τεταγμέναι), und darauf beruht das Gebot der Unterordnung für jeden Menschen (πᾶσα ψυχή).[7] Dem entspricht auch 1Tim 2,1-3, wenn das Gebet für die Obrigkeit als gottgefällig bezeichnet wird (2,3); Tit 3,1 begründet das Gebot nicht mehr.[8] Im Unterschied zu Röm 13,1 spricht 1Petr 2,13 von πᾶσα ἀνθρωπίνη κτίσις, der sich die Glaubenden um des Herrn willen (διὰ τὸν κύριον) unterordnen sollen. Das Gebot ist hier also eher zeugnishaft motiviert (vgl. 2,12!) und nicht durch den göttlichen Charakter der weltlichen Herrschaft.[9] Wenn mit πᾶσα ἀνθρωπίνη κτίσις „jedermann" gemeint ist[10], so ist der Zeugnischarakter nochmals verstärkt. G. Delling versteht 2,13a nicht allein im Zusammenhang von 13-17, sondern als „Spitze der Mahnungen ..., die die zwischenmenschlichen Beziehungen überhaupt ordnen."[11] Allerdings hat bereits V. 12 diese Funktion. N. Brox jedoch liest κτίσις aus dem Zusammenhang mit 2,13b.14 trotz fehlender biblischer und außerbiblischer Belege im Sinne von „Institution": „Es kann nur die (von Menschen eingerichtete) Behörde, Institution, Instanz gemeint sein."[12] Immerhin wird das Wortfeld κτίζω/κτίσις/κτίσμα im hellenistischen

---

[5] R. Feldmeier, Fremde S. 158, weist ferner auf die unterschiedliche Stellung des Abschnittes hin: In Kol und Eph steht er am Ende, in 1Petr am Anfang des Hauptteils.

[6] Zum Ganzen vgl. z.B. E. G. Selwyn, Peter S. 406-439; H. Goldstein, Paränese S. 92-102; L. Goppelt, „Haustafel"-Traditionen S. 94-98; K. Thraede, Hintergrund passim; G. Strecker, Haustafeln S. 358f.; M. Gielen, Haustafelethik S. 393-396; F. Schröger, Gemeinde S. 144-156; F.-R. Prostmeier, Handlungsmodelle S. 143-149. 394-404, bes. S. 147f.; K. Shimada, Romans S. 119; ferner J. H. Elliott, Home S. 200-233, dessen Interpretation der οἶκος-Terminologie auf dem Hintergrund der Haushalt- bzw. Haustafeltraditionen nicht überzeugen; vgl. dazu M. Chin, Heavenly Home passim; R. Feldmeier, Fremde S. 203-210.

[7] Vgl. S. Légasse, Soumission S. 391f. C. F. Sleeper, Political Responsibility S. 275, hebt das Fehlen der Begriffe ἐξουσίαι und ἀρχόντες in 1Petr 2,13ff. besonders hervor.

[8] Vgl. G. Delling, Römer 13,1-7 S. 52f.

[9] Vgl. G. Delling, Römer 13,1-7 S. 56 Anm. 127: „Natürlich meint διὰ τὸν κύριον [in 1Petr 2,13] nicht, daß die staatlichen Instanzen von Christus eingesetzt sind ...; es kann etwa umschrieben werden: weil ihr Christen seid ..."; vgl. weiterhin S. Légasse, Soumission S. 391f.; R. Metzner, Rezeption S. 56.

[10] Vgl. J. Jeremias, Art. ἄνθρωπος, S. 367; W. Foerster, Art. κτίζω S. 1034; G. Delling, Art. τάσσω S. 46; W. Schrage, Erster Petrusbrief S. 90; C. Wolff, Christ und Welt Sp. 339; L. Goppelt, Petrusbrief S. 182f.; P. H. Davids, Peter S. 98f. u.a.

[11] G. Delling, Art. τάσσω S. 46.

[12] N. Brox, Petrusbrief S. 119; vgl. F. W. Beare, Peter S. 141; E. G. Selwyn Peter S. 172; O. Knoch, Petrusbrief S. 74. G. Delling, Römer 13,1-7, verwendet trotz der

Bereich für die Gründung einer Stadt verwendet; vgl. Homer, Ilias 20,216; Herodot I,168; Polybios, Hist IX,1,4; auch Sir 38,34 (κτίσμα αἰῶνος in Anwendung auf das Gemeinwesen), was der Grundbedeutung des Wortstammes entspricht.[13] Doch sind dies keine klaren Parallelen zu 1Petr 2,13, zumal in 4,19 zumindest von Gott als Schöpfer gesprochen wird, wobei hier freilich das Verhältnis der Glaubenden zu Gott im Blick ist.[14] Andererseits gibt es m.E. ebenfalls keine eindeutigen Belege für die Bedeutung „jedermann", die nur von der verbreiteten Verwendung des Begriffes κτίσις als Bezeichnung für das Geschöpf Gottes abgeleitet werden kann („jedes menschliche Geschöpf" = „jedermann").[15] Der Einwand von L. Goppelt, daß im Kontext von Personen und nicht Institutionen die Rede ist[16], kann so nicht überzeugen, da gerade die in 2,13b.14 Genannten durch die Titelbezeichnungen jeweils eine staatliche Instanz auf je unterschiedlichen Ebenen repräsentieren.[17] Auch der Hinweis auf syrische und lateinische Übersetzungen[18] ist wenig erhellend, da die Absicht zur wörtlichen Wiedergabe keine weitergehenden inhaltlichen Aufschlüsse erlaubt und das Problem nur verlagert wird. Berücksichtigt werden muß in diesem Zusammenhang, daß die Bedeutung des Adjektivs ἀνθρώπινος im Falle der Übersetzung „jedes menschliche Geschöpf" vom sonstigen Sprachgebrauch abweicht, da es hier den Menschen als göttliche Schöpfung kennzeichnet, und nicht die intendierte Schöpfung als eine bezeichnet, die *mensch-*

Abweisung des Versuches, κτίσις als 'Institution' zu deuten (a.a.O. S. 50 Anm. 11: „im Zusammenhang von I. Petr. 2,13 ist auch gar nicht von Institution die Rede"), im Blick auf 1Petr 2,13f. des öfteren diesen Begriff (a.a.O. S. 54.55.56).

[13] Vgl. J. H. Moulton/G. Milligan, Vocabulary S. 362 s.v. κτίζω und κτίσις, H. G. Liddell/R. Scott, Lexicon S. 1002f. s.v. κτίζω 2 und κτίσις, W. Foerster, Art. κτίζω S. 1024.1026, weitere Belege dort.

[14] H. Frankemölle, Petrusbrief S. 47, versucht eine Vermittlung: „Da die Verwendung von κτίσις im Sinne von 'Behörde/Instanz/Ordnung' nicht belegt ist, ist die übliche Bedeutung: 'Geschöpf/Schöpfung' oder im Kontext vielleicht: 'menschliche Einrichtung' anzunehmen." Was jedoch der Unterschied zwischen (menschlicher) Instanz und „menschlicher Einrichtung" ist, macht Frankemölle nicht deutlich (vgl. wiederum a.a.O. S. 53: die Ehe als ein „Sicheinfügen in 'jede menschliche Ordnung'").

[15] Vgl. G. Delling, Art. τάσσω S. 46; J. Michl, Briefe S. 126f.; E. Schweizer, Petrusbrief S. 57; L. Goppelt, Petrusbrief S. 182f.; die älteren Deutungen zusammengefaßt bei H. Teichert, Crux Sp. 303f.

[16] L. Goppelt, Petrusbrief S. 182, anders jedoch in seinem Aufsatz Prinzipien S. 287f.290 u.ö. Dazu in Spannung stehen die Ausführungen a.a.O. S. 292f. über κτίσις als Schöpfung. Ähnlich argumentiert S. Légasse, Soumission S. 381, der in der Konsequenz 1Petr 2,17 in Anlehnung an die Struktur von Gal 6,10 umformuliert! Vgl. bereits die Begründung bei H. Teichert, Crux S. 304.

[17] M. Gielen, Haustafelethik S. 397f., weist auf den tautologischen Charakter der Wendung bei einem personalen Verständnis hin.

[18] Vgl. L. Goppelt, Petrusbrief S. 182 u.a.

licher Art ist[19] (vgl. die Analogien zum Gebrauch von ἀνθρώπινος in Apg 17,25; Röm 6,19 [adverbial = κατὰ ἄνθρωπον, vgl. 3,5; 1Kor 10,13]; 1Kor 2,13; 4,3; Jak 3,7; außerneutestamentlich 1Clem 50,2; 59,3; Josephus, Ant V,215; Bell V,387.400; TestAbr 3,3; ParJer 7,2; VitProph 4,8f.; TestHiob 3,3; Frgm.Jub 3,28; Frgm.Arist [bei Euseb, Praeparatio Evangelica VIII 10,2.17; XIII 12,12] u.a.). Trotz der komplizierten Situation im Hinblick auf die Erhebung der Bedeutung von κτίσις ist somit unter Berücksichtigung des Kontextes von 1Petr 2,13-17 ein Verständnis im Sinne von 'Institution' wahrscheinlich, wodurch der Unterschied der Textaussage zu Röm 13 markiert wird.[20]

Von Interesse für die Gesamtbewertung des paulinischen Einflusses auf 1Petr ist eine einzelne Aussage, die auch von den Vertretern der Traditionsthese auf den Einfluß paulinischer Vorstellungen zurückgeführt wird, und zwar sowohl terminologisch als auch inhaltlich. Es handelt sich um 1Petr 2,16, wo es heißt: (ὑποτάγητε ...) ὡς ἐλεύθεροι καὶ μὴ ὡς ἐπικάλυμμα ἔχοντες τῆς κακίας τὴν ἐλευθερίαν ἀλλ᾽ ὡς θεοῦ δοῦλοι.[21]

---

[19] Vgl. W. Bauer/K. u. B. Aland, Wörterbuch Sp. 926 s.v. κτίσις, H. Goldstein, Paränesen S. 93-95; A. Sand, Art. ἄνθρωπος s.v. 6 Sp. 248f.; M. Gielen, Haustafelethik S. 397. – Zu erwarten wäre andernfalls eher κτίσμα statt κτίσις, vgl. dazu auch 2Kor 5,17. Diesen Zusammenhang vernachlässigt S. Légasse, Soumission S. 380f., wenn er auf den „sens biblique" verweist, der κτίσις in 1Petr 2,13 zu Grunde liege; vgl. bereits H. Teichert, Crux Sp. 304.

[20] Vgl. E. G. Selwyn, Peter S. 172; A. Sand, Art. ἄνθρωπος Sp. 249; M. Gielen, Haustafelethik S. 397f.; vgl. F.-R. Prosmeier, Handlungsmodelle S. 144f. Anm. 12; s. auch oben S. 230 Anm. 14. – In dieser Perspektive ist das Argument von J. N. D. Kelly, Peter S. 108f., zu relativieren, das Thema der Unterordnung bestimme 1Petr 2,13-3,12 und daher sei die freiwillige, schöpfungsgemäße Unterordnung intendiert (unter Hinweis auf Röm 12,10; Eph 5,21 und Phil 2,3f., doch an keiner dieser Stellen ist von Schöpfung die Rede!), vgl. dazu M. Gielen, a.a.O. S. 398. – K. H. Schelkle, Petrusbriefe S. 73, versteht (im Anschluß an R. Knopf, Briefe S. 106 u.a.) die Wendung ἀνθρωπίνη κτίσις als „göttliche Schöpfung und Setzung unter den Menschen", d.h. den Staat als „erste Schöpfungsordnung" und beruft sich dabei auf 2Kor 5,13 [sic! – wohl 5,17] und Gal 6,15. Fraglich bleibt jedoch, ob die καινὴ κτίσις, von der Paulus spricht, mit 1Petr 2,13 vergleichbar ist. Der Zusammenhang jedenfalls ist ein anderer, und auch bei Paulus ist die Bedeutung „jedermann" nicht im Blick, vgl. bereits R. Knopf, Briefe S. 106. Knopf hatte (a.a.O. S. 104f.) auf den Zusammenhang mit der Entstehungssituation des jeweiligen Schreibens hingewiesen, die eine je unterschiedliche Entfaltung des Themas bedingt, wobei er 1Petr 2,13ff. als Fortwirken der paulinischen Auffassung versteht.

[21] Vgl. H. Windisch/H. Preisker, Briefe S. 63; R. Bultmann, Theologie S. 531; W. Schrage, Erster Petrusbrief S. 91: „Das alles atmet ebenso paulinischen Geist (vgl. 1. Kor. 3,21ff.; 7,29ff.) wie die Tatsache, daß die Freiheit sofort von ihrer per-

Für das Verständnis von Freiheit in diesem Vers ist es nötig,
seine Funktion im Kontext wahrzunehmen, vor allem wegen der
Singularität im 1Pctr. Im Unterschied zur paulinischen bzw. deuteropaulinischen Haustafeltradition wird der Abschnitt über die Unterordnung unter die Staatsinstanzen in die Liste der Ermahnun-
gen aufgenommen. Zwar wird nicht, wie es der Form des Schemas
entspricht, mit einer konkreten Erwähnung der Angeredeten begonnen, aber das hebt den Zusammenhang mit den traditionellen
Haustafeltopoi nicht auf. Die Variation an dieser Stelle hat ihre
Ursache darin, daß nicht eine einzelne Gruppe, sondern die ganze
Gemeinde angesprochen und zur Unterordnung aufgefordert
wird. Insofern stellt 2,13-17 zwar thematisch eine Einheit dar,
steht aber inhaltlich im Duktus von 2,11f., wo die Anrede der Gemeinde mit ἀγαπητοί bereits erfolgte. Gleichzeitig sind 2,11f. die
Einleitung zu den folgenden Abschnitten[22] und geben das Grund-
anliegen der Paränese in zunächst allgemeiner Form vor, das dann

---

vertierten Form abgegrenzt wird (vgl. Gal. 5,13f.) ... Auch die Zusammengehörig-
keit von Freiheit und Knechtschaft ('Knechte Gottes') ist gut paulinisch (1. Kor.
9,19ff. u. ö.)." N. Brox, Petrusbrief S. 122, schreibt: „Von der Freiheit ist nur in
diesem einen Vers des 1Petr die Rede. Ps-Petrus greift also auch auf dieses wichtige
Thema aus paulinischer Tradition zurück (Röm 6,18-22; Gal 5,1.13; 2Kor 3,17) ...
Genau wie bei Paulus wird auf die Verbindlichkeit der Freiheit insistiert, die sich
nur in paradoxer Diktion beschreiben läßt: Freie und Sklaven (Diener) Gottes zugleich (vgl. 1Kor 7,22)." Bezeichnend ist der Abschluß seiner Argumentation
(ebd.): „Bei Paulus findet die Freiheit ihre Verbindlichkeit in der Liebe. Im 1Petr
fehlt wieder die deutliche Belehrung darüber, aber es kann hier im Prinzip nicht
anders gemeint sein" (vgl. H. Schlier, Art. ἐλεύθερος S. 497). Wiederum wird Paulus zum Maßstab für das Verständnis einer Vorstellung des 1Petr aus Mangel an
Material im Brief selbst gemacht; vgl. ferner F. W. Beare, Peter S. 144. – A. Lindemann, Paulus S. 256, sieht in 1Petr 2,16 ein „Indiz für zumindest indirekte Beziehungen zwischen 1Petr und paulinischen Aussagen." Ausdrücklich für paulinische
Tradition plädiert auch A. Reichert, Praeparatio S. 558-560: „1Petr 2,16 gehört zu
den ganz seltenen Nachklängen des paulinischen Freiheitsgedankens in der nachpaulinischen Tradition" (a.a.O. S. 558).
  22 Vgl. bes. M. Gielen, Haustafelethik S. 337.339f.376-393; F.-R. Prostmeier,
Handlungsmodelle S. 141-143.385-393; anders z.B. B. Reicke, Epistles S. 93f.; vgl.
dazu C. F. Sleeper, Political Responsibility S. 283.285f., der gegen Reicke auf den
engen Zusammenhang von Ethik und Eschatologie in 1Petr hinweist, was im Blick
auf 1Petr 2,13-3,7 vor allem durch die Voranstellung von 2,11f. zum Ausdruck
kommt.

in konkreter Weise auf die Gemeinde bzw. einzelne Gruppen der Gemeinde Anwendung findet[23]: In 2,13-17 wird V. 12 in der Entfaltung des Gegenübers von κακοποιοί und ἀγαθοποιοί für das Verhalten der Gemeinde nach außen hin aufgegriffen[24]; in 2,18ff. kommt es im Gebot[25] der Unterordnung der Hausdiener[26] zum Ausdruck (ἁμαρτάνοντες – ἀγαθοποιοῦντες)[27]; in 3,1-6 durch die Hervorhebung des reinen Lebenswandels der Frauen, auf den von anderen geschaut wird (ἐποπτεύειν wie 2,12); durch das ὁμοίως in V. 7 gilt ähnliches wahrscheinlich auch für die Männer[28], deren christliches Verhalten jedoch nicht von Unterordnung, sondern von „Einsicht" geprägt sein soll (συνοικοῦντες κατὰ γνῶσιν).[29] Den

[23] E. Kamlah, „Haustafeln" passim, bes. S. 237, hat darauf hingewiesen, daß im Unterschied zu Kol/Eph „ὑποτάσσεσθαι die Ständeparänese des 1. Petrusbriefes völlig (regiert)", was als Tendenz einer Entwicklung urchristlicher Haustafeltradition entspreche. – U.-R. Kügler, Paränese S. 177-182, erkennt in der für 1Petr wichtigen Aufforderung zum Tun des Guten die inhaltliche Füllung der Unterordnung.

[24] G. Delling, Römer 13,1-7 S. 55, weist darauf hin, daß „die Verwendung von κακοποιῶν und ἀγαθοποιῶν ... in I. Petr. 2,14 durch ein spezielles Anliegen des Briefes veranlaßt (ist), nicht erst durch Röm. 13,3f. oder eine gemeinsame Vorlage", vgl. auch a.a.O. S. 56f.

[25] Im Anschluß an D. Daube, Participle passim, unterstreicht E. Lohse, Paränese S. 75ff., den traditionellen Charakter des Stoffes von 1Petr 2,18ff., der durch den hebraisierenden Gebrauch des imperativischen Partizips angezeigt werde; vgl. auch F.-R. Prostmeier, Handlungsmodelle S. 153.

[26] Hier: οἰκέται im Unterschied zu δοῦλοι in Kol 3,22; Eph 6,5 und Tit 2,9; vgl. auch 1Kor 7,21f. οἰκέτης kommt in diesem Sinne nur noch in Lk 16,13 und Apg 10,7 vor; in Röm 14,4 verwendet es Paulus in einem ekklesiologischen Bild, vgl. U. Wilckens, Römer III S. 82.

[27] Zum Fehlen der Paränese der Herren im Unterschied zu Kol 4,1 und Eph 6,9 vgl. F.-R. Prostmeier, Handlungsmodelle S. 159f.411f.

[28] Vgl. N. Brox, Petrusbrief S. 148; F.-R. Prostmeier, Handlungsmodelle S. 445. Zur Stilistik von ὁμοίως in 1Petr vgl. L. Radermacher, Petrusbrief S. 290ff.; zur parallelen grammatischen Struktur der Männer- und Frauenparänese M. Gielen, Haustafelethik S. 332f. und 364: ὁμοίως mache „einen deplazierten Eindruck", und deshalb sei 3,7 als eine von 1Tim 2,8-15 her motivierte nachträgliche Interpolation anzusehen (a.a.O. S. 540f.).

[29] Vgl. B. Reicke, Gnosis passim, bes. S. 300f.; L. Goppelt, Petrusbrief S. 221; N. Brox, Petrusbrief S. 147f.; anders z.B. H. Frankemölle, Petrusbrief S. 55, wonach aus grammatischen Gründen „inhaltlich eindeutig an die Unterordnung der Männer unter die Frauen zu denken" sei, gleichwohl eine direkte Aufforderung an die Männer bewußt vermieden werde; ähnlich argumentiert P. H. Davids, Peter

Abschluß der Paränese bildet 3,8-12, wo erneut die ganze Gemeinde angesprochen wird, und die Ausführungen zum Gutestun
bzw. Bösestun mit dem (nicht wörtlichen, sondern an den eigenen
Kontext angepaßten) Zitat aus PsLXX 33,13-17[30] eine alttestamentliche Begründung erfahren.[31] Der nachfolgende Abschnitt
3,13-4,6 greift das Thema noch einmal auf und begründet es umfassend aus christologischer Sicht, wie es bereits in 2,21-25 bezogen auf die Dienerparänese geschah[32], nun aber für die ganze Gemeinde.[33] Besonders in 3,16f. wird 2,12 aufgenommen und die
Aussage zugespitzt: Während nach 2,12 das Sehen der guten
Werke am „Tag der Heimsuchung"[34] zum Lobpreis führt, sollen
die Verleumder nach 3,16 (καταλαλεῖσθε, vgl. 2,12: καταλαλοῦσιν)
beschämt werden. Das ist auch die Intention von 2,15, wonach
durch das gute Verhalten der Glaubenden den staatlichen Instanzen gegenüber die „unvernünftigen Menschen" zum Schweigen

---

S. 121f. B. Reicke, a.a.O. S. 298, spricht angemessener von „Entsprechung", die
aus der Verwendung von ὁμοίως hervorgehe.

[30] Vgl. dazu G. L. Green, Use S. 278-282, der in Anlehnung an W. Bornemann
die Bedeutung von PsLXX 33 für 1Petr insgesamt hervorhebt, dessen These einer
Taufrede jedoch nicht übernimmt.

[31] Diese Struktur ist insofern bedeutsam, als die Abgrenzung der Haustafeltradition in 1Petr 2f. umstritten ist. E. Lohse, Paränese S. 73, hat 2,11-3,12 als eine
„relativ geschlossene Einheit" verstanden; vgl. auch J. N. D. Kelly, Peter S. 102; E.
G. Selwyn, Peter S. 169.191; E. Best, Peter S. 109 u.a. Nach L. Goppelt, Petrusbrief
S. 163ff., umfaßt die Haustafel 2,13-3,7; vgl. auch W. Schrage, Erster Petrusbrief S.
89; S. Légasse, Soumission S. 378f.; nach N. Brox, Petrusbrief S. 125, beginnt sie
erst in 2,18; vgl. dagegen M. Gielen, Haustafelethik S. 394f. K. H. Schelkle, Petrusbriefe S. 68, faßt 2,11-4,11 zusammen, vgl. D. L. Balch, Wives S. 125f.; P. H.
Davids, Peter S. 94. Nach C. H. Talbert, Plan S. 142ff., gehören 2,11-5,11 zu einem
paränetischen Komplex.

[32] Vgl. dazu T. P. Osborne, Guide Lines passim; M. Gielen, Haustafelethik S.
488-512; F.-R. Prostmeier, Handlungsmodelle S. 157f.405-432.

[33] F.-R. Prostmeier, Handlungsmodelle S. 410ff., weist auf den paradigmati-
schen Charakter der Dienerparänese hin und in diesem Zusammenhang auf den
in 1Petr häufig anzutreffenden Wechsel zwischen Authentizität und Paradigmatik
(a.a.O. S. 410); vgl. auch R. Feldmeier, Fremde S. 145.

[34] ἐν ἡμέρᾳ ἐπισκοπῆς knüpft an alttestamentliche Vorstellungen an, vgl. z.B.
Jes 10,3; Jer 6,15; 10,15; Sir 18,20; Weish 3,7; vgl. L. Goppelt, Petrusbrief S. 161
Anm. 23.

gebracht werden sollen (φιμοῦν).[35] Die Steigerung des Urteils über die verleumderische Umwelt wird schließlich in 4,5 weitergeführt, indem der Autor auf deren Rechenschaftspflicht gegenüber dem göttlichen Richter hinweist.

Der gesamte paränetische Abschnitt 2,11-4,6 steht somit unter einem einheitlichen Duktus: Die Gemeinde soll *nach außen* einen guten Lebenswandel führen und dadurch die Verleumder zum Schweigen bringen, die nach Möglichkeit für Gott gewonnen werden sollen (vgl. 3,1f.). Dieser Außenaspekt prägt die Themenzusammenstellung: das Verhalten gegenüber dem Staat, das Verhalten der Hausdiener besonders gegenüber den „ungerechten"[36] Herren (2,18b), das Verhalten der Frauen vor allem gegenüber den nichtchristlichen Männern (3,1b.2).[37] Einzig die Ermahnung der Männer fällt aus dieser Auswahl heraus.[38] Das aber ist wahrscheinlich dadurch begründet, daß nach den Frauen auch ein Wort an die (christlichen) Männer nötig schien und die *traditionelle* Verbindung von Frau und Mann in der Haustafelparänese besonders stark prägend war.[39] Dementsprechend werden die Männer

---

35 W. C. van Unnik, Teaching S. 92, betont, daß dieser Aspekt nirgends bei Paulus zum Ausdruck kommt; vgl. auch H. Goldstein, Paränese S. 98f.; M. Gielen, Haustafelethik S. 464-466, bes. S. 465 (zu 1Tim 2,1-4). Zum historischen Bezug von 1Petr 2,14f. (und Röm 13,3f.) vgl. B. W. Winter, Honouring passim, der 1Petr 2,13-17 als eine Weiterentwicklung von Röm 13,1-7 versteht (a.a.O. S. 97). Vgl. ferner J. N. D. Kelly, Peter S. 127.

36 Vgl. W. Bauer/K. u. B. Aland, Wörterbuch Sp. 1511 s.v. σχολιός 2; nach G. Bertram, Art. σχολιός S. 408, „ist σχολιός im griechischen Alten Testament Ausdruck für das Wesen des Menschen, der sich in der ihm von Gott bestimmten Geradheit und Aufrichtigkeit bewegt ..." Für 1Petr 2,18 vermutet Bertram, daß es sich um nichtchristliche Herren und ihre christlichen Sklaven handelt (a.a.O. S. 410). Das fügt sich gut in den Kontext ein. σχολιός wird durch 2,19 konkreter bestimmt, wonach die Diener ungerechterweise (ἀδίκως) leiden, eine Charakterisierung, die sich im Neuen Testament nur hier findet; vgl. L. Goppelt, Petrusbrief S. 194 mit Anm. 20.

37 L. Radermacher, Petrusbrief S. 290, hat auf die Umkehrung der „üblichen Ordnung" hingewiesen.

38 Vgl. dazu B. Reicke, Gnosis passim.

39 Vgl. F.-R. Prostmeier, Handlungsmodelle S. 164, sowie demgegenüber den Erklärungsversuch von M. Gielen, Haustafelethik S. 540f., die mit einer von 1Tim 2,8-9.15 inspirierten und durch die Zweierschemata in Kol/Eph veranlaßten Interpolation rechnet. Doch gibt es weder einen textkritischen Hinweis auf ein ur-

im Vergleich zu den Frauen relativ kurz behandelt. Das Gewicht der Argumentation liegt deutlich auf denen, die in der Gefahr stehen, Unrecht erleiden zu müsscn: alle Glaubenden von Außenstehenden, die Hausdiener von den Herren, die Frauen von den Männern.[40]

Unter der Voraussetzung, daß in 1Petr 2,18-3,7 Elemente traditioneller Haustafelparänese aufgenommen sind, ist die Verwandtschaft der Aussage über die Unterordnung der Frau in 3,1ff. mit denen von Kol 3,18 und Eph 5,22 traditionsgeschichtlich hinreichend bestimmt. Kennzeichnend für das Abhängigkeitsverhältnis zwischen Eph 5,22 und Kol 3,18 ist vor allem die gemeinsame Ergänzung des Gebotes durch die Aussage, daß die Unterordnung der Frau ὡς ἀνῆκεν ἐν κυρίῳ (Kol 3,18) bzw. ὡς τῷ κυρίῳ (Eph 5,22) erfolgen soll. Die Verkürzung der Wendung in Eph erklärt sich aus der folgenden Erweiterung in 5,23f., die ausführlich darlegt, was mit ἀνῆκεν von Kol 3,18 gemeint ist. Weder ein Anklang an die Ergänzung des Gebotes noch an die Erklärung von Eph 5,23f. sind in 1Petr 3,1 wahrnehmbar. Der Autor des 1Petr fügt vielmehr unmittelbar an das traditionelle Gebot seine eigene Begründung an, die nicht paulinisch motiviert, sondern von seinem eigenen missionarischen Interesse geprägt ist, das er hier in spezifischer Weise auf das Zusammenleben christlicher Frauen mit ihren nichtchristlichen Männern anwendet: Durch den Lebenswandel der Frauen (vgl. das Wort ἀναστροφή bereits in 1,15.18; 2,12) sollen die Männer wortlos gewonnen werden (ἄνευ λόγου κερδηθήσονται).[41] Unter diesem (missionarischen) Aspekt ist die Unterordnung der Frauen in der paulinischen Tradition nicht reflektiert. Im Unterschied dazu ist auf die Anweisung des Paulus an christliche Frauen (und Männer) in Mischehen hinzuweisen (1Kor 7,15c.16), die unter Umständen sogar die Scheidung gestattet mit der Begründung, daß sie zum Frieden berufen sind, der bei erzwungenem Zusammenle-

---

sprüngliches Fehlen von 3,7, noch wird die von Gielen (u.a.) beobachtete Schwierigkeit des ὁμοίως durch die These einer Interpolation aufgelöst. Umgekehrt wäre zu sagen, daß im Falle einer späteren Interpolation der ursprüngliche Text noch stärker vom traditionellen Zweierschema abgewichen wäre.

[40] Unwahrscheinlich ist die Vermutung von E. Best, Peter S. 124, die Frauen würden deshalb ausführlicher behandelt, weil sie in der Mehrzahl gewesen seien und ihre Position wegen der Abhängigkeit von ihrem Mann schwieriger war; vgl. ähnlich F. W. Beare, Peter S. 157; J. N. D. Kelly, Peter S. 127; K. H. Schelkle, Petrusbriefe S. 87.91 u.a.

[41] Vgl. E. Schweizer, Petrusbrief S. 67: „Der Aufruf zum Sich-Unterordnen ist also keineswegs Ausdruck einer Minderwertigkeit der Frau, sondern eher umgekehrt ihrer Verantwortlichkeit." Unter dieser Intention hat J. Schlosser, 1 Pierre 3,5b-6 passim, in Anlehnung an C. Spicq, Pierre S. 121, die Satzstruktur von 1Petr 3,5f. analysiert und nimmt eine Zäsur zwischen 3,5a und 5b an, so daß ὑποτασσόμεναι als imperativisches Partizip aufzufassen wäre, das einen Neueinsatz markiert. Der inhaltliche Zusammenhang zwischen Sara und den „heiligen Frauen" kommt dadurch jedoch nicht zum Tragen, vgl. M. Küchler, Schweigen S. 66-68.

ben gefährdet ist, und es keine Gewißheit gibt, ob der gläubige den nichtgläubigen Partner retten kann.[42] Es wird erneut deutlich, wie 1Petr die Haustafelelemente eigenständig und unabhängig von Kol oder Eph entfaltet.[43]

Relativ eigenständig erscheint auch Tit 2,4f., vor allem in der Differenzierung zwischen älteren (V. 3) und jüngeren Frauen. Nur von letzteren wird die Unterordnung gefordert; mit den älteren sind wahrscheinlich besonders die Witwen angesprochen (vgl. 1Tim 5,5f.). Die Begründung, die 1Tim 5f. und Tit 2 verbindet, ist die Bewahrung des Ansehens der Lehre bzw. des Wortes Gottes (vgl. 1Tim 6,1; Tit 2,5.9). Dieser Aspekt spielt im Zusammenhang von 1Petr 3,1ff. keine Rolle. Im Vergleich von 1Petr 2,18-3,7 mit Tit 2,1-10 hat H. von Lips die Gemeinsamkeiten von Tit 2 und 1Petr 2,18-3,7 gegenüber Kol/Eph herausgearbeitet und ist zu dem Ergebnis gelangt, daß der gleichartige Aufbau der Paränese nur durch traditionsgeschichtliche Beziehungen erklärt werden kann.[44] Dabei wird jedoch ausdrücklich die bereits von H. J. Holtzmann[45] behauptete und von P. Hofrichter[46] erneuerte These der literarischen Abhängigkeit zu Recht abgewiesen und eine gemeinsame Tradition vermutet, und zwar in Gestalt eines paränetischen Schemas, weil sonst die festzustellenden Gemeinsamkeiten nicht erklärbar wären.[47] Es „ist im Sinne von Traditionsgeschichte davon auszugehen, daß bestimmte Motive und Elemente der Paränese – im Rahmen eines Schemas verbunden – tradiert wurden, ohne im Detail festgelegt zu sein"[48].

Zur eigenständigen Behandlung der Paränese an die Frauen in 1Petr 3,1ff. gehört nicht nur der Hinweis auf das missionarische Anliegen der Unterordnung (3,1f.), sondern auch der folgende Passus, der erläutert, wie die Frauen diesem Anliegen gerecht werden können: Sie sollen auffällige Frisuren vermeiden, ebenso Schmuck und schmückende Kleidung und sich statt dessen durch Sanftmut und

---

[42] Freilich gebraucht Paulus das Wort κερδαίνω in 1Kor 9,19-22 (vgl. den Hinweis bei F. W. Beare, Peter S. 154), jedoch auf die Art und Weise seiner Missionstätigkeit bezogen und nicht auf den häuslichen Kontext, den er zwar auch reflektiert (s.o.), aber in anderer Akzentsetzung als 1Petr. – Zu vergleichen wäre auch der Gebrauch von κερδαίνω für die innergemeindliche Unterweisung in Mt 18,15. D. Daube, κερδαίνω passim, vermutet rabbinisches Vokabular als Hintergrund.

[43] Vgl. W. C. van Unnik, Teaching S. 93f.; G. Strecker, Haustafeln S. 358f.

[44] H. von Lips, Haustafel S. 265-276.

[45] H. J. Holtzmann, Einleitung S. 286.

[46] P. Hofrichter, Strukturdebatte passim, bes. S. 114f.

[47] H. von Lips, Haustafel S. 268ff.

[48] H. von Lips, a.a.O. S. 270 Anm. 33; vgl. a.a.O. S. 271: „Die Feststellung gemeinsamer paränetischer Traditionen in 1Petr und Tit hat Konsequenzen für die Zuordnung der haustafelartigen Mahnungen in diesen beiden Briefen zu Kol und Eph. Man wird dann nicht mehr primär das Defizit gegenüber den dortigen Haustafeln festzustellen haben und dann von einer weiterentwickelten, aber unvollständigen Haustafel sprechen. Vielmehr ist von einer eigenen Traditionslinie auszugehen, in der eben eine andere Form der Mahnung an einzelne Mitglieder des Hauses vorliegt." – Zu Tit 2,1-10 vgl. auch A. Weiser, Titus 2 passim.

238 *Christliche Freiheit und weltliche Herrschaft*

einen stillen Geist[49] auszeichnen. Die „heiligen Frauen" der jüdischen Geschichte
werden ihnen als Vorbilder vor Augen geführt, aus denen Sara besonders hervortritt, allerdings nicht im Blick auf das Thema Schmuck, sondern durch ihre Bereitschaft zur Unterordnung.[50] Man hat darin eine Parallele zu 1Tim 2,9-11 gesehen, wo die Frauen ebenfalls ermahnt werden, auf äußeren Schmuck zu verzich-
ten, und wie in 1Petr 3,3 sind dort Haarfrisuren, Goldschmuck und kostbare Klei-
der erwähnt.[51] Doch darüber hinaus überwiegen die Unterschiede: In 1Tim 2
kommen Perlen (μαργαρῖται) hinzu; es werden keine Vorbilder angeführt, sondern auf das Verhalten verwiesen, das frommen Frauen geziemt (ὃ πρέπει, V.
10)[52]; als Alternative werden nicht Sanftmut und stilles Wesen, sondern gute
Werke genannt (V. 10); und schließlich findet der Text seine wesentliche Aussage
nicht im missionarischen Anliegen, sondern im Verbot des Lehrens für Frauen (V.
12). Zwar werden auch im Verlauf der Argumentation alttestamentliche Personen
erwähnt, aber nicht Frauen als Beispiele für die gottgefällige Unterordnung, son-

[49] πνεῦμα ist hier anthropologisch verstanden als Erläuterung von ὁ κρυπτὸς
τῆς καρδίας ἄνθρωπος am Anfang des Verses, anders z.b. K. H. Schelkle, Petrusbriefe S. 89f.: „der göttliche Heilige Geist, der im Wiedergeborenen wirkt", vgl.
dagegen P. H. Davids, Peter S. 118f. – Bei Paulus findet sich die Formulierung
πνεῦμα πραΰτητος (1Kor 4,21; Gal 6,1), vgl. F. W. Beare, Peter S. 155; K. H. Schelkle, Petrusbriefe S. 89: „Wörter und Vorstellungen erinnern an Paulus (2Kor 4,16;
Kol 3,3)"; zur Unterscheidung von den paulinischen Belegen vgl. J. N. D. Kelly,
Peter S. 130. – Zur Zusammenstellung von πραΰς und ἡσύχιος vgl. Jes LXX 66,2;
Did 3,7f.; Barn 19,4; 1Clem 13,4 (Zitat von Jes 66,2); keine der Stellen bezieht die
Attribute speziell auf die Frau.
[50] Vgl. G. L. Green, Use S. 284; F.-R. Prostmeier, Handlungsmodelle S. 166.
442f. K. H. Schelkle, Petrusbriefe S. 91, hat darin eine bewußte Fortführung der
paulinischen Abrahamstypologie gesehen; so auch C. Spicq, Pierre S. 122; M.-A.
Chevallier, Israël S. 120ff.; F. Schröger, Gemeinde S. 154 u.a.; vgl. dazu N. Brox,
„Sara zum Beispiel ..." S. 490: „Es ist ein glatter Fehlgriff, ... [1Petr 3,6] mit dem
gewichtigen Gedanken der Abrahamskindschaft bei Paulus ... in Parallele zu setzen" (vgl. auch a.a.O. S. 493: „Das Thema Israel ist in die 'Verlustliste' paulinischer
Erbstücke im 1. Petrusbrief einzutragen"); vgl. ferner dazu M. Küchler, Schweigen
S. 68-70. Gegen die negative Konnotation, die Küchler 1Petr 3,1-6 hinsichtlich des
Motivs der Unterordnung herausarbeitet (a.a.O. S. 71f.), ist darauf hinzuweisen,
daß durch die Voranstellung von 2,11-17 die Unterordnung bereits für alle Glaubenden gefordert wurde und daher die Ermahnung an die christlichen Frauen
zur Unterordnung unter ihre *nichtchristlichen* Männer ein „Sonderfall" des allgemein von den Glaubenden geforderten Verhaltens ist und insofern sich auch von
1Tim 2,8-15 und 1Kor 14,33b-36 unterscheidet, vgl. dazu auch M. Gielen,
Haustafelethik S. 519-528.
[51] Vgl. E. Lohse, Paränese S. 74; L. Goppelt, Petrusbrief S. 213f.; N. Brox, Petrusbrief S. 145; M. Küchler, Schweigen S. 64f.; U. Wagener, Ordnung S. 78.
[52] Vgl. H. Windisch/H. Preisker, Briefe S. 67 (mit Hinweis auf Philo, Virt 195;
bBes 32b). – Zu 1Tim 2,8-15 vgl. M. Küchler, Schweigen S. 9-53; zum Unterschied
zu 1Petr 3,1-6 a.a.O. S. 65f.

dern Adam und Eva, mit denen das Unterordnungsgebot durch die Schöpfungsordnung begründet wird.

L. Goppelt hat hinsichtlich 1Petr 3,3f. und 1Tim 2,9-15 festgestellt, daß beide
Texte „bis in den Wortlaut hinein dieselbe Gemeinderegel (verwenden)"[53]. Doch
gerade die Differenzierungen im Wortlaut weisen noch nicht auf eine geprägte
Gemeindetradition hin, was besonders durch die unterschiedliche Akzentuierung
des Motivs des Stilleseins, angezeigt wird: In 1Tim 2,11 erscheint es geradezu als
ein Redeverbot mit dem Zweck, vom Mann zu lernen; in 1Petr 3,4 dagegen soll
positiv durch das stille Wesen der Frau ihr Mann gewonnen werden. Somit scheint
die Anlehnung an das im Vorstellungsumfeld Vorgegebene unmittelbarer zu sein.
In 1Tim 2,10 wird dies durch ὃ πρέπει nahegelegt, in 1Petr 3 durch das Gegenüber der nichtchristlichen Männer, von denen vorausgesetzt wird, daß sie das Verhalten der Frauen als „reinen Lebenswandel" auch unabhängig vom christlichen
Glauben erkennen können (vgl. bes. V. 2!). Erst dieses Erkennen kann sie ja zum
Glauben führen. Hiermit ist auch eine entscheidende *inhaltliche* Differenz gegeben.[54] Unter Berücksichtigung dieser Unterschiede einerseits sowie der Gemein-
samkeit der Ablehnung auffälligen Schmuckes andererseits wird man lediglich
vermuten können, daß unabhängig voneinander eine traditionelle Vorstellung
aufgenommen ist[55], die nicht spezifisch christlich[56], sondern sowohl alttestamentlich als auch in der jüdischen und hellenistischen Tradition vorgeprägt war.[57]

Das sich durchhaltende, sozialethische Grundanliegen der Paränese in 1Petr 2f.[58] ist als Kontext für das Verständnis von Freiheit in

[53] L. Goppelt, Petrusbrief S. 213.
[54] Gegen M. Küchler, Schweigen S. 66.
[55] Vgl. E. Lohse, Kerygma S. 74.
[56] Vgl. N. Brox, Petrusbrief S. 145; P. H. Davids, Peter S. 117 (Belege dort:
Philo, Virt 39; VitMos 2,243; Plutarch, Moralia 1.141; Epiktet, Enchiridion 40; Seneca, De Beneficiis 7.9); vgl. weiterhin D. L. Balch, Wives S. 101ff. – D. I. Sly, Light
passim, erhellt 1Petr 3,6b auf dem Hintergrund der Vorstellungen des Philo und
des Josephus über Sara: Wie diese beiden Autoren habe 1Petr Sara in eine hellenistische Frau verwandelt, auch wenn er dadurch biblische Tradition verändert.
Zum Problem der Auslegung von 1Petr 3,6 vgl. auch M. Kiley, Like Sara passim,
der einen 'unausgesprochenen' Bezug auf Gen 12 und Gen 20 vermutet.
[57] Vgl. Jes 3,16-24; jüdische und hellenistische Belege bei L. Goppelt, Petrusbrief S. 214 Anm. 3; M. Küchler, Schweigen S. 68f., bietet Beispiele für eine ähnliche rabbinische Auffassung des Verhältnisses von Abraham und Sara (vgl. Tan 2 zu
Gen 24,1a); vgl. ferner F.-R. Prostmeier, Handlungsmodelle S. 439f. und U. Wagener, Ordnung S. 78-89, bes. S. 89: „... in beiden Paränesen (wurde) eine ursprünglich jüdische Adaption des hellenistischen Schmucktopos verarbeitet ..."
[58] U. Schnelle, Einleitung S. 468, bezeichnet 2,11-3,7 als einen „sozialethischen
Pflichtenkatalog" in Anlehnung an G. Strecker, Literaturgeschichte S. 111, der von
einer „*sozialethische(n) Pflichtenlehre*" sprach, vgl. ders., Haustafeln S. 349; M. Gielen, Haustafelethik S. 316 u.ö., spricht von einer „Loyalitätsparänese". – Nimmt
man die Gesamtintention von 2,11-4,7 ernst, dann ist die Frage nach der Abgren-

2,16 von Bedeutung. Die Begriffe ἐλεύθεροι und ἐλευθερία kommen in 1Petr nur an dieser Stelle vor. Dies macht die Schlußfolgerung wahrscheinlich, daß es keine für den Autor typischen Termini sind, sondern sie von ihm aufgegriffen werden, weil sie für die Adressaten wichtig waren und von ihnen für die Begründung ihrer Auffassung vom Verhalten gegenüber dem Staat verwendet wurden. Dieser Adressatenbezug von ἐλεύθεροι und ἐλευθερία deutet ferner darauf hin, daß die Begriffe nicht dem paulinischen Kontext entlehnt sind.[59] Für die Argumentation des Paulus in Röm 13 spielt die christliche Freiheit keine Rolle[60], obwohl er in anderen Zusammenhängen sehr ausführlich darüber reflektiert. In deuteropaulinischen Schreiben fehlt der Begriff ἐλευθερία. Als Gegenbegriff zu δοῦλος wird ἐλεύθερος in Eph 6,8 in *sozialer* Bedeutung gebraucht (vgl. Kol 3,11). Für Paulus ist in theologischer Hinsicht die Befreiung der an Christus Glaubenden vom Gesetz und der Sünde grundlegend (Röm 6,18.22; 7,3-6; 8,2.21; 2Kor 3,17; Gal 2,4; 4,31; 5,1.13).[61] Diese grundlegende Befreiung durch Christus bewährt sich in ethischer Hinsicht, indem sie als Freiheit von menschlichen Zwängen gelebt werden kann, was vor allem in 1Kor 8-10 (vgl. bes. 9,1.19; 10,29) am Problem des Götzenopferfleisches entfaltet wird.[62] In 1Kor 7,21-23 reflektiert Paulus das Verhältnis von Freien und Sklaven als soziale Stände und bezieht auch hier Freiheit wie Knecht-

---

zung der Haustafeltradition sekundär, da 1Petr ohnehin allenfalls einzelne Elemente übernimmt und sie mit anderen zu einem neuen Aussagekomplex verbindet.

[59] Vgl. ähnlich J. N. D. Kelly, Peter S. 111. Für M. Gielen, Haustafelethik S. 416f., ist jedoch gerade der Adressatenbezug Grund für die Annahme, daß die Adressaten „traditionsgeschichtlich gesehen ... an das paulinische Verständnis von Freiheit" anknüpften, wobei die Korrektur des Verfassers des 1Petr ebenfalls in paulinischer Tradition steht (a.a.O. S. 417); vgl. einschränkend a.a.O. S. 419 Anm. 431. – R. H. Gundry, Verba Christi S. 340f., weist auf die Verwandtschaft von 1Petr 2,13-17 mit Mt 17,26f. hin.

[60] Vgl. M. Gielen, Haustafelethik S. 440; F.-R. Prostmeier, Handlungsmodelle S. 402.

[61] H. Schlier, Art. ἐλεύθερος S. 492ff.; U. Wilckens, Römer II S. 39.63.69 u.ö. – Zum paulinischen Freiheitsverständnis vgl. z.B. F. S. Jones, Freiheit passim.

[62] Vgl. A. Lindemann, Paulus S. 256; F. S. Jones, Freiheit S. 38-57, bes. S. 44ff.; C. Wolff, Erster Korintherbrief S. 188f.201f.

schaft auf das Verhältnis des Einzelnen zu Christus. Die Frage der Freiheit ist für Christen nicht an den sozialen Status gebunden (vgl. die Intention von 2Kor 3,17).

Ausgehend von dieser Breite des paulinischen Verständnisses von Freiheit wird für die These des paulinischen Charakters von 1Petr 2,16 vor allem auf Röm 6,22; Gal 5,13 sowie 1Kor 7,22 hingewiesen, weil hier der Zusammenhang zwischen Freiheit und gleichzeitigem Knechtsein zum Ausdruck kommt[63]:

„Nun aber, nachdem ihr von der Sünde befreit und zu Sklaven für Gott gemacht wurdet (δουλωθέντες ... τῷ θεῷ), bringt eure Frucht zur Heiligung ..." (Röm 6,22); „Denn der Sklave, der im Herrn berufen wurde, ist ein Freigelassener des Herrn, in gleicher Weise ist der Freie, der berufen wurde, ein Sklave Christi" (1Kor 7,22).[64]

Darüber hinaus wird in Gal 5,13 wie in 1Petr 2,16 vor einem negativen Gebrauch der Freiheit gewarnt:

„Ihr seid nämlich zur Freiheit berufen, Geschwister; allerdings (ist) die Freiheit kein Vorwand für das Fleisch, sondern wie Sklaven sollt ihr einander durch die Liebe dienen."

Im Blick auf Röm 6,22 ist festzustellen, daß Paulus die Wendung θεοῦ δοῦλοι nicht verwendet, obwohl er, wie die Stelle zeigt, vom Sklavendienst für Gott sprechen kann. In der nominalen Form gebraucht er stets den Ausdruck δοῦλος/δοῦλοι Χριστοῦ (Röm 1,1; 1Kor 7,22; Gal 1,20; Phil 1,1; Kol 4,12; vgl. 2Petr 1,1). Einziger Beleg im Corpus Paulinum für δοῦλος θεοῦ ist Tit 1,1[65], der jedoch aus paulinischer Sicht gerade nicht typisch ist[66]. Hinter dem Ausdruck „Sklaven Gottes" steht vielmehr eine breite alttestamentliche

---

63 S.o. S. 231f. Anm. 21; weiterhin L. Goppelt, Petrusbrief S. 187; M. Gielen, Haustafelethik S. 417; A. Reichert, Praeparatio S. 559. – Daß der „paulinische Geist" aus 1Kor 3,21ff. und 7,29ff. in 1Petr 2,16 zu finden ist (so W. Schrage, Erster Petrusbrief S. 91), kann nicht überzeugen; gleiches gilt für den „gut paulinisch(en)" Bezug zu 1Kor 9,19ff. (ebd.), zumal Paulus hier davon spricht, daß er seine Freiheit *als Apostel* dazu gebraucht, sich selbst zum *Sklaven der Menschen* um der Mission willen zu machen.

64 Vgl. zum Zusammenhang U.-R. Kügler, Paränese S. 63-106.

65 Angesichts der vl von A P 33 𝔐 u.a. in 1Petr 2,16 ist wohl auch auf die umgestellte Reihenfolge in Tit 1,1 zu achten; vgl. K. H. Rengstorf, Art. δοῦλος S. 276; G. Holtz, Pastoralbriefe S. 203.

66 Vgl. Eph 6,6 wie bei Paulus δοῦλοι Χριστοῦ.

Tradition[67], die sich neben 1Petr auch sonst im neutestamentlichen Sprachgebrauch niederschlägt.[68] Seine besondere Bedeutung in 1Petr 2,16 erhält der Begriff durch den Kontext der Unterordnungsforderung, die die Glaubenden nicht zu Sklaven der Obrigkeit macht, sondern in der Bindung an Gott ihre christliche Freiheit bewahren läßt. Diese Intention berührt sich zwar mit 1Kor 7,21ff., kann aber nicht davon hergeleitet werden. Hinsichtlich der formal scheinbar gleichartig angelegten Abwehr eines Mißverständnisses von Freiheit in Gal 5,13 ist festzustellen, daß 1Petr 2,16 nicht im Sinne des Paulus formuliert. Das verwendete Wort ἐπικάλυμμα ist im Neuen Testament ein Hapaxlegomenon[69], so daß die einzige Verbindung zur paulinischen Tradition der Freiheitsbegriff selbst bleibt. Es wurde aber bereits festgestellt, daß die Aufnahme des Terminus ἐλευθερία in 1Petr 2,16 in der Bedeutung gründet, die er für die Adressaten hatte, so daß ein paulinischer Ursprung nicht wahrscheinlich ist.[70] Der Kontext legt vielmehr

---

[67] Die Pluralform יהוה עַבְדֵי als Bezeichnung für Israel wird in LXX meist mit δοῦλοι θεοῦ wiedergegeben (vgl. 2Kön 9,7; 10,23; Esr 5,11!; PsLXX 89,13; 133,1; 134,1; Jes 56,6; 65,8-15 u.ö.; vgl. auch den kollektiven Singular: Jes 48,20; 49,3.5 u.ö.), im Unterschied zu יהוה עֶבֶד als παῖς θεοῦ (vgl. Jes 41,8f.; 42,1; 43,10; 44,1f.21.26; 50,10; 52,13 u.ö.); vgl. K. H. Rengstorf, Art. δοῦλος S. 269; zu 1Petr 2,16 a.a.O. S. 276. Zur Vorstellung vgl. auch OdSal 42,26.

[68] Vgl. Apg 2,18 (Zitat aus Joel 3,1ff.); 4,29; 16,17; Apk 1,1; 7,3; 15,3; Jak 1,1 ergänzt durch κυρίου Ἰησοῦ Χριστοῦ. E. G. Selwyn, Peter S. 174, verweist auf Mt 17,26.

[69] Paulus verwendet in 2Kor 3,12-18 κάλυμμα unter Aufnahme des alttestamentlichen Motives der „Decke des Mose" (Ex 34,33-35); in Röm 4,7 zitiert er Ps LXX 31,1, wo mit dem Verbum ἐπικαλύπτω vom Bedecken der Sünde die Rede ist, und durch die Preisung dieses Vorgangs im Vergleich zu 1Petr 2,16 sogar das Gegenteil augesagt wird. Bemerkenswert sind die griechischen Parallelen zu 1Petr 2,16; vgl. Menander, Frgm. 84 (90) (bei L. Goppelt, Petrusbrief S. 188 Anm. 48): πλοῦτος δὲ πολλῶν ἐπικάλυμμ' ἐστὶ κακῶν, Philo, Decal 172, verwendet προκάλυμμα in gleichem Sinn.

[70] S. o. S. 240. J. N. D. Kelly, Peter S. 111: „Again the writer is handling material which was already conventional in the church." – Bemerkenswert ist die Auslegung von K. H. Schelkle, Petrusbriefe S. 75f., der das Verständnis christlicher Freiheit in 1Petr 2,16 auf dem Hintergrund von Röm 8,15f.; Gal 4,6f.; Röm 6,22; 1Kor 8,5f. u.a. interpretiert. „Auch hier scheint der Brief [sc. 1Petr] unter der Wirkung paulinischer Theologie zu stehen. Vielleicht ist die Freiheit bereits ein Schlagwort christlicher Lehre, das auch anderen bekannt und von ihnen verdeutet wurde" (a.a.O. S. 76); vgl. bereits R. Knopf, Briefe S. 108f.

nahe, daß die Berufung auf die christliche Freiheit im Zusammenhang der Auseinandersetzung mit staatlichen Instanzen miß-
bräuchlich verwendet wurde, um die staatlichen Autoritäten (wie
auch allgemeine gesellschaftliche Maßstäbe) nicht als normativ
anerkennen zu müssen.[71] Demgegenüber betont der Autor, daß
sich im Anerkennen des Staates als Ordnungsmacht die christliche
Freiheit erweist und nicht dazu mißbraucht werden darf, das traditionell bekannte Unterordnungsgebot aufzuheben.[72] In diesem
Sinne dürfte κακία zu verstehen sein; eine konkrete Straftat ist
kaum wahrscheinlich, da der Brief davon ausgeht, daß die Glaubenden *ungerechterweise* leiden und die Vorwürfe gegen sie nur
Verleumdungen sind (2,20; 3,14-17; 4,1-4.12-16).[73] Die Gefahr
bzw. der tatsächliche Mißbrauch von Freiheit ist hierbei anderer
Art als die Probleme, mit denen sich Paulus auseinanderzusetzen
hatte.[74]

---

[71] Vgl. H. Goldstein, Paränesen S. 99. Wenn dies zutrifft, dann findet sich eine
interessante Parallele zur lukanischen Darstellung der Anklage des Jason durch
das Volk vor den politischen Führern in Thessalonich (Apg 17,6f.). Jason und einige andere Gemeindeglieder werden denunziert, sie würden das Reich in Auf-
ruhr versetzen, indem sie sich gegen Verordnungen des Kaisers stellen und an seiner Stelle Jesus als König proklamieren (οὗτοι πάντες ἀπέναντι τῶν δογμάτων
Καίσαρος πράσσουσιν βασιλέα ἕτερον λέγοντες εἶναι Ἰησοῦν); vgl. A. Weiser, Apostelgeschichte 248; R. Riesner, Frühzeit S. 314ff. Weiser hebt die gestalterische
Tendenz des Verfassers hervor (a.a.O. S. 250). Ähnliche Vorwürfe werden auch
Apg 16,20f. gegen Paulus und Silas erhoben; vgl. schon Lk 23,1-4!
[72] Vgl. L. Goppelt, Petrusbrief S. 188; für einen gnostischen Ursprung dieses
Mißverständnisses (ebd.) gibt es keine Anhaltspunkte. – Gut formuliert E. Kamlah,
„Haustafeln" S. 243: „Es geht um die willentliche Übernahme der durch den
Stand gegebenen Verpflichtungen, aber dies als ein im Verhältnis zu Gott begrün-
deter Verzicht auf Selbstdurchsetzung, der jeden betrifft, aber durch die unterschiedlichen Stellungen verschiedene Ausprägung hat. Es ist dabei nicht die Absicht, Verhältnisse zu ordnen, weder im konservativen noch im reformierenden
Sinne; vielmehr will die urchristliche Ermahnung dazu aufrufen, daß jeder unter
seinen Bedingungen den Willen Gottes tut." Vgl. mit anderer Akzentuierung H.
Goldstein, Paränesen S. 96.
[73] Man sollte daher vorsichtig sein, den Freiheitsbegriff in 1 Petr 2,16 zu stark
theologisierend zu interpretieren; vgl. W. Schrage, Erster Petrusbrief S. 91, der
hier die Intention von 1,18f. wiederfindet.
[74] Anders N. Brox, Petrusbrief S. 122, der auf 1 Kor 8-10 hinweist.

Zusammenfassend ist festzuhalten, daß sowohl die 'Obrigkeitsparänese' als auch die Darstellung der sog. 'Haustafelparänese' in
1Petr zur paulinischen Tradition große Unterschiede aufweisen.
Vor allem die Art und Weise der Themenzusammenstellung, das
Abweichen vom deuteropaulinischen Haustafelschema, die Auffassung von staatlichen Herrschaftsinstanzen und die Motivation der
Unterordnung auf dem Hintergrund der christlichen Freiheit werden in eigenständiger Weise entfaltet. Daraus ergibt sich die
Schlußfolgerung, daß ein direkter paulinischer Einfluß unwahrscheinlich ist und die Annahme der jeweiligen Verarbeitung bekannter christlich-ethischer Konventionen das Verhältnis des 1Petr
zur paulinischen Tradition am angemessensten bestimmt.[75]

---

[75] Vgl. W. C. van Unnik, Teaching S. 104f., der freilich unter der Voraussetzung der Echtheit des 1Petr dessen Verständnis des Tun des Guten im Kontext
der Ethik auf die Lehre Jesu zurückführt. Weiterhin L. Goppelt, Petrusbrief S.
187, zu 1Petr 2,16: „Jedoch knüpft der 1 Petr auch mit dieser Aussage weder terminologisch noch in der Ausrichtung unmittelbar an Paulus an." S. Légasse, Soumission passim, bes. S. 394f., spricht von einer besonderen Form traditionell ge-
prägter Paränese (so der Titel des Aufsatzes). Anders z.B. A. Lindemann, Paulus S.
256: „Auf jeden Fall zeigt die Stelle deutlich, daß die paulinische Theologie nicht
nur formal, sondern auch in der Substanz das Denken des Vf des 1Petr beeinflußt
hat."

9. Einzelparallelen

In einem letzten Abschnitt ist auf drei ausgewählte und markante Stellen aus dem Römerbrief einzugehen, die oft als Parallelen zu Versen des 1 Petr angegeben werden.[1] Nicht berücksichtigt werden einzelne Stellen, die bereits in anderen Zusammenhängen zur Sprache gekommen sind.[2]

9.1. 1 Petr 1,14 und Röm 12,2

Die Verwandtschaft dieser beiden Verse beruht auf der gemeinsamen paränetischen Verwendung des Wortes συσχηματίζομαι (1 Petr 1,14: μὴ συσχηματιζόμενοι, Röm 12,2: μὴ συσχηματίζεσθε) sowie der auffälligen Tatsache, daß es im Neuen Testament nur an diesen Stellen vorkommt.[3] Jedoch gerade die Singularität bei Paulus weist den Begriff nicht als spezifisch paulinischen aus, sondern zeigt an, daß der Apostel ihn wahrscheinlich deshalb gebrauchte, weil er damit bei den Adressaten speziell des Röm ein besonderes Verständnis erwarten konnte, so daß ihm also der Begriff durch die beson-

---

[1] Vgl. dazu z.B. die Listen bei L. Goppelt, Petrusbrief S. 49f.; N. Brox, Tradition S. 183f.; F. Schröger, Gemeinde S. 213ff.

[2] Unberücksichtigt bleiben ferner Röm 6,7 als Parallele zu 1 Petr 4,1 sowie Röm 8,17 zu 1 Petr 4,13 und 5,1 (vgl. L. Goppelt, Petrusbrief S. 49), da es an diesen Stellen keine Übereinstimmungen gibt, die eine nähere Untersuchung erforderlich machen. Die meisten der von W. Seufert, Abhängigkeitsverhältniss passim, und anderen angeführten Stellen aus dem Römerbrief bedürfen ebenfalls keiner detaillierten Auseinandersetzung, vgl. dazu ausführlich K. Shimada, Romans passim. – Dies gilt auch für die Abhängigkeit von 1 Petr 1,14-16 von Eph 2,1-3, die F. W. Beare, Peter S. 97, behauptet.

[3] Vgl. H. Hübner, Theologie II S. 390: „Auch diese bis ins Verbale gehende Übereinstimmung ist ein weiteres Indiz dafür, daß der Vf. des 1 Petr den Röm gekannt hat." Vgl. schon W. Seufert, Abhängigkeitsverhältniss S. 363; F. W. Beare, Peter S. 97. Nach A. Schlatter, Petrus und Paulus S. 73, ist 1 Petr 1,14 die *erste* Stelle, an der die Frage nach dem Verhältnis zum Römerbrief aufbricht.

dere Briefsituation bereits vorgegeben ist. Nur so erklärt es sich,
daß er ihn trotz seiner Anschaulichkeit in keinem anderen Brief
bcnutzt.[4]

Darüber hinaus ist die unterschiedliche Entfaltung der Bedeutung des Begriffes in Röm 12,2 und 1Petr 1,14 zu beachten. Für
Paulus beinhaltet die Forderung, sich nicht der Welt anzugleichen
und sich nicht ihren Maßstäben konform zu verhalten, daß die
Glaubenden ihr Denken verändern lassen[5], um in die Lage versetzt zu werden, das zu prüfen, was dem Willen Gottes entspricht[6].
Das Ergebnis dieser Prüfung muß sich besonders im Zusammenleben der Gemeinde bewähren (12,3ff.). In 1Petr 1,14 geht es um
die Differenz des alltäglichen Lebenswandels, der früher von den
Begierden bestimmt war (vgl. 1,18b; 2,11; 4,2f.)[7], nun aber die
Heiligkeit Gottes zum Maßstab hat (1,15f.).[8] Der Aspekt des Prü-
fens wie in Röm 12,2 (δοκιμάζειν, vgl. Röm 2,18; Phil 1,10; auch
Eph 5,10) ist in 1Petr 1 nicht im Blick. Demgegenüber steht viel-

---

[4] Zu vergleichen ist Phil 3,21, wo im Blick auf das eschatologische Handeln
Christi an den Glaubenden das Wortpaar μετασχηματίζειν und σύμμορφον begegnet; vgl. Phil 3,10: συμμορφίζεσθαι, Röm 8,29: σύμμορφος. Diese Vergleichsstellen
unterstützen jedoch die Auffassung, daß Paulus in Röm 12,2 vorgegebene Begriffe
aufnimmt, denn besonders für Phil 3,20f. ist auf Grund der Form der Verse und
der Singularität der Begriffe entweder die Verwendung formelhaften Gutes oder
gar eines nichtpaulinischen Hymnus wahrscheinlich, vgl. U. B. Müller, Philipper
S. 179; für Röm 8,18ff. hat P. von der Osten-Sacken, Römer passim, einen traditionellen Text wahrscheinlich gemacht. Trotz seiner Kritik an von der Osten-Sackens
These hält auch U. Wilckens, Römer II S. 151, Röm 8,28-30 für traditionell, sieht
jedoch in 29b.c Zusätze des Paulus (a.a.O. S. 165). – Hinzuweisen ist auch auf die
traditionelle Vorgabe der Begriffe μορφή und σχῆμα im Christushymnus von Phil 2
(2,6.7); ferner auf die andere Formulierung des gleichen Sachverhaltes in der
Vorstellung von der eschatologischen Verwandlung in 1Kor 15,51f. (ἀλλάσσειν);
vgl. U. B. Müller, a.a.O. S. 183; C. Wolff, Erster Korintherbrief S. 415f. Zum Gebrauch von μεταμορφοῦσθαι vgl. 2Kor 3,18; μετασχηματίζεσθαι wird in 2Kor
11,13-15 negativ auf die ψευδαπόστολοι bezogen, vgl. C. Wolff, Zweiter Korintherbrief S. 223f.

[5] Als passivum divinum: durch Gott; vergleichbar ist die Intention von 2Kor
10,3-6.

[6] Vgl. Kol 3,9f.

[7] H. Balz, Art. συσχηματίζομαι Sp. 752, übersetzt: „indem ihr nicht nach euren
früheren Begierden lebt.“

[8] Vgl. N. Brox, Petrusbrief S. 77.

mehr die Selbstverständlichkeit der Heiligkeitsforderung, die keiner Prüfung bedarf, weil dies allein Gott entspricht, dessen Ruf bereits die Notwendigkeit des Heiligseins impliziert (1,15).

Es legt sich auf diesem Hintergrund der Schluß nahe, daß 1Petr 1,14 nicht geeignet ist, um die These einer Kenntnis des Röm durch 1Petr zu stützen. Es handelt sich bei συσχηματίζομαι weder um einen typisch paulinischen Ausdruck, noch sind Anklänge an die Art der Verwendung bei Paulus festzustellen.[9]

Nach N. Brox[10] entspricht die Auffassung vom Gehorsam als Kriterium des Glaubens paulinischem Sprachgebrauch. Doch ist weder die Wendung τέχνα ὑπαχοῆς paulinisch (der deuteropaulinische Eph formuliert das Gegenteil durch υἱοὶ τῆς ἀπειθείας, 2,2[11]), noch die Vorstellung vom Gehorsam, die in 1Petr 1,14f. an die Heiligkeitsforderung geknüpft ist: Ihren Gehorsam erweisen die Glaubenden durch einen der Heiligkeit Gottes entsprechenden heiligen Lebenswandel (vgl. 1,2: ἐν ἁγιασμῷ πνεύματος εἰς ὑπαχοήν). Auf diesem Hintergrund ist wohl auch 1,22 zu interpretieren. Schließlich wird in 3,6 der Gehorsam der Sara, als deren Kinder (τέχνα) die Glaubenden gelten, im Hinblick darauf angeführt, daß sie eine der *„heiligen* Frauen ist.[12] Die Intention des Gehorsams der Glaubenden ist daher auf alttestamentlichem Hintergrund verstehbar, vgl. bes. Ex 19,5f.9f.; Dtn 28, wo die Stichworte gehorchen (V. 1f.13), Segen empfangen (V. 2-8) und Heiligkeit des Gottesvolkes (V. 9) in engem Zusammenhang stehen; ferner die Ge-

---

[9] Vgl. L. Goppelt, Petrusbrief S. 116, der auf Grund der Tatsache, daß der Begriff nur zweimal belegt ist, eine „paränetische Tradition" vermutet, „die hier und dort eigenständig ausgebildet wurde"; vgl. bereits A. Schlatter, Petrus und Paulus S. 74. E. Lohse, Paränese S. 76, weist auf den sprachlichen Unterschied zwischen dem Partizip in 1Petr 1,14 und dem regulären Imperativ in Röm 12,2 als Indiz für traditionelle Herkunft hin, vgl. auch E. G. Selwyn, Peter S. 141 („may have belonged to a primitive baptismal form"), s.a. a.a.O. S. 404; J. N. D. Kelly, Peter S. 68 („a christianized version of a jewish apophthegma"); E. Best, Peter S. 33; P. H. Davids, Peter S. 67f.

[10] N. Brox, Petrusbrief S. 75.

[11] Auch gegen F. W. Beare, Peter S. 97.

[12] Dazu s.o. S. 237ff.

horsamsforderung in Lev 26 als Abschluß des sog. Heiligkeitsgesetzes (26,14.18.27) u.ö.[13]

9.2. 1Petr 1,22 und Röm 12,9

Die Nähe dieser Stellen beruht vor allem auf der Mahnung zur ungeheuchelten Liebe, die in beiden Fällen mit dem Wort ἀνυπόκριτος formuliert wird, das im Neuen Testament nicht häufig zu finden ist[14]; in den griechischsprachigen Apokryphen und Pseudepigraphen nur in Weish 5 und 18[15]. Zur Charakterisierung christlicher ἀγάπη verwendet es Paulus neben Röm 12,9 in 2Kor 6,6.[16] Deuteropaulinisch steht es als Attribut zu πίστις (1Tim 1,5; 2Tim 1,5), wobei im Kontext von 1Tim 1,5 der Bezug zu ἀγάπη ebenfalls gegeben ist (V. 4). In Jak 3,17 wird es als Eigenschaft der Weisheit als letztes Glied einer Liste genannt. Ein solcher Listenkontext findet sich auch Röm 12,9; in 1Tim 1,5 klingt er ebenfalls an. Die listenartige Verwendung deutet auf eine traditionelle Verankerung des Begriffes ἀνυπόκριτος in der frühchristlichen Paränese hin, um den Umgang miteinander in der Gemeinde zu beschreiben. Von daher ist er gerade in der Verbindung mit der Liebe von Bedeutung, die sich im Verhalten den anderen gegenüber erweist. Wo dies zur Norm christlicher Existenz und des Zusammenlebens wird, ist die Gefahr der Heuchelei gegeben, die nach außen den Eindruck einer christlich motivierten Liebe vermitteln kann, die aber im Herzen (καρδία) nicht vorhanden ist, vgl. 1Tim 1,5: ἀγάπη ἐκ καθαρᾶς καρδίας. Nach Jak 3,14f. ist es ebenfalls das Herz, das durch Bitterkeit und Streit zur ungeheuchelten Weisheit unfähig wird (vgl. besonders V. 14 mit V. 16f.); nach

---

13 Vgl. dazu z.B. W. Zimmerli, Grundriß S. 123f.; U. Rüterswörden, Art. שׁמע s.v. II,3.4 Sp. 267-269 und s.v. VII Sp. 274-276.

14 Vgl. W. Seufert, Abhängigkeitsverhältniss S. 364; A. E. Barnett, Paul S. 58, dazu s. K. Shimada, Romans S. 111f.; vgl. ferner F. W. Beare, Peter S. 110.

15 In Weish 5,18 als Attribut zu κρίσις, in 18,15 als Attribut zu ἐπιταγή. Das Adverb ἀνυποκρίτως findet sich in 2Clem 12,3 im Blick auf das Zusammenleben in der Ehe.

16 Vgl. 2Petr 1,7.

2Kor 6 zielt die Mahnung zur ungeheuchelten Liebe ebenfalls auf das Herz der Korinther (V. 11-13).[17]

Auf diesem traditionellen Hintergrund läßt sich 1Petr 1,22 verstehen. Das gesamte Wortfeld Liebe (ἀγάπη) – Herz (καρδία) – ungeheuchelt (ἀνυπόκριτος) findet sich auch hier wieder, so daß der Parallele zu Röm 12,9 keine unmittelbare Bedeutung für 1Petr 1,22 zukommt. Darüber hinaus ist wiederum die Verschiedenheit in der Darstellung zu beachten: 1Petr folgt nicht der Listenform, sondern expliziert traditionelle Vorgaben in eigener Weise, indem er das Attribut ἀνυπόκριτος speziell auf die Geschwisterliebe (φιλαδελφία) bezieht und den Satz ἐκ καρδίας ἀλλήλους ἀγαπήσατε ἐκτενῶς parenthetisch als Erläuterung anfügt.[18] Bei Paulus begegnet in Röm 12,10 zwar auch der Begriff φιλαδελφία, aber in keiner definierten Verbindung zu ἀγάπη, sondern als ein Glied der Aufzählung unter anderen und als instrumentale Bestimmung zu φιλόστοργοι, wodurch die „emotionale Wärme"[19] hervorgehoben wird. Die Singularität beider Begriffe bei Paulus legt wiederum nahe, daß der Apostel traditionelles Gut übernimmt.[20]

Durch den erläuternden Satz in 1Petr 1,22b interpretiert der Autor ein Element traditioneller Paränese für die Adressaten seines Briefes und macht gleichzeitig deutlich, daß die so verstandene Liebe Kennzeichen derer ist, die durch das Wort Gottes wiedergeboren sind (V. 23). Die Interpretation entspricht der sonstigen Auffassung des Verfassers von der christlichen Liebe, die sich in besonderem Maße als Geschwisterliebe bewährt. Dieser innerchristliche Bezug der Liebe ist auffällig und charakteristisch für 1Petr (vgl. besonders 2,17: τὴν ἀδελφότητα ἀγαπᾶτε, weiterhin 3,8;

---

17 Vgl. N. Brox, Petrusbrief S. 86. L. Goppelt, Petrusbrief S. 130 Anm. 14, nennt als „Grundmodell" solchen Verhaltens Apg 5,1-6; in Apg 5,3f. wird ausdrücklich vom Herzen als Ursprung des unrechten Verhaltens gesprochen; vgl. dazu U. Wilckens, Römer III S. 18f.

18 Vgl. dazu F. Schröger, Gemeinde S. 136f.

19 U. Wilckens, Römer III S. 20.

20 Vgl. dazu K. H. Schelkle, Art. Bruder passim; U. Wilckens, Römer III S. 18 („in hohem Maße traditionell"); K. Shimada, Romans S. 112.

4,8;[21] auf diesem Hintergrund ist auch ἀδελφότης als Bezeichnung der Leidensgemeinschaft in 5,9 zu verstehen)[22]; eine darüber hinausgehende Nächstenliebe oder gar Feindeslicbe kommt nicht zur Sprache.[23] Besonders aufschlußreich ist hierfür der genannte Vers 2,17, wo das Verhalten der Glaubenden verschiedenen Gruppen und Personen gegenüber definiert wird.[24] Liebe gilt hier wieder allein der Geschwisterschaft.[25] Von dieser Tendenz kann auch 1Petr 3,8 nicht ausgenommen werden.[26]

---

[21] Zum Verständnis der Gemeinde als ἀδελφότης vgl. F. Schröger, Gemeinde S. 131-137. – In diesem Licht ist die Abweichung der Formulierung φίλημα ἀγάπης in 5,14 von der sonst verbreiteten Wendung φίλημα ἅγιον charakteristisch für 1Petr; dazu s.o. S. 77ff.

[22] Als eine Ausnahme ist 1,8 die Liebe zu Christus angesprochen, aber auch dies fällt nicht aus dem Deutekontext der Liebe in 1Petr; 3,10 ist Zitat aus Ps 34,13.

[23] Selbst im Kontext der Ermahnung an die Männer über das Verhalten zu ihren Frauen (3,7) ist von ἀγάπη nicht die Rede; vgl. demgegenüber Kol 3,19; Eph 5,25; vgl. auch U. Wilckens, Römer III S. 20, zu Röm 12,9: „Die Liebe gilt grundsätzlich jedem Nächsten, wie 13,8-10 zeigt. Doch innerhalb der Gemeinde hat sie als 'Bruderliebe' ... ihren zentralen Ort in der Welt."

[24] Vgl. vor allem die wohl bewußte Abweichung von der alttestamentlichen Parallele des Gott-König-Spruches in Prov 24,21, der auch hinter Röm 13,7 steht, jedoch ohne Bezug auf ἀγάπη.

[25] ἀδελφότης kommt im Neuen Testament nur in 1Petr 2,17 und 5,9 vor. K. Shimada, Romans S. 111, weist ferner auf den unterschiedlichen Kontextbezug der christlichen Wiedergeburt hin, einschließlich des nirgends bei Paulus zu findenden Zitates Jes 40,6-8.

[26] Anders L. Goppelt, Petrusbrief S. 130, der hier die Nächstenliebe nach dem Vorbild von Mt 5,44 impliziert sieht und m.E. die Bedeutung des Wortes φιλάδελφος unterschätzt, das sich schwerlich auch auf die Verfolger beziehen läßt. Daß 1Petr 3,9 eine Parallele in Mt 5,44 hat, bleibt davon unbenommen (vgl. dazu ausführlich R. Metzner, Rezeption S. 75-89), das Motiv der Nächstenliebe aber übernimmt 1Petr nicht, s.u. S. 251ff. Selbst Mt muß erst ausdrücklich darauf hinweisen, daß die gegenseitige Liebe unter den Glaubenden allein nicht ausreicht (5,46), woraus gefolgert werden kann, daß genau dies in seinem traditionellen Umfeld die verbreitete Auffassung war, in die sich dann auch 1Petr einfügt. In 1Petr 3,9 kommt das Verhalten zu Nichtchristen nicht als Entfaltung der Liebe, sondern der Demut in den Blick.

9.3. 1 Petr 3,9 und Röm 12,17

Nachdem 1 Petr 3,9 bereits im vorigen Abschnitt zur Sprache gekommen ist, muß nun seine Aussage in ihrem Verhältnis zu Röm 12,17 erörtert werden.[27] Der Vers in 1 Petr 3 ist Teil des Abschlusses der Haustafeltraditionen, in welchem der Autor wiederum alle Adressaten (πάντες) anspricht. Über die intentionale Entsprechung der einzelnen traditionellen Topoi der Paränese von Röm 12,10-17 und 1 Petr 3,8f. hinaus, die auf unterschiedliche Ausprägung gemeinsamer frühchristlicher Paränesetraditionen zurückgeführt werden kann[28], liegt eine fast wörtliche Parallele in den Wendungen μὴ ἀποδιδόντες κακὸν ἀντὶ κακοῦ (1 Petr 3,9) und μηδένι κακὸν ἀντὶ κακοῦ ἀποδιδόντες (Röm 12,17; vgl. auch 1 Thess 5,15) vor. Hinzu kommt, daß die Aufforderung zum Segnen in 1 Petr 3,9b eine Entsprechung in Röm 12,14 hat (εὐλογεῖτε τοὺς διώκοντας, vgl. 1 Kor 4,12: λοιδορούμενοι εὐλογοῦμεν, διωκόμενοι ἀνεχόμεθα). Sowohl in Röm 12 als auch in 1 Petr 3 richtet sich die Intention der Aussage auf das Verhalten der Glaubenden gegenüber ihrer Umwelt. Für die Segensaussage ist weiterhin Mt 5,39-44 par. Lk 6,27f. bedeutsam, denn dadurch wird deutlich, daß die Vorstellung nicht nur paulinisch ist, sondern eine frühchristliche Tradition anzeigt. Auf diesem Hintergrund wird auch 1 Petr 3,9 als Traditionsgut verstanden.[29] Allerdings bleibt mit dieser Feststellung das Verhältnis der neutestamentlichen Belege untereinander noch unbestimmt.

---

[27] Vgl. W. Seufert, Abhängigkeitsverhältniss S. 367f.; R. Knopf, Briefe S. 7; A. E. Barnett, Paul S. 63 u.a.

[28] Vgl. L. Goppelt, Petrusbrief S. 224f.

[29] Zu 1 Petr 3,9 vgl. L. Goppelt, Petrusbrief S. 224-226; ders., „Haustafel"-Tradition S. 100f.; W. Schrage, Erster Petrusbrief S. 100: „eine Mahnung aus einem breiten Strom paränetischer Überlieferung"; N. Brox, Petrusbrief S. 152: „selbständig umlaufendes, d. h. nicht an die Haustafel gebundenes Traditionsstück ..., das allerdings die Haustafel interpretiert"; vgl. a.a.O. S. 154; O. Knoch, Petrusbrief S. 92: Verfasser „hat diesen Abschnitt im Anschluß an urkirchlich paränetische Tradition selbständig gestaltet"; weiterhin E. G. Selwyn, Peter S. 412f.; F. Schröger, Gemeinde S. 123; J. N. D. Kelly, Peter S. 136f.; K. H. Schelkle, Petrusbriefe S. 95; zu Röm 12,17 bzw. 12,14 vgl. U. Wilckens, Römer III S. 18f.

R. Metzner hat zu zeigen versucht, daß 1 Petr 3,9 die fünfte und sechste Antithese der matthäischen Bergpredigt (Mt 5,39a.44f.) als Vorlage benutzt und zu einer Gesamtaussage zusammenfaßt.[30] Allerdings geht die Verwandtschaft über die gleiche Intention kaum hinaus, so daß eine direkte Abhängigkeit von Mt 5,39.44f. *an dieser Stelle* nicht wahrscheinlich ist.[31] Die strukturelle Ähnlichkeit[32] kann diese These nicht tragen, zumal es außer der Präposition ἀντί keine Übereinstimmungen gibt. Daher scheint das Gewicht unangemessen, das Metzner dieser Partikel beimißt.[33] Gerade die *wörtliche* Übereinstimmung mit Röm 12,17 ist unter einer solchen Voraussetzung nicht verstehbar.[34]

Entscheidend für das Nachzeichnen einer traditionsgeschichtlichen Linie ist der Hinweis, daß die im Neuen Testament auf verschiedene Weise entfaltete Vorstellung vom Verzicht auf Vergeltung bereits in der alttestamentlich-frühjüdischen Literatur vorhanden ist (vgl. Prov 17,13; 20,22; 24,29; ApkSedr 7,7f.; JosAs 23,9; 28,5.14; 29,3; slHen 50,3f.; 1QS 10,17f.; aber auch bereits Gen 44,4; Lev 19,17f.; 1Sam 25,21; PsLXX 34,12; 37,21 [par. Prov 17,13]; Jer 18,20).[35] Ohne eine bestimmte Entwicklung zu rekonstruieren, zeigen diese Belege, daß zumindest ein gewisses Gefälle in der Aussageintention festzustellen ist.

Das neutestamentliche Gebot, Böses nicht mit Bösem zu vergelten, findet sich jedoch im Alten Testament nicht. Hier steht die Frage im Vordergrund, wie bzw. ob es sein kann, daß ein Mensch (oder auch Gott) Gutes mit Bösem vergelten kann, so in Gen 44,4 in der Frage des Joseph an seine Verwalter (ἀνταπεδώκατε πονηρὰ ἀντὶ καλῶν); Jer 18,20 in der Frage des Jeremia an Gott (εἰ ἀνταποδίδονται ἀντὶ ἀγαθῶν κακά); in 1Sam 25,21; PsLXX 34,12 und 37,21 wird Klage erhoben, daß Gutes mit Bösem vergolten wurde

---

[30] R. Metzner, Rezeption S. 75-89; anders R. H. Gundry, Verba Christi S. 342.

[31] S.o. S. 250 Anm. 26. Vgl. als Analogie dazu die Argumentation von W. Nauck, Freude S. 69ff., der die Berührungen zwischen 1 Petr 1,6 und 4,13f. mit Mt 5,11f. auf eine gemeinsame Tradition zurückführt, die auch in Jak 1,2.12 wiederzufinden sei und jüdischen Charakter trage (vgl. Weish 3,4ff.; syrBar 48,48ff.; 52,5ff.; 54,16ff.; dazu W. Nauck, a.a.O. S. 74-78).

[32] R. Metzner, Rezeption S. 75.

[33] A.a.O. S. 76f.

[34] F. W. Beare, Peter S. 160 und W. Schrage, Erster Petrusbrief S. 100, konstatieren eine nähere Verwandtschaft von 1 Petr 3,9 zu Röm 12,17 als zu Mt 5/Lk 6.

[35] Zu rabbinischen Belegen vgl. P. Billerbeck, Kommentar III S. 299; zur Auswertung des Materials vgl. A. Nissen, Gott und der Nächste S. 304-329.

(1Sam 25,21: ἀνταπέδωκεν μοι πονηρὰ ἀντὶ ἀγαθῶν, Ps 34,12: ἀνταπεδίδοσαν μοι πονηρὰ ἀντὶ καλῶν, 37,21: οἱ ἀνταποδιδόντες κακὰ ἀντὶ ἀγαθῶν). Auch die klassische Parallele zur neutestamentlichen Form aus Prov 17,13 verurteilt lediglich, daß *Gutes* mit Bösem vergolten wird; Prov 20,22 und 24,29 weisen den Wunsch nach Vergeltung des Bösen generell ab. Über das Problem, Böses mit Bösem zu vergelten wird nicht eigens reflektiert, und auf dem Hintergrund des sogenannten ius talionis scheint die Berechtigung dazu nicht in Frage zu stehen. Insofern markieren Prov 20,22 und 24,29 bereits ein Stadium, in welchem das Recht zur Vergeltung generell Gott zugesprochen wird (vgl. 1QS 10,17f. [Gottesspruch]: „Nicht werde ich Vergeltung üben für jemandes böse Tat, [sondern] mit Gutem werde ich ihn begleiten"). Erst diese Vorstellung kann zu dem Gebot führen, daß Menschen Böses nicht mit Bösem vergelten sollen, ein Zusammenhang, den auch Paulus in Röm 12,17-21 bewahrt, indem er das Vergeltungsverbot mit dem Hinweis auf das Zorngericht Gottes alttestamentlich begründet (vgl. Dtn 32,35). Während sich 1QS 10,17f. in die Intention der alttestamentlichen Belege einfügt, bieten erst JosAs und ApkSedr die Formulierung κακὸν ἀντὶ κακοῦ, wie sie auch im Neuen Testament verwendet wird. Dreimal wird in JosAs betont, daß es für gottesfürchtige Menschen selbstverständlich sei, Böses nicht mit Bösem zu vergelten (23,9; 28,5; 29,3), und auf der Grundlage dieser Selbstverständlichkeit kann Aseneth *verallgemeinernd(!)* gebieten: μηδαμῶς ἀδελφὲ ποιήσεις κακὸν ἀντὶ κακοῦ τῷ πλησίον σου (28,14).[36]

Wenn für 1Petr 3,9 und Röm 12,17 auf alttestamentlich-jüdische Vorstellungen als Parallelen hingewiesen wird, so ist also durchaus zu differenzieren: Die neutestamentliche Wendung ist in ihrer Form nicht schon alttestamentlich, sondern steht in frühjüdischer Tradition.

Dennoch bleibt die Frage, ob 1Petr 3,9 die Wendung dieser traditionellen Entwicklung entnimmt, womit deren direkter Einfluß auf christliche Traditionsbildung dokumentiert würde, oder

---

[36] Vgl. ApkSedr 7,7f. Vgl. dazu C. Burchard, Untersuchungen S. 100-102, bes. S. 102: „Hier [sc. an den neutestamentlichen Stellen] wird ein jüdisch-hellenistischer Satz übernommen und im Fortgang verchristlicht."

ob sie bereits durch Röm 12,17 vermittelt aufgegriffen wird. Unter
der Voraussetzung der Kenntnis des Röm wäre letzteres wahrscheinlicher.[37] Die Wendung μὴ ἀποδιδόντες κακὸν ἀντὶ κακοῦ allein
reicht aber für einen Nachweis dessen nicht aus. Bedeutsam ist daher das Wortfeld, mit dem die Aussage verbunden ist.[38] Zunächst
wird sie parallel erweitert durch λοιδορίαν ἀντὶ λοιδορίας, und es ist
sehr wahrscheinlich, daß der Autor mit diesem Zusatz die ihm traditionell bekannte Wendung für seine Aussageabsicht interpretiert:
Das Böse, mit dem die Glaubenden konfrontiert sind und das sie
nicht in gleicher Weise zurückgeben sollen, sind die Verleumdungen ihrer Umwelt (vgl. 2,12.15; 3,16; 4,4; wohl auch 5,8). Die Be-
griffswahl lehnt sich in 3,9 – wie schon oft – an christologische
Aussagen an; bereits in 2,23 hat der Verfasser das Leiden Christi
als λοιδορεῖσθαι bezeichnet (ὃς λοιδορούμενος οὐκ ἀντελοιδόρει). Die
λοιδορία, der die Glaubenden ausgesetzt sind, läßt sie folglich an
dem Schicksal Christi teilhaben. Darin werden sie ihrer Bestimmung gerecht, seinen „Spuren" zu folgen, mit denen er ihr eigenes Schicksal vorgeprägt hat (2,21).[39] Dem Gebot, nicht ihrerseits
in Verleumdungen zu verfallen, entspricht die Aufforderung, statt
dessen (τοὐναντίον) zu segnen. Unabhängig von der Begründung
der Segensforderung, daß die Segnenden den Segen erben werden (vgl. 1,4), klingt mit εὐλογεῖν – wie es hier verwendet wird –
die Grundbedeutung des Segnens an: Gutes reden. Der bösartigen
Verleumdung sollen die Glaubenden Gutes entgegensetzen, und
das ist durch die bewußte Gegenüberstellung vor allem auf den
verbalen Bereich zu beziehen. Von daher erhält das Segnen an
dieser Stelle einen apologetisch-missionarischen Aspekt (vgl. 3,15).
Der Gewißheit der Berufung zum Erbe des Segens entspricht das
segnende Verhalten gegenüber der Verleumdung, welches den

---

[37] Vgl. W. Seufert, Abhängigkeitsverhältniss S. 367f.; H. Hübner, Theologie II
S. 390. Anders z.B. A. Lindemann, Paulus S. 256, der hier eine gemeinsame kate-
chetische Tradition vermutet, andererseits dennoch den Römerbrief als Voraussetzung für den Ersten Petrusbrief ansieht (vgl. a.a.O. S. 255 u.ö.).
[38] Vgl. K. Shimada, Romans S. 121-123, jedoch ohne eingehendere Analyse.
[39] Vgl. K. H. Schelkle, Petrusbriefe S. 94.

Verleumdenden Zeugnis von dem hoffnungsvollen Erbe der Glaubenden gibt (vgl. 1,3f.).

Berücksichtigt man diese klare Intention des Verfassers, die mit anderen Aussagen in seinem Brief abgedeckt ist, so fällt es schwer, innerhalb der neutestamentlichen Traditionen Abhängigkeiten zu sehen. Die Motive, die in 1Petr 3,9 anklingen, finden sich an den entsprechenden Stellen in unterschiedlicher Form und Kombination:

Mt 5,44 spricht von der Feindesliebe und der Bitte für die Verfolger;

Lk 6,27f. erklärt Feindesliebe als Wohltuen gegenüber denen, die Hassen, als Segnen der Verfolger und als Bitte für die Beleidiger;

Röm 12,14 nennt wie Lk das Segnen der Verfolger und expliziert das Vergeltungsverbot (V. 17) mit dem Hinweis auf die Gesinnung, jedem Menschen Gutes zu tun;

1Kor 4,12 stellt der Schmähung den Segen gegenüber (vgl. V. 13: lästern/ermahnen) und spricht vom Aushalten der Verfolgungen;

1Thess 5,15 entspricht intentional Röm 12,17.[40]

Die unterschiedliche Art und Weise, wie an diesen Stellen gleichartige Motive (Segnen der Verfolger / Bitten für Verfolger / den Verfolgern Gutes tun / Verfolgungen ertragen / statt Schmähen Segnen / Bitten für Beleidiger / Feindesliebe) im Umfeld der Intention des Vergeltungsverbotes entfaltet werden, läßt unmittelbare literarische Bezüge der einzelnen Traditionen untereinander nicht erkennbar werden. Wahrscheinlicher ist anzunehmen, daß jeweils eine spezifische Weiterführung und Interpretation traditioneller Einzelelemente vorliegt, die vorneutestamentlich in der christlichen Überlieferung keine feste Ausprägung erfahren hatten, sondern auf Grund der sentenzenartigen Formulierungen wahrscheinlich als mündliche Paränese weitergegeben wurden.

---

[40] Vgl. dazu E. G. Selwyn, Peter S. 412f.: „... if 1 Peter is the borrower here, dependence is more likely to be on 1 Thessalonians than on Romans, owing to Silvanus' association with 1 Peter and 1 Thessalonians. But a more probable explanation is surely that behind all three lies common catechetical material."

Dies gilt auch für 1Petr 3,9 und sein Verhältnis zu Röm 12,17. Inwiefern Jesustradition dafür einen Ausgangspunkt bildet, ist für
die Frage des Verhältnisses dieser beiden Stellen nicht von Bedeutung und kann hier unberücksichtigt bleiben.[41]

---

41 Vgl. E. G. Selwyn, Peter S. 412f.; L. Goppelt, „Haustafel"-Tradition S. 100f.;
P. H. Davids, Peter S. 126.

10. Zusammenfassung und Ausblick

Ziel dieser Untersuchung war die Prüfung der These eines sog. „Paulinismus" des Ersten Petrusbriefes. Im Durchgang durch die wichtigsten formalen und inhaltlichen Bereiche konnte eine direkte Abhängigkeit weder von den Paulusbriefen noch von den deuteropaulinischen Schreiben festgestellt werden. Die Teilergebnisse sollen an dieser Stelle thesenartig zusammengefaßt werden:

1. Die Nähe des Briefformulars[1] zur paulinischen Brieftradition ist nicht auf der Ebene der Kenntnis paulinischer Briefe im Sinne einer Formularvorlage zu verstehen, sondern als Verwendung eines bereits christliche Konvention gewordenen Briefrahmens. Die inhaltliche Gestaltung des Präskriptes (einschließlich der Eingangseulogie) sowie des Postskriptes ist von der paulinischen Tradition so stark unterschieden, daß ein direkter traditionsgeschichtlicher Einfluß weder im Sinne literarischer Abhängigkeit noch im Sinne einer bewußten Aufnahme paulinischer Briefkonvention besteht. Die Eigenständigkeit des 1Petr ist auch dann festzuhalten, wenn man in Paulus und seiner Schule die die christliche Brieftradition prägende Größe sieht.

2. Ähnliches gilt für die „paulinische" ἐν-Χριστῷ-Wendung.[2] Damit wird ebenfalls ein bereits zur Tradition gewordener Ausdruck aufgegriffen, der im Kontext des 1Petr eine eigenständige Prägung unabhängig vom paulinischen Verständnis erhält. Der wesentliche Unterschied besteht in dem eschatologischen Bezug auf die Teilhabe der Glaubenden an der zukünftigen Herrlichkeit, im Unterschied zu der konsequenten Anwendung auf das Heilswerk Gottes in Christus bei Paulus.

---

[1] S.o. S. 22-83, bes. S. 82f.
[2] S.o. S. 84-106, bes. S. 102ff.

3. Im Verständnis der Offenbarung[3] besteht die auffälligste Differenz darin, daß Paulus in eschatologischer Hinsicht mit einem Offenbarwerden *aller* Menschen im Gericht Gottes rechnet, während im 1Petr der Schwerpunkt auf dem eschatologischen Offenbarwerden des Heils für die Glaubenden als Anteilhabe an der Herrlichkeit Gottes liegt. Dies ist eng mit der Offenbarung Christi durch Gott verbunden und wird als Hoffnungsperspektive für die gegenwärtige Leidensexistenz entfaltet, die bereits als Gerichtshandeln erfahren wird.

4. Die Vorstellungen im Bereich der Soteriologie und der Christologie[4] unterscheiden sich vor allem in der Beschreibung des Heilswerkes Gottes in Christus, das der 1Petr konsequent von dem deuterojesajanischen Opferlamm-Verständnis her entfaltet, wie es bei Paulus keine Entsprechung findet. Umgekehrt findet sich die für Paulus grundlegende Betonung der vollendeten Versöhnung und der erst zukünftig geschehenden Rettung nicht im 1Petr. Berücksichtigt man ferner die unterschiedlichen Redeweisen von Rettung in den deuteropaulinischen Briefen, dann liegt es nahe anzunehmen, daß dieses zentrale Thema in je eigenständiger Weise entfaltet bzw. modifiziert wird. – Bei der Untersuchung der Zitatenüberlieferung, die Christus als Stein des Anstoßes und als Eckstein beschreibt, lassen sich keine Abhängigkeiten der verschiedenen Traditionen feststellen.[5] Die unterschiedliche Kombination und Kontextuierung sprechen eher dafür, eine Ebene gemeinsamer mündlicher Traditionen anzunehmen, von der ausgehend die jeweilige Zusammenstellung und inhaltliche Akzentuierung erfolgt.

5. Im Bereich der Ekklesiologie[6] ist vor allem der Begriff χά-ρισμα auffällig, den der 1Petr mit der paulinischen Tradition gemeinsam hat. Doch läßt sich hierbei ein direkter Einfluß nicht erkennen, wie auch der 1Petr der deuteropaulinischen Tendenz zur Engführung des Charismenverständnisses auf die Gemeindeleitung nicht entspricht. Die Unterscheidung in zwei grundlegende

---

[3] S.o. S. 107-119, bes. S. 119.
[4] S.o. S. 120-143, bes. S. 142f.
[5] S.o. S. 143-157, bes. S. 157.
[6] S.o. S. 158-195, bes. S. 194f.

Charismen hat ihre Parallele eher in der Darstellung der Aufgabenteilung von Apg 6. Hierbei ist der bereits unter den Punkten 1. und 2. erwähnte Vorgang wahrscheinlich, daß sich der in seiner christlichen Bedeutung von Paulus geprägte Begriff in einer Weise verselbständigte und zum christlichen Allgemeingut wurde, daß er eine von Paulus und seiner Tradition zu unterscheidende inhaltliche Prägung erfahren konnte. Diese ist für den 1Petr wahrscheinlich von den Traditionen der Apg beeinflußt. Gleiches gilt für die presbyteriale Struktur der Gemeinde, wie sie nach 1Petr 5,1ff. vorauszusetzen ist und die auf die Tradition von Apg 20 hindeutet. Wegen der spezifischen Entfaltung des Charismenbegriffes im 1Petr ist das Nebeneinander von charismatischer (= paulinischer) und presbyterialer (= kleinasiatischer) Gemeindestruktur auf diesem traditionellen Hintergrund nicht problematisch und auch nicht als ein Versuch der Vermittlung zwischen zwei verschiedenen Gemeindestrukturen anzusehen.

6. Eine der größten Differenzen zwischen dem 1Petr und der paulinischen Tradition besteht hinsichtlich des Verständnisses der Taufe.[7] Während bei Paulus die Taufe eng mit dem Rechtfertigungsgeschehen zusammenhängt (Röm 6; vgl. 1Kor 6,11) und in der deuteropaulinischen Tradition Taufe im Sinne einer Wiedergeburt verstanden wird (Tit 3), kann für den 1Petr keines von beiden festgestellt werden. Taufe und Wiedergeburt sind im 1Petr nicht ein und dasselbe Geschehen, sondern in differenzierter Weise als das Zum-Glauben-Kommen (Wiedergeburt) einerseits und die Bitte um die Kraft zur Bewährung dieses Glaubens im angefochtenen Leben (Taufe) andererseits verstanden.

7. Im Kontext der Gemeindeparänese (Haustafeln) bestehen ebenfalls erhebliche Unterschiede zwischen 1Petr und der paulinischen Tradition.[8] In beiden Bereichen wird christliches Allgemeingut aufgenommen und jeweils in spezifischer Weise konkretisiert. Das in diesem Zusammenhang im 1Petr angesprochene Thema der christlichen Freiheit entspricht weder in der Formulierung

---

[7] S.o. S. 196-226, bes. S. 225f.
[8] S.o. S. 227-244, bes. S. 244.

noch in seiner inhaltlichen Entfaltung im Kontext des Verhältnisses der Glaubenden zur staatlichen Herrschaft dem paulinischen Verständnis, das besonders für das Verhältnis der Glaubenden zur Sünde und zum Gesetz bzw. für den Umgang miteinander Bedeutung erlangt (vgl. bes. Gal 5,13).

8. Bei der Untersuchung der drei Einzelparallelen zum Römerbrief wird der bisherige Eindruck bestätigt.[9] Die Parallele von 1Petr 1,14 zu Röm 12,2 beruht vor allem auf dem paulinischen Hapaxlegomenon συσχηματίζεσθαι, was in methodischer Hinsicht keine ausreichende Begründung eines Einflusses sein kann. Darüber hinaus ist der Gehorsam in 1Petr 1 mit dem levitischen Heiligkeitsgesetz begründet, was der paulinischen Kategorie des Prüfens des Gotteswillens nicht entspricht. – Die Parallele zwischen 1Petr 1,22 und Röm 12,9 beruht in ähnlicher Weise besonders auf dem Begriff ἀνυπόκριτος, der jedoch wegen des seltenen Vorkommens und dem listenartigen Kontext sowohl in Jak 3,17; Röm 12,9 und anklingend auch in 1Tim 1,5 wahrscheinlich traditionell in paränetischem Zusammenhang verankert ist. – Entsprechendes gilt auch für die Parallele zwischen 1Petr 3,9 und Röm 12,17. Das Gebot, Böses nicht mit Bösem zu vergelten, erweist sich als ein traditioneller Topos, der vielleicht bereits auf Jesusüberlieferung zurückgeht und wegen seiner einprägsamen Form wahrscheinlich aus der mündlichen Überlieferung übernommen und jeweils unterschiedlich akzentuiert wurde.

Es ist verständlich, daß ein erster Blick auf die Vorstellungen und Wendungen im 1Petr dazu verleitet, die paulinische Tradition entweder im literarischen Sinne oder als bewußten Bezugsrahmen vorauszusetzen und den 1Petr als deuteropaulinischen Brief zu interpretieren, der er nicht ist. Doch vor allem hinsichtlich der gemeinsamen Begriffe und Wendungen erweist sich, daß geprägte paulinische Termini und Vorstellungen nicht mehr *als solche* aufgenommen, sondern *unabhängig von ihrem paulinischen Entstehungskontext inhaltlich neu entfaltet* wurden. Von einem paulinischen Einfluß,

---

[9] S.o. S. 245-256.

einer paulinischen Prägung des 1 Petr oder einer Abhängigkeit von der paulinischen Tradition kann daher nur mit äußerster Zurückhaltung gesprochen werden, während die Verschiedenheit wesentlich stärker hervorzuheben ist. In der Konsequenz dieser Ergebnisse gilt es, die durch den 1 Petr repräsentierte Tradition als eine weitgehend eigenständige, d.h. von der in vieler Hinsicht dominierenden paulinischen Tradition zu unterscheidende wahrzunehmen und zu interpretieren.[10] Erst auf dieser Grundlage wird ein Vergleich mit Paulus und seiner Schule in positivem Sinne lohnend und gewinnbringend sein, ein Gewinn, der durch die vielgestaltige Interpretation des 1 Petr von der paulinischen Tradition her von vornherein unmöglich wäre. Der 1 Petr muß als ein eigenständiges Zeugnis innerhalb der frühchristlichen Traditionen neben Paulus und seiner Schule wahrgenommen werden.[11]

Durch die ausdrückliche Anknüpfung an Petrus wird der Brief traditionsgeschichtlich bestimmt und auch nominell von Paulus unterschieden. An dieser Stelle führen die Überlegungen zu den Fragestellungen der Einleitung zurück.[12] Die inhaltliche Unabhängigkeit von den Vorstellungen des paulinischen Traditionskreises läßt erneut die These plausibel werden, daß der 1 Petr durch die Wahl des Petrusnamens bewußt eine sich auf Petrus zurückführende Tradition repräsentiert.[13] Der 1 Petr wäre dann zwar das einzige ausdrückliche Zeugnis einer solchen „petrinischen" Tradition[14],

---

[10] Vgl. ähnlich z.B. P. Dschulnigg, Theologie S. 327.

[11] Vgl. A. Lindemann, Paulus S. 259f.: „1 Petr ist ... Zeuge des Versuchs der Selbstfindung des nichtpaulinischen Christentums in Kleinasien" (a.a.O. S. 259).

[12] S.o. S. 14ff.

[13] Anders z.B. N. Brox, Rahmung S. 92, der es für unerheblich hält, welchen Apostelnamen der Verfasser nennt, da es diesem am Ende des 1. Jh. n. Chr. ohnehin nur um eine „formale Autorisierung des Geschriebenen" gehe, im Anschluß an Brox vgl. auch F. Prast, Presbyter S. 382 Anm. 80; F.-R. Prostmeier, Handlungsmodelle S. 139f.

[14] Der zweite Petrusbrief führt sich zwar auch auf Petrus zurück, hat aber einen deutlich anderen Charakter als der 1 Petr, was sich u.a. durch die Hinzunahme des Namens Simon dokumentiert. Inhaltlich repräsentiert der 2 Petr jene Harmonisierungstendenzen zwischen petrinischer und paulinischer Tradition späterer Zeit, wie sie im Rahmen der Frühkatholizismusthese dem 1 Petr (zu Unrecht) unterstellt wurden (s.o. S. 6f.).

was aber nur dann als Mangel bezeichnet werden könnte, wenn man die ungewöhnliche Breite der paulinischen Tradition zum Maßstab machte. Das jedoch wäre ein der Überlieferung unangemessenes a priori.[15]

Wenn von „petrinischer" Tradition gesprochen werden soll, so ist gleichzeitig zu bedenken, in welcher Weise eine Verbindung mit „Petrus" vorzustellen ist. Die damit verbundene Diskussion um die Einleitungsfragen zu Verfasserschaft, Entstehungsort und -zeit des 1Petr ist hier nicht zu wiederholen[16], sondern nur um einige Aspekte in Gestalt eines Ausblickes zu ergänzen, die sich aus vorliegender Untersuchung ergeben.

Es ist an verschiedenen Stellen eine Verbindung des 1Petr zur Apostelgeschichte aufgefallen, und zwar in formaler wie auch inhaltlicher Hinsicht. So sind die Namen Markus und Silvanus im Postskript des 1Petr und die Art und Weise, wie sie mit dem Namen des Petrus in Beziehung gesetzt werden, aus der Darstellung von Apg 12 und Apg 15 ableitbar.[17] Ferner deutet die Entfaltung

---

15 Vgl. K. Berger, Wissenssoziologie S. 132: „Auch darauf ist zu achten, ob nicht literarische 'Konkurrenz' Ausdruck faktischer Autoritätenkonkurrenz sein kann; dieses betrifft etwa das Nebeneinander von Petrus und Paulus in Acta bezüglich der Begründung der gesetzesfreien Heidenmission. Die gemeinsame Basis ist historisch an dem Stichwort 'Antiochien' festzumachen, und die gemeinsamen Traditionen in 1 Petr und den paulinischen Briefen weisen ebenfalls auf gemeinsame Traditionsgrundlage zwischen Paulus und dem Bereich, in dem Petrus als Autorität galt." – Im Zusammenhang der Skizzierung einer solchen „petrinischen" Tradition wird die Frage nach der Authentizität des 1Petr relativiert, die z.B. von R. H. Gundry, Verba Christi passim, bes. S. 350, für seine Erhebung eines „Petrine pattern" aufgeworfen wurde, und die er unter Einbeziehung von Evangelientraditionen nur zirkulär entfalten konnte: Das „petrinische Muster" spreche für die Authentizität des Briefes, dieser Umstand unterstütze wiederum die Zuverlässigkeit der Evangelientradition; vgl. dagegen E. Best, 1 Peter and the Gospel Tradition passim, woraufhin Gundry, Further Verba passim, bekräftigte, Petrus habe den Brief in Rom diktiert und mit Jesusworten 'gewürzt'.

16 Die bekannten Positionen trägt auf dem neuesten Stand F.-R. Prostmeier, Handlungsmodelle S. 15-140, ausführlich zusammen; vgl. auch R. Feldmeier, Fremde S. 193-202.

17 S.o. S. 62ff.; vgl. A. Reichert, Praeparatio S. 17: „Die Hinweise auf Silvanus und Markus (5,12f) dürften als deutliche Indizien dafür gelten können, daß der Verfasser seine Entscheidung für Petrus gegen Paulus als fiktivem Autor bewußt getroffen hat." M.E. freilich stand für den Autor diese Alternative nicht.

des Gemeindeverständnisses darauf hin, daß der Verfasser des 1Petr auf Vorstellungen zurückgreift bzw. Gemeindestrukturen voraussetzt, die mit Apg 6 und Apg 20 verwandt sind; beide sind unter Aufnahme von Traditionen redaktionell gestaltete Texte.[18] Daraus ergibt sich die Frage, inwiefern der Verfasser des 1Petr mit der Apg selbst oder mit den von Lukas verarbeiteten Traditionen aus unterschiedlichen Bereichen (Jerusalem – Antiochien – Kleinasien) bekannt war. Dies kann hier nicht weiter verfolgt werden. Für eine traditionsgeschichtliche Einordnung des 1Petr sind die Beziehungen zur Apg vor allem deshalb interessant, weil eine Verbindung zur syrisch-antiochenischen Tradition auf Grund der Aufnahme matthäischer Traditionen im 1Petr bereits erwiesen sein dürfte.[19] Somit wäre auf traditionsgeschichtlichem Wege einerseits die Diskussion um die „Echtheit" des 1Petr (mit und ohne Sekretärshypothese) um ein entscheidendes Argument zu erweitern und gleichzeitig zu relativieren, das m.E. nicht den oft spekulativen Charakter anderer Argumente hat[20], sondern an den Texten selbst überprüfbar ist. Andererseits würde der Verfasser in einem Traditionskreis verortet werden, der – zumindest für den palästinisch-syrischen Raum – auch in historischem Sinne eng mit Petrus verbunden war, so daß der Petrusname auch in dieser Hinsicht plausibel wird. Der Verfasser wendet sich zudem an Gemeinden, die nicht paulinisches Missionsgebiet repräsentieren[21], sondern – auch in diesem Zusammenhang spielen redaktionelle Notizen der Apg

---

[18] S.o. S. 163ff. und S. 173.177f.

[19] Vgl. dazu R. Metzner, Rezeption passim; zur Frage einer „antiochenischen Theologie" vgl. z.B. E. Rau, Von Jesus zu Paulus passim, dazu die Diskussion bei U. Mell, Rez. E. Rau Sp. 669f.

[20] Vgl. z.B. die Auseinandersetzung um die Sprachbegabung des Autors (die durch die Sekretärshypothese scheinbar gelöst wird), die Behauptung mangelnden persönlichen Profiles des Verfassers, das Problem der Adressatengebiete, die Nähe zur paulinischen Tradition, die für Petrus als Selbstbezeichnung unwahrscheinliche Namensangabe u.a.; vgl. dazu zusammenfassend F.-R. Prostmeier, Handlungsmodelle S. 130-140; R. Feldmeier, Fremde S. 193-196, bes. S. 196: „Nun wird man zugeben müssen, daß keines der Argumente für sich ganz eindeutig und so zwingend ist, wie manchmal vorgegeben wird ..."

[21] S.o. S. 35-38.

eine Rolle[22] – Gebiete Kleinasiens, die in der Darstellung der paulinischen Missionsgeschichte bei Lukas nicht vertreten sind, ja im Blick auf Paulus z.T. bewußt ausgeschlossen wurden (Apg 16,7).[23] Nicht zu entscheiden ist, ob diese Landschaften nördlich des Taurusgebirges „petrinisches" *Missionsgebiet* im engeren Sinne sind[24], da über eine Petrusmission (ob durch Petrus selbst oder durch andere in seinem Namen) in diesen Gebieten nichts bekannt ist, es sei denn, man verstünde den 1Petr als ein Zeugnis dafür. Das jedoch ginge zu weit. Zu berücksichtigen ist ferner, daß mit Überschneidungen von Einflußbereichen zu rechnen ist[25], wie dies z.B. aus 1Kor 1,10-17; 9,5 hervorgeht. Man wird immerhin soviel sagen können, daß die Tatsache, daß sich der Verfasser unter dem Namen des Petrus an diese Gemeinden wendet, die Anerkennung des Petrus als Autorität voraussetzt[26], so daß zumindest mit einem Einfluß petrinischer Wirksamkeit in diesen Gebieten gerechnet werden muß. Damit ist der Verfasser vertraut, daran knüpft er an.

Dieser Aspekt deutet zusammen mit der inhaltlichen Betonung der Leidenssituation der Glaubenden und der Verwendung des Begriffes διασπορά im Präskript darauf hin, daß der Brief im Bereich jener Gemeinden auch entstanden ist[27] und der Begriff „Babylon" im Postskript nicht auf Rom als (tatsächlichen) Entstehungsort[28], sondern auf Rom als die die Diasporasituation der Glaubenden existentiell prägende politische Größe im Sinne des

---

[22] S.o. S. 37.

[23] Vgl. auch den missionarischen Grundsatz des Paulus in Röm 15,20-22; s. auch 2Kor 10,15f.; vgl. dazu U. Wilckens, Römer III S. 121f.

[24] Vgl. in diesem Sinne die Vermutung von R. E. Brown, Rome S. 131: „If this area addressed in Asia Minor had not been evangelized by Paul, it may have been evangelized from Jerusalem by missionaries representative of moderate conservative Jewish Christianity who associated themselves with Peter."

[25] Vgl. dazu z.B. E. Schüssler Fiorenza, Johannine School S. 426; zustimmend R. Schnackenburg, Ephesus S. 58 u.a.

[26] Vgl. T. V. Smith, Controversies S. 153f.

[27] Vgl. A. Lindemann, Paulus S. 253.

[28] So. z.B. F. W. Beare, Peter S. 210; J. H. Elliott, Home S. 270-291; L. Goppelt, Petrusbrief S. 66; W. Schrage, Erster Petrusbrief S. 63f.; N. Brox, Petrusbrief S. 43; O. Knoch, Petrusbrief S. 142; R. E. Brown, Rome S. 132; F.-R. Prostmeier, Handlungsmodelle S. 123 u.a.

Babylons des Exils hinweist[29], in deren Strukturen die Glaubenden von Seiten ihrer Umwelt geschmäht und verleumdet werden[30]. Wenn dies so ist, dann wird freilich die Assoziation mit der Stadt Rom generell problematisch, da „Babylon" *in diesem Sinne* auf Grund der Korrespondenz mit dem Begriff διασπορά des Präskriptes auch ohne assoziativen Bezug zu Rom verstanden werden kann. Mit anderen Worten: Wenn Babylon die Diasporasituation anspricht, in der sich der Autor mit den angeschriebenen Gemeinden gemeinsam befindet, dann muß der Name „Babylon" nicht *notwendig* als Deckname für Rom angesehen werden[31], wie es für die Zeit nach 70 n. Chr. nachweisbar ist[32]. Inhaltlich von größerer

---

[29] Vgl. C. Andresen, Formular S. 243; L. Goppelt, Petrusbrief S. 352 mit Anm. 33; P. H. Davids, Peter S. 202f.; erwogen bei N. Brox, Petrusbrief S. 247; vgl. ferner ders., Rahmung S. 95f.: Rom als tatsächlicher Abfassungsort ist unsicher, aber der Brief will dort geschrieben sein; ähnlich auch F.-R. Prostmeier, Handlungsmodelle S. 125f.; unentschieden bleibt K. H. Schelkle, Petrusbriefe S. 11. – Für die Deutung von Babylon auf die Lebenssituation des Autors, die ihn mit seinen Adressaten verbindet, spricht neben der Korrespondenz zwischen Prä- und Postskript die Beobachtung, daß auch im frühen Judentum nach der Tempelzerstörung im Jahre 70 n. Chr. der Name Babylon als Beschreibung der veränderten Lebenssituation verwendet wird, vgl. z.B. ParJer passim, wo zwar auf der Erzählebene Babylon geographisch auf das Babylon des Exils nach 587 v. Chr. hinweist, auf der Verstehensebene des Autors bzw. seiner Adressaten aber nicht mehr auf dieses Babylon zu beschränken ist, sondern der Name für die dem Exil vergleichbare Situation nach der Zerstörung des Tempels und der daraus resultierenden Orientierungslosigkeit des Volkes steht, vgl. J. Herzer, Paralipomena passim, bes. S. 191f.; ähnlich ist wohl auch der Babylonbezug in syrBar zu interpretieren.

[30] Im 1Petr ist in dieser Hinsicht weder eine planmäßige Verfolgung, noch eine in Möglichkeit (1. Teil bis 4,11) und Wirklichkeit (2. Teil ab 4,12) differenzierende Struktur auszumachen; vgl. dazu z.B. W. Nauck, Freude S. 79f.; F. V. Filson, Partakers passim, bes. S. 403 („public opposition"); N. Brox, Situation S. 4; F. Schröger, Gemeinde S. 160f., der jedoch in zwei Schreiben differenziert (Verfassung S. 240); ausführlich zur Lage der Gemeinden in Kleinasien z.B. J. Molthagen, Lage der Christen passim, bes. S. 439-457, der davon ausgeht, daß Domitian in Anknüpfung an die Neronische Politik das Christsein als solches unter Strafe stellte (a.a.O. S. 455ff.); zur Frage der Einheitlichkeit vgl. bes. H. Manke, Leiden S. 12-18; T. W. Martin, Metaphor S. 41-79; L. Thurén, Strategy passim, bes. S. 79-163; ferner A. Reichert, Praeparatio S. 27-72; F.-R. Prostmeier, Handlungsmodelle S. 104-122.

[31] Vgl. L. Goppelt, Petrusbrief S. 352.

[32] Vgl. dazu C.-H. Hunzinger, Babylon passim, der die Übernahme des Decknamens „Babylon" im Christentum aus dem Judentum nachweist, wobei die Tem-

Bedeutung ist die erwähnte Korrespondenz von „Babylon" in 5,12 und „Diaspora" in 1,1, durch die der Autor sich und die Adressaten in denselben situativen Kontext stellt.

Auf diesem Hintergrund ist es zwar unwahrscheinlich, daß zu συνεκλεκτή in 1 Petr 5,12 ἐκκλησία als Hinweis auf die Grüße übermittelnde *römische* Gemeinde zu ergänzen sei[33], dennoch wird auf Grund der vielfältigen Korrespondenz zwischen Prä- und Postskript hinter der femininen Form συνεκλεκτή der Personenkreis um den Autor zu vermuten sein, ohne daß der Begriff ἐκκλησία ergänzt werden müßte, der dem Brief fremd ist.[34] Dafür sprechen ferner die Vorsilbe συν-, die auf

pelzerstörung im Jahre 70 n. Chr. den entscheidenden Anlaß für die Identifizierung Roms mit dem Babylon des 6. Jh. v. Chr. darstellt (a.a.O. S. 74ff.). Hunzinger betont ausdrücklich, daß die Identifizierung Babylon = Rom nicht bedeute, daß der 1 Petr auch in Rom entstanden sei, sondern daß die Verbreitung des Synonyms in der jüdischen Apokalyptik wie auch in Sib 5,143 und der Apk auf den östlichen Bereich des römischen Reiches verweisen, „in dem der Haß gegen Rom fest verwurzelt ist" (a.a.O. S. 77). – Wenn die oben genannten Bedenken gegen die bewußte Assoziation von Rom durch den Begriff „Babylon" zutreffen, wäre *diese Verknüpfung von Babylon und Rom* kein *entscheidendes* Argument mehr für eine Datierung des 1 Petr nach 70, da die Assoziation Babylon = Zerstreuung davon unabhängig ist. Dann wären aus diesem Grund auch die Bemühungen von C. P. Thiede, Babylon passim, Babylon als Decknamen für Rom bereits *vor* 70 n. Chr. im hellenistisch-römischen Bereich nachzuweisen, gegenstandslos. Thiede nennt a.a.O. S. 222 die Komödie Adelphoe des Terenz, und zitiert daraus den Satz (Adelphoe 914f.): „... iube nunciam dinumeret ille Babylo viginti minas." Hier wird – wie Thiede selbst bemerkt – der Lebenswandel eines *Atheners* als verschwenderisch charakterisiert. Als zweiten (und letzten) Beleg zitiert Thiede, a.a.O. S. 223, das Satyricon des Petron (Satyricon 55), wo von einem für den Wohlstand der Stadt des Mars (= Rom) gemästeten Pfau gesagt wird, er sei in ein babylonisches Federkleid gehüllt. Wie man von diesen beiden Stellen zu der Behauptung kommen kann, daß es *feststehe*, „daß der historische Petrus das Kryptogramm für Rom *ohne weiteres* benutzt haben kann, und zwar durchaus *als etwas ganz allgemein Naheliegendes*" (a.a.O. S. 224), ist nicht nachvollziehbar. Aus den von Thiede genannten Belegen geht darüber hinaus nicht hervor, daß die Bezeichnung „Babylon" auf *Rom* zu beziehen sei, sondern lediglich, daß die Stadt *Babylon* als Inbegriff von Luxus und Verschwendung gilt; vgl. dazu auch F.-R. Prostmeier, Handlungsmodelle S. 127f. Anm. 327.

[33] Vgl. in diesem Sinne z.B. H. Windisch/H. Preisker, Briefe S. 82; E. G. Selwyn, Peter S. 243; E. Best, Peter S. 177f.; F. W. Beare, Peter S. 210; K. H. Schelkle, Petrusbrief S. 134 Anm. 4; L. Goppelt, Petrusbrief S. 350f.; J. N. D. Kelly, Peter S. 218; O. Knoch, Petrusbrief S. 142.

[34] Zu vergleichen wäre etwa 2 Joh 1: ἐκλεκτῇ κυρίᾳ (vgl. V. 13: ἀδελφῆς σου τῆς ἐκλεκτῆς) als Synonym für die Adressatengemeinde, vgl. L. Goppelt, Petrusbrief S. 351 Anm. 28; zu 2 Joh W. Vogler, Briefe S. 181; H.-J. Klauck, Johannesbrief S. 22-36.37.

Grund der Analogie in 1 Petr 5,1 (πρεσβύτεροι – συμπρεσβύτερος) diese Intention in 5,12 unterstützt, sowie die Formulierung ἐν Βαβυλῶνι, die attributiv mit ἡ συνεκλεκτή konstruiert ist und nicht adverbial zu ἀσπάζεται, so daß nicht die Information über den Absenderort, sondern über die Situation der grüßenden Gemeinde im Vordergrund steht (vgl. demgegenüber die Formulierung in Hebr 13,24: ἀσπάζονται ... οἱ ἀπὸ τῆς ᾽Ιταλίας, nur mit Genitiv formuliert Paulus in 1 Kor 16,19). – Möglich, aber kaum inhaltlich zu begründen, ist es, darin eine pseudepigraphisch verwendete Reminiszenz daran zu sehen, daß Petrus auf seinen Reisen von seiner Frau begleitet wurde, wie es nach 1 Kor 9,5 von Petrus und anderen Aposteln sowie Herrenbrüdern als allgemein bekannt vorausgesetzt ist.[35] – Die Vermutung von G. W. Blenkin, daß wegen des metaphorischen Gebrauches von Babylon auch ἡ συνεκλεκτή metaphorisch zu verstehen sei[36], ist nicht überzeugend.

Die traditionsgeschichtlichen Eckdaten für eine Datierung des Briefes liegen vor allem in der Zuordnung zum Matthäusevangelium und der Apostelgeschichte bzw. den in der Apg verarbeiteten Traditionen begründet, so daß sich – unter Voraussetzung des Mt und der Apg in vorliegender Gestalt – eine Datierung in den unter Berücksichtigung der Plinius-Tradition[37] wahrscheinlichen Zeitraum um 90 n. Chr. ergäbe, also in die Zeit des letzten flavischen Kaisers Domitian (81-96 n. Chr.), jedoch noch vor dessen eigentlichen Verfolgungsmaßnahmen gegen Ende seiner Regierungszeit (ca. 93-96).[38] Wenn man lediglich auf in Apg verarbeiteten *Tradi-*

---

[35] Vgl. in diesem Sinne ausführlich J. K. Applegate, Woman passim, bes. S. 597ff.; ferner M. Karrer, Petrus im paulinischen Gemeindekreis S. 226.

[36] G. W. Blenkin, Epistle S. 127.

[37] Plinius d. J., Ep. X,96f.; vgl. dazu J. Knox, Pliny and Peter passim, und jetzt ausführlich J. Molthagen, Lage der Christen passim, bes. S. 422-429.441ff.448-457.

[38] Die Vorschläge zur Datierung umfassen einen Zeitraum von ca. 50 Jahren (zwischen 60 und 110 n. Chr.). Vor 70 n. Chr. datieren (meist unter Voraussetzung der Echtheit) z.B. E. G. Selwyn, Persecutions S. 48ff. (63 n. Chr. – vor der neronischen Verfolgung); K. H. Schelkle, Petrusbriefe S. 10 (63-64 n. Chr.); W. C. van Unnik, Redemption S. 70f.; B. Reicke, Epistles S. 72 (um 65 n. Chr. durch Silvanus); F. V. Filson, Partakers S. 403 (unter der neronischen Verfolgung); ebenso F. Neugebauer, Deutung S. 135f. u.a.; L. Goppelt, Petrusbrief S. 64f., nennt den Zeitraum zwischen 65 und 80; nach 70 datieren z.B. C. J. Hemer, Address S. 242 (vielleicht vor 72 = Datum der Neuordnung der Provinzen durch Vespasian); N. Brox, Petrusbrief S. 41 (zwischen 70 und 100); J. H. Elliott, Home S. 87 (zwischen 73 und 92); J. B. Bauer, Verfolgung S. 524 (Zeit Domitians); W. Schrage, Erster Petrusbrief S. 64 (letzte Jahrzehnte des ersten Jahrhunderts); A. Reichert, Praeparatio S. 95

tionen zurückginge, würde sich die Zeitspanne nach vorn öffnen.[39] Eine Beurteilung dieser Zusammenhänge setzt aber wiederum den Vergleich mit der Apg voraus und ist ferner mit dem Problem ihrer Datierung verknüpft. Die Zusammenhänge zu redaktionellen Partien des Mt[40] machen jedoch dessen Datierung als terminus post quem zu einer Voraussetzung.

Dieser abschließende Ausblick wirft sachgemäß mehr Fragen auf als er eindeutige Antworten zu geben vermag. Doch die Untersuchung des Verhältnisses des ersten Petrusbriefes zur paulinischen Tradition hat im Erweis der Eigenständigkeit des sich auf Petrus zurückführenden Schreibens eine weitere Grundlage dafür geschaffen, über das Verhältnis der neutestamentlichen Traditionen noch einmal neu nachzudenken und Fragen neu zu formulieren, die in einem Konsens der Forschung bereits beantwortet scheinen.[41] Es hat sich gezeigt, daß der Vergleich von Schriften untereinander auf rein literarischer Ebene oft nicht ausreicht, um die Beziehungen von Traditionskreisen hinreichend zu beschreiben, an deren Anfang bestimmte Autoritätspersonen stehen, die die Zuverlässigkeit der in ihrem Namen verfaßten Schreiben verbürgen.[42] Litera-

---

(Anfang des 2. Jh. n. Chr. wegen der Ähnlichkeiten mit der Situation, die aus dem Briefwechsel des Plinius mit Trajan hervorgeht) u.a.

[39] Vgl. L. Goppelt, Petrusbrief S. 65.

[40] Vgl. R. Metzner, Rezeption passim, bes. S. 283ff.

[41] Vgl. dazu D. Sänger, Schriftauslegung S. 75f.: „Es gehört zum Selbstverständnis jeder Wissenschaft, also auch der neutestamentlichen, daß zum consensus plurium erhobene Ansichten immer wieder überprüft, präzisiert und oft genug auch revidiert werden müssen"; s. auch ders., Verlust an Vermittlung passim, bes. S. 252f.257-259.

[42] Vgl. M. Hengel, Aufgaben S. 353, der im Blick auf die „Gefahr einer ahistorischen formalisierenden Entpersönlichung von Texten" formuliert: „Fragwürdig ist auch der heute verbreitete *Formalismus*, der vornehmlich, wenn nicht ausschließlich, nach formalen Parallelen, Formen, Gattungen, literarischen Genres und rhetorischen Bezeichnungen fragt. Auch mit seiner Hilfe können wir der Anfechtung der historichen [sic] Kontingenz und ihres Relativismus nicht entfliehen und uns in sicheres Gelände absetzen. Ein solches Gelände gibt es nicht, auch nicht in einer scheinbar 'zeitlosen' literaturwissenschaftlich-soziologischen Betrachtungsweise. Gerade bei einer so kleinen vom Enthusiasmus des Geistes ergriffenen eschatologischen 'Sekte' wie dem Urchristentum steht das Persönlich-In-

rische Vergleiche können nur erste Schritte sein, die den Weg der christlichen Überlieferungen zurückverfolgen, um schließlich unter Berücksichtigung historischer Konstellationen und Wahrscheinlichkeiten eine Geschichte der frühchristlichen Gemeinden und der für sie jeweils maßgeblichen Traditionen darstellen zu können.

---

dividuelle, ja u.U. Einmalige im Vordergrund und nicht einfach das vorgefertigte Gleichbleibende. Eben darum ist das Urchristentum voller Innovationen. Man muß bei diesem Formalismus vielmehr fragen, ob hier nicht jene Etikettiersucht am Werke ist, die meint, wenn sie einer Sache ein – möglichst zeitloses – Etikett aufgeklebt habe (das es nicht gibt), diese verstanden zu haben? Form und Inhalt sind zwar stets aufeinander bezogen, aber nicht einfach identisch und letztlich immer auch je und je zu unterscheiden. Auch läßt sich bei einem inhaltlich bedeutsamen Text kaum von der historischen Einmaligkeit der Person des Autors (bzw. der Autoren) und seinem geschichtlichen 'Kontext' absehen."

Literaturverzeichnis

Die Literatur wird mit Verfasser- bzw. Herausgebernamen und abge-
kürztem Titel zitiert. Bei ähnlichen Titeln des gleichen Verfassers sind
die Zitationsstichworte kursiv gestellt.

1. Texte

Becker, J., Die Testamente der zwölf Patriarchen, JSHRZ III/1, Gütersloh 1974, S. 15-163.

Benoit, P./Milik, J. T./de Vaux, R., Discoveries in the Judaean Desert, Bd.
II: Les Grottes de Muraba'ât. Texte, Oxford 1961.

Berger, K., Das Buch der Jubiläen, JSHRZ II/3, Gütersloh 1981, S.
273-575.

Biblia Hebraica Stuttgartensia, ed. K. Elliger/W. Rudolph, Stuttgart
1967/1977.

Burchard, C., Joseph und Aseneth, JSHRZ II/4, Gütersloh 1983, S.
577-735.

Charlesworth, J. H. (Ed.), The Old Testament Pseudepigrapha, Bd. I.II,
Garden City/New York 1983-1985.

Clemens Alexandrinus, Protrepticus und Paedagogus, hg. v. O. Stählin,
GCS 12/1, Berlin 1972³.

Cohn, L./Wendland, P., Philonis Alexandrini Opera quae supersunt, Vol.
I-VII, Berlin 1896-1926.

Cohn, L. u.a., Philo von Alexandria. Die Werke in deutscher Übersetzung, Bd. 1-7, Berlin 1962-1964².

Epiphanius Werke, Bd. 3: Panarion haereticorum 65-80, hg. v. K. Holl/J.
Dummer, GCS 37, Berlin 1895².

Eusebius Werke, Bd. 2,1.2: Die Kirchengeschichte I.II, hg. v. E.
Schwartz, GCS 9,1.2, Leipzig 1903-1908.

Eusebius Werke, Bd. 8,1.2: Die Praeparatio Evangelica I.II, hg. v. K.
Mars/É. des Places, GCS 43,1.2, Berlin 1982²-1983².

Freedmann, H./Simon, M. (Ed.), Midrash Rabbah, Bd. I: Genesis, London/Jerusalem/New York 1977.

Friedlander, G., Pirķê de Rabbi Eliezer. The Chapters of Rabbi Eliezer the Great according to the Text of the Manuscript belonging to Abraham Epstein of Vienna, London 1916.

Georgi, D., Weisheit Salomos, JSHRZ III/4, Gütersloh 1980, S. 389-478.

Goldschmidt, L., Der Babylonische Talmud mit Einschluß der vollständigen Mishnah, Haag 1933-1935.

Habicht, C., 2. Makkabäerbuch, JSHRZ I/3, Gütersloh 1976, S. 167-285.

Harris, J. R., The Rest of the Words of Baruch. A Christian Apocalypse of the Year 136 A.D. The Text revised with an Introduction, London 1889.

S. Hilarii Episcopi Pictaviensis. Tractatus super Psalmos, ed. A. Zingerle, CSEL 22, Prag u.a. 1891.

Janssen, E., Testament Abrahams, JSHRZ III/2, Gütersloh 1975, S. 193-256.

Kautzsch, E. (Hg.), Die Apokryphen und Pseudepigraphen des Alten Testaments, Bd. I.II, Hildesheim 1962.

Klijn, A. F. J., Die syrische Baruchapokalypse, in: JSHRZ V/2, Gütersloh 1976, S. 101-191.

Lindemann, A./Paulsen, H., Die Apostolischen Väter. Griechisch-Deutsche Parallelausgabe auf der Grundlage der Ausgaben von F. X. Funk/K. Bihlmeyer und M. Whittaker mit Übersetzungen von M. Dibelius und D.-A. Koch, Tübingen 1992.

Lohse, E., Die Texte aus Qumran. Hebräisch und Deutsch, München 1981³.

Maier, J., Die Texte vom Toten Meer, Bd. I.II, München/Basel 1960.

Michel, O./Bauernfeind, O., Josephus Flavius, De Bello Judaico – Der jüdische Krieg. Zweisprachige Ausgabe der sieben Bücher, Bd. I-III, Darmstadt 1963-1969.

Niese, B., Flavii Josephi Opera, Bd. I-VII, Berlin 1887-1955.

Novum Testamentum Graece, hg. v. K. Aland/B. Aland, Stuttgart 1993²⁷.

Quinti Septimi Florentis Tertulliani Opera 1.2, CCSL I.II, Turnholt 1954.

Saint Justin, Apologies. Introduction, Text critique, Traduction, Commentaire et Index, bearb. v. A. Wartelle, Études Augustiniennes, Paris 1987.

Sanhedrin. Gerichtshof, übers. v. G. A. Wewers, Übersetzung des Talmud Yerushalmi, hg. v. M. Hengel/J. Neusner/P. Schäfer, Bd. IV/4,
   Tübingen 1981.

Schaller, B., Das Testament Hiobs, JSHRZ III/3, Gütersloh 1979, S.
   301-387.

Schermann, T., Prophetarum vitae fabulosae indices apostolorum disci-
   pulorumque Domini Dorotheo, Epiphanio, Hippolyto aliisque vindi-
   cata, Leipzig 1907.

Septuaginta, Bd. I u. II, ed. A. Rahlfs, Stuttgart 1935.

Septuaginta. Vetus Testamentum Graecum XVI/2: Susanna – Daniel –
   Bel et Draco, ed. J. Ziegler, Göttingen 1954.

Die Tosefta. Seder IV/3: Nezikim. Sanhedrin – Makkot, übers. u. erkl. v.
   B. Salomonson, Rabbinische Texte 1. Reihe, Bd. IV/3, Stuttgart/Ber-
   lin/Köln/Mainz 1976.

Walter, N., Fragmente jüdisch-hellenistischer Exegeten: Aristobulos, De-
   metrios, Aristeas, JSHRZ III/2, Göttingen 1975, S. 257-299.

Walter, N., Fragmente jüdisch-hellenistischer Historiker, JSHRZ I/2, Gütersloh 1976, S. 89-163.

Yadin, Y., Expedition D, IEJ 11, 1961, S. 36-52.

Zenger, E., Das Buch Judit, JSHRZ I/6, Gütersloh 1981, S. 427-534.

2. Hilfsmittel

Bauer, W., Griechisch-Deutsches Wörterbuch zu den Schriften des Neuen
   Testaments und der frühchristlichen Literatur, hg. v. K. u. B. Aland,
   Berlin/New York 1988[6].

Berkowitz, L./Squitier, K. A., Thesaurus Linguae Graecae. Canon of
   Greek Authors and Works, New York/Oxford 1986[2].

Blaß, F./Debrunner, A./Rehkopf, F., Grammatik des neutestamentlichen
   Griechisch, Göttingen 1984[16].

Denis, A.-M., Concordance Grecque des Pseudépigraphes d'Ancien Testament. Concordance, Corpus des Textes Indices, Leiden 1987.

Hatch, E./Redpath, H. A., A Concordance to the Septuagint and the
   other Greek Versions of the Old Testament I-III, Graz 1954.

Liddell, H.G./Scott, R., A Greek-English Lexicon, Oxford 1994[9].

Lisowsky, G., Konkordanz zum Hebräischen Alten Testament, Stuttgart
   1981.

Moulton, W. F./Geden, A. S., A Concordance to the Greek Testament, Edinburgh 1963⁴.

Moulton, J. H./Milligan, G., The Vokabulary of the Greek Testament. Illustrated from the Papyri and Other Non-Literary Sources, London 1952.

Pape, W., Handwörterbuch der griechischen Sprache, Bd. 1-3, Braunschweig 1842-1843.

Rengstorf, K. H., A Complete Concordance to Flavius Josephus, Bd. I-IV, Leiden 1973-1983.

Thackeray, H. S. J./Marcus, R., A Lexicon to Josephus, Part I-IV, Publications of the Alexander Kohut Memorial Foundation, Paris 1930-1955.

3. Monographien, Kommentare, Aufsätze, Lexikonartikel

Agnew, F. H., 1 Peter 1:2 – An Alternative Translation, CBQ 45, 1983, S. 68-73.

Allan, J. A., The 'in Christ' Formula in the Pastoral Epistles, NTS 10, 1963/64, S. 115-121.

Andresen, C., Zum Formular frühchristlicher Gemeindebriefe, ZNW 56, 1965, S. 233-259.

Applegate, J. K., The Co-Elect Woman of 1 Peter, NTS 38, 1992, S. 587-604.

Arzt, P., The „Epistulary Introductory Thanksgiving" in the Papyri and in Paul, NT 36, 1994, S. 29-46.

Aune, D. E., The New Testament in its Literary Environment, Library of Early Christianity 8, Philadelphia 1987.

Backhaus, K., Der Hebräerbrief und die Paulusschule, BZ NF 37, 1993, S. 183-208.

Bahr, G. J., Paul and Letter Writing in the First Century, CBQ 28, 1966, S. 465-477.

Bahr, G. J., The Subscriptions in the Pauline Letters, JBL 87, 1968, S. 27-41.

Balch, D. L., Let Wives be Submissive: The Domestic Code in 1 Peter, SBL MS 26, Ann Arbor 1981.

Balz, H., Anonymität und Pseudepigraphie im Urchristentum, ZThK 66, 1969, S. 403-436.

Balz, H., Art. ῥαντισμός, EWNT II, 1992², Sp. 500.

Balz, H., Art. συσχηματίζομαι, EWNT III, 1992², Sp. 752.

Balz, H., Heilsvertrauen und Welterfahrung, BEvTh 59, 1971.

Bammel, E., The Commands in I Peter II.17, NTS 11, 1964/65, S. 279-281.

Barnett, A. E., Paul becomes a Literary Influence, Chicago 1941.

Barr, J., באֵרֹץ – ΜΟΛΙΣ Prov. XI.31, I Pet. IV.18, JSSt 20, 1975, S. 149-164.

Barrett, C. K., A Commentary on the First Epistle to the Corinthians, BNTC, London 1968.

Barrett, C. K., Das Evangelium nach Johannes, KEK Sonderband, Göttingen 1990.

Barth, G., Der Tod Jesu im Verständnis des Neuen Testaments, Neukirchen-Vluyn 1992.

Bauckham, R., Pseudo-apostolic Letters, JBL 107, 1988, S. 469-494.

Bauer, J. B., Könige und Priester, ein heiliges Volk (Ex 19,6), BZ NF 2, 1958, S. 283-286.

Bauer, J. B., Aut maleficus aut alieni speculator (1 Petr 4,15), BZ NF 22, 1978, S. 109-115.

Bauer, J. B., Der erste Petrusbrief und die Verfolgung unter Domitian, in: Die Kirche des Anfangs, FS H. Schürmann, hg. v. R. Schnackenburg/J. Ernst/J. Wanke, Leipzig 1977, S. 513-527.

Bauer, W., Die Briefe des Ignatius von Antiochia und der Polykarpbrief, HNT Erg. II, Tübingen 1920, S. 185-298.

Bauer, W./Paulsen, H., Die Briefe des Ignatius von Antiochia und der Polykarpbrief, HNT 18. Die Apostolischen Väter II, Tübingen 1985.

Baur, F. C., Geschichte der christlichen Kirche, Bd. 1: Kirchengeschichte der drei ersten Jahrhunderte, Tübingen 1863³.

Baur, F. C., Vorlesungen über neutestamentliche Theologie, hg. v. F. F. Baur, Leipzig 1864.

Beare, F. W., The First Epistle of *Peter*, Oxford 1970³.

Beare, F. W., Some *Remarks* on the Text of I Peter in the Bodmer Papyrus (P⁷²), in: StEv III 1964, S. 263-265.

Beare, F. W., The *Text* of I Peter in Papyrus 72, JBL 80, 1961, S. 253-260.

Beasley-Murray, G. R., Die christliche Taufe. Eine Untersuchung über ihr Verständnis in Geschichte und Gegenwart, Kassel 1968.

Becker, J., Die neutestamentliche Rede vom Sühnetod Jesu, BZThK 8, 1990, S. 29-49 (wieder in: ders., Annäherungen. Zur urchristlichen Theologiegeschichte und zum Umgang mit ihren Quellen, hg. v. U. Mell, BZNW 76 Berlin/New York 1995, S. 334-354; zit. wurde nach BZThK).

Becker, J., Der Brief an die Galater, NTD 8, Göttingen/Zürich 1985[16(3)].

Becker, J., Das Urchristentum als gegliederte Epoche, SBS 155, Stuttgart 1993.

Behm, J., Art. αἷμα κτλ., TWNT I, 1933, S. 171-176.

Berger, K., Apostelbrief und apostolische Rede. Zum Formular frühchristlicher Briefe, ZNW 65, 1974, S. 190-231.

Berger, K., Art. χάρισμα, EWNT III, 1992[2], Sp. 1102-1105.

Berger, K., 'Diakonie' im Frühjudentum. Die Armenfürsorge in der jüdischen Diasporagemeinde zur Zeit Jesu, in: G. K. Schäfer/T. Stohm (Hg.), Diakonie – biblische Grundlagen und Orientierungen, Veröffentlichungen des diakoniewissenschaftlichen Instituts an der Universität Heidelberg, Bd. 2, Heidelberg 1990, S. 94-105.

Berger, K., Exegese des Neuen Testaments. Neue Wege vom Text zur Auslegung, UTB 658, Heidelberg/Wiesbaden 1991[3].

Berger, K., Formgeschichte des Neuen Testaments, Heidelberg 1984.

Berger, K., Hellenistische Gattungen im Neuen Testament, ANRW II,25,2, Berlin/New York 1983, S. 1031-1432.

Berger, K., Theologiegeschichte des Urchristentums. Theologie des Neuen Testaments, Tübingen/Basel 1994.

Berger, K., Zum traditionsgeschichtlichen Hintergrund christologischer Hoheitstitel, NTS 17, 1970/71, S. 391-425.

Berger, K., Wissenssoziologie und Exegese des Neuen Testaments, Kairos 19, 1977, S. 124-133.

Bergmeier, R., Die Loyalitätsparänese Röm 13,1-7 im Rahmen von Römer 12 und 13, ThBeitr 27, 1996, S. 341-357.

Bertram, G., Art. σκολιός, TWNT VII, 1964, S. 405-410.

Best, E., I *Peter*, NCeB, London 1977.

Best, E., I Peter II 4-10. A *Reconsideration*, NT 11, 1969, S. 270-293.

Best, E., 1 Peter and the Gospel *Tradition*, NTS 16, 1969/1970, S. 95-113.

Betz, O., Zum biblischen Hintergrund der paulinischen Gnadengaben, in: ders., Jesus der Herr der Kirche. Aufsätze zur biblischen Theologie II, WUNT 52, Tübingen 1990, S. 252-274.

Beyer, H. W., Art. ἐπισκέπτομαι κτλ., TWNT II, 1935, S. 595-619.

Bieder, W., Grund und Kraft der Mission nach dem I. Petrusbrief, ThSt 29, Zürich 1950.

Bieder, W., Die Vorstellung von der Höllenfahrt Jesu Christi. Beitrag zur Entstehungsgeschichte der Vorstellung vom sog. Descensus ad inferos, AThANT 19, Zürich 1949.

Bigg, C., A. Critical and Exegetical Commentary on the Epistles of St. Peter and St. Jude, ICC 43, Edinburgh 1956².

(Strack, H. L.)/Billerbeck, P., Kommentar zum Neuen Testament aus Talmud und Midrasch, Bd. I-VI, München 1922-1928.1956-1961.

Binder, H., Der Brief des Paulus an Philemon, ThHK 11/II, Berlin 1990.

Bischoff, A., Ἀλλοτρι(ο)επίσκοπος, ZNW 7, 1906, S. 271-274.

Black, C. C., Mark. Images of an Apostolic Interpreter, Studies on Personalities of the New Testament, Columbia 1994.

Blanchetière, F., Juifs et non juifs. Essai sur la Diaspora en Asie Mineure, RHPhR 54, 1974, S. 367-382.

Blank, M., The christological Use of the Old Testament in the New Testament, NTS 18, 1971/72, S. 1-14.

Blenkin, G. W., The First Epistel General of Peter, Cambridge 1914.

Blinzler, J., IEPATEYMA. Zur Exegese von 1Petr 2,5 u. 9, in: Episkopus. Studien über das Bischofsamt, FS M. von Faulhaber, Regensburg 1949, S. 49-65.

Boblitz, H., Die Allegorese der Arche Noahs in der frühen Bibelauslegung, FMSt 6, 1972, S. 159-170.

Bockmühl, M., The Noachide Commandments and the New Testament Ethics. With Special Reference to Acts 15 and Pauline Halakhah, RB 102, 1995, S. 72-101.

Böttger, P. C., Paulus und Petrus in Antiochien. Zum Verständnis von Galater 2.11-21, NTS 37, 1991, S. 77-100.

Boismard, M.-É., Une liturgie baptismale dans la Prima Petri, RB 63, 1956, S. 182-208; RB 64, 1957, S. 161-183.

Boismard, M.-É., Quatre hymnes baptismales dans la première épître de Pierre, Paris 1961.

Bornemann, W., Der erste Petrusbrief – eine Taufrede des Silvanus?, ZNW 19, 1919/20, S. 143-165.

Bornkamm, G., Art. πρέσβυς κτλ., TWNT VI, 1959, S. 651-683.

Bouttier, M., En Christ: étude d'exégèse et de théologie paulinienne, EHPhR 54, Paris 1962.

Breytenbach, C., Paulus und Barnabas in der Provinz Galatien. Studien zu Apostelgeschichte 13f.; 16,6; 18,23 und den Adressaten des Galaterbriefes, AGAJU 38, Leiden/New York/Köln 1996.

Breytenbach, C., *Versöhnung.* Eine Studie zur paulinischen Soteriologie, WMANT 60, Neukirchen 1989.

Breytenbach, C., *Versöhnung, Stellvertretung und Sühne.* Semantische und traditionsgeschichtliche Bemerkungen am Beispiel der paulinischen Briefe, NTS 39, 1993, S. 59-79.

Brockhaus, U., Charisma und Amt. Die paulinische Charismenlehre auf dem Hintergrund der frühchristlichen Gemeindefunktionen, Wuppertal 1972.

Brooks, O. S., I Peter 3:21 – The Clue to the Literary Structure of the Epistle, NT 16, 1974, S. 290-305.

Brown, R. E./Donfried, K. P./Reumann, J., Der Petrus der Bibel. Eine ökumenische Untersuchung, Stuttgart 1976.

Brown, R. E., The Petrine Heritage in I Peter: The Church as the People of God, in: ders., The Churches the Apostles Left Behind, New York/Ramsey 1984, S. 75-84.

Brown, R. E./Meier, J. P., Antioche and Rome, New York/Ramsey 1983.

Brox, N., Der erste *Petrusbrief*, EKK XXI, Neukirchen-Vluyn 1989³.

Brox, N., Der erste Petrusbrief in der literarischen *Tradition* des Urchristentums, KAIROS 20, 1978, S. 182-192.

Brox, N., *Falsche Verfasserangaben*, SBS 79, Stuttgart 1975.

Brox, N., Die *Pastoralbriefe*. 1 Timotheus. 2 Timotheus. Titus, RNT, Regensburg 1989⁵.

Brox, N., Zur pseudepigraphischen *Rahmung* des ersten Petrusbriefes, BZ NF 19, 1977, S. 78-96.

Brox, N., „*Sara zum Beispiel* ...“ Israel im 1. Petrusbrief, in: Kontinuität und Einheit, FS F. Mußner, hg. v. P.-G. Müller/W. Stenger, Freiburg/Basel/Wien 1981, S. 484-493.

Brox, N., *Situation* und Sprache der Minderheit im ersten Petrusbrief, KAIROS 19, 1977, S. 1-13.

Brox, N., *Tendenz* und Pseudepigraphie im ersten Petrusbrief, KAIROS 20, 1978, S. 110-120.

Büchsel, F., Art. ἀγοράζω κτλ., TWNT I, 1933, S. 125-128.

Büchsel, F., Art. γεννάω κτλ., TWNT I, 1933, S. 663-664.667-674.

Büchsel, F., Art. λύω κτλ., TWNT IV, 1942, S. 337-359.

Büchsel, F., „In Christus“ bei Paulus, ZNW 42, 1949, S. 141-158.

Bultmann, R., Art. γινώσκω κτλ., TWNT I, 1933, S. 688-791.

Bultmann, R., Bekenntnis- und Liedfragmente im ersten Petrusbrief, in: Exegetica, hg. v. E. Dinkler, Tübingen 1967, S. 285-297.

Bultmann, R., Theologie des Neuen Testaments, Tübingen 1984[9].

Burchard, C., Untersuchungen zu Joseph und Aseneth. Überlieferung – Ortsbestimmung, WUNT 8, Tübingen 1965.

Burger, C., Schöpfung und Versöhnung. Studien zum liturgischen Gut im Kolosser- und Epheserbrief, WMANT 46, Neukirchen 1975.

Burnett, F. W., Παλιγγενεσία in Matt. 19:28: A Window on the Matthean Community? JSNT 17, 1983, S. 60-72.

von Campenhausen, H. Freiherr, Kirchliches Amt und und geistliche Vollmacht in den ersten drei Jahrhunderten, BHTh 14, Tübingen 1963[2].

Charlesworth, J. H., The Old Testament Pseudepigrapha and the New Testament. Prolegomena for the Study of Christian Origins, SNTS. MS 54, Cambridge u.a. 1985.

Chevallier, M.-A., *Israël* et l'Église selon la Première Épître de Pierre, in: Paganisme, Judaïsme, Christianisme, FS M. Simon, hg. v. A. Benoit/ M. Philonenko/C. Vogel, Paris 1978, S. 117-130.

Chevallier, M.-A., I Pierre 1/1 à 2/10: *Structure* littéraire et conséquences exégétiques, RHPhR 51, 1971, S. 129-142.

Chin, M., A Heavenly Home for the Homeless. Aliens and Strangers in 1Peter, TynBul 42, 1991, S. 96-112.

Colpe, C., Zur Leib-Christi-Vorstellung im Epheserbrief, in: Judentum – Urchristentum – Kirche, FS J. Jeremias, hg. v. W. Eltester, BZNW 26, Berlin 1964, S. 172-187.

Combrink, H. J. B., The Structure of 1 Peter, Neotest. 9, 1975, S. 34-63.

Conzelmann, H., Art. χάρις κτλ., TWNT IX, 1973, S. 377-405.

Conzelmann, H., Der erste Brief an die Korinther, KEK V/11, Göttingen 1981[2].

Cook, D., I Peter III.20: An Unnecessary Problem, JThS NS 31, 1980, S. 72-78.

Coppens, J., Le sacerdoce royal des fidèles: Un commentaire de I Petri II,4-10, in: Au service de la parole de Dieu. Mélanges offerts à A. M. Charue, Gembloux 1969, S. 61-75.

Coutts, J., Ephesians I.3-14 and I Peter I.3-12, NTS 3, 1956/57, S. 115-127.

Cross, F. L., I. Peter. A Paschal Liturgy, London 1957[2].

Crüsemann, F., Das Alte Testament als Grundlage der Diakonie, in: G. K. Schäfer/T. Stohm (Hg.), Diakonie – biblische Grundlagen und Orientierungen, Veröffentlichungen des diakoniewissenschaftlichen Instituts an der Universität Heidelberg, Bd. 2, Heidelberg 1990, S. 67-93.

Dalton, W. J., Christ's Proclamation to the Spirits. A Study of 1Peter 3:18-4:6, AnBib 23, Rom 1989[2].

Dalton, W. J., The Interpretation of 1 Peter 3,19 and 4,6: Light from 2 Peter, Bib. 60, 1979, S. 547-555.

Danker, F. W., I Peter 1,24-2,17 – A Consolotary Pericope, ZNW 58, 1967, S. 93-102.

Daube, D., κερδαίνω as a Missionary Term, HThR 40, 1947, S. 102-120.

Daube, D., Participle and Imperative in I Peter, in: E. G. Selwyn, The First Epistle of St. Peter. The Greek Text with Introduction, Notes and Essays, London 1961[2], S. 467-488.

Dautzenberg, G., Σωτηρία ψυχῶν (1 Petr 1,9), BZ NF 8, 1964, S. 262-276.

Davids, P. H., The First Epistle of Peter, The New International Commentary on the New Testament, Grand Rapids 1990.

Davies, P. E., Primitive Christology in I Peter, in: FS F. W. Gingrich, hg. v. E. H. Barth/R. E. Cocroft, Leiden 1972, S. 115-122.

Deichgräber, R., Gotteshymnus und Christushymnus in der frühen Christenheit. Untersuchungen zu Form, Sprache und Stil der frühchristlichen Hymnen, StUNT 5, Göttingen 1967.

Deißmann, A., Licht vom Osten. Das Neue Testament und die neuentdeckten Texte der hellenistisch-römischen Welt, Tübingen 1923[4].

Deißmann, A., Die neutestamentliche Formel 'in Christo Jesu', Marburg 1892.

Delling, G., Art. τάσσω κτλ., TWNT VIII, 1969, S. 27-49.

Delling, G., Die Bezeichnung „Gott des Friedens" und ähnliche Wendungen in den Paulusbriefen, in: Jesus und Paulus, FS W. G. Kümmel, hg. v. E. E. Ellis/E. Gräßer, Göttingen 1978[2], S. 76-84.

Delling, G., Der Bezug der christlichen Existenz auf das Heilshandeln Gottes nach dem ersten Petrusbrief, in: Neues Testament und christliche Existenz, FS H. Braun, hg. v. H. D. Betz/L. Schottroff, Tübingen 1973, S. 95-113.

Delling, G., Die Bewältigung der Diasporasituation durch das hellenistische Judentum, Berlin 1987.

Delling, G., Römer 13,1-7 innerhalb der Briefe des Neuen Testaments, Berlin 1962.

Dibelius, M., Die Apostelgeschichte im Rahmen der urchristlichen Literaturgeschichte, in: ders., Aufsätze zur Apostelgeschichte, hg. v. H. Greeven, FRLANT NF 42, Göttingen 1961[4].

Dijkman, J. H. L., 1 Peter: A Later Pastoral Stratum? NTS 33, 1987, S. 265-271.

Dohmen, C., Zur Gründung der Gemeinde von Qumran (1QS VIII-IX), RdQ 11, 1982, S. 81-96.

Dschulnigg, P., Aspekte und Hintergrund der Theologie des 1. Petrusbriefes, Theologie und Glaube 84, 1994, S. 318-329.

Dunn, J. D. G., The Epistle to the Galatians, Black's New Testament Commentary, London 1993.

Eckstein, H.-J., Der Begriff Syneidesis bei Paulus. Eine neutestamentlich-exegetische Untersuchung zum 'Gewissensbegriff', WUNT 2/10, Tübingen 1983.

Elliott, J. H., The *Elect* and the Holy. An exegetical Examination of I Peter 2: 4-10 and the Phrase βασίλειον ἱεράτευμα, NT.S 12, Leiden 1966.

Elliott, J. H., A *Home* for the Homeless. A Sociological Exegesis of I Peter, Its Situation and Strategy, Philadelphia 1981.

Elliott, J. H., *Ministry* and Church Order in the NT: A Traditio-Historical Analysis (1 Pt 5,1-5 & plls.), CBQ 32, 1970, S. 367-391.

Elliott, J. H., *Peter, Silvanus and Mark* in I Peter and Acts: Sociological-Exegetical Perspectives on a Petrine Group in Rome, in: Wort in der Zeit, FS K. H. Rengstorf, hg. v. W. Haubeck/M. Bachmann, Leiden 1980, S. 250-267.

Elliott, J. H., The *Rehabilitation* of an Exegetical Step-Child: 1 Peter in Recent Research, JBL 95, 1976, S. 243-254.

Erbes, K., Noch etwas zum ἀλλοτριεπίσκοπος 1 Petr 4,15, ZNW 20, 1921, S. 249.

Erbes, K., Was bedeutet ἀλλοτριεπίσκοπος in 1 Pt 4,15?, ZNW 19, 1919/20, S. 39-44.

Erlemann, K., Naherwartung und Parusieverzögerung im Neuen Testament. Ein Beitrag zur Frage religiöser Zeiterfahrung, TANZ 17, Tübingen/Basel 1995.

Fascher, E., Der erste Brief des Paulus an die Korinther. Erster Teil, ThHK 7/I, Berlin 1984[3].

Fee, G. D., The First Epistle to the Corinthians, NIC, Grand Rapids 1987.

Feldmeier, R., Die Christen als Fremde. Die Metapher der Fremde in der antiken Welt, im Urchristentum und im 1. Petrusbrief, WUNT 64, Tübingen 1992.

Feuillet, A., Les „sacrifices spirituels" du sacerdoce royal des baptisés (1 P 2,5) et leur préparation dans l'Ancien Testament, NRTh 96, 1974, S. 704-728.

Filson, F. V., Partakers with Christ. Suffering in First Peter, Interpretation 9, 1955, S. 400-412.

Findeis, H. J., Versöhnung – Apostolat – Kirche. Eine exegetisch-theologische und rezeptionsgeschichtliche Studie zu den Versöhnungsaussagen des Neuen Testaments (2Kor, Röm, Kol, Eph), fzb 40, Würzburg 1983.

Fischer, K. M., Der erste Petrusbrief, in: Schenke, H.-M./Fischer, K. M., Einleitung in die Schriften des Neuen Testaments I: Die Briefe des Paulus und die Schriften des Paulinismus, Berlin 1977, S. 199-216.

Fischer, K. M., Tendenz und Absicht des Epheserbriefes, Berlin 1973.

Fleckenstein, K.-H., Ordnet euch einander unter in der Furcht Christi – Die Eheperikope in Eph 5,21-33. Geschichte der Interpretation, Analyse und Aktualisierung des Textes, fzb 73, Würzburg 1994.

Foerster, W., Art. κτίζω κτλ., TWNT III, 1938, S. 999-1034.

Foerster, W., Art. σῴζω κτλ., TWNT VII, 1964, S. 981-1012.1014-1024.

Francis, J., 'Like Newborn Babes' – The Image of the Child in 1 Petr 2:2-3, Studia Biblica 1978: III. Papers on Paul and Other New Testament Authors, hg. v. E. A. Livingstone, JSNT.S 3, Sheffield 1980, S. 111-117.

Frankemölle, H., 1. Petrusbrief, 2. Petrusbrief, Judasbrief, NEB NT 18/20, Würzburg 1987.

Frankemölle, H., Das Taufverständnis des Paulus. Taufe, Tod und Auferstehung nach Röm 6, SBS 47, Stuttgart 1970.

Friedrich, G., Lohmeyers These über das paulinische Briefpräskript kritisch beleuchtet, in: ders., Auf das Wort kommt es an. Gesammelte Aufsätze, hg. v. J. H. Friedrich, Göttingen 1978, S. 103-106.

Friedrich, G., Der Zweite Brief an die Thessalonicher, NTD 8, Göttingen 1985, S. 252-286.

Friedrich, J./Pöhlmann, W./Stuhlmacher, P., Zur historischen Situation von Röm 13,1-7, ZThK 73, 1976, S. 131-166.

Fritsch, C. T., TO 'ANTITYΠON, in: Studia Biblica et Semitica, FS T. C. Vriezen, hg. v. W. C. van Unnik, A. S. van der Woude u.a., Wageningen 1966, S. 100-107.

Froitzheim, F., Christologie und Eschatologie bei Paulus, fzb 35, Würzburg 1979.

Gielen, M., Tradition und Theologie neutestamentlicher Haustafelethik. Ein Beitrag zur Frage einer christlichen Auseinandersetzung mit gesellschaftlichen Normen, BBB 75, Frankfurt/M. 1990.

Giesen, H., Hoffnung auf Heil für alle – Heilsgegenwart für die Glaubenden (1 Petr 3,18-22), SNTU 14, 1989, S. 93-150.

Gnilka, J., Der Philemonbrief, HThK X/4, Freiburg/Basel/Wien 1982.

Gnilka, J., Der Philipperbrief, HThK X/3, Freiburg/Basel/Wien 1976².

Gnilka, J., Theologie des Neuen Testaments, HThK.S V, Freiburg/Basel/ Wien 1994.

Goldstein, H., Art. ποιμήν κτλ., EWNT III, 1992², Sp. 301-304.

Goldstein, H., Art. ἱεράτευμα, EWNT II, 1992², Sp. 426.

Goldstein, H., Das *Gemeindeverständnis* des Ersten Petrusbriefes, Diss. Masch., Münster 1973.

Goldstein, H., Das heilige *Volk*, das zuvor kein Volk war. Christengemeinde ohne Judenpolemik: 1 Petr 2,4-10, in: ders. (Hg.), Gottesverächter und Menschenfeinde? Juden zwischen Jesus und frühchristlicher Kirche, Düsseldorf 1979, S. 279-302.

Goldstein, H., Paulinische *Gemeinde* im ersten Petrusbrief, SBS 80, Stuttgart 1975.

Goldstein, H., Die politischen *Paränesen* in 1 Petr 2 und Röm 13, BiLe 14, 1973, S. 88-104.

Goppelt, Art. τύπος κτλ., TWNT VIII, 1969, S. 246-260.

Goppelt, L., Der Erste Petrusbrief, KEK XII/1, Göttingen 1978⁸.

Goppelt, L., Jesus und die „Haustafel"-Traditionen, in: Orientierung an Jesus, FS J. Schmid, hg. v. P. Hoffmann, Freiburg/Basel/Wien 1973, S. 93-106.

Goppelt, L., Prinzipien neutestamentlicher Sozialethik nach dem 1. Petrusbrief, in: Neues Testament und Geschichte, FS O. Cullmann, hg. v. H. Baltensweiler/B. Reicke, Zürich/Tübingen 1972, S. 285-296.

Gourgues, M., À la Droite de Dieu. Résurrection de Jésus et Actualisation du Psaume 110:1 dans le Nouveau Testament, Études Bibliques, Paris 1978.

Gräßer, E., Der Hebräerbrief 1938-1963, in: ders., Aufbruch und Verheißung. Gesammelte Aufsätze zum Hebräerbrief, hg. v. M. Evang/O. Merk, BZNW 65, Berlin/New York 1992, S. 1-99.

Green, G. L., The Use of the Old Testament for Christian Ethics in 1 Peter, TynBull 41, 1990, S. 276-289.

Greeven, H., Art. ἐρωτάω κτλ., TWNT II, 1935, S. 682-686.

Grundmann, W., Das Evangelium nach Lukas, ThHK 3, Berlin 1984[10].

Gundry, R. H., *Further Verba* on Verba Christi in First Peter, Bib. 55, 1974, S. 211-232.

Gundry, R. H., *'Verba Christi'* in I Peter: Their Implications concerning the Authorship of I Peter and the Authenticity of the Gospel Tradition, NTS 13, 1966/1967, S. 336-350.

Hahn, F., Charisma und Amt. Die Diskussion über das kirchliche Amt im Lichte der neutestamentlichen Charismenlehre, ZThK 76, 1979, S. 419-449.

Hahn, F., Christologische Hoheitstitel. Ihre Geschichte im frühen Christentum, FRLANT 83, Göttingen 1974[4].

Hahn, F., Das Verständnis der Mission im Neuen Testament, WMANT 13, Neukirchen-Vluyn 1963.

Hainz, J., Anfänge des Bischofs- und Diakonenamtes, in: ders., Kirche im Werden. Studien zum Thema Amt und Gemeinde im Neuen Testament, Paderborn 1976, S. 91-107.

Hainz, J., Ekklesia. Strukturen paulinischer Gemeinde-Theologie und Gemeinde-Ordnung, BU 9, Regensburg 1972.

Halas, S., Sens dynamique de l'expression λαὸς εἰς περιποίησιν en 1 P 2,9, Bib. 65, 1984, S. 254-258.

Hanson, A. T., Salvation Proclaimed: I. 1 Peter 3,18-22, ET 93, 1982, S. 100-105.

Harnack, A., Geschichte der altchristlichen Literatur bis Eusebius, Teil II: Die Chronologie, Bd. 1: die Chronologie der Literatur bis Irenäus nebst einleitenden Untersuchungen, Leipzig 1958[2].

von Harnack, A., Die Mission und Ausbreitung des Christentums in den ersten drei Jahrhunderten, Bd. I und II, Leipzig 1924[4].

Harris, J. R., Testimonies I/II, Cambridge 1916-1920.

Hasenhüttl, G., Charisma. Ordnungsprinzip der Kirche, ÖF.E V, Freiburg/Basel/Wien 1969.

Haslehurst, R. S. T., »Mark, My Son«, Theol. 13, 1926, S. 34-36.

Haubeck, W., Loskauf durch Christus. Herkunft, Gestalt und Bedeutung des paulinischen Loskaufmotivs, TVG 317, Gießen 1985.

Hegermann, H., Der Brief an die Hebräer, ThHK XVI, Berlin 1988.

Heil, J. P., Ezekiel 34 and the Narrativ Strategy of the Shepherd and Shep Metaphor in Matthew, CBQ 55, 1993, S. 698-708.

Hemer, C. J., The Address of 1 Peter, ET 89, 1978, S. 239-243.

Hengel, M., Anonymität, Pseudepigraphie und 'Literarische Fälschung' in der jüdisch-hellenistischen Literatur, in: von Fritz, K. (Hg.), Pseudepigrapha I, Genf 1972, S. 231-308.

Hengel, M., The Atonement. A Study of the Origins of the Doctrine in the New Testament, London 1981.

Hengel, M., Aufgaben der neutestamentlichen Wissenschaft, NTS 40, 1990, S. 321-357.

Hengel, M., Christological Titles in Early Christianity, in: J. H. Charlesworth (Hg.), The Messiah. Developments in Earliest Judaism and Christianity, Minneapolis 1992.

Hengel, M., Das Christuslied im frühesten Gottesdienst, in: Weisheit Gottes – Weisheit der Welt, FS J. Kardinal Ratzinger, Bd. 1, hg. v. W. Baier u.a., St. Otilien 1987, S. 357-404.

Hengel, M., Erwägungen zum Sprachgebrauch von Χριστός bei Paulus und in der 'vorpaulinischen' Überlieferung, in: Paul and Paulinism. Essays in Honour of C. K. Barrett, hg. v. M. D. Hooker/S. G. Wilson, London 1982, S. 135-159.

Hengel, M., Die johanneische Frage. Ein Lösungsversuch. Mit einem Beitrag zur Apokalypse von J. Frey, WUNT 67, Tübingen 1993.

Hengel, M., Die Throngemeinschaft des Lammes mit Gott in der Johannesapokalypse, ThBeitr 27, 1996, S. 159-175.

Hengel, M., Die Ursprünge der christlichen Mission, NTS 18, 1971/72, S. 15-38.

Hengel, M., Zwischen Jesus und Paulus. Die „Hellenisten", die „Sieben" und Stephanus (Apg 6,1-15; 7,54-8,3), ZThK 72, 1975, S. 151-206.

Herzer, J., Alttestamentliche Prophetie und die Verkündigung des Evangeliums. Beobachtungen zur Stellung und zur hermeneutischen Funktion von 1Petr 1,10-12, BThZ 14, 1997, S. 14-22.

Herzer, J., Die Paralipomena Jeremiae. Studien zu Tradition und Redaktion einer Haggada des frühen Judentums, TSAJ 43, Tübingen 1994

Hiebert, D. E., Designation of the Readers in 1 Peter 1,1-2, BS 137, 1980, S. 64-75.

Hiebert, D. E., Peter's Thanksgiving for our Salvation, StMiss 29, 1980, S. 85-103.

Hilgenfeld, A., Die Apostolischen Väter. Untersuchungen über Inhalt und Ursprung der unter ihrem Namen erhaltenen Schriften, Halle 1853.

Hilgenfeld, A., Historisch-kritische Einleitung in das Neue Testament, Leipzig 1875.

Hill, D., »To Offer Spiritual Sacrifices ...« (1 Peter 2:5): Liturgical Formulations and Christian Paraenesis in 1 Peter, JSNT 16, 1982, S. 45-63.

Hill, D., On Suffering and Baptism in I Peter, NT 18, 1976, S. 181-189.

Hofius, O., Zur Auslegungsgeschichte von πρεσβυτέριον 1 Tim 4,14, ZNW 62, 1971, S. 128-129.

Hofius, O., Erwägungen zu Gestalt und Herkunft des paulinischen Versöhnungsgedankens, ZThK 77, 1980, S. 186-199 (zit. nach ders., Paulusstudien, WUNT 51, Tübingen 1994², S. 1-14).

Hofrichter, P., Strukturdebatte im Namen des Apostels. Zur Abhängigkeit der Pastoralbriefe untereinander und vom ersten Petrusbrief, in: Anfänge der Theologie, FS J. B. Bauer, hg. v. N. Brox u.a., Graz/Wien/Köln 1987, S. 101-116.

Holland, G. S., The Tradition that You Received from Us: 2 Thessalonians in the Pauline Tradition, HUTh 24, Tübingen 1988.

Holtz, G., Die Pastoralbriefe, ThHK 13, Berlin 1986⁴.

Holtz, T., Der Antiochenische Zwischenfall. Gal 2,11-14, in: ders., Geschichte und Theologie des Urchristentums. Gesammelte Aufsätze, hg. v. E. Reinmuth/C. Wolff, WUNT 57, Tübingen 1991, S. 171-188.

Holtz, T., Art. ἀποκαλύπτω κτλ., EWNT I, 1992², Sp. 312-317.

Holtz, T., Die Bedeutung des Apostelkonzils für Paulus, in: ders., Geschichte und Theologie des Urchristentums. Gesammelte Aufsätze, hg. v. E. Reinmuth/C. Wolff, WUNT 57, Tübingen 1991, S. 140-160.

Holtz, T., Christologie der Apokalypse des Johannes, TU 85, Berlin 1971².

Holtz, T., Christus Diakonos. Zur christologischen Begründung der Diakonie in der nachösterlichen Gemeinde, in: ders., Geschichte und Theologie des Urchristentums. Gesammelte Aufsätze, hg. v. E. Reinmuth/C. Wolff, WUNT 57, Tübingen 1991, S. 399-416.

Holtz, T., Der erste Brief an die Thessalonicher, EKK XIII, Neukirchen-Vluyn 1986.

Holtz, T., Rez. R. Riesner, Die Frühzeit des Apostels Paulus. Studien zur Chronologie, Missionsstrategie und Theologie, WUNT 71, Tübingen 1994, in: ThRv 91, 1995, Sp. 227-229.

Holtzmann, H. J., Kritik der Epheser- und Kolosserbriefe auf Grund einer Analyse ihres Verwandtschaftsverhältnisses, Leipzig 1872.

Holtzmann, H. J., Lehrbuch der historisch-kritischen Einleitung in das Neue Testament, Freiburg 1892³.

Horn, F. W., Das Angeld des Geistes. Studien zur paulinischen Pneumatologie, FRLANT 154, Göttingen 1992.

Horn, F. W., Mitleiden mit Christus – I. Petrusbrief, in: G. Strecker, Theologie des Neuen Testaments, bearb., erg. u. hg. v. F. W. Horn, Berlin/New York 1995, S. 653-675.

Hübner, H., Biblische Theolgie des Neuen Testaments, Bd. 2: Die Theologie des Paulus und ihre neutestamentliche Wirkungsgeschichte, Göttingen 1993.

Hübner, H., Gottes Ich und Israel. Zum Schriftgebrauch des Paulus in Römer 9-11, FRLANT 136, Göttingen 1984.

Hunzinger, C.-H., Art. ῥαντίζω κτλ., TWNT VI, 1959, S. 976-984.

Hunzinger, C.-H., Babylon als Deckname für Rom und die Datierung des 1. Petrusbriefes, in: Gottes Wort und Gottes Land, FS H.-W. Hertzberg, hg. v. H. Graf Reventlow, Göttingen 1965, S. 67-77.

Hunzinger, C.-H., Zur Struktur der Christus-Hymnen in Phil 2 und 1. Petr 3, in: Der Ruf Jesu und die Antwort der Gemeinde, FS J. Jeremias, hg. v. E. Lohse u.a., Göttingen 1970, S. 142-156.

Jeremias, J., Art. ἀμνός κτλ., TWNT I, 1933, S. 342-345.

Jeremias, J., Art. ἄνθρωπος κτλ., TWNT I, 1933, S. 365-367.

Jeremias, J., Art. λίθος κτλ., TWNT IV, 1942, S. 272-283.

Jeremias, J., Art. ποιμήν κτλ., TWNT VI, 1959, S. 484-501.

Jeremias, J., *Der Eckstein*, ΑΓΓΕΛΟΣ I, 1925, S. 65-70.

Jeremias, J., *Eckstein* – Schlußstein, ZNW 36, 1937, S. 154-157.

Jeremias, J., Κεφαλὴ γωνίας – Ἀκρογωνιαῖος, ZNW 29, 1930, S. 264-280.

Jeremias, J., Das Lösegeld für Viele (Mk. 10,45), in: ders., ABBA. Studien zur neutestamentlichen Theologie und Zeitgeschichte, Göttingen 1966.

Jeremias, J., ΠΡΕΣΒΥΤΕΡΙΟΝ außerchristlich bezeugt, ZNW 48, 1957, S. 127-132.

Jeremias, J., Zwischen Karfreitag und Ostern. Descensus und Ascensus in der Karfreitagstheologie des Neuen Testamentes, in: ders., Abba. Studien zur neutestamentlichen Theologie und Zeitgeschichte, Göttingen 1966, S. 323-331.

Johnson, S. E., The Preaching to the Dead, JBL 79, 1960, S. 48-51.

Jones, F. S., „Freiheit" in den Briefen des Apostels Paulus. Eine historische, exegetische und religionsgeschichtliche Studie, GTA 34, Göttingen 1987.

Jost, W., ΠΟΙΜΗΝ. Das Bild vom Hirten in der biblischen Überlieferung und seine christologische Bedeutung, Gießen 1939.

Jülicher, A./Fascher, E., Einleitung in das Neue Testament, Grundriss der Theologischen Wissenschaft III/1, Tübingen 1931[7].

Käsemann, E., Amt und Gemeinde im Neuen Testament, in: ders., Exegetische Versuche und Besinnungen I, Göttingen 1965[4], S. 109-134.

Käsemann, E., An die Römer, HNT 8a, Berlin 1978 (Nachdr. Tübingen 1974[3]).

Käsemann, E., Paulus und der Frühkatholizismus, in: ders., Exegetische Versuche und Besinnungen II, Göttingen 1964, S. 239-252.

Kamlah, E., ΥΠΟΤΑΣΣΕΣΘΑΙ in den neutestamentlichen „Haustafeln", in: Verborum Veritas, FS G. Stählin, hg. v. O. Böcher/K. Haacker, Wuppertal 1970, S. 237-243.

Karrer, M., Der Gesalbte. Die Grundlagen des Christustitels, FRLANT 151, Göttingen 1991.

Karrer, M., Die Johannesoffenbarung als Brief. Studien zu ihrem literarischen, historischen und theologischen Ort, FRLANT 140, Göttingen 1986.

Karrer, M., Petrus im paulinischen Gemeindekreis, ZNW 80, 1989, S. 210-231.

Karrer, M., Das urchristliche Ältestenamt, NT 32, 1990, S. 152-188.

Katz, P., πρεσβυτέριον in I Tim. 4,14 and Susanna 50, ZNW 51, 1960, S. 27-30.

Kelly, J. N. D., A Commentary on the Epistles of Peter and of Jude, New York 1969.

Kennel, G., Frühchristliche Hymnen? Gattungskritische Studien zur Frage nach den Liedern der frühen Christenheit, WMANT 71, Neukirchen-Vluyn 1995.

Kertelge, K., Apokalypsis Jesou Christou (Gal 1,12), in: Neues Testament und Kirche, FS R. Schnackenburg, hg. v. J. Gnilka, Freiburg/Basel/Wien 1974, S. 266-281.

Kertelge, K., Art. ἀποκάλυψις, EWNT I, 1992², Sp. 331-336.

Kertelge, K., Art. λύτρον, EWNT II, 1992², Sp. 901-905.

Kertelge, K., Gemeinde und Amt im Neuen Testament, BiH 10, München 1972.

Kiley, M., Like Sara: The Tale of Terror behind 1Peter 3:6, JBL 106, 1987, S. 689-692.

Kirchhoff, R., Die Sünde gegen den eigenen Leib. Studien zu πόρνη und πορνεία in 1Kor 6,12-20 und dem sozio-kulturellen Kontext der paulinischen Adressaten, StUNT 18, Göttingen 1994.

Kittel, G., Art. ἀκούω κτλ., TWNT I, 1933, S. 216-225.

Kitzberger, I., Bau der Gemeinde. Das paulinische Wortfeld οἰκοδομή/(ἐπ)οικοδομεῖν, fzb 53, Würzburg 1986.

Klassen, W., The Sacred Kiss in the New Testament. An Exemple of Social Boundary Lines, NTS 39, 1994, S. 122-135.

Klauck, H.-J., Der zweite und dritte Johannesbrief, EKK XXIII/2, Neukirchen-Vluyn 1992.

Klinzing, G., Die Umdeutung des Kultus in der Qumrangemeinde und im Neuen Testament, StUNT 7, Göttingen 1971.

Knoch, O., Der Erste und Zweite Petrusbrief. Der Judasbrief, RNT, Regensburg 1990.

Knoch, O., 1. und 2. Timotheusbrief. Titusbrief, NEB 14, Würzburg 1988.

Knopf, R., Die Briefe Petri und Judä, KEK 12, Göttingen 1912⁷.

Knox, J., Pliny and 1 Peter: A Note on 1 Pet 4,14-16 and 3,15, JBL 72, 1953, S. 187-189.

Koch, D.-A., Beobachtungen zum christologischen Schriftgebrauch in den vorpaulinischen Gemeinden, ZNW 71, 1980, S. 174-191.

Koch, D.-A., Die Schrift als Zeuge des Evangeliums. Untersuchungen zur Verwendung und zum Verständnis der Schrift bei Paulus, BHTh 69, Tübingen 1986.

Köster, H., Einführung in das Neue Testament im Rahmen der Religionsgeschichte und Kulturgeschichte der hellenistischen und römischen Zeit, Berlin/New York 1980.

Köster, H., I Thessalonians – Experiment in Christian Writing, in: Continuity and Discontinuity in Church History, FS G. H. Williams, hg. v. F. F. Church/T. George, SHCT 19, Leiden 1979.

Kosala, K. C. P., Taufverständnis und Theologie im ersten Petrusbrief, Diss. Masch., Kiel 1985.

Kraft, H., Die Offenbarung des Johannes, HNT 16a, Tübingen 1974.

Kramer, W., Christos Kyrios Gottessohn. Untersuchungen zu Gebrauch und Bedeutung der christologischen Bezeichnungen bei Paulus und den vorpaulinischen Gemeinden, AThANT 44, Zürich/Stuttgart 1963

Küchler, M., Schweigen, Schmuck und Schleier. Drei neutestamentliche Vorschriften zur Verdrängung der Frauen auf dem Hintergrund einer frauenfeindlichen Exegese des Alten Testaments im antiken Judentum, NTOA 1, Freiburg/Göttingen 1986.

Kügler, U.-R., Die Paränese an die Sklaven als Modell urchristlicher Sozialethik, Diss. Masch., Erlangen 1977.

Kühl, E., Die Briefe Petri und Judae, KEK 12, Göttingen 1897[6(2)].

Kümmel, W. G., Das Neue *Testament*. Geschichte der Erforschung seiner Probleme, Orbis Academicus, Freiburg/München 1970[2].

Kümmel, W. G., *Einleitung* in das Neue Testament, Berlin 1989 (= Heidelberg 1983[21]).

Kuhli, H., Art. οἰκονομία κτλ., EWNT II, 1992[2], Sp. 1218-1222.

Lähnemann, J., Der Kolosserbrief. Komposition, Situation und Argumentation, StNT 3, Gütersloh 1971.

Lampe, P./Luz, U., Nachpaulinisches Christentum und pagane Gesellschaft, in: Die Anfänge des Christentums, Alte Welt und neue Hoffnung, hg. v. J. Becker u.a., Stuttgart/Berlin/Köln/Mainz 1987, S. 185-216.

Lang, F., Die Briefe an die Korinther, NTD 7, Göttingen 1986[16(1)].

Laub, F., Falsche Verfasserangaben in neutestamentlichen Schriften. Aspekte der gegenwärtigen Diskussion um die neutestamentliche Pseudepigraphie, TThZ 89, 1980, S. 228-242.

Leany, A. R. C., I Peter and the Passover: An Interpretation, NTS 10, 1963/64, S. 238-251.

Légasse, S., La soumission aux autorités d'après I Pierre 2.13-17: Version spécifique d'une parénèse traditionelle, NTS 34, 1988, S. 378-396.

Lietzmann, H., Geschichte der Alten Kirche, Bd. 1: Die Anfänge, Berlin 1961[4].

Lindemann, A., Kirche als Leib, ZThK 92, 1995, S. 140-165.

Lindemann, A., Paulus im ältesten Christentum. Das Bild des Apostels und die Rezeption der paulinischen Theologie in der frühen christlichen Literatur bis Marcion, BHTh 58, Tübingen 1979.

von Lips, H., Die Haustafel als 'Topos' im Rahmen der urchristlichen Paränese: Beobachtungen anhand des 1Petrusbriefes und des Titusbriefes, NTS 40, 1994, S. 261-280.

Löhr, H., Umkehr und Sünde im Hebräerbrief, BZNW 73, Berlin/New York 1994.

Lohmeyer, E., Briefliche Grußüberschriften, in: ders., Probleme paulinischer Theologie, Stuttgart o. J., S. 9-29.

Lohmeyer, E., Die Offenbarung des Johannes, HNT 16, Tübingen 1953[2]

Lohse, E., Art. πρόσωπον κτλ., TWNT VI, 1959, S. 769-781.

Lohse, E., Die Entstehung des Bischofsamtes in der frühen Christenheit, ZNW 71, 1980, S. 58-73.

Lohse, E., Märtyrer und Gottesknecht. Untersuchungen zur urchristlichen Verkündigung vom Sühntod Jesu Christi, FRLANT 64, Göttingen 1963[2].

Lohse, E., Paränese und Kerygma im 1. Petrusbrief, ZNW 45, 1954, S. 68-89.

Longenecker, R. N., The Christology of Early Jewish Christianity, SBT 2/17, London 1970.

Lüdemann, G., Art. συνείδησις, EWNT III, 1992[2], Sp. 721-725.

Lüdemann, G., Das frühe Christentum nach den Traditionen der Apostelgeschichte. Ein Kommentar, Göttingen 1987.

Lührmann, D., Das Offenbarungsverständnis bei Paulus und in den paulinischen Gemeinden, WMANT 16, Neukirchen-Vluyn 1965.

Maiburg, U., Christus der Eckstein. Ps 118,22 und Jes 28,16 im Neuen Testament und bei den lateinischen Vätern, in: Vivarium, FS T. Klausner, JbAC Erg. 11, Münster 1984, S. 247-256.

Malmede, H. H., Die Lichtsymbolik im Neuen Testament, StOR 15, Wiesbaden 1986.

Manke, H., Leiden und Herrlichkeit. Eine Studie zur Christologie des 1. Petrusbriefs, Diss. Masch., Münster 1975.

Martin, T. W., Metaphor and Composition in 1Peter, SBL DS 131, Atlanta 1992.

Marxsen, W., Einleitung in das Neue Testament. Eine Einführung in ihre Probleme, Gütersloh 1978[4].

Marxsen, W., Der Mitälteste und Zeuge der Leiden Christi. Eine martyrologische Begründung des 'Romprimats' im 1. Petrusbrief? in: Theologia Crucis – Signum Crucis, FS E. Dinkler, hg. v. C. Andresen/G. Klein, Tübingen 1979, S. 377-393.

Maurer, C., Art. σύνοιδα κτλ., TWNT VII, 1964, S. 897-918.

McCartney, D. G., λογικός in 1Peter 2,2, ZNW 82, 1991, S. 128-132.

McCasland, S. V., „Christ Jesus", JBL 65, 1946, S. 377-383.

McKelvey, R. J., Christ the Cornerstone, NTS 8, 1961/62, S. 352-359.

Mell, U., Neue Schöpfung. Eine traditionsgeschichtliche und exegetische Studie zu einem soteriologischen Grundsatz paulinischer Theologie, BZNW 56, Berlin/New York 1989.

Mell, U., Rez. U. Rau, Von Jesus zu Paulus. Entwicklung und Rezeption der antiochenischen Theologie im Urchristentum, Stuttgart/Berlin/Köln 1994, ThLZ 121, 1996, Sp. 669f.

Mengel, B., Studien zum Philipperbrief. Untersuchungen zum situativen Kontext unter besonderer Berücksichtigung der Frage nach der Ganzheitlichkeit oder Einheitlichkeit eines paulinischen Briefes, WUNT II/8, Tübingen 1982.

Merkel, H., Die Pastoralbriefe, NTD 9/1, Göttingen 1991.

Merklein, H., Das kirchliche Amt nach dem Epheserbrief, StANT 23, München 1973, S. 362ff.

Metzner, R., Die Rezeption des Matthäusevangeliums im 1. Petrusbrief. Studien zum traditionsgeschichtlichen und theologischen Einfluß des 1. Evangeliums auf den 1. Petrusbrief, WUNT II/74, Tübingen 1995.

Michaelis, J. D., Einleitung in die göttlichen Schriften des Neuen Bundes, Bd. 2, Göttingen 1777[3].

Michaels, J. R., Eschatology in I Peter III.17, NTS 13, 1966/67, S. 394-401.

Michel, O., Art. οἶκος κτλ., TWNT V, 1954, S. 122-161.

Michel, O., Der Brief an die Hebräer, KEK 13, Göttingen 1984[14].

Michel, O., Der Brief an die Römer, KEK IV, Göttingen 1978[5].

Michel, O./Betz, O., Von Gott gezeugt, in: Judentum, Urchristentum, Kirche, FS J. Jeremias, hg. v. W. Eltester, BZNW 26, Berlin 1964, S. 3-23.

Michl, J., Die katholischen Briefe, Regensburg 1968[2].

Michl, J., Die Presbyter des ersten Petrusbriefes, in: Ortskirche – Weltkirche, FS J. Döpfner, hg. v. H. Fleckenstein u.a., Würzburg 1973, S. 48-62.

Millauer, H., Leiden als Gnade. Eine traditionsgeschichtliche Untersuchung zur Leidenstheologie des ersten Petrusbriefes, EHS.T 23/56, Frankfurt/M. 1976.

Miller, D. G., Deliverance and Destiny. Salvation in First Peter, Interpretation 9, 1955, S. 413-425.

Minear, P. S., The House of Living Stones. A Study of 1 Peter 2:4-12, ER 34, 1982, S. 238-248.

Mitton, C. L., The Relationship between 1 Peter and Ephesians, JThS 1, 1950, S. 67-73.

Molthagen, J., Die Lage der Christen im Römischen Reich nach dem 1. Petrusbrief. Zum Problem einer Domitianischen Verfolgung, Historia 44, 1995, S. 422-458.

Morawe, G., Aufbau und Abgrenzung der Loblieder von Qumrân. Studien zur gattungsgeschichtlichen Einordnung der Hodajôth, TA 16, Berlin 1960.

Moulder, W. J., The OT Background and the Interpretation of Mark X 45, NTS 24, 1978, S. 120-127.

Moule, C. F. D., The Nature and Purpose of 1 Peter, NTS 3, 1956/57, S. 1-11.

Müller, K., Anstoß und Gericht. Eine Studie zum jüdischen Hintergrund des paulinischen Skandalon-Begriffs, StANT 19, München 1969.

Müller, K., Die Haustafelethik des Kolosserbriefes und das antike Frauenthema. Eine kritische Rückschau auf alte Ergebnisse, in: Die Frau im Urchristentum, hg. v. G. Dautzenberg/H. Merklein/K. Müller, QD 95, Freiburg/Basel/Wien 1983, S. 273-319.

Müller, K., Tora für die Völker. Die noachidischen Gebote und Ansätze zu ihrer Rezeption im Christentum, Studien zu Kirche und Israel (SKI) 15, Berlin 1994.

Müller, P., Anfänge der Paulusschule. Dargestellt am Zweiten Thessalonicherbrief und am Kolosserbrief, AThANT 74, Zürich 1988.

Müller, P.-G., Der „Paulinismus" in der Apostelgeschichte. Ein forschungsgeschichtlicher Überblick, in: K. Kertelge (Hg.), Paulus in den neutestamentlichen Spätschriften. Zur Paulusrezeption im Neuen Testament, QD 89, Freiburg/Basel/Wien 1981, S. 157-170.

Müller, U. B., Der Brief des Paulus an die Philipper, ThHK 11/1, Leipzig 1993.

Müller, U. B., Die Offenbarung des Johannes, ÖTK 19, Gütersloh/Würzburg 1995[2].

Munro, W., Authority in Paul and Peter. The Identification of a Pastoral Stratum in the Pauline Corpus and 1 Peter, SNTS.MS 45, Cambridge u.a. 1983.

Murphy-O'Connor, J., Paul the Letter-Writer. His World, His Options, His Skills, Good News Studies 41, Minnesota 1995.

Mußner, F., Der Galaterbrief, HThK IX, Freiburg/Basel/Wien 1988⁵.

Mußner, F., Petrus und Paulus – Pole der Einheit, QD 76, Freiburg/Basel/Wien 1976.

Nauck, W., Freude im Leiden. Zum Problem einer urchristlichen Verfolgungstradition, ZNW 60, 1955, S. 68-80.

Nauck, W., Probleme des frühchristlichen Amtsverständnisses (1 Petr 5,2f.), in: K. Kertelge (Hg.), Das kirchliche Amt im Neuen Testament, WdF 439, Darmstadt 1977, S. 442-469.

Neugebauer, F., In Christus – ἐν Χριστῷ. Eine Untersuchung zum Paulinischen Glaubensverständnis, Berlin 1961.

Neugebauer, F., Zur Deutung und Bedeutung des 1. Petrusbriefes, in: C. P. Thiede (Hg.), Das Petrusbild in der neueren Forschung, TVG 316, Wuppertal 1987, S. 109-144.

Nissen, A., Gott und der Nächste im antiken Judentum. Untersuchungen zum Doppelgebot der Liebe, WUNT 15, Tübingen 1974.

Nitzan, B., Qumran Prayer and Religious Poetry, StTDJ XII, Leiden/New York/Köln 1994.

Nixon, R. E., The Meaning of 'Baptism' in 1 Peter 3,21, in: StEv IV, hg. v. F. L. Cross, TU 102, Berlin 1968, S. 437-441.

Oberlinner, L., Die Pastoralbriefe. Erste Folge: Kommentar zum 1. Timotheusbrief, HThK XI/2, Freiburg/Basel/Wien 1994.

O'Brien, P. T., Ephesians I: An Unusual Introduction to a New Testament Letter, NTS 25, 1979, S. 504-516.

Oepke, A., Art. ἄσπιλος, TWNT I, 1933, S. 500.

Oepke, A., Art. καλύπτω κτλ., TWNT III, 1938, S. 558-597.

Ollrog, W.-H., Paulus und seine Mitarbeiter. Untersuchungen zu Theorie und Praxis der paulinischen Mission, WMANT 50, Neukirchen-Vluyn 1979.

Osborne, T. P., Guide Lines for Christian Suffering: A Source-Critical and Theological Study of 1 Peter 2,21-25, Bib. 64, 1983, S. 381-408.

Osborne, T. P., L'utilisation des citations de l'Ancien Testament dans la première épître de Pierre, RTL 12, 1981, S. 64-77.

von der Osten-Sacken, P., Charisma, Dienst und Gericht, in: ders., Evangelium und Tora. Aufsätze zu Paulus, ThB.NT 77, München 1987, S. 103-116.

von der Osten-Sacken, P., Gottes Treue bis zur Parusie. Formgeschichtliche Beobachtungen zu 1 Kor 1,7b-9, ZNW 68, 1977, S. 176-199.

von der Osten-Sacken, P., Römer 8 als Beispiel paulinischer Soteriologie, FRLANT 112, Göttingen 1975.

Park, H.-W., Die Kirche als Leib Christi bei Paulus, Gießen 1992.

Patsch, H., Zum alttestamentlichen Hintergrund von Röm 4,25 und I. Petrus 2,24, ZNW 60, 1969, S. 273-279.

Paulsen, H., Die Briefe des Ignatius von Antiochia und der Polykarpbrief, HNT 18, Die Apostolischen Väter II, Tübingen 1985[2].

Paulsen, H., Einheit und Freiheit der Söhne Gottes – Gal 3,26-29, ZNW 71, 1980, S. 74-95.

Paulsen, H., Überlieferung und Auslegung in Römer 8, WMANT 43, Neukirchen-Vluyn 1974.

Percy, E., Die Probleme der Kolosser- und Epheserbriefe, Lund 1946.

Perdelwitz, R., Die Mysterienreligionen und das Problem des I. Petrusbriefes. Ein literarischer und religionsgeschichtlicher Versuch, RVV 11,3, Gießen 1911.

Perkins, P., Peter. Apostle for the Whole Church, Studies on Personalities of the New Testament, Columbia 1994.

Pfleiderer, O., Das Urchristentum, seine Schriften und Lehren in geschichtlichem Zusammenhang, Bd. II, Berlin 1902[2].

Pfleiderer, O., Der Paulinismus. Ein Beitrag zur Geschichte der urchristlichen Theologie, Leipzig 1890[2].

Piper, J., Hope as the Motivation of Love in 1 Peter. 1 Peter 3,9-12, NTS 26, 1980, S. 212-231.

Pokorný, P., Der Brief des Paulus an die Epheser, ThHK 10/II, Leipzig 1992.

Pokorný, P., Der Brief des Paulus an die Kolosser, ThHK 10/I, Berlin 1987.

Pokorný, P., Das theologische Problem der neutestamentlichen Pseudepigraphie, EvTh 44, 1984, S. 486-496.

Prast, F., Presbyter und Evangelium in nachapostolischer Zeit. Die Abschiedsrede des Paulus in Milet (Apg 20,17-38) im Rahmen der lukanischen Konzeption der Evangeliumsverkündigung, fzb 29, Stuttgart 1979.

Prigent, P., I Pierre 2,4-10, RHPhR 72, 1992, S. 53-60.

Probst, H., Paulus und der Brief. Die Rhetorik des antiken Briefes als Form der paulinischen Korintherkorrespondenz (1Kor 8-10), WUNT II/45, Tübingen 1991.

Procksch, O., Art. λύω κτλ., TWNT IV, 1942, S. 329-337.

Prostmeier, F.-R., Handlungsmodelle im ersten Petrusbrief, fzb 63, Würzburg 1990.

Quinn, J. D., Notes on the Text of the P^{72} 1 Pt 2,3; 5,14; and 5,9, CBQ 27, 1965, S. 241-249.

Radermacher, L., Der erste Petrusbrief und Silvanus, ZNW 25, 1926, S. 287-299.

Radl, W., Art. παρουσία, EWNT III, 1992[2], Sp. 102-105.

Rau, E., Von Jesus zu Paulus. Entwicklung und Rezeption der antiochenischen Theologie im Urchristentum, Stuttgart/Berlin/Köln 1994.

Reichert, A., Eine urchristliche praeparatio ad martyrium. Studien zur Komposition, Traditionsgeschichte und Theologie des 1. Petrusbriefes, BET 22, Frankfurt/M./Bern/New York/Paris 1989.

Reicke, B., Die Gnosis der Männer nach I Ptr 3,7, in: Neutestamentliche Studien für R. Bultmann, BZNW 21, Berlin 1954, S. 296-304.

Reicke, B., The Disobedient Spirits and Christian Baptism. A Study of 1 Pet. III.19 and its Context, ASNU 13, Kopenhagen 1946.

Reicke, B., The Epistles of James, Peter and Jude. Introduction, Translation, and Notes, AncB 37, New York 1964.

Rengstorf, K. H., Art. δοῦλος κτλ., TWNT II, 1935, S. 264-283.

Reumann, J., Oikonomia-Terms in Paul in Comparison with Lucan *Heilsgeschichte*, NTS 13, 1966/67, S. 147-167.

Reumann, J., „Stewards of God" – Pre-Christian Religious Application of *Oikonomos* in Greek, JBL 77, 1958, S. 339-349.

Richards, G. C., 1 Peter iii,21, JThS 32, 1931, S. 77.

Riesner, R., Die Frühzeit des Apostels Paulus. Studien zur Chronologie, Missionsstrategie und Theologie, WUNT 71, Tübingen 1994.

Rigato, M. L., Quali i profeti di cui nella 1Pt 1,10? RivBib 38, 1990, S. 73-90.

Robinson, J. M., Die Hodajot-Formel in Gebet und Hymnus des Frühchristentums, in: Apophoreta, FS E. Haenchen, hg. v. W. Eltester/F. H. Kettler, BZNW 30, Berlin 1964, S. 194-235.

Rössler, D., Gesetz und Geschichte. Untersuchungen zur Theologie der jüdischen Apokalyptik und der pharisäischen Orthodoxie, WMANT 3, Neukirchen 1962[2].

Rohde, J., Charismen und Dienste in der Gemeinde. Von Paulus zu den Pastoralbriefen, in: G. K. Schäfer/T. Stohm (Hg.), Diakonie – biblische Grundlagen und Orientierungen, Veröffentlichungen des diakoniewissenschaftlichen Instituts an der Universität Heidelberg, Bd. 2, Heidelberg 1990, S. 202-221.

Rohde, J., Der Brief des Paulus an die Galater, ThHK 9, Berlin 1989.

Rohde, J., Urchristliche und frühkatholische Ämter. Eine Untersuchung zur frühchristlichen Amtsentwicklung im Neuen Testament und bei den apostolischen Vätern, Theologische Arbeiten 23, Berlin 1976.

Roller, O., Das Formular der Paulinischen Briefe, BWANT 4/6, Stuttgart 1933.

Roloff, J., Anfänge der soteriologischen Deutung des Todes Jesu (Mk. X.45 und Lk. XXII.27), NTS 19, 1972/73, S. 38-64.

Roloff, J., Apostolat – Verkündigung – Kirche. Ursprung, Inhalt und Funktion des kirchlichen Apostelamtes nach Paulus, Lukas und den Pastoralbriefen, Gütersloh 1965.

Roloff, J., Die Apostelgeschichte, NTD 5, Berlin 1988 (= Göttingen 1981).

Roloff, J., Art. Amt/Ämter/Amtsverständnis IV. Im Neuen Testament, TRE 2, 1978/1993, S. 509-533.

Roloff, J., Der erste Brief an Timotheus, EKK XV, Neukirchen-Vluyn 1988.

Roloff, J., Die Offenbarung des Johannes, Zürcher Bibelkommentare NT 18, Zürich 1987.

Rüterswörden, U., Art. שמע, TWAT VII, 1995, Sp. 255-279.

Ruppert, L., Der leidende Gerechte. Eine motivgeschichtliche Untersuchung zum Alten Testament und zum zwischentestamentlichen Judentum, fzb 5, Würzburg 1972.

Sänger, D., Schriftauslegung im Horizont der Gottesherrschaft. Die Antithesen der Bergpredigt (Mt 5,21-38) und die Verkündigung Jesu, in: H. Deuser/G. Schmalenberg (Hg.), Christlicher Glaube und religiöse Bildung, Gießener Schriften zur Theologie und Religionspädagogik 11, Gießen 1995, S. 75-109.

Sänger, D., Der Verlust an Vermittlung. Vermutungen zu gegenwärtigen Tendenzen in der deutschen neutestamentlichen Wissenschaft, EvTh 47, 1987, S. 245-259.

Sand, A., Art. ἄνθρωπος, EWNT II, 1992², Sp. 240-249.

Sanders, J. T., The New Testament Christological Hymns. Their Historical Religious Background, SNTS.MS 15, Cambridge 1971.

Schade, H.-H., Apokalyptische Christologie bei Paulus. Studien zum Zusammenhang von Christologie und Eschatologie in den Paulusbriefen, GTA 18, Göttingen 1984².

Schäfer, K., Gemeinde als "Bruderschaft". Ein Beitrag zum Kirchenverständnis des Paulus, EHS.T 23/333, Frankfurt/M. u.a. 1989.

Scharlemann, M. H., Why the *Kuriou* in 1 Petr 1:25?, CTM 30, 1959, S. 352-356.

Schelkle, K. H., Art. Bruder, RAC II, 1954, Sp. 631-640.

Schelkle, K. H., Die Petrusbriefe – Der Judasbrief, HThK XIII/2, Freiburg/Basel/Wien 1961.

Schenk, W., Art. ἐπερώτημα, EWNT II, 1992², Sp. 53-54.

Schenk, W., Die Philipperbriefe des Paulus, Stuttgart/Berlin/Köln/Mainz 1984.

Schenke, H.-M./Fischer, K. M., Einleitung in die Schriften des Neuen Testaments, Bd. 1: Die Briefe des Paulus und die Schriften des Paulinismus, Gütersloh 1978.

Schille, G., Frühchristliche Hymnen, Berlin 1965.

Schille, G., Konfliktlösung durch Zuordnung. Der Tischdienst der Sieben nach Apostelgeschichte 6, in: G. K. Schäfer/T. Stohm (Hg.), Diakonie – biblische Grundlagen und Orientierungen, Veröffentlichungen des diakoniewissenschaftlichen Instituts an der Universität Heidelberg, Bd. 2, Heidelberg 1990, S. 243-259.

Schlatter, A., Petrus und Paulus nach dem ersten Petrusbrief, Stuttgart 1937.

Schlier, H., Eine Adhortatio aus Rom. Die Botschaft des ersten Petrusbriefes, in: ders., Das Ende der Zeit. Exegetische Aufsätze und Vorträge III, Freiburg/Basel/Wien 1971, S. 271-296.

Schlier, H., Art. ἐλεύθερος κτλ., TWNT II, 1935, S. 484-500.

Schlier, H., Der Brief an die Epheser, Düsseldorf 1962³.

Schlier, H., Der Brief an die Galater, KEK VII, Göttingen 1962³.

Schlosser, J., 1 Pierre 3,5b-6, Bib. 64, 1983, S. 409-410.

Schlüter, M., Zum Formular der *Berakha*, FJB 11, 1983, S. 48-57.

Schmidt, E. G., Antike und mittelalterliche Schlußsteinsymbolik, in: ders., Erworbenes Erbe. Studien zur antiken Literatur und ihrer Nachwirkung, Leipzig 1988, S. 382-391.

Schmidt, K. L., Art. καλέω κτλ., TWNT III, 1938, S. 488-539.

Schmidt, W., Handbuch über den Brief an die Epheser, KEK VIII, Göttingen 1886[6].

Schmithals, W., Der Römerbrief als historisches Problem, StNT 9, Gütersloh 1975.

Schmithals, W., Der Römerbrief. Ein Kommentar, Gütersloh 1988.

Schnackenburg, R., Der Brief an die Epheser, EKK X, Neukirchen-Vluyn 1982.

Schnackenburg, R., Ephesus. Entwicklung einer Gemeinde von Paulus zu Johannes, BZ NF 35, 1991, S. 41-64.

Schnackenburg, R., Episkopus und Hirtenamt, in: Episkopus. Studien über das Bischofsamt, FS M. von Faulhaber, Regensburg 1949, S. 66-88.

Schnackenburg, R., Die große Eulogie Eph 1,3-14. Analyse unter textlinguistischen Aspekten, BZ NF 21, 1977, S. 67-87.

Schnackenburg, R., Das Johannesevangelium I-IV, Freiburg/Basel/Wien 1971-1984.

Schneider, G., Art. ὑπακοή κτλ., EWNT III, 1992[2], Sp. 942-945.

Schnelle, U., Einleitung in das Neue Testament, UTB 1830, Göttingen 1994.

Schnelle, U., Gerechtigkeit und Christusgegenwart. Vorpaulinische und paulinische Taufterminologie, GTA 24, Göttingen 1986[2].

Schnelle, U., Die johanneische Schule, in: Bilanz und Perspektiven gegenwärtiger Auslegung des Neuen Testaments. Symposion zum 65. Geburtstag von G. Strecker, hg. v. F. W. Horn, BZNW 75, Berlin/New York 1995, S. 198-217.

Schnider, F./Stenger, W., Studien zum neutestamentlichen Briefformular, NTTS 11, Leiden u.a. 1987.

Schrage, W., Der erste Brief an die Korinther, EKK VII/1.2, Neukirchen-Vluyn 1991-1995.

Schrage, W., Der erste Petrusbrief, in: ders./H. Balz, Die 'Katholischen' Briefe, NTD 10, Berlin 1982 (= Göttingen 1980[2]), S. 60-121.

Schrage, W., Der zweite Petrusbrief, in: ders./H. Balz, Die 'Katholischen' Briefe, NTD 10, Berlin 1982 (= Göttingen 1980[2]), S. 122-155.

Schrage, W., Zur Ethik der neutestamentlichen Haustafeln, NTS 21, 1975, S. 1-22.

Schröger, F., *Gemeinde* im 1. Petrusbrief. Untersuchungen zum Selbstverständnis einer christlichen Gemeinde an der Wende vom 1. zum 2. Jahrhundert, SUPa.KT 1, Passau 1981.

Schröger, F., »Laßt euch auferbauen zu einem geisterfüllten Haus« (1 Petr 2,4.5). Eine *Überlegung* zu dem Verhältnis von Ratio und Pneuma, in: W. Friedberger/F. Schnider (Hg.), Theologie – Gemeinde – Seelsorger, München 1979, S. 138-145.

Schröger, F., Die *Verfassung* der Gemeinde des ersten Petrusbriefes, in: J. Hainz (Hg.), Kirche im Werden. Studien zum Thema Amt und Gemeinde im Neuen Testament, München/Paderborn/Wien 1976, S. 239-252.

Schröter, J., Der versöhnte Versöhner. Paulus als unentbehrlicher Mittler im Heilsvorgang zwischen Gott und Gemeinde nach 2 Kor 2,14-7,4, TANZ 10, Tübingen/Basel 1993.

Schubert, P., Form and Funktion of the Pauline Thanksgivings, BZNW 20, Berlin 1939.

Schürer, E., The History of the Jewish People in the Age of Jesus Christ (175 B.C. – A.D. 135), Bd. 1-3, bearb. v. G. Vermes/F. Millar/M. Goodmann, Edinburgh 1973-1987.

Schürmann, H., Die geistlichen Gnadengaben in den paulinischen Gemeinden, in: ders., Ursprung und Gestalt. Erörterungen und Besinnungen zum Neuen Testament, Düsseldorf 1970, S. 236-267.

Schüssler Fiorenza, E., Priester für Gott. Studien zum Herrschafts- und Priestermotiv in der Apokalypse, NTA NF 7, Münster 1972.

Schüssler Fiorenza, E., The Quest for the Johannine School: The Apocalypse and the Fourth Gospel, NTS 23, 1977, S. 402-427.

Schulz, S., Die Mitte der Schrift. Der Frühkatholizismus im Neuen Testament als Herausforderung an den Protestantismus, Stuttgart/Berlin 1976.

Schutter, W. L., Hermeneutic and Composition in I Peter, WUNT 2/30, Tübingen 1989.

Schwegler, A., Das nachapostolische Zeitalter in den Hauptmomenten seiner Entwicklung, Bd. II, Tübingen 1846.

Schweizer, E., Der Brief an die *Kolosser*, EKK 12, Neukirchen-Vluyn 1976 (= Berlin 1979).

Schweizer, E., Zur *Christologie* des Ersten Petrusbriefes, in: Anfänge der Christologie, FS F. Hahn, hg. v. C. Breytenbach und H. Paulsen, Göttingen 1991, S. 369-382.

Schweizer, E., Der erste *Petrusbrief*, Zürich 1972[2].

Schweizer, E., *Gemeinde* und Gemeindeordnung im Neuen Testament, AThANT 35, Zürich 1962[2].

Schweizer, E., Der *Kolosserbrief* – weder paulinisch noch nachpaulinisch?, in: ders., Neues Testament und Christologie im Werden, Göttingen 1982, S. 150-163.

Schweizer, E., *Markus* als Begleiter des Petrus, in: The Four Gospels, FS F. Neirynck, hg. v. F. v. Segbroeck u.a., Bd. II, Leuven 1992, S. 751-773.

Schweizer, E., *1. Petrus 4,6*: εἰς τοῦτο γὰρ καὶ νεκροῖς εὐηγγελίσθη, ἵνα κριθῶσι μὲν κατὰ ἀνθρώπους σαρκὶ, ζῶσι δὲ κατὰ θεὸν πνεύματι, ThZ 8, 1952, S. 152-154.

Schweizer, E., Die *Weltlichkeit* des Neuen Testaments: die Haustafeln, in: Beiträge zur alttestamentlichen Theologie, FS W. Zimmerli, hg. v. H. Donner/R. Hanhart/R. Smend, Göttingen 1977, S. 397-413.

Scippa, V., I carismi par la vitalità della Chiesa. Studio esegetico su 1Cor 12-14; Rm 12,6-8; Ef 4,11-13; 1Pt 4,10-11, Asprenas (Neapel) 38, 1991, S. 5-25.

Seidensticker, P., Lebendiges Opfer (Röm 12,1). Ein Beitrag zur Theologie des Apostels Paulus, NTA XX,1/3, Münster 1954.

Sellin, G., Die Häretiker des Judasbriefes, ZNW 77, 1986, S. 206-225.

Selwyn, E. G., The First Epistle of St. Peter, London 1947[2] (Repr. 1974).

Selwyn, E. G., The Persecutions in 1 Peter, BSNTS 1, Oxford 1950, S. 39-50.

Seufert, W., Das Abhängigkeitsverhältniss des I. Petrusbriefs vom Römerbrief, ZWTh 17, 1874, S. 360-388.

Seufert, W., Titus Silvanus (ΣΙΛΑΣ) und der Verfasser des ersten Petrusbriefes, ZWTh 28, 1885, S. 350-371.

Seufert, W., Das Verwandtschaftsverhältniss des ersten Petrusbriefs und Epheserbriefs, ZWTh 24, 1881, S. 178-197.332-380.

Shimada, K., The Christological Credal Formula in I Peter 3,18-22 – Reconsidered, AJBI 5, 1979, S. 154-176.

Shimada, K., Is I Peter dependent on Ephesians? A Critique of C. L. Mitton, AJBI 17, 1991, S. 77-106.

Shimada, K., Is I Peter dependent on Romans?, AJBI 19, 1993, S. 87-137.

Siber, P., Mit Christus leben. Eine Studie zur paulinischen Auferstehungshoffnung, AThANT 61, Zürich 1971.

Sleeper, C. F., „Political Responsibility according to 1 Peter", NT 10, 1968, S. 270-286.

Sly, D. I., 1 Peter 3:6b in the Light of Philo and Josephus, JBL 110, 1991, S. 126-129.

Smith, T. V., Petrine Controversies in Early Christianity. Attitudes towards Peter in Christian Writings of the First Two Centuries, WUNT II/15, Tübingen 1985.

Snodgrass, K. R., 1 Peter II.1-10: Its Formation and Literary Affinities, NTS 24, 1977, S. 97-106.

Soucek, J. B., Das Gegenüber von Gemeinde und Welt nach dem ersten Petrusbrief, CV 3, 1960, S. 5-13.

Spicq, C., Les Épîtres de Saint Pierre, Sources Bibliques, Paris 1966.

Spicq, C., La place ou le rôle des jeunes dans certaines communautés néotestamentaires, RB 76, 1969, S. 508-527.

Spörri, T., Der Gemeindegedanke im ersten Petrusbrief. Ein Beitrag zur Struktur des urchristlichen Kirchenbegriffs, NTF 2,2, Gütersloh 1925.

Stählin, G., Art. φιλέω κτλ., TWNT IX, 1973, S. 112-169.

Stelzenberger, J., Syneidesis im Neuen Testament, AMT 1, Paderborn 1961.

Stowers, S. K., Letter Writing in Greco – Roman Antiquity, LEC 5, Philadelphia 1986.

Strack, W., Kultische Terminologie in ekklesiologischen Kontexten in den Briefen des Paulus, BBB 92, Weinheim 1994.

Strecker, G., Die neutestamentlichen Haustafeln (Kol 3,18 - 4,1 und Eph 5,22 - 6,9), in: Neues Testament und Ethik, FS R. Schnackenburg, hg. v. H. Merklein, Freiburg/Basel/Wien 1989, S. 349-375.

Strecker, G., Literaturgeschichte des Neuen Testaments, Göttingen 1992.

Strecker, G., Theologie des Neuen Testaments, bearb., erg. u. hg. v. F. W. Horn, Berlin/New York 1995.

Strobel, A., Macht Leiden von Sünde frei? Zur Problematik von 1. Petr. 4,1f., ThZ 19, 1963, S. 412-425.

Stuhlmacher, P., Biblische Theologie des Neuen Testaments, Bd. 1: Grundlegung – Von Jesus zu Paulus, Göttingen 1992.

Stuhlmacher, P., Der Brief an die Römer, NTD 6, Göttingen 1989.

Stuhlmacher, P., Der Brief an Philemon, EKK XVIII, Neukirchen-Vluyn 1981.

Stuhlmacher, P., Cilliers Breytenbachs Sicht von Sühne und Versöhnung, JBTh 6, 1991, S. 339-354.

Stuhlmacher, P., Das Christusbild der Paulus-Schule – eine Skizze, in: J. D. G. Dunn (Hg.), Jews and Christians. The Parting of the Ways A.D. 70 to 135, WUNT 66, Tübingen 1992, S. 159-175.

Stuhlmacher, P., Sühne oder Versöhnung? Randbemerkungen zu Gerhard Friedrichs Studie: „Die Verkündigung des Todes Jesu im Neuen Testament", in: Die Mitte des Neuen Testaments, FS E. Schweizer, hg. v. U. Luz/H. Weder, Göttingen 1983.

Suhl, A., Paulus und seine Briefe, StNT 11, Gütersloh 1975.

Sundberg, A., On Testimonies, NT 3, 1959, S. 268-281.

Sylva, D., A 1 Peter Bibliography, JETS 25, 1982, S. 75-89.

Synofzik, E., Die Gerichts- und Vergeltungsaussagen bei Paulus. Eine traditionsgeschichtliche Untersuchung, GTA 8, Göttingen 1977.

Taatz, I., Frühjüdische Briefe. Die paulinischen Briefe im Rahmen der offiziellen religiösen Briefe des Frühjudentums, NTOA 16, Freiburg/Göttingen 1991.

Tachau, P., „Einst" und „Jetzt" im Neuen Testament. Beobachtungen zu einem urchristlichen Predigtschema in der neutestamentlichen Briefliteratur und zu seiner Vorgeschichte, FRLANT 105, Göttingen 1972.

Talbert, C. H., Once Again: The Plan of 1 Peter, in: ders. (Hg.), Perspektives on First Peter, NABPR Special Studies Series 9, Macon 1986, S. 141-151.

Teichert, H., 1. Petr. 2,13 – eine crux interpretum? ThLZ 74, 1949, Sp. 303f.

Thiede, C. P., Babylon, der andere Ort: Anmerkungen zu 1Petr 5,13 und Apg 12,17, in: ders. (Hg.), Das Petrusbild in der neueren Forschung, Wuppertal 1987, S. 221-229.

Thraede, K., Art. Friedenskuß, RAC VIII, 1972, Sp. 505-519.

Thraede, K., Zum historischen Hintergrund der ›Haustafeln‹ des NT, in: Pietas, FS B. Kötting, hg. v. E. Dassmann/K. S. Frank, JbAC.E 8, Münster 1980, S. 359-368.

Thraede, K., Ursprünge und Formen des ›Heiligen Kusses‹ im frühen Christentum, JAC 11/12, 1968/69, S. 124-180.

Thüsing, W., Gott und Christus in der paulinischen Soteriologie, Bd. 1: Per Christum in Deum. Das Verhältnis der Christozentrik zur Theozentrik, NTA NF 1/I, Münster 1986³.

Thurén, L., The Rhetorical Strategy of 1 Peter. With Special Regard to Ambiguous Expressions, Åbo 1990.

du Toit, A. B., The Significance of Discourse Analysis for New Testament Interpretation and Translation: Introductory Remarks with special Reference to 1 Peter 1:3-13, Neotest. 8, 1974, S. 54-79.

Trebilco, P., Jewish Communities in Asia Minor, SNTS.MS 69, Cambridge 1992.

Trilling, W., Literarische Paulusimitation im 2. Thessalonicherbrief, in: K. Kertelge (Hg.), Paulus in den neutestamentlichen Spätschriften. Zur Paulusrezeption im Neuen Testament, QD 89, Freiburg/Basel/Wien 1981, S. 146-156.

Trilling, W., Zum Petrusamt im Neuen Testament. Traditionsgeschichtliche Überlegungen anhand von Matthäus, 1 Petrus und Johannes, Theologische Versuche IV, Berlin 1972, S. 27-46.

Trilling, W., Der zweite Brief an die Thessalonicher, EKK XIV, Neukirchen-Vluyn 1980.

Tripp, D. H., Eperotema (1Peter 3:21). A Liturgist's Note, ET 92, 1981, S. 267-270.

Trobisch, D., Die Entstehung der Paulusbriefsammlung. Studien zu den Anfängen christlicher Publizistik, NTOA 10, Freiburg/Göttingen 1989.

van Unnik, W. C., A Classical Parallel to 1 Peter II,14 and 20, in: ders., Sparsa collecta II: 1 Peter. Canon. Corpus Hellenisticum. Generalia, NT.S 30, Leiden 1980, S. 107-110.

van Unnik, W. C., The Critique of Paganism in 1 Peter 1:18, in: Neotestamentica et Semitica. Studies in Honour of M. Black, hg. v. E. E. Ellis/M. Wilcox, Edinburgh 1969, S. 129-142.

van Unnik, W. C., „Diaspora" and „Church" in the First Centuries of Christian History, in: ders., Sparsa collecta III: Patristica. Gnostica. Liturgica, NT.S 31, Leiden 1983, S. 95-105.

van Unnik, W. C, The Redemption in 1 Peter i 18-19 and the Problem of the First Epistle of Peter (1942), in: ders., Sparsa Collecta II: 1 Peter. Canon. Corpus Hellenisticum. Generalia, NT.S 30, Leiden 1980, S. 3-82.

van Unnik, W. C., Das Selbstverständnis der jüdischen Diaspora in der hellenistisch-römischen Zeit, hg. u. bearb. v. P. van der Horst, AGJU 17, Leiden/New York/Köln 1993.

van Unnik, W. C., Sparsa collecta. The Collected Essays of W. C. van Unnik, Bd. II: 1 Peter. Canon. Corpus Hellenisticum. Generalia, Leiden 1980.

van Unnik, W. C., The Teaching of Good Works in I Peter, in: ders., Sparsa Collecta II: 1 Peter. Canon. Corpus Hellenisticum. Generalia, NT.S 30, Leiden 1980, S. 83-105.

la Verdière, E. A., A Grammatical Ambiguity in 1 Pet 1:23, CBQ 36, 1974, S. 89-94.

Verhoef, E., Numerus, Sekretär und Authentizität der paulinischen Briefe, Protokolle zur Bibel 4, 1995, S. 48-58.

Vielhauer, Ph., Geschichte der urchristlichen Literatur. Einleitung in das Neue Testament, die Apokryphen und die Apostolischen Väter, GLB, Berlin/New York 1975.

Vielhauer, Ph., Oikodome. Das Bild vom Bau in der christlichen Literatur vom Neuen Testament bis Clemens Alexandrinus (1939), in: ders., Oikodome. Aufsätze zum Neuen Testament, Bd. 2, hg. v. G. Klein, ThB NT 65, München 1979, S. 1-168.

de Villiers, J. L., Joy in Suffering in I Peter, Neotest. 9, 1975, S. 64-86.

Vogler, W., Die Briefe des Johannes, ThHK 17, Leipzig 1993.

Volf, M., Soft Difference. Theological Reflections on the Relation Between Church and Culture in 1 Peter, Ex Auditu 10, 1994, S. 15-30.

Vouga, F., Der Brief als Form der apostolischen Autorität, in: K. Berger u.a. (Hg.), Studien und Texte zur Formgeschichte, TANZ 7, Tübingen/Basel 1992, S. 7-58.

Vouga, F., Die Johannesbriefe, HNT 15/III, Tübingen 1990.

Wagener, U., Die Ordnung des „Hauses Gottes". Der Ort von Frauen in der Ekklesiologie und Ethik der Pastoralbriefe, WUNT II/65, Tübingen 1994.

Wechsler, A., Geschichtsbild und Apostelstreit. Eine forschungsgeschichtliche und exegetische Studie über den antiochenischen Zwischenfall (Gal 2,11-14), BZNW 62, Berlin/New York 1991.

Wedderburn, A. J. M., Some Observations on Paul's Use of the Phrases 'in Christ' and 'with Christ', JSNT 25, 1985, S. 83-97.

Weigandt, P., Art. οἶκος, EWNT II, 1992[2], Sp. 1222-1229.

Weima, J. A. D., Neglected Endings. The Significance of the Pauline Letter Closings, JSNT.S 101, Sheffield 1994.

Weiser, A., Die Apostelgeschichte, ÖTK, Leipzig 1989 (= Gütersloh 1981-1985).

Weiser, A., Titus 2 als Gemeindeparänese, in: Neues Testament und Ethik, FS R. Schnackenburg, hg. v. H. Merklein, Freiburg/Basel/Wien 1989, S. 397-414.

Weiß, B., Der petrinische Lehrbegriff. Beiträge zur biblischen Theologie sowie zur Kritik und Exegese des ersten Briefes Petri und der petrinischen Reden, Berlin 1855.

Weiß, H.-F., Der Brief an die Hebräer, KEK 13, Göttingen 1991[15(1)].

Weiß, J., Der erste Korintherbrief, KEK V, Göttingen 1970[9].

Wengst, K., Christologische Formeln und Lieder des Urchristentums, StNT 7, Gütersloh 1972.

Wenschkewitz, H., Die Spiritualisierung der Kultusbegriffe Tempel, Priester und Opfer im Neuen Testament, Leipzig 1932.

White, J. L., New Testament Epistolary Literature in the Framework of Ancient Epistolography, ANRW II,25,2, Berlin/New York 1984, S. 1730-1756.

White, J. L., Saint Paul and the Apostolic Letter Tradition, CBQ 45, 1983, S. 433-444.

Wiefel, W., Das Evangelium nach Lukas, ThHK 3, Berlin 1988.

Wikenhauser, A., Einleitung in das Neue Testament, Freiburg 1963[5].

Wikenhauser, A./Schmid, J., Einleitung in das Neue Testament, Freiburg/Basel/Wien 1973[6].

Wilckens, U., Der Brief an die Römer, EKK VI/1-3, Neukirchen 1987[2].

Wilckens, U., Römer 13,1-7, in: ders., Rechtfertigung als Freiheit. Paulusstudien, Neukirchen-Vluyn 1974, S. 203-245.

Windisch, H./Preisker, H., Die katholischen Briefe, HNT 15, Tübingen 1951[3].

Winter, B. W., The Public Honouring of Christian Benefactors. Romans 13.3-4 and 1 Peter 2.14-15, JSNT 34, 1988, S. 87-113.

Wolff, C., Christ und Welt im 1. Petrusbrief, ThLZ 100, 1975, Sp. 333-342.

Wolff, C., Der erste Brief des Paulus an die Korinther, ThHK VII, Leipzig 1996.

Wolff, C., Der zweite Brief des Paulus an die Korinther, ThHK VIII, Berlin 1989.

Wolff, C., Rez. zu J. H. Elliott, A Home for the Homeless, Philadelphia 1981, ThLZ 109, 1984, Sp. 443-445.

Wolter, M., Der Brief an Philemon, ÖTK 12, Gütersloh 1993, S. 225-282.

Wolter, M., Rechtfertigung und zukünftiges Heil. Untersuchungen zu Röm 5,1-11, BZNW 43, Berlin/New York 1978.

Wrede, W., Bemerkungen zu Harnacks Hypothese über die Adresse des I. Petrusbriefes, Miscellen 3, ZNW 1, 1900, S. 75-85.

Yorke, G. L. O. R., The Church as the Body of Christ in the Pauline Corpus. A Re-examination, Lanham/New York/London 1991.

Ysebaert, J., Die Amtsterminologie im Neuen Testament und in der Alten Kirche. Eine lexikographische Untersuchung, Breda 1994.

Zeller, D., Charis bei Philon und Paulus, Stuttgart 1990.

Zeller, D., Paulus und Johannes. Methodischer Vergleich im Interesse einer neutestamentlichen Theologie, BZ NF 27, 1983, S. 167-182.

Zimmerli, W., Grundriß der alttestamentlichen Theologie, Theologische Wissenschaft 3, Stuttgart u.a. 1972.

Zmijewski, J., Paulus – Knecht und Apostel Christi. Amt und Amtsträger in paulinischer Sicht, Stuttgart 1986.

Register

1. Stellenregister

1.1. Altes Testament

Gen

3,16f.	224
6,11-13	214
9,26	51
12	239
14,20	51
20	239
24,27	51
44,4	252

Ex

6,6	121
12	129
12,5	132, 184
12,11	183
12,15	129
13,2-16	184
13,6f.	129
15,13	121
18,10	51
19,5f.	247
19,5	125, 183
19,6	183
19,9f.	247
23,18	129
24,7f.	45, 46
34,33-35	242

Lev

1,10	132
9,3	132
14,10-13	132
19,2	189
19,17f.	252
22,17-25	127, 132

23,18	132
26,14	248
26,18	248
26,27	248

Num

6,12-14	132
27,16f.	192
28,3	132
28,9	132
28,11	132
28,19	132
28,27	132
29,2	132
29,8	132
29,13	132
29,17	132
29,20	132
29,23	132
29,26	132
29,29	132
29,32	132
29,36	132

Dtn

7,6	125
7,8	121
9,26	121
13,6	121
14,2	125
21,23	124
27,26	124
28,1f.	247
28,2-8	247
28,9	247
28,13	247

VitMos
2,243 239

1.5. Qumran

CD
13,7-13 179
16,1ff. 179

1QH
5,20ff. 51
6,26 151
7,8-9 151
10,14f. 51
10,14 61
11,14-17 51
11,27-32 51
11,29f. 61

1QM
14,4 51
14,8 51,61

1QS
8,7 151
8,13f. 184
9,3-5 189
10,6 189
10,17f. 252, 253

4QFlor
15f. 154
1,6-7 189

4QMMT
21,1 159

4QTest 154

1.6. Frühjüdische Briefe

DJD
II,42 82

II,44 82

1.7. Rabbinica

Mischna
Ker
II,1 128

Tosephta
2,6 49

Jerusalemer Talmud
San
18d 49

Babylonischer Talmud
Ker
9a 128

Pes
119a 151

San
11b 49
38a 151f.

Übrige
BerR
32,6 199

DevR
3,13 151

PRE
24 151

QohR
3,8 151

Tan
2 239

TgJes
28,16 151

1.8. Neues Testament

Mt

20,17	180f.	5,6-11	98
20,21	205	5,6-8	135
20,28	175, 180, 192f., 195	5,9-11	135
20,32	180, 188	5,9f.	122, 136, 215, 216
21,18	180	5,9	46
22,16	201, 216	5,10f.	134
23,1	208	5,10	135, 139
23,26ff.	22	5,15	77, 166
24,16	208	5,16	166
26,18	184	5,17	77, 166
		5,19	44
Röm		6	259
1,1-6	28	6,1-11	196
1,1ff.	33	6,3ff.	95, 196
1,1	25, 26, 32, 241	6,3f.	216
1,3f.	197	6,4	96, 102
1,4	43	6,6-23	216
1,5	44, 102, 166	6,8	114
1,6f.	97	6,11	91-94
1,6	41	6,12-23	96
1,7	29, 30, 31, 40, 48	6,14f.	77
1,8ff.	50	6,16	44
1,8	115	6,18	240
1,16f.	140	6,19	42, 231
1,17f.	109, 110	6,22f.	42
1,18ff.	140	6,22	240f., 242
1,25	50	6,23	91f., 94f., 166
2,5f.	111, 112	7,3-6	240
2,5	109	8,1f.	91-94
2,11	113	8,1	95, 136
2,15	207	8,2	240
2,18	246	8,9	187
2,19	184	8,11	187
3,5	231	8,14-17	114
3,22	205	8,15f.	242
3,24-26	125	8,17-19	114
3,24ff.	122	8,17ff.	115
3,24	121, 124, 141	8,17f.	113
3,25	46, 98	8,17	104, 112, 114
3,28	70, 141	8,18-21	114
4,7	242	8,18ff.	42, 246
4,25	122	8,18	70, 109
5f.	165	8,19-30	114
5,1	136	8,19	109, 111, 113
5,2	75, 77	8,21	240

14,1	161, 167		4,6	184
14,6	109f.		4,16	238
14,26	109f.		5,5	215
14,30	109f.		5,9f.	215
14,33b-36	238		5,10	109
14,33	29, 61		5,11	207
15,2	136, 215		5,15ff.	96
15,3b-5	16, 197		5,15	95
15,10	77, 102		5,17-21	91, 93, 94, 98
15,11	16		5,17	91, 96, 100, 224, 231
15,18ff.	91		5,18-21	134
15,18	105		5,18-20	134
15,23	109, 118		5,18ff.	141
15,24-28	115		5,18f.	135f.
15,31	91		5,18	135
15,51f.	246		5,19	93, 135
15,58	91		5,21	127, 135, 136
16	54		6,1f.	77
16,1	29		6,2	141
16,3	66		6,6	248
16,17	63		6,11-13	249
16,19	91, 267		6,13	217
16,20	78, 79		6,14	184
16,22	118		6,16	186, 187
16,23	75, 81		7,10	140
16,24	91, 95		7,15	44
			8,17f.	63
2Kor			8,18	66
1,1	30, 32, 33		9,3	66
1,2	31, 40, 48		10,3-6	246
1,3ff.	52, 50		10,5f.	44
1,3	115		10,15f.	17, 264
1,12	102, 207, 208		11,5	70
1,19	62		11,13-15	246
1,22	215		11,31	50, 51
1,24	77		12,1	109f.
2,12	91		12,2	91, 95
2,14	91, 136		12,7	110
2,17	91, 180		12,13-18	180
3,1	22		12,14	217
3,12-18	242		12,19	91
3,14	91		13,11	59-61, 81
3,17	240, 241		13,12f.	54
3,18	246		13,12	78, 79
4,2	207		13,13	75, 81

1,9f.	138	2,4-8	144-146, 154
1,9	112, 140, 192	2,4ff.	143
1,10-13	76	2,4f.	146
1,10f.	77, 139, 140	2,4	149, 150, 188
1,11f.	108	2,5	152, 181f., 185-190,
1,11	89, 103		195, 211
1,12	110	2,6-10	146, 154
1,13-2,10	183	2,6	148, 149
1,13-19	125	2,7	147, 149, 150, 189
1,13-17	146	2,8	148
1,13ff.	46	2,9f.	125, 182
1,13	88, 107, 110, 132,	2,9	35, 132, 181,
	183		183-185, 189, 195
1,14-16	245	2,10	182
1,14	44, 260, 245-248	2,11-5,11	234
1,15-17	126	2,11-4,11	189, 234
1,15f.	246, 189	2,11-4,6	235
1,15	89, 236, 247	2,11-3,12	234
1,16	35, 89	2,11-3,7	197, 239
1,17-21	87	2,11-20	146
1,17	35, 112	2,11-16	194
1,18-21	146	2,11ff.	146
1,18f.	44, 98, 120-122, 124,	2,11f.	232
	128, 131-133, 184	2,11	35, 77, 192, 246
1,18	126, 236, 246	2,12	185, 229, 233, 234,
1,19	126, 129f., 131, 184		236, 254
1,20	198	2,13-3,12	231
1,21	103	2,13-3,7	234
1,22-2,3	204	2,13-17	227-244
1,22	44, 146, 192, 196,	2,13	52, 229-231
	247-250, 260	2,14f.	235
1,23-25	146	2,14	229
1,23	204, 218, 221	2,15	234, 254
1,24-25	220	2,16	231f., 240, 241,
1,24f.	184		242-244
1,25	52, 221	2,17	230, 249f.
2 - 3,17	222	2,18-3,7	228, 236, 237
2,1f.	146, 221	2,18-25	44
2,1	130, 196, 204	2,18ff.	233
2,2f.	139	2,18	235
2,2	138, 140, 204, 216,	2,19ff.	77
	218, 221	2,19f.	76, 161
2,3	52, 146, 222	2,19	205, 207, 208, 211,
2,4-10	143, 150, 157, 186,		213f., 222, 235
	189, 190	2,20f.	140

2,20	206, 243		199, 201, 203-205,
2,21-25	129, 146, 198, 234		208, 209, 212f., 214,
2,21ff.	192		216, 217, 218, 219,
2,21	35, 76, 81, 87, 197,		220, 221, 223
	254	3,22	214, 223
2,22	127	4,1-11	146
2,23	112f., 254	4,1-6	112
2,25	35, 129, 191-195	4,1-4	243
3,1-17	146	4,1	86, 216
3,1-6	233	4,2f.	246
3,1ff.	236, 237	4,3	214
3,1f.	235	4,4	35, 254
3,1	178	4,5f.	112
3,2	239	4,5	235
3,3f.	239	4,6	214f.
3,3	238	4,7-11	162
3,4	239	4,7	112, 160, 163
3,5f.	236	4,8	160, 250
3,6	44, 45, 52, 239, 247	4,10f.	158, 159, 168, 173,
3,7	76, 178, 233		174, 179, 194
3,8-5,9	197	4,10	76f., 159, 160-166,
3,8-12	234		170f., 172
3,8f.	251	4,11	163, 166, 190
3,8	249f.	4,12-19	146
3,9	250-256, 260	4,12-16	243
3,10	250	4,12f.	111
3,12	52	4,13f.	88f., 252
3,13-4,6	234	4,13	88, 107, 112, 113f.,
3,13f.	5		137, 139, 197
3,14-17	243	4,14-16	137
3,14	76, 85, 140	4,14	76, 89, 140, 187
3,15f.	85ff.	4,15	113, 193
3,15	218, 254	4,16	140, 223
3,16f.	234	4,17f.	112f., 137, 141
3,16	85-87, 96, 100, 102f.,	4,17	111, 113, 185, 211
	205f., 208, 211,	4,18	136f., 140
	213f., 222, 254	4,19	192, 230
3,17	76, 86, 197	5,1-9	146
3,18-22	146, 197	5,1-4	173-175, 177-181
3,18	86	5,1ff.	190-193, 259
3,19	86, 215	5,1	77, 107, 113f., 139,
3,20-22	86		177, 197, 267
3,20f.	196, 197-204	5,2ff.	191
3,21f.	211	5,2f.	179, 194
3,21	47, 136f., 140, 143,	5,2	179, 190, 192

13,8	128		42,4f.	175, 180f.
13,11	128		44,3	192
14,1	128		44,5	177
14,3f.	130f.		50,2	231
14,4	128		57,1	178
14,10	128		59,3	231
14,13	105			
15,3	128, 242		**2Clem**	
17,14	128		1,1	112
19,7ff.	128		12,3	248
19,15	192			
21,9	128		**Clemens Alexandrinus**	
21,14	128		*Paed*	
21,22f.	128		III 11,81f.	79
21,27	128			
22,1ff.	128		**Did**	
22,7	118		3,7f.	238
22,11	203		7,1-4	47
22,12	118		14	189
22,20	118		15,1	175, 180
22,21	75, 81		15,2	175
			18	192
			22	192

1.9. Altkirchliche Schriften

Barn			**Epiphanius**	
4,12	113		*Haer*	
5,1	46, 47		66,85,6	193f.
6,1-19	156			
6,2-4	149		**Eusebius von Caesarea**	
6,2	156		*HE*	
6,4	156		II 15,1f.	64
7,2	112		II 25,8	64
8,1-7	46, 47		III 39	69
11,11	47, 203f.		III 39,15	64
19,4	238		IV 23,11	65f.
21,9	61			
			Praep. Evang.	
1Clem			VIII 10,2	231
Inscr.	47, 49		VIII 10,17	231
1,3	113, 178		IX 34,1	51
3,3	178		XIII 12,12	231
13,4	238			
17,4	203		**EvPhil**	
21,6	178		31	79

Plinius d.J.
Epistulae
X,96f.   267

Plutarch
Moralia
1   239
141   239

Polybios
Hist
IX,1,4   230

Seneca
De Beneficiis
7   239
9   239

Terenz
Adelphoe
914f.   266

2. Namen- und Sachregister

3. Griechische Begriffe

προθύμως 179
προορίζειν 41

ῥῆμα κυρίου 220
ῥύπος 203f.

στῆτε 75, 77, 81
συμπρεσβύτερος 177
συνεκλεκτή 39, 266f.
συσχηματίζεσθαι 245, 247, 260
σῴζειν 134, 136, 139, 217, 220

σωτηρία 138f.

τέλος τῆς πίστεως 138f.

φιλαδελφία 249

χάρις 81f., 160f., 165
χάρισμα 158-160, 165, 168
Χριστιανός 140, 193, 211

ὡς λογίζομαι 70

Wissenschaftliche Untersuchungen zum Neuen Testament

Alphabetische Übersicht der ersten und zweiten Reihe

Anderson, Paul N.: The Christology of the Fourth Gospel. 1996. *Band II/78.*

Appold, Mark L.: The Oneness Motif in the Fourth Gospel. 1976. *Band II/1.*

Arnold, Clinton E.: The Colossian Syncretism. 1995. *Band II/77.*

Avemarie, Friedrich und *Hermann Lichtenberger* (Hrsg.): Bund und Tora. 1996. *Band 92.*

Bachmann, Michael: Sünder oder Übertreter. 1992. *Band 59.*

Baker, William R.: Personal Speech-Ethics in the Epistle of James. 1995. *Band II/68.*

Balla, Peter: Challenges to New Testament Theology. 1997. *Band II/95.*

Bammel, Ernst: Judaica. Band I 1986. *Band 37* – Band II 1997. *Band 91.*

Bash, Anthony: Ambassadors for Christ. 1997. *Band II/92.*

Bauernfeind, Otto: Kommentar und Studien zur Apostelgeschichte. 1980. *Band 22.*

Bayer, Hans Friedrich: Jesus' Predictions of Vindication and Resurrection. 1986. *Band II/20.*

Bell, Richard H.: Provoked to Jealousy. 1994. *Band II/63.*

Bergman, Jan: siehe *Kieffer, René*

Betz, Otto: Jesus, der Messias Israels. 1987. *Band 42.*

– Jesus, der Herr der Kirche. 1990. *Band 52.*

Beyschlag, Karlmann: Simon Magus und die christliche Gnosis. 1974. *Band 16.*

Bittner, Wolfgang J.: Jesu Zeichen im Johannesevangelium. 1987. *Band II/26.*

Bjerkelund, Carl J.: Tauta Egeneto. 1987. *Band 40.*

Blackburn, Barry Lee: Theios Anēr and the Markan Miracle Traditions. 1991. *Band II/40.*

Bockmuehl, Markus N.A.: Revelation and Mystery in Ancient Judaism and Pauline Christianity. 1990. *Band II/36.*

Böhlig, Alexander: Gnosis und Synkretismus. Teil 1 1989. *Band 47* – Teil 2 1989. *Band 48.*

Böttrich, Christfried: Weltweisheit – Menschheitsethik – Urkult. 1992. *Band II/50.*

Bolyki, János: Jesu Tischgemeinschaften. 1997. *Band II/96.*

Büchli, Jörg: Der Poimandres – ein paganisiertes Evangelium. 1987. *Band II/27.*

Bühner, Jan A.: Der Gesandte und sein Weg im 4. Evangelium. 1977. *Band II/2.*

Burchard, Christoph: Untersuchungen zu Joseph und Aseneth. 1965. *Band 8.*

Cancik, Hubert (Hrsg.): Markus-Philologie. 1984. *Band 33.*

Capes, David B.: Old Testament Yaweh Texts in Paul's Christology. 1992. *Band II/47.*

Caragounis, Chrys C.: The Son of Man. 1986. *Band 38.*

– siehe *Fridrichsen, Anton.*

Carleton Paget, James: The Epistle of Barnabas. 1994. *Band II/64.*

Crump, David: Jesus the Intercessor. 1992. *Band II/49.*

Deines, Roland: Jüdische Steingefäße und pharisäische Frömmigkeit. 1993. *Band II/52.*

– Die Pharisäer. 1997. *Band 101.*

Dietzfelbinger, Christian: Der Abschied des Kommenden. 1997. *Band 95.*

Dobbeler, Axel von: Glaube als Teilhabe. 1987. *Band II/22.*

Du Toit, David S.: Theios Anthropos. 1997. *Band II/91*

Dunn, James D.G. (Hrsg.): Jews and Christians. 1992. *Band 66.*

– Paul and the Mosaic Law. 1996. *Band 89.*

Ebertz, Michael N.: Das Charisma des Gekreuzigten. 1987. *Band 45.*

Eckstein, Hans-Joachim: Der Begriff Syneidesis bei Paulus. 1983. *Band II/10.*

– Verheißung und Gesetz. 1996. *Band 86.*

Ego, Beate: Im Himmel wie auf Erden. 1989. *Band II/34.*

Eisen, Ute E.: siehe *Paulsen, Henning.*

Ellis, E. Earle: Prophecy and Hermeneutic in Early Christianity. 1978. *Band 18.*

– The Old Testament in Early Christianity. 1991. *Band 54.*

Ennulat, Andreas: Die ›Minor Agreements‹. 1994. *Band II/62.*

Ensor, Peter W.: Jesus and His ›Works‹. 1996. *Band II/85.*

Feldmeier, Reinhard: Die Krisis des Gottessohnes. 1987. *Band II/21.*

– Die Christen als Fremde. 1992. *Band 64.*

Feldmeier, Reinhard und *Ulrich Heckel* (Hrsg.): Die Heiden. 1994. *Band 70.*

Fletcher-Louis, Crispin H. T.: Luke-Acts: Angels, Christology and Soteriology. 1997. *Band II/94.*
Forbes, Christopher Brian: Prophecy and Inspired Speech in Early Christianity and its Hellenistic Environment. 1995. *Band II/75.*
Fornberg, Tord: siehe *Fridrichsen, Anton.*
Fossum, Jarl E.. The Name of God and the Angel of the Lord. 1985. *Band 36.*
Frenschkowski, Marco: Offenbarung und Epiphanie. Band 1 1995. *Band II/79* – Band 2 1997. *Band II/80.*
Frey, Jörg: Eugen Drewermann und die biblische Exegese. 1995. *Band II/71.*
– Die johanneische Eschatologie. Band I. 1997. *Band 96.*
Fridrichsen, Anton: Exegetical Writings. Hrsg. von C.C. Caragounis und T. Fornberg. 1994. *Band 76.*
Garlington, Don B.: ›The Obedience of Faith‹. 1991. *Band II/38.*
– Faith, Obedience, and Perseverance. 1994. *Band 79.*
Garnet, Paul: Salvation and Atonement in the Qumran Scrolls. 1977. *Band II/3.*
Gräßer, Erich: Der Alte Bund im Neuen. 1985. *Band 35.*
Green, Joel B.: The Death of Jesus. 1988. *Band II/33.*
Gundry Volf, Judith M.: Paul and Perseverance. 1990. *Band II/37.*
Hafemann, Scott J.: Suffering and the Spirit. 1986. *Band II/19.*
– Paul, Moses, and the History of Israel. 1995. *Band 81.*
Hartman, Lars: Text-Centered New Testament Studies. Hrsg. von D. Hellholm. 1997. *Band 102.*
Heckel, Theo K.: Der Innere Mensch. 1993. *Band II/53.*
Heckel, Ulrich: Kraft in Schwachheit. 1993. *Band II/56.*
– siehe *Feldmeier, Reinhard.*
– siehe *Hengel, Martin.*
Heiligenthal, Roman: Werke als Zeichen. 1983. *Band II/9.*
Hellholm, D.: siehe *Hartman, Lars.*
Hemer, Colin J.: The Book of Acts in the Setting of Hellenistic History. 1989. *Band 49.*
Hengel, Martin: Judentum und Hellenismus. 1969, [3]1988. *Band 10.*
– Die johanneische Frage. 1993. *Band 67.*
– Judaica et Hellenistica. Band 1. 1996. *Band 90.*
Hengel, Martin und *Ulrich Heckel* (Hrsg.): Paulus und das antike Judentum. 1991. *Band 58.*
Hengel, Martin und *Hermut Löhr* (Hrsg.): Schriftauslegung im antiken Judentum und im Urchristentum. 1994. *Band 73.*
Hengel, Martin und *Anna Maria Schwemer* (Hrsg.): Königsherrschaft Gottes und himmlischer Kult. 1991. *Band 55.*
– Die Septuaginta. 1994. *Band 72.*
Herrenbrück, Fritz: Jesus und die Zöllner. 1990. *Band II/41.*
Herzer, Jens: Paulus oder Petrus? 1998. *Band 103.*
Hoegen-Rohls, Christina: Der nachösterliche Johannes. 1996. *Band II/84.*
Hofius, Otfried: Katapausis. 1970. *Band 11.*
– Der Vorhang vor dem Thron Gottes. 1972. *Band 14.*
– Der Christushymnus Philipper 2,6–11. 1976, [2]1991. *Band 17.*
– Paulusstudien. 1989, [2]1994. *Band 51.*
Hofius, Otfried und *Hans-Christian Kammler:* Johannesstudien. 1996. *Band 88.*
Holtz, Traugott: Geschichte und Theologie des Urchristentums. 1991. *Band 57.*
Hommel, Hildebrecht: Sebasmata. Band 1 1983. *Band 31* – Band 2 1984. *Band 32.*
Hvalvik, Reidar: The Struggle for Scripture and Covenant. 1996. *Band II/82.*
Kähler, Christoph: Jesu Gleichnisse als Poesie und Therapie. 1995. *Band 78.*
Kammler, Hans-Christian: siehe *Hofius, Otfried.*
Kamlah, Ehrhard: Die Form der katalogischen Paränese im Neuen Testament. 1964. *Band 7.*
Kieffer, René und *Jan Bergman (Hrsg.):* La Main de Dieu / Die Hand Gottes. 1997. *Band 94.*
Kim, Seyoon: The Origin of Paul's Gospel. 1981, [2]1984. *Band II/4.*
– »The ›Son of Man‹« as the Son of God. 1983. *Band 30.*
Kleinknecht, Karl Th.: Der leidende Gerechtfertigte. 1984, [2]1988. *Band II/13.*
Klinghardt, Matthias: Gesetz und Volk Gottes. 1988. *Band II/32.*
Köhler, Wolf-Dietrich: Rezeption des Matthäusevangeliums in der Zeit vor Irenäus. 1987. *Band II/24.*

Korn, Manfred: Die Geschichte Jesu in veränderter Zeit. 1993. *Band II/51.*
Koskenniemi, Erkki: Apollonios von Tyana in der neutestamentlichen Exegese. 1994. *Band II/61.*
Kraus, Wolfgang: Das Volk Gottes. 1996. *Band 85.*
– siehe *Walter, Nikolaus.*
Kuhn, Karl G.: Achtzehngebet und Vaterunser und der Reim. 1950. *Band 1.*
Laansma, Jon: I Will Give You Rest. 1997. *Band II/98.*
Lampe, Peter: Die stadtrömischen Christen in den ersten beiden Jahrhunderten. 1987, [2]1989.
 Band II/18.
Lau, Andrew: Manifest in Flesh. 1996. *Band II/86.*
Lichtenberger, Hermann: siehe *Avemarie, Friedrich.*
Lieu, Samuel N.C.: Manichaeism in the Later Roman Empire and Medieval China. [2]1992.
 Band 63.
Loader, William R.G.: Jesus' Attitude Towards the Law. 1997. *Band II/97.*
Löhr, Gebhard: Verherrlichung Gottes durch Philosophie. 1997. *Band 97.*
Löhr, Hermut: siehe *Hengel, Martin.*
Löhr, Winrich Alfried: Basilides und seine Schule. 1995. *Band 83.*
Maier, Gerhard: Mensch und freier Wille. 1971. *Band 12.*
– Die Johannesoffenbarung und die Kirche. 1981. *Band 25.*
Markschies, Christoph: Valentinus Gnosticus? 1992. *Band 65.*
Marshall, Peter: Enmity in Corinth: Social Conventions in Paul's Relations with
 the Corinthians. 1987. *Band II/23.*
Meade, David G.: Pseudonymity and Canon. 1986. *Band 39.*
Meadors, Edward P.: Jesus the Messianic Herald of Salvation. 1995. *Band II/72.*
Meißner, Stefan: Die Heimholung des Ketzers. 1996. *Band II/87.*
Mell, Ulrich: Die »anderen« Winzer. 1994. *Band 77.*
Mengel, Berthold: Studien zum Philipperbrief. 1982. *Band II/8.*
Merkel, Helmut: Die Widersprüche zwischen den Evangelien. 1971. *Band 13.*
Merklein, Helmut: Studien zu Jesus und Paulus. 1987. *Band 43.*
Metzler, Karin: Der griechische Begriff des Verzeihens. 1991. *Band II/44.*
Metzner, Rainer: Die Rezeption des Matthäusevangeliums im 1. Petrusbrief. 1995. *Band II/74.*
Mittmann-Richert, Ulrike: Magnifikat und Benediktus. 1996. *Band II/90.*
Niebuhr, Karl-Wilhelm: Gesetz und Paränese. 1987. *Band II/28.*
– Heidenapostel aus Israel. 1992. *Band 62.*
Nissen, Andreas: Gott und der Nächste im antiken Judentum. 1974. *Band 15.*
Noormann, Rolf: Irenäus als Paulusinterpret. 1994. *Band II/66.*
Obermann, Andreas: Die christologische Erfüllung der Schrift im Johannesevangelium. 1996.
 Band II/83.
Okure, Teresa: The Johannine Approach to Mission. 1988. *Band II/31.*
Paulsen, Henning: Studien zur Literatur und Geschichte des frühen Christentums. Hrsg. von
 Ute E. Eisen. 1997. *Band 99.*
Park, Eung Chun: The Mission Discourse in Matthew's Interpretation. 1995. *Band II/81.*
Philonenko, Marc (Hrsg.): Le Trône de Dieu. 1993. *Band 69.*
Pilhofer, Peter: Presbyteron Kreitton. 1990. *Band II/39.*
– Philippi. Band 1 1995. *Band 87.*
Pöhlmann, Wolfgang: Der Verlorene Sohn und das Haus. 1993. *Band 68.*
Pokorný, Petr und *Josef B. Souček:* Bibelauslegung als Theologie. 1997. *Band 100.*
Prieur, Alexander: Die Verkündigung der Gottesherrschaft. 1996. *Band II/89.*
Probst, Hermann: Paulus und der Brief. 1991. *Band II/45.*
Räisänen, Heikki: Paul and the Law. 1983, [2]1987. *Band 29.*
Rehkopf, Friedrich: Die lukanische Sonderquelle. 1959. *Band 5.*
Rein, Matthias: Die Heilung des Blindgeborenen (Joh 9). 1995. *Band II/73.*
Reinmuth, Eckart: Pseudo-Philo und Lukas. 1994. *Band 74.*
Reiser, Marius: Syntax und Stil des Markusevangeliums. 1984. *Band II/11.*
Richards, E. Randolph: The Secretary in the Letters of Paul. 1991. *Band II/42.*
Riesner, Rainer: Jesus als Lehrer. 1981, [3]1988. *Band II/7.*
– Die Frühzeit des Apostels Paulus. 1994. *Band 71.*
Rissi, Mathias: Die Theologie des Hebräerbriefs. 1987. *Band 41.*

Röhser, Günter: Metaphorik und Personifikation der Sünde. 1987. *Band II/25.*
Rose, Christian: Die Wolke der Zeugen. 1994. *Band II/60.*
Rüger, Hans Peter: Die Weisheitsschrift aus der Kairoer Geniza. 1991. *Band 53.*
Sänger, Dieter: Antikes Judentum und die Mysterien. 1980. *Band II/5.*
− Die Verkündigung des Gekreuzigten und Israel. 1994. *Band 75.*
Salzmann, Jorg Christian: Lehren und Ermahnen. 1994. *Band II/59.*
Sandnes, Karl Olav: Paul − One of the Prophets? 1991. *Band II/43.*
Sato, Migaku: Q und Prophetie. 1988. *Band II/29.*
Schaper, Joachim: Eschatology in the Greek Psalter. 1995. *Band II/76.*
Schimanowski, Gottfried: Weisheit und Messias. 1985. *Band II/17.*
Schlichting, Günter: Ein jüdisches Leben Jesu. 1982. *Band 24.*
Schnabel, Eckhard J.: Law and Wisdom from Ben Sira to Paul. 1985. *Band II/16.*
Schutter, William L.: Hermeneutic and Composition in I Peter. 1989. *Band II/30.*
Schwartz, Daniel R.: Studies in the Jewish Background of Christianity. 1992. *Band 60.*
Schwemer, Anna Maria: siehe *Hengel, Martin*
Scott, James M.: Adoption as Sons of God. 1992. *Band II/48.*
− Paul and the Nations. 1995. *Band 84.*
Siegert, Folker: Drei hellenistisch-jüdische Predigten. Teil I 1980. *Band 20* − Teil II 1992. *Band 61.*
− Nag-Hammadi-Register. 1982. *Band 26.*
− Argumentation bei Paulus. 1985. *Band 34.*
− Philon von Alexandrien. 1988. *Band 46.*
Simon, Marcel: Le christianisme antique et son contexte religieux I/II. 1981. *Band 23.*
Snodgrass, Klyne: The Parable of the Wicked Tenants. 1983. *Band 27.*
Söding, Thomas: Das Wort vom Kreuz. 1997. *Band 93.*
− siehe *Thüsing, Wilhelm.*
Sommer, Urs: Die Passionsgeschichte des Markusevangeliums. 1993. *Band II/58.*
Souček, Josef B.: siehe *Pokorný, Petr.*
Spangenberg, Volker: Herrlichkeit des Neuen Bundes. 1993. *Band II/55.*
Speyer, Wolfgang: Frühes Christentum im antiken Strahlungsfeld. 1989. *Band 50.*
Stadelmann, Helge: Ben Sira als Schriftgelehrter. 1980. *Band II/6.*
Strobel, August: Die Stunde der Wahrheit. 1980. *Band 21.*
Stuckenbruck, Loren T.: Angel Veneration and Christology. 1995. *Band II/70.*
Stuhlmacher, Peter (Hrsg.): Das Evangelium und die Evangelien. 1983. *Band 28.*
Sung, Chong-Hyon: Vergebung der Sünden. 1993. *Band II/57.*
Tajra, Harry W.: The Trial of St. Paul. 1989. *Band II/35.*
− The Martyrdom of St.Paul. 1994. *Band II/67.*
Theißen, Gerd: Studien zur Soziologie des Urchristentums. 1979, ³1989. *Band 19.*
Thornton, Claus-Jürgen: Der Zeuge des Zeugen. 1991. *Band 56.*
Thüsing, Wilhelm: Studien zur neutestamentlichen Theologie. Hrsg. von Thomas Söding. 1995. *Band 82.*
Tsuji, Manabu: Glaube zwischen Vollkommenheit und Verweltlichung. 1997. *Band II/93*
Twelftree, Graham H.: Jesus the Exorcist. 1993. *Band II/54.*
Visotzky, Burton L.: Fathers of the World. 1995. *Band 80.*
Wagener, Ulrike: Die Ordnung des »Hauses Gottes«. 1994. *Band II/65.*
Walter, Nikolaus: Praeparatio Evangelica. Hrsg. von Wolfgang Kraus und Florian Wilk. 1997. *Band 98.*
Watts, Rikki: Isaiah's New Exodus and Mark. 1997. *Band II/88.*
Wedderburn, A.J.M.: Baptism and Resurrection. 1987. *Band 44.*
Wegner, Uwe: Der Hauptmann von Kafarnaum. 1985. *Band II/14.*
Welck, Christian: Erzählte ›Zeichen‹. 1994. *Band II/69.*
Wilk, Florian: siehe *Walter, Nikolaus.*
Wilson, Walter T.: Love without Pretense. 1991. *Band II/46.*
Zimmermann, Alfred E.: Die urchristlichen Lehrer. 1984, ²1988. *Band II/12.*

Einen Gesamtkatalog erhalten Sie gern vom
Mohr Siebeck Verlag, Postfach 2040, D–72010 Tübingen.

DATE DUE

			Printed in USA

HIGHSMITH #45230